英米の裁判所と法律家

田島 裕著作集
3

英米の裁判所と法律家

田島 裕

田島 裕著作集
3

信山社

はしがき

　本著作集の出版が大幅に遅れ、多くの読者からご催促をいただいたが、その遅延によってご迷惑をおかけしたとすれば、心からお詫び申し上げなければならない。イギリスでは 21 世紀への移行のときを意識して本格的な司法改革が行われた。一つには、この改革が一段落することを見極めたいと考えた。また、私的なことではあるが、筑波大学を退職して独協大学に奉職することになり、新しい環境になじむまでに数年の月日を必要とした。しかし、出版が大幅に遅れたにもかかわらず、最初に信山社で組んでいただいた校正原稿に余り多くの手を入れることはできなかった。というのは、本書のはじめに説明するように、英米法は歴史的継続性を特徴としており、過去を切断することはせず、過去のものを基礎として生かしながら新しいものを作って行くやり方で改革が進められているからである。

　本著作集の基本方針の一つとして、できる限り初出の形を残すという方針がある。そこで、21 世紀の司法改革による新制度については、別巻の形でまとめることにしたいと考えるに至った。従って、日本法律家協会の機関誌『法の支配』の誌面に掲載した短い新制度の解説などを本書に含める程度にとどめ、本格的な書き換えをすることはしなかった。本書では、主に『英米法（現代法学全集48）』（1985年）［伊藤正己先生との共著］を参考に全体を構成しているが、当然、構成も大きく変更した。本書では、第 1 章をイギリスの裁判所、第 2 章をアメリカの裁判所、第 3 章を陪審制度、第 4 章を法律家、第 5 章を弾劾制度、第 6 章を法源、第 7 章を法律解釈、とした。

　2009 年 3 月に久しぶりにロンドンを訪問したところ、国会議事堂（ウェストミンスター）の真前に最高裁判所の新しい建物がほぼ完成していた。同年 10 月からここで裁判が行われることになるが、この建物こそ新しい時代の到来を印象づけているように思われた。2006 年の憲法改革法によれば、1000 年にもわたって続いてきた大法官は廃止されることになっているが、実際上、法務大臣を大法官と呼ぶことにするらしく、廃止とは大法官が裁判に関与することがなくなるということを意味するものであるらしい。法学教育（法曹養成）については、すでに改革が実施されており、これについては、

はしがき

第 4 章（法律家）で言及する。新しい憲法的な改革については、本著作集第 2 巻（イギリス憲法）の中で説明する。

本書第 5 章（裁判官弾劾制度）では、英米の弾劾制度ができた経緯と現状を説明した。これは、『裁判官弾劾制度の 50 年（創設 50 周年記念）』（裁判官弾劾裁判所事務局、1997 年）のために書いたもので、日本の制度の基礎となっている考えを明確にしたもので、第 4 章までの部分とは多少異なった目的で書かれたものである。それ以下の部分も、本書の主題である「裁判所と法律家」に関係する諸論文を寄せ集めたものである。「特別裁判所―The Council on Tribunals の重要性について」法の支配 139 号 13-19 頁（2005 年）は、本書に収載すべき論文であるかもしれないが、第 7 巻に収載することにした。論理的な順序に従って体裁を整えたもので、考察がまとまっていない部分も残されている。しかし、著作集の完成がこれ以上遅延することはよくないので、できるだけ原文の形を残して本書に収載した。

本著作集第 1 巻の冒頭に「凡例」を付しておいた。本書における脚注の文献引用方式も基本的にはそれにならっている。ただ、その凡例はアメリカ法の例だけしか示していない。本書では、§392［304 頁］に引用の方法を説明しているので、それを参照していただきたい。イギリス法の引用方法は承認された統一方式はないが、便宜上、アメリカ法の方式を参考にし、イギリスの教科書などで使われている方式を採用することにした。

最後に、本書の出版についても、信山社の袖山貴氏と編集部の方々に格別のご協力を得た。お礼を申し上げておきたい。

2009 年 8 月 20 日

乃木坂の自宅にて

田　島　　裕

初出文献リスト

1 『英米法(現代法学全集48)』(1985年)[伊藤正己先生との共著]
2 『英国における紛争処理の動向』[マスティル卿講演=田島裕訳・解説](安田火災記念財団、1996年)
3 『イギリスの司法改革』[ウルフ卿講演=田島裕訳・解説](安田火災記念財団、1998年)
4 「判例の動向―不確定の時代」判例タイムズ476号(1982年)11-32頁
5 「アメリカにおける司法改革の動向」法律時報55巻11号(1983年)8-16頁
6 「法学教育への挑戦」[アンドリュー・ワトソン講義=田島裕訳・解説]中央大学大学院「日本法制2010年」講義集『司法改革・教育改革』(中央大学、2001年)
7 「イギリスの裁判所および法律事務に関する法律(1990年)の仲裁に関する諸規定(上、下)」JCAジャーナル36巻11号(1989年)2-4頁;同38巻7号(1991年)10-12頁
8 「ウルフ最終報告者の公刊と1996年仲裁法の制定」JCAジャーナル43巻13号(1996年)2-5頁
9 「イギリス・アメリカの弾劾制度」『裁判官弾劾制度の50年(創設50周年記念)』(裁判官弾劾裁判所事務局、1997年)
10 「ウルフ裁判官訪日特別講義とアーデン・レポート」法の支配110号(1998年)22-37頁
11 「イギリスの法曹改革[マスティル卿講演=田島裕訳・解説]」比較法雑誌24巻4号(1991年)21-38頁
12 「フィリップス卿の訪日」法の支配148号(2008年)40-45頁[第7巻に収載]
13 「レンキスト首席裁判官(アメリカ合衆国最高裁判所)の訃報」法の支配139号(2005年)105-109頁[第7巻に収載]

目 次

はしがき

第1章 イギリスの裁判所 ……………………………………… 3

第1節 歴史的概観 ……………………………………………… 3
第1項 序　説（§§1-5）…………………………………… 3
第2項 地域的裁判所（§§6-10）…………………………… 5
1　集落裁判所（community court）[5]；2　カウンティ裁判所（county court）[6]；3　百戸邑裁判所（hundred）[8]
第3項 コモン・ロー裁判所（§§11-39）………………… 9
1　形成過程[9]；2　コモン・ロー裁判所とその救済方法[17]
第4項 エクイティ裁判所（§§40-55）…………………… 27
1　起源[27]；2　エクイティの諸法理とその救済手段[30]
第5項 大権裁判所、教会裁判所、商事裁判所（§§56-76）……… 38
1　総説[38]；2　大権裁判所[41]；3　教会裁判所[44]；4　商事裁判所[49]

第2節 現在の裁判所 …………………………………………… 53
第1項 総　説（§§77-83）………………………………… 53
1　裁判所法の制定[53]；2　実体法の近代化[55]；3　議会との協力関係[58]
第2項 通常裁判所（§§84-93）…………………………… 60
1　通常裁判所の定義[60]；2　高等法院[61]；3　クラウン・コート（刑事裁判所）[62]；4　控訴院（court of Appeal）[63]；5　最高裁判所（旧貴族院）[64]；6　県裁判所（county courts）と治安判事裁判所（magistrates' court）[67]
第3項 枢密院司法委員会（§§94-96）…………………… 67
第4項 特別裁判所（§§97-104）…………………………… 73
1　特別裁判所の定義[73]；2　特別裁判所の種類とその機構[74]；3　通常裁判所による司法審査[78]；4　ヨーロッパ裁判所（European Court Justice）[82]

第3節 司法改革の展望 ………………………………………… 83

ix

目　次

　　　第 1 項　ウルフ・レポートの意義 (§§ 105-114) ………………83
　　　　　1　レポートの概観 [83]；2　現在の司法制度の問題点と 5 大原則の説明 [85]；3　訴訟モデルの 3 類型 [86]；4　公益訴訟の取扱い [87]；5　改革の見込み [88]
　　　第 2 項　ウルフ・レポートの概要 (§§ 115-116) ………………89
　　　　　1　改革の目標 [89]；2　司法改革の勧告 [91]
　　　第 3 項　ロー・コミッションによる法改革 (§§ 117-120)………93
　　　　　1　ロー・コミッションの役割 [93]；2　ロー・コミッションの実績 [94]
　　　第 4 項　ロー・コミッションの立法例 (§§ 121-131) …………95
　　　　　1　腐敗に関する法律案の概要 [95]；2　「腐敗罪 (corruption)」の定義 [100]；3　公的職務と私的職務の区別 [101]；4　違法性の推定 [102]
　　　第 5 項　改革の展望 ……………………………………………104

第 2 章　アメリカの裁判所 ……………………………………………107
　第 1 節　二元的な裁判所の制度 (§§ 132-134) ……………………107
　第 2 節　連邦の裁判所 …………………………………………………110
　　　第 1 項　司法に関する合衆国憲法の諸規定 (§§ 135-137) ……110
　　　第 2 項　連邦の裁判所 (§§ 138-155) ……………………………112
　　　　　1　連邦裁判所の組織 [112]；2　合衆国最高裁判所 [114]；3　連邦裁判所の改革 [121]
　第 3 節　連邦地方裁判所の訴訟手続 …………………………………127
　　　第 1 項　アメリカ的訴訟法の形成 (§§ 156-158) ………………127
　　　第 2 項　訴状の送達 (Process) (§§ 159-165) ……………………128
　　　第 3 項　訴答手続 (Pleadings) (§§ 166-171) ……………………132
　　　第 4 項　公判前の打合せと証拠開示 (§§ 172-175) ……………134
　　　第 5 項　公開審理 (§§ 176-183) …………………………………136
　　　　　1　略式審理 [136]；2　陪審 [137]；3　証拠法則 [138]；4　陪審のつかない公判 [139]
　　　第 6 項　判　決 (§ 184) …………………………………………139
　第 4 節　上訴制度 ………………………………………………………140
　　　第 1 項　連邦上訴裁判所への上訴 (§§ 185-187) ………………140

第2項　最高裁判所への上訴（§188）……………………………141
　第5節　判決の既判力（§§189-190）…………………………………142
　第6節　州の裁判所…………………………………………………………143
　　　第1項　モデルとなる若干の州の裁判所（§§191-197）…………143
　　　　1　序［143］；2　キャリフォーニア州［143］；3　ルイジアナ州［145］；4　マサチューセッツ州［146］；5　ニュー・ヨーク州［147］；6　ヴァジニア州［149］
　　　第2項　諸州間の拮抗（§198）…………………………………149
　第7節　連邦の裁判管轄と州の裁判管轄の交錯……………………150
　　　第1項　「連邦問題」と裁判に適用される法源（§§199-202）……150
　　　第2項　連邦コモン・ローの不存在（§§203-204）………………152
　　　第3項　連邦法の先占（preemption）の原則（§205）……………153

第3章　陪審制度………………………………………………………………155

　第1節　陪審の役割…………………………………………………………155
　　　第1項　序　説（§206）……………………………………………155
　　　第2項　裁判手続（§§207-208）…………………………………156
　　　　1　民事訴訟［156］
　　　第3項　陪審の役割―過去（§209）………………………………159
　　　第4項　陪審の役割―近代の陪審への発展（§§210-213）………162
　第2節　現在の陪審…………………………………………………………166
　　　第1項　現在の陪審制の特徴（§§214-215）……………………166
　　　第2項　現在の陪審の問題点（§§216-221）……………………170
　　　　1　イギリスの陪審［170］；2　アメリカの陪審［171］
　　　第3項　陪審制の再検討（§§222-225）…………………………177

第4章　法律家…………………………………………………………………181

　第1節　イギリス……………………………………………………………181
　　　第1項　法曹による法の形成（§§226-236）……………………181
　　　　1　序説［181］；2　法曹法と法学者法［181］；3　英米法の継続性［185］
　　　第2項　法曹ギルドと法曹養成（§§237-242）…………………188

xi

目　次

　　　　　1　序説［188］；2　バリスタ（barrister）［188］；3　ソリシタ（Solicitor）［191］
　　　　第3項　裁　判　官（§§243-257） ……………………………………192
　　　　　1　裁判官の歴史［192］；2　現行の制度［195］；3　裁判官の身分保障と司法権の独立［200］
　　　　第4項　治安判事、検察官、その他（§§258-260） ………………202
　　　　　1　治安判事［202］；2　検察官［203］；3　その他［204］
　　第2節　イギリスの法曹改革 ……………………………………………205
　　　　第1項　序（§§261-262） ……………………………………………205
　　　　第2項　弁護士の役割（§§263-266） ………………………………206
　　　　第3項　望まれる法律実務の在り方（§§267-270） ………………210
　　　　　1　序説［210］；2　法廷での口頭弁論［210］；3　訴訟の進行［211］；4　不動産取引［212］；5　遺言検認［213］
　　　　第4項　法学教育への影響（§§271-276） …………………………213
　　　　　1　インズ・オブ・コート（Inns of Courts）［213］；2　法律協会（Law Society）［214］；3　大学における法学教育［215］；4　法学教育に関する専門委員会の設置［216］
　　　　第5項　小　活（§277） ……………………………………………217
　　第3節　ア　メ　リ　カ …………………………………………………218
　　　　第1項　法　学　教　育（§§278-284） …………………………218
　　　　　1　序説［218］；2　ロー・スクール［218］；3　ケース・メソッド［220］
　　　　第2項　実務法律家（§§285-302） …………………………………222
　　　　　1　弁護士［222］；2　検察官［225］；3　裁判官［226］

第5章　弾　劾　制　度 ……………………………………………………235

　　第1節　イギリスにおける弾劾制度の確立とその後の展開 ……235
　　　　第1項　概　説（§303） ……………………………………………235
　　　　第2項　弾劾制度の基礎を作った諸先例（§§304-305） …………236
　　第2節　イギリスの弾劾制度と裁判官の身分保障 ………………238
　　　　第1項　弾劾制度の現状（§§306-307） ……………………………238
　　　　第2項　裁判官の身分保障（§§308-309） …………………………239
　　　　第3項　最高裁判所の裁判官の罷免（§§310-311） ………………242

第3節　アメリカ合衆国のイギリス法継受と弾劾制度の発展…243
　　　第1項　序　　説（§312）……………………………………243
　　　第2項　連邦憲法の弾劾制度（§§313-315）………………243
　　　第3項　州憲法による裁判官の罷免（§316）………………245
　　第4節　アメリカの弾劾制度と裁判官の身分保障の現状………246
　　　第1項　現行制度の概観（§317）……………………………246
　　　第2項　主要な弾劾事件とその手続（§§318-322）………247
　　　第3項　裁判官の罷免と市民からの苦情処理（§§323-324）……249
　　　第4項　合衆国法典集第28巻372条(c)による罷免手続
　　　　　　　（§§325-326）…………………………………………251
　　　第5項　州憲法による司法改革（§327）……………………253
　　　第6項　裁判官の国民審査とリコール（§§328-329）……254
　　第5節　日本の制度との比較（§§330-337）……………………255

第6章　法　　源……………………………………………………259

　　第1節　序　　説（§§338-339）…………………………………259
　　第2節　制　定　法…………………………………………………262
　　　第1項　憲　　法（§§340-353）………………………………262
　　　　1　憲法とは何か［262］；2　議会主権と法の支配［263］；
　　　　3　権力分立の原理［265］；4　憲法的法源としての国際法
　　　　［267］；5　人権の保障［271］；6　憲法改正［274］
　　　第2項　法　　律（§§354-367）………………………………275
　　　　1　序説［275］；2　イギリスの法律［275］；3　アメリカの
　　　　法律［284］
　　　第3項　委　任　立　法（§§368-373）………………………288
　　　　1　序説［288］；2　委任立法の種類［289］；3　委任立法の
　　　　限界［291］；4　アメリカにおける委任立法［292］
　　第3節　判　例　法…………………………………………………293
　　　第1項　序　　説（§§374-375）………………………………293
　　　第2項　イギリスの判例法（§§376-380）……………………294
　　　　1　古い判例法［294］；2　現代の判例法［296］
　　　第3項　アメリカの判例法（§§381-384）……………………297

目　次

　　　　1　序説 [297]；2　連邦の判例法 [298]；3　州の判例法 [300]

　第4節　補助的法源──学説、慣習法、その他の法的資料 ……… 301
　　第1項　学　　説（§§385-388）……………………………………… 301
　　第2項　慣　習　法（§§389-390）…………………………………… 304
　　第3項　その他の法的資料（§§391-392）…………………………… 305

第7章　法　律　解　釈 …………………………………………………… 309

　第1節　裁判所による法律の解釈 …………………………………… 309
　　第1項　序　　説（§§393-394）……………………………………… 309
　　第2項　法律解釈の主要原理（§§395-402）………………………… 310
　　　　1　「明白な意味」(plain meaning) の原理 [310]；2　法律解釈の黄金律（golden rule）[313]；3　法律解釈の新理論 [314]
　　第3項　特定領域の解釈原理（§§403-406）………………………… 317
　　　　1　刑事法の解釈 [317]；2　租税法の解釈 [319]；3　遺言の解釈 [320]

　第2節　先例拘束性の原理 …………………………………………… 321
　　第1項　先例拘束性の原理の形成（§§407-410）…………………… 321
　　第2項　貴族院の判例法（§§411-416）……………………………… 324
　　　　1　一般原理 [324]；2　判例法の「区別」[327]
　　第3項　下級審裁判所の判例法（§§417-419）……………………… 329
　　　　1　控訴院の判例法 [329]；2　その他の下級審裁判所の慣行 [330]
　　第4項　エクイティ裁判所の判例法（§420）……………………… 331

　第3節　アメリカ法の判例法主義 …………………………………… 333
　　第1項　憲法判例の特殊性（§§421-433）…………………………… 333
　　　　1　憲法判例の意義 [333]；2　憲法判例の展開──言論・出版の自由 [334]；3　積極主義と消極主義 [339]
　　第2項　判例の不遡及的変更（§§434-440）………………………… 342
　　　　1　アメリカの判例法主義 [342]；2　不遡及的変更 [345]

付録1：合衆国最高裁判所──歴代裁判官チャート図 [347]
付録2：英米の法律家 [355]

英米の裁判所と法律家

第1章　イギリスの裁判所

第1節　歴史的概観

第1項　序　説

§1　第2巻で詳しく説明したように、イギリスの裁判官は、憲法原理として「司法権の独立」および「裁判官の身分保障」という憲法習律を生んだ。「法の支配」の憲法原理は、裁判官が法を創造することを支持し、実際上、英米法の基礎は判例法によって形成されている。比較法の学者は、この判例法の体系をコモン・ローと呼んでいる。本章では、コモン・ローが生まれる歴史的起源をまず説明することにしたい。

§2　イギリス法の基盤をなすコモン・ローは、12世紀以後の国王の裁判所によって、いくつかの地方に分かれていた王国全体に共通な法として作り出されてきた法体系である。しかし、コモン・ローがイギリス法システムにおいて優越する地位をもつからといって、それに心を奪われ、他の裁判所を無視することは許されない。現在においても、中央の裁判所である高等法院 (High Court) などの上位裁判所のみに注目して、イギリスの裁判制度を理解するのでは不十分である。県裁判所、治安判事裁判所などの下位裁判所やいわゆる特別裁判所も視野に入れる必要がある。中世および近代における司法制度の究明のためには、考察をコモン・ロー裁判所のみに限定することは適切でない。

§3　コモン・ロー裁判所の成立以前にも、多くの多彩な裁判所が存在し、その状態が長く存続した。そして、中世封建制のもとでは、いっそう司法権は分散して、中央の国王権力のもとに集中されてはいなかった。このような体制のもとで、コモン・ロー裁判所は裁判権を独占することはできず、のちに詳述するような令状体制のもとで、ある種の事件は国王の司法権に服することなく、他の裁判所の救済をうけるほかはなかった。また救済手段にしても、

第1章　イギリスの裁判所

コモン・ローの与えるものは限定されており、特殊な救済手段を求める者は、国王の裁判所以外にそれを求めざるをえなかったのである。コモン・ロー裁判所は、ある意味で他の裁判所と併存しつつ、均衡を保ちつつ、社会の要請にこたえながら発展してきたといえる。そして、イギリスにおけるコモン・ロー裁判所以外の裁判所は、形骸化したとはいえ、近代にも生き残ったものが少なくないことも注目される事実である。

§4　西欧の近代国家は、国王のもとに司法権が集中し、それを通じて法が統一される過程をたどって成立していったといわれる。イギリスにおいても、漸進的にすすめられた国王裁判所の優位の確立過程によって、また司法権が中央に集中されていくことによって、近代国家が形成されていった。しかし、国王の司法権にあっても、イギリスにおいて、それは単純にコモン・ロー裁判所への集中という形をとらず、以下にみるように多様な裁判所があらわれて、国民の法的救済にあたったのであった。このようにして、イギリスの歴史をみるとき、その裁判所制度は、きわめて複雑な構造をもって展開してきたのである。

§5　しかし、もしこのような各種の裁判所の歴史を明らかにすることが、ただ単に法史ないし制度史的な関心にとどまるとすれば、本書のような書物のうちに詳しく取り扱うことは、たとえ英米法が法曹法であるとしても、適当なこととはいえないであろう。あえて本章で多くの裁判所の歴史を考察するのは、それが法制史を超えた意味をもつからである。すなわち、イギリスにおいては、多様な裁判所の存在が、近代イギリス法の法源と密接に結びつき、英米法特有の諸法理に大きな影響を与えているからである。このことは、エクイティが大法官裁判所と結合した法源であることをみるだけでも明らかである。歴史の流れのうちにすでに姿を消した裁判所もまた、近代法の法源を構築し、あるいはその裁判所の形成した法が現代のイギリス法に生かされていることが少なくない。したがって、これらの裁判所の歴史をふりかえることなしに、現代の英米法を真に理解することはできないといっても過言ではない。そのような観点にたって、以下において、中世以来のイギリスの裁判所を順々に考究していくことにしたい。そして、裁判所の歴史のみでなく、それが近代ないし現代のイギリス法にどのような寄与をしているかに立ちいって解説を試みることにしたい。このような叙述は、体系としてはやや混

乱を招くそしりを免れないが、ある意味では、イギリス法の理解に都合のよいやり方といえるように思われる。かりに法史的には興味があるとしても、近代法としてのイギリス法にとくに関係の稀薄な裁判所については、それを省略するか、きわめて簡単にふれるにとどめることにしたい。

第2項　地域的裁判所

1　集落裁判所（community court）

§6　ミルソムの著書が指摘しているように、国王裁判所、とくにコモン・ロー裁判所が公正な裁判所としての評判をかちえることができたのは、それと対比しうる地域的裁判所が存在していたことによるところが少なくないと思われる[1]。封建時代には、各地に地域的裁判所が、国王裁判所が成立する以前から存在しており、国王裁判所は自己に好都合な事件だけを選択することができた。また、そもそも当初においては、いわば市民サービスとしての裁判としての意識が強かったようであるし、斬新であるという点でも魅力があり、国王裁判所は封建的裁判所よりも有利な立場にあったといえる。

　このような逆説的な意味において、地域的裁判所の存在は大きな意義をもっていた。しかし、当然のことながら、光の当るのは国王裁判所の側であり、地域的裁判所についての本格的な研究は今日でも皆無といってよい。ここでも、詳細な説明は将来の研究に残すことにして、地域的裁判所——集落裁判所、カウンティ裁判所、百戸邑裁判所——について概説するのみにとどめざるをえない[2]。

§7　さて、最初に集落裁判所を説明する。これは各領主がその集落の平和と秩序を維持するためにしばしば開いた民会を起源とする。この民会はその集落における警察的機能を果し、課税についての大方の了承をえるのがその主たる役割であったが、ときには法的紛争の解決のためにも使われた[3]。この制

---

[1] MILSON, HISTORICAL FOUNDATIONS OF THE COMMON LAW (1969) p.3.
[2] 広い意味ではのちに説明する Cinque Ports の裁判所も地域的裁判所のうちに含めるべきであろうが、それは後に商事裁判所として国王裁判所の組織のなかに組入れられるので、この項ではふれないことにする。
[3] 慣行として裁判が一定の場所で行われていたが、裁判のための常設の建物があったわけではない。ちなみに、英語で中庭のことをコートと呼べれるが、当時はしばしば中庭で裁判が行われたのである。したがって、その裁判の場所の呼び方も、まちまち

度はノルマン征服以前にも存在していた私的な慣行であったが、その征服のときに当該の集落はマナーと呼ばれるようになり、そのような民会を開くことが、その領主としての資格を維持するための必要条件とされたのである[4]。しばしば領主の小作人たちの身分関係と土地に対する権利がここで確定され、イギリス封建制の特徴を生み出す重要な役割を果たしたのである。しかし、国王のお墨付をえてその地位をえた領主の裁判所は、のちに説明する新しい国王裁判所にならうことが多くあり、封建制の崩壊とともに徐々に自然消滅していった。

2　カウンティ裁判所（county court）

§8　カウンティ裁判所は先に説明した集落裁判所と同様に地方の慣習のなかから生まれた裁判所であるが、カウンティ（county）は自由保有地による行政区分[5]であり、領主の荘園の境界をはるかに越えたものであるから、領主の直接的支配を受けることは比較的少なかった。この裁判所では領主が実際に在席することはあっても、裁判にあたったのは州奉行である。国王裁判所が発行する令状の名宛人がこの州奉行（shire-sheriff）であった（⇨§19令状参照）ことも、あわせて注目されるべきである。州奉行は地方の有力で信望の

であった。たとえば、(a) 国王が明示的に与えた特権により裁判が行われることを強調するときは特権裁判所（franchise or regality court）、(b) 荘園内で裁判がなされることを強調するときは荘園裁判所（manor court）、(c) 領主が隷農たちの紛争の裁判のために使った慣習裁判所（customary court）、(d) 民会の性質をもつことを強調した町村裁判所（vill, township or hamlet court）と呼ばれる。これらの裁判所が生んだ慣習法上の謄本保有地の権利、相続法などに関する法理は、のちにみるように今日まで重要な意義を有している。

4　Leg. Hen. Prim. iv, I を見よ。「すべての領主は、その裁判所で権利を主張すべく人を召喚することができる。そして、もしその者が保有するほまれのある離れた荘園に住居を有するならば、その者の領主が召喚するときは、申立てに出かけなければならない」。ちなみに、このヘンリ1世の法律は、4部からなるものであり、その第1部は、9世紀のアルフレッド（Alfred）王の法典および11世紀のカヌート（Canute）王の法典を内容とする。林深山「イギリス法史の起点をめぐって」学習院大学法学部研究年報4号157頁参照。

5　カウンティは、通常、「県」と訳されるが、ここでは封建時代のことについてのべており、現代の行政区分との混同をさけるために原語をそのまま用いた。モーリス（Morris）は、このような裁判の慣行はサクスン諸王国の初期の時代にすでにできていたとのべている。MORRIS, THE EARLY ENGLISH COUNTY COURT (1926).

あつい者であったが、国王の部下としても位置づけられており、地域的裁判所ではあったが、中央政府の司法組織とのつながりをもっていたと思われる[6]。

　カウンティ裁判所がこのような性質のものであったので、比較的定期的に開かれ、裁判の方式も、国王裁判所ほどではないにしても、かなり定式化されていたようである。たとえば、開廷日は場所によって3週間に1回とか4週間に1回とか定まっており、その開廷日に事前に住民に対して公示された。ケントのような文化的に開けた地域では、訴訟令状なども、のちに国王裁判所で使われるようになる令状方式に類似したものに固定化されていた[7]。

§9　カウンティ裁判所と関連して巡回裁判のことにも少しふれておきたい。国王の臣下が各地を訪れるようになったのは、ドゥムズデイ・ブックの作成時に遡るが、裁判官が各カウンティを訪れるようになったのは12世紀以降のことである。国王の巡回裁判官が裁判をするときは、カウンティ裁判所は休廷となる。やがてこの巡回裁判は土地の有力者たちにとって大きな負担と感じられるようになり、彼らはできるだけ開廷されないように働きかけるようになる。その結果、実際に開かれたのは7年に1回程度であったといわれる。しかし、国王が奉行に対する報酬を余り出さなくなると、奉行がカウンティ裁判所の裁判によって利益をえようとするようになり、悪評をまねく[8]。や

6　州奉行は国王の令状を執行することを義務づけられていた。ヘンリ1世は、1110年ごろに巡回裁判官（justice in eyre）を任命し、年2回地方を巡回させて州奉行の監視に当らせた。1285年のStatute of Westminster IIにより仮判決（nisi prius）——これは、国王の裁判官がやってきて判決を否定するのでなければ効力をもつということを意味する——の制度がもうけられ、それにあたる州奉行は国王から高給をもらうようになった。

7　ノルマン征服以前にあったアングロ・サクソン法は、ケント地方の法律、西サクソン地方の法律（なかでもイヌ王およびエセルレッド王の法典が有名）、その他のサクソンおよびディーン人たちのカヌート王の法律などからなるが、ケント地方の法律は最も進んでおり、のちのイギリス法の発展にもかなりの影響を与えたといわれる。なかでも、土地の共同相続制で知られるgavelkindの土地保有形態は、イギリス法のそれとは異なったものであるが、長い間存続した。これについて、浦本寛雄「中世イギリス・ケント地方のガウェルカインド保有態様」熊本法学21号29-86頁は、サンズ（Sandys）の研究を詳しく紹介している。

8　奉行は土地台帳の作成に協力をし、地方における国王の財務官としての役割にもなっており、国王の信頼が厚く高給とりであった。しかし、奉行が土地の有力者と結びついて国王にそむくことがときには起り、徐々に軽視されるようになり、1548年

がて16世紀になると、国王裁判所の組織がいちおう整備されるが、その頃から地方の裁判は国王の治安判事裁判所にとってかわられるようになる。

3 百戸邑裁判所（hundred）

§10 百戸邑とはいざ事あるときに国王を守るため100人の騎士を提供する義務を負った集団の単位を指すが、メイトランドはこれをカウンティの小区分であったとみている[9]。しかし、百戸邑は1085年ごろに行われた土地調査にもとづくドウムズデイ・ブックによってなされた区分であるのに対して、カウンティの区分は実際の便宜による区分であった。両者の関係は必ずしも明瞭なものではない。百戸邑でも、4週間に1度ぐらいの間隔で12歳以上の自由人による民会が開かれ、しばしば裁判も行われた。この裁判所は、グランヴィルの著作にもみられるように、窃盗事件など一定の事件に対する裁判管轄を国王によっても認められており、比較的厳格に行われていたようである[10]。たとえば、裁判のときに12名の証人が参加することが要求されていたが、このことは第4章で詳説することになる陪審制に関係がある。しかし、その点はともかくとして、百戸邑裁判所は実質的にはカウンティ裁判所と同質の裁判所であり、やがてそれと同じように自然消滅していくことになるのである。

以降は無給の名ばかりの職となった。

[9] 約600エーカーの土地につき1人の騎士が割り当てられた。のちに、1166年のAssize of clarendonによって、「百戸邑から12人」——村区からは4人——の者（のちの大陪審）が犯罪の告発にあたることが義務づけられ、この区分がいっそう重要になった。MAITLAND, DOMESDAY BOOK AND BEYOND (1897) p.290 参照。

[10] BEAMES, A TRANSLATION OF GLANVILLE (1980) pp.3, 191. 国王裁判所が窃盗事件に関与したのは、被害者がその事件の現場で大声をあげ（hue and cry）、まわりにいた人たちが犯人を追跡し、窃盗の事実に争いのない場合に限られていた。おそらくは、私人間のやっかいな争いに巻き込まれたくないという気持が働いていたと思われる。したがって、関与した場合でも、財産侵奪を咎めるという論理はとらず、占有を取り戻す手助けをするという論理がとられた。R.v.Bazely (1799) 2 Leach 835 において、客からお金を預った銀行員が入金手続をとらないで自分の財布にいれたままにしていても、犯罪が問われなかったのはそのためである。

第3項　コモン・ロー裁判所

1　形成過程

(1) コモン・ローの意味

§11　コモン・ロー裁判所という言葉は具体的な裁判所の建物の名称ではなく、コモン・ローの運用にあたるいくつかの国王裁判所の総称である。「コモン・ロー」とは、使われる文脈のちがいに応じていくつかの意味をもちうるのであるが、判例法一般を意味することが多い。しかし、12世紀ないし13世紀ごろのその形成期においては、地方の慣習法に対する全国共通の法、人の記憶を超越した普遍的な法、神の意思を内容とする真理の法を意味するものであると説明されていたと思われる[11]。実際上は、慣習法であって当時のおおかたの者が認めると思われるものを各裁判ごとに国法として確認した法であったと思われる。少し時代が下ると、エクイティ裁判所が活発に活動をはじめ、コモン・ローという用語は、エクイティと対比されるものとして、通常裁判所ないし伝統的な裁判所の運用する法を意味するようになる[12]。ここでは、特にことわらない限り、この意味でその用語を用いる。

(2) ローマ法の影響

§12　コモン・ローの中身をなすものは、基本的にはゲルマンの慣習法であるといわれるが、体系の組立て方にはローマ法の影響を受けたと思われる部分が少なくない。言いかえれば、ローマ法と対比することによってそれをよりよく理解できるのではないかと思われるのである[13]。そこで、イギリス法に対

---

[11]　たとえば FORTESCUE, DE LAUDIBUS ANGLIAE (Chirimes trans. 1942) pp. 25-6 を参照せよ。

[12]　さらに、(1) 19世紀以降になって法源として制定法が重要なものになってからは、エクイティを含めた判例法全体を指すことがある。(2) 最近では、ヨーロッパ法に対比される英米法として使われることもある。(3) 自然法的意味あいをこめた国際慣習法をいうこともある。また、教会法では、全世界のカトリック教会で共通に用いられる一般原理として使われているので、注意を要する。

[13]　BUCKLAND AND MCNAIR, ROMAN LAW AND COMMON LAW: A COMPARISON IN OUTLINE (Lawson ed. 1965) はこの視点に立って書かれた名著である。この著作では、法源、人に関する法、財産法、相続法、債権法、契約法（売買、組合、保証などの典型契約）、犯罪と不法行為に関する法、訴訟法などについて、ローマ法と英米法との詳細な比較が行われている。

第1章　イギリスの裁判所

するローマ法の影響については、別の書籍でもすでに簡単にふれたところであるが、コモン・ローの性質を説明するために、ここで改めてその問題にふれることにしよう。

§13　コモン・ローの形成期においては、ローマ法は直接に英米の実定法[14]に影響するよりは、むしろ法学につよい影響を及ぼし、それを通じて当時形成されていったコモン・ローに影響を与えた。最も古くまで遡れば、征服王ウィリアムが、パヴィアで法学を学んだランフラン（Lanfranc）を招いたが、彼は国王の立法活動を助け、また有名な土地調査書（Domesday Book）の編纂を指導した。ついでローマ法の伝統は、アンセルム（Anselm）、シーボルト（Theabold）にうけつがれた。そして、12世紀後半に招かれた注釈学派の正統派の法学者ヴァカリウス（Vacarius）は、カンタベリとオックスフォードでローマ法の講義を行い、その講義および教科書（貧者の書 Liber Pauperum と呼ばれる）は好評を博して、ローマ法研究は著しく普及した。彼は、イギリスにおけるローマ法、教会法研究の建設者とされ、以来今日に至るまで、大学ではローマ法が講義されることとなったのである[15]。

§14　コモン・ローの形成にとってローマ法が大きな影響を与えたのは、イギリス中世の法学の花であり王冠であると評される、ブラクトン（Bracton）の『イギリスの法と慣習について（De legibus et consuetudinibus Angliae, c. 1250-58）』である。この未完ではあるが、イギリス法の全域を体系づけた書物は、あたかもコモン・ローの体系が形成される時期にあたり、それを指導する役割を果たしたのみでなく、以後長くイギリス法の発展に寄与したものであり、そこにみられるローマ法の要素は、コモン・ローの考察にとって無視することができないのである。もっとも、当然のことながら、これを学問上どう評

---

[14] 当時の実定法は主に慣習法からなるが、それは「国王の平和（king's peace）」という素朴な法概念によって説明されるものであったと思われる。高柳賢三『英米法の基礎』（1958年）5－9頁に説明されているように、これはせいぜい国王の支配する社会の一般的秩序ないし治安を守ることぐらいの意味しかもたなかった。しかし、法としてのその法概念の使い方は、600年ごろのエセルバート王の法律にみられるものと似ており、これは英米法がゲルマン的でもあるといわれる1つの所以である。

[15] ヘンリ8世は、オックスフォードとケンブリッジにローマ法の王立講座を設置した。イギリスの大学は専門家の養成よりは円満な人格形成がめざされていたので、これは唯一の法律専門科目であった。ちなみに、イギリス法の最初の講義は、1753年のブラックストンによるヴァイナ講義である。

価するかについては、意見が分かれうる[16]。メイトランドによれば、ブラクトンはそれほどローマ法に精通していたわけではなく、著書の3分の1どころか30分の1すらもローマ法を借用していないとする[17]。しかし、ホールズワースがのべているように、「ブラクトンがローマ法の術語、ローマ法の法諺、ローマ法の原理を用いて、イギリス土着の礎石の上に比較的貧弱な典拠から合理的な体系をうちたてようとしたことは明らかである」といってよかろう[18]。

(3) コモン・ローの発展

§15 このようなローマ法の影響はやがて終り、13世紀末には、コモン・ローは、独立した体系として、イギリス固有の法を発展せしめることとなった。この時期にローマ法が排斥された理由はいくつか考えられる。第1に、ノルマン征服以来、国王はイギリス固有法の存続を約束してきたが、この時期は、ローマ法の影響がローマ政治権力の拡大とつながることをおそれ、それはイギリスの繁栄を阻害すると考えるようになったことがあげられる[19]。このような政治的配慮は、大幅なローマ法の継受を不可能にした。1236年のマートン法（Statute of Merton）において、バロンたちが、子の嫡出に関するローマ法を排除して「われわれはイギリスの法を変更することを欲しない（Nolumus leges Augliae mutare）」と宣言した有名な文言もこれにつらなるで

---

16 ブラクトンに対するローマ法の要素を最も過大視したのはメーン（Maine）である。彼は、ブラクトンを、その著書の形式はもとより内容の3分の1がローマ法から直接に借用したにもかかわらず、それを純粋にイギリス法の要約と騙ったと論評している。MAINE, ANCIENT LAW (10th ed. 1908) p.87. これに反して、リーヴズ（Reeves）は、ローマ法の借用は著書の3ページに充たず、ただ例証と装飾として引用されるにとどまると主張する。REEVES, HISTORY OF THE ENGLISH LAW (Finlason ed. 1869) vol.1, p.531.

17 ただし、注釈学派アゾ（Azo）の影響は認めている。MITLAND, BRACTON AND AZO [Selden Society] (1865) pp.xiv et seq. これは今日の通説的見解であると思われる。PLUCKNETT, A CONCISE HISTORY OF THE COMMON LAW (5th ed. 1956) pp.261-2.

18 HOLDSWORTH, A HISTORY OF ENGLISH LAW (1903) vol.2, p.286. 前注の説を支持していると思われる。

19 国王はイングランドを統一するに当っては、しばしば教会の権威を利用したが、教会との対立もたえなかった。マグナ・カルタが作成されたことについても、このことに関係があるし、その他のことについても、それが影響を与えている。具体的な事件としては、教会裁判所の裁判権の聖職推挙権（advowson）をめぐって争った1170年のトマス・A・ベケット（カンタベリ大司教）との対立は有名である。

あろう。第2に、外国法であるローマ法に対する嫌悪感の高まりが指摘される。ローマ法を尊重しイギリス法を蔑視する僧侶階層、その支配のもとに立ち、かつ中世の大学に共通の性格といえる国際性をもち、知的精神的本山をローマやボロニアにおく大学に対抗して、ローマ法の侵入をつよく排斥し、古き良き土着の法を守ろうとする気運がバロンや通常人の間につよかった[20]。これがコモン・ローを形成する法律実務家をバックアップしたといえよう。第3に、いっそう法的な背景としては、国王裁判所の手続が令状方式その他について非常に厳格なものとなっており、その伝統的な枠組みにつねに一致させようとしたので、この手続法上の制約のために、かりに実体法としてローマ法を借用するときでも、それをイギリス化することとなった。この手続の複雑さと技術性とは、大学の法学教育では到底えられず、長年の実務によってのみ獲得されるものであった。このような諸事情から、ローマ法の知恵を借りることがあっても、国王の平和の侵害、あるいは何らかの国王権力への干渉ということに対する必要な措置をとるという本来の形に戻り、コモン・ローを発展させていくことになった[21]。

このようにして、コモン・ローの形成期の重要な時期において、ローマ法の影響が消失したことにより、コモン・ローという固有法の優位が確立し、すでに前章でみたように、それを育成する実務法律家層が発展することになり、中世末期には百年戦争による愛国感情も加わって、フォーテスキュ（Fortescue）のようなイギリス法讃美論があらわれるほどになった[22]。

　(4)　令状の方式（forms of action）

§16　コモン・ロー裁判所は、すでにのべたようにコモン・ローを運用する裁判所の総称であるが、ここで裁判を受ける前提条件として、まず訴訟令状をえる必要があった。これは、国王が裁判官に対してその所持人のために裁判を

---

[20] このようなローマ法への嫌悪を強調するのはブラックストンの考え方である。BLACKSTONE, COMMENTARIES (1765) vol. 1, pp. 20-2. このような考え方に対してポロックの強い反論があることも注記しておきたい。Pollock, *Notes*, in MAINE, ANCIENT LAW (10th ed.) p. 117.

[21] ダヴィッドは、このことから、コモン・ローがいわば公法的性格をもち、本質的に私法の体系であったローマの法と法学の役割が小さかったことを指摘している。David, Les grands systemes de droit contemporain (1964) pp. 272-3. このことからまた、私人間のささいな紛争の多くが、地域的裁判所で処理されたであろうと推測される。

[22] フォーテスキューについて、本書巻末に付した「付録2：英米の法律家」を見よ。

することを命令する文書であった。当初は事件ごとに発給されていたが、ヘンリ2世のころには定式化され、発給手数料さえ払えば簡単に入手できるものであった[23]。しかし、どの令状を選ぶかによって、次項で説明する3つのコモン・ロー裁判所のうちどの裁判所が管轄権をもつか、その裁判所で裁判を受ける場合、どのような手続によってそれが進められ、どのような救済が与えられるかが、はっきり定まっていた。令状の方式は、ローマ法のアクチオにならったものであるとされるが、令状の選択は単なる手続的な問題ではなく、実体に直接かかわりをもつ重大な問題であった。英米法では、今日でも手続法が重要視されるのは、この令状方式の伝統のためであると思われる[24]。

§17 (イ) 第1の類型に属する令状は、物的訴訟 (real action) と呼ばれる。これと対比される令状の類型としてこの次に説明する人的訴訟 (personal action) と呼ばれるもの（英米法にはさらに第3の類型の混合訴訟 (mixed action) がある）があるが、この区別はローマ法の対物訴訟 (actio in rem) と対人訴訟 (actio in personam) の区別にならったものである。しかし、ローマ法の区別が請求の基礎をなす権利の性質にもとづくものであるのに対し、この区別が訴訟の効果に視点をおいたものであるという点に相違がある。たとえば、侵奪不動産占有回復訴訟 (assize of novel disseisin[25]) は、被告自身

---

[23] はじめは国王の人気を得るために一種のサービスとして裁判が行われることもあったが、のちにはこれが国王の重要な財源の1つとなった。ちなみに、典型的な裁判で簡単に得られる令状を writ of course と呼ぶことがある。

[24] 1833年の Real Property Limitation Act, 1873年の Judicature Act などによって令状方式の制度は廃止されたが、実際上は廃止後も慣行は大きく変っていない。メイトランドは、19世紀中葉に葬られたはずの訴訟方式が、今日でも「墓場の下からイギリス法を支配している」とのべている。MAITLAND, THE FORMS OF ACTION AT COMMON LAW (1909) p.2. ちなみにも、このメイトランドの著書は、令状方式について詳細に説明した、信頼できる文献である。

[25] この訴訟令状は1166年のクラレンドン会議 (Assize of Clarendon) において創設されたといわれる。この令状は、ローマ法の interdicts に似ているが、保護される実体が seisin と呼ばれるイギリス法固有のものであり、その保護の態様もゲルマン的であるといわれる。権利令状による訴訟に比べて、代理人訴訟を認めるなどの点で簡便になってはいるが、出訴期限が短いとか、leasehold については認められないとか、いくつかの厳格な制限がついていた。ちなみに、この令状の文言のなかに、「その地方に住む12名の自由でかつ合理的な人間をして争われている土地を検分せしめ……」

に対する訴訟であってローマ法上は対人訴訟とされるのであるが、不動産そのものの回復という点に視点をおき、物的訴訟の重要なものの1つとされているのである。

§18　物的訴訟のなかで特に重要なものは権利令状（writ of right）である。封建制は土地保有の関係を身分関係と結びつけるところにその特徴がある。具体的には、中世の不動産法はつぎのようになっていた。すなわち、1066年のノルマン征服の結果、すべての土地は終局的には国王に帰属し、国王以外の者は、国王に対する忠誠を誓い、一定の付随条件をはたすことによってのみ、土地を保有することが許された。土地の保有態様（tenure）は、牧師など宗教的文化的な面での奉仕義務を負う者に対して与えられた自由寄進保有（frankalmoin）のほか、騎士保有（tenure by knight service）、官吏保有（tenure by sergeanty）、農民保有（socage tenure）があった[26]。これら4つの形態のいずれかにより土地保有を認められた者は、その保有条件を果している限り、土地を自由に利用することができた。さらに、このような自由保有以外に、不自由保有（unfree tenure）と呼ばれるものがあった。これは、国王から自治権を認められた封建領主から封土を受ける場合の土地保有である。その領主により土地利用の仕方が指定されることがありえたが、16世紀以降、地域的裁判所の謄本に記録されている限り（したがって、謄本保有権（copyhold）と呼ばれる。これは現在では廃止されている）、コモン・ロー裁判所が保護を与えた。先にのべた権利令状は、これらの土地に関する権利義務関係を確定することを求める令状である。

§19　メイトランドは、トランピントンの土地に関する訴訟開始令状を実例とし

という手紙がみられるが、これは陪審制とかかわりがあるといわれる。

[26] それぞれの保有態様に付随条件（incidents）が付いていた。たとえば、騎士保有の場合には、(1)臣従のちかい（homage）をたて、(2)相続のときに相続料（relief）を支払い、(3)後継人が未成年であるときは後見料（wardship）を払って成年に達するまで土地を管理してもらい、(4)婚姻するときは相談料（marriage）を払って了承をえて、(5)緊急時には国王ないし領主のために援助金（aids）を出さなければならなかった。付随条件は、17世紀になると別個に税をとりたてる仕組が生まれfrankalmoinとsocage以外のものは廃止されたAbolition of Old Tenures Statute（1660）12 Car. 2c. 24, 1925年以降はsocageだけが残っているが、付随条件はもちろん廃止されている。なお、英米不動産法上、権利の内容を示す概念としてestateが用いられているが、これについては相続の説明と関連してのべることにしたい。

第1節　歴史的概観

て示している。それはつぎのようにいう。

「国王は奉行にあいさつする。Aが、自らの権利でかつ相談したものであると主張し、余から直接に保有しているがそれをXが不当にも彼から奪った、と申し立てているトランピントンにある土地家屋を付属物とともに、正当にかつ遅滞なくAに返還すべきことを、Xに命じよ。もしXがこれをなさないときに、Aがその訴えを進めるについての保証を汝に与えるならば、なぜXはこれをしないかを示すために、○月○日にウェストミンスターのわが裁判官たち〔民訴裁判所〕の面前に出頭するように、よき召喚吏によってXを召喚させよ[27]」と。

　上の令状は土地所有に関する訴訟令状の例を示したものであるが、かかる本権的な訴訟令状以外に占有的訴訟令状と呼ばれるものがある。先に言及した侵奪不動産占有回復訴訟（assize of novel disseisin）、相続土地回復訴訟（assize of mort d'ancester）、聖職叙任権回復訴訟（assize of darrein presentment）がその主要なものである[28]。

§20　(ロ)　第2の類型に属する令状は人的訴訟（personal action）と呼ばれる。これには金銭債務訴訟（debt）、動産返還請求訴訟（detinne）（13世紀ごろにはdebtと合わせて使われた）、捺印契約訴訟（covenant）、計算訴訟（account）、不法侵害訴訟（trespass）、場合訴訟（case）、発見訴訟（trover）、引受訴訟（assumpsit）、動産取戻訴訟（replevin）、横領訴訟（conversion）などがある[29]。

---

[27]　正確にはこれは権利令状のうち praecipe in capite と呼ばれるものである。争われている土地が国王から直接にではなく、領主から封土されて保有しているときは、writ of right patent（breve de recto tenendo）が使われた。この場合、令状の最後の文章の文言は、「奉行をして正義を行わしめよ」となる。権利令状による訴訟の場合、原告は権利の存在を厳密に証明しなければならなかったし、被告が決闘による裁判を申立てることができ、しかも代理人を立てることができないなどの不便があった。

[28]　assize of novel disseisin についてはすでに前注15で説明したが、他の2つの訴訟も裁判の進め方はこれと類似している。なお、12世紀末から13世紀初頭にかけて直接の侵奪者からの占有の回復を許すための土地回復令状（writ of entry）が使われるようになるが、これを利用するためには、被告の占有には最近の瑕疵（recent flaw）があり、原告の方がより良い権原（good title）をもっていることを立証しなければならなかった。これら4つの訴訟は千差万別であり、不動産法を非常に分りにくいものにした、とメイトランドは述べている。MAITLAND, supra 24, at 35.

[29]　それぞれの令状の詳しい説明は、前掲注24のメイトランドの著書を見よ。replevin, trover は他の部分ではふれないので簡単に解説しておこう。第1に replevin は、動産

第1章　イギリスの裁判所

　これらの令状方式は、1852年と1854年のコモン・ロー手続法（Common Law Procedure Acts）によって全部廃止された[30]が、メイトランドの指摘するとおり、これらの令状による裁判の慣行は今日の訴訟の進め方に影響を与えている。

　この第2類型の令状を発給するについては、国王は細心の注意を払ったものと思われる。動産返還請求訴訟（detinue）を例にとってみよう。この令状は古くからあった令状で、被告が正当な理由なしに申立人の財物を保持していることを確認するためのものであった[31]。被告は、もしそれを不当に保持していると認められたとき、財物そのものを返還するか、その相当額の支払をするかのいずれかを選択することができた。被告がそのいずれをも行わないときは、被告の身柄を拘束して間接的に強制することはあったが、直接財物そのものを取り戻すことまで国王の裁判所が干渉することはなかった。たとえその財物が窃取されたものであることが分っている場合でもそうであった。

§21　もっとも国王の裁判所が裁判をすることにつねに消極的であったわけではない。フランスとの百年戦争およびヨーク家とランカスター家の王位継承をめぐるばら戦争に結着がつくと国家統一の気運は高まり、テューダー朝になると絶対主義国家の基礎が固まった。この頃になると、国王は裁判にも積極的な態度を示すようになる。このこととの直接の関連性があるかどうかは慎重な検討を要するところであるが、この頃になると場合訴訟（case）が盛んに使われている[32]。

　　　の自力差押を受けた者が保証（security）を立ててその差押の適法性を争う場合に使われた。第2に trover は、原告が失った動産を被告が発見して自己のために使っている場合に、それを取戻すための令状であって、16世紀の中頃に生まれた場合訴訟の1類型である。
　30　Common Law Procedure Acts 1852 & 1854, 15 & 16 Vic. c. 76; 17 & 18 Vic. c. 125. この立法はエクイティとの融合についても定めている。なお、これに至るまでに、1833年の Civil Proccdure Act, 3 & 4 Will. 4 c. 42 により wager of law〔⇨§32〕が廃止されたり、手続的簡素化はすでに進められていた。
　31　たとえば、馬を貸したが約束の期日に返還しない場合、その返還を請求するために使われた。この裁判には決闘の方式が用いられたり、封建的性格をもっていたので、trover（前掲注29参照）が代りに使われるようになった。
　32　trespass に類似した事件について例外的に認められる救済であり、新しい法領域の

§ 22　(ハ)　以上の２つの類型の諸令状のほかに、第３の類型の混合訴訟（mixed action）と呼ばれるものがある。ブラックストンは、残余権をもつ相続人が生涯権をもつ者に対し、土地の引渡と３倍賠償を請求するために使われる土地荒廃訴訟（writ of waste）をその例としてあげている[33]。

2　コモン・ロー裁判所とその救済方法
(1)　国王評議会（curia regis）からの分化

§ 23　先に説明した令状のうちのいずれかが選択されると、それに従って裁判が行われることになる。当初は国王評議会（curia regis）が裁判に当ったが、やがてこれからいくつかのコモン・ロー裁判所が分化してゆき、それぞれの裁判所に固有なやり方で裁判をするようになる。このことを説明し、これらのコモン・ロー裁判所がどのような救済を行ったかをつぎにみることにしたい。ハンベリによれば、領主がその領民たちのために開いた民会と同じように、国王がその臣下である豪族（tenants-in-chief）たちのために開いたのが国王評議会であった[34]。この国王評議会は、立法、行政、司法の統治全般にわたる重要な政策決定を行うために召集された側近ないし貴族たちの諮問委員会としての性格をもっていた。この集合体の一員となる資格は明確ではなかったが、国王が外国にいるときにも国王評議会はそれに随行して開会され

非常に多くの部分（ことに不法行為法）がこれから生まれている。かつては、この令状は Statute of Westminster II, 1285, s.25 の大法官が他の類似の事件において（in consimili casu）令状を発給する権限によるものとされていたが、この考えは誤っている。Plucknett, *Case and the Statute of Westminster II*, 31 COLUM. L. REV. 778 (1931).

[33]　現在では、他の訴訟令状と同じように Real Property Limitation Act, 1833, 3 & 4 Will. 4 c.27 によって廃止されたが、裁判のやり方は、入会権訴訟や公害訴訟に残っている。

[34]　HANBURY, ENGLISH COURTS OF LAW (5th ed. 1979) p.21. Curia regis は「王会」と訳されることが多いが、その大会議がやがて全般的諮問会（commune consilium）と呼ばれるようになり、討論に重点を置いた議会（parliamentum）へと発展していった点を考慮して、ここでは「国王評議会」という訳語を当てた。その司法的機能について、HOLDSWORTH, *supra* Sayles, *Parliaments and Great Councils in Medieral England*, 77 L. Q. REV. 213-36, 401-26 (1961) 参照。アングロ・サクソンの賢人会とそれとの類似性が指摘されることがあるが、この点については、羽田重房『英国民主制の起源――賢人会の研究』（1963年）参照。

た。

§24 コモン・ロー裁判所はこの国王評議会から分化した裁判所であるが、この過程は截然と行われたのではなく、試行錯誤的であった。当初から国王の財政問題は最重要課題であり、ヘンリ1世はその専門機関としていわば大蔵省にあたる財務府を独立させたが、やがてこの問題に関する紛争の解決のための財務評定所（Exchequer）がそのなかに創設された。法律専門家がその責任者として任命された。

§25 つぎに分化したコモン・ロー裁判所は民訴裁判所（Court of Common Pleas）である。ヘンリ2世は、封建的な土地保有制度を維持することの重要性を認め、この問題に関する裁判を行う専門機関をウェストミンスタに創設したのである。ドームズディ・ブックの作成以降、20数名の国王の臣下が各地方を巡回し、地方の諸事件を処理していたが、ロンドンにある基本文書などによって確認する必要のあるような重要事件については、権利令状を発給して当事者たちをロンドンへ召喚し、5名の裁判官に当該事件の裁判に当らせたのである[35]。そして、やがて私人間の紛争（民事訴訟）を扱う一般的な裁判所として成長していったのである。この裁判所についてはマグナ・カルタに特別規定が置かれており、おそらくはそれゆえに、長い歴史のなかで大きな変化はなかった[36]。

§26 第3に分化したコモン・ロー裁判所は王座裁判所である。この裁判所は、エドワード1世のときに「国王の平和」を維持するために創設されたものであり、国王の利害にかかわる事件の裁判にあたった。この裁判所の創設によって民事刑事の区別がコモン・ロー上はっきりしてきて、この裁判所は主として刑事事件を扱う裁判所として発展していくが、サーシオレアライなどの大権令状[37]を扱う裁判所でもあった。

§27 ところで、今日では少なくとも上訴裁判所（控訴院）へ上訴することは権利として認められているが（最高裁への上告は、通常裁量にかかっている）、中

---

[35] 本書§19で例示した令状を参照せよ。
[36] マグナ・カルタ17条。ただし、1337年、1392年にはYorkで、1544年にはSt. Albanで、1581年にはHartfordでも開廷された記録がある。
[37] certiorari, mandamus, prohibtionなどのことであり、請願に基づき国王が特別の救済を認めるときに用いられた。現在ではHigh Courtに帰属しているので、この裁判についての§85で説明する。

世においては、誤審令状（writ of error）によって訴訟記録上明白な誤りの訂正を求めることができたにとどまる。民事裁判所からは王座裁判所に上訴できたが、王座裁判所が原審である場合には、国王に対する請願の形で訴え、国王大権による救済を求める以外になかった。財務評定所については、上訴を審理するために1357年に財務室裁判所（Court of Exchequer Chamber）が設置された[38]。

(2) コモン・ロー裁判所の裁判管轄

§28 このようにして3つのコモン・ロー裁判所が共存するようになったが、その裁判管轄はしばしば重複しており、権限闘争がながいあいだ続いた。これを具体的に示すために、不動産法および契約法の裁判の進め方を調べてみよう[39]。

㈠ 不 動 産 法　甲が正当な相続人として土地を承継し実際にそれを保有しようとしたところ、現実にそこに住んでいた乙がそれを引渡してくれないので、甲が乙を相手として訴えを起す場合を考えてみよう。もし正式の遺言書が作成されていて、それにより訴訟を進めるとすれば、捺印証書訴訟（convenant）が適切な令状であり、民訴裁判所で裁判を受けることになる[40]。しかし、乙による甲の財産に対する侵害であるとみるならば、これは不法侵害（trespass）であり、王座裁判所が裁判をすることになる。この場合、王座裁判所は金銭損害賠償しか認められないことになっているが、ジョン・ドウの擬制（fiction）を許すことによって、妨害排除の令状（writ of ejectment）を出したのである[41]。この擬制は、甲は架空のジョン・ドウに問題の土地を賃貸し、ドウがそれを占有しようとしたところ、リチャード・ロウが不法に

---

[38] Exchequer および Court of Exchequer Chamber の裁判管轄は、しばしば変えられており、はっきりしない部分が少なくない。国王に対する債務の有無についての争いや、国王の財政にかかわりのある事件を処理した機関であり、のちにふれるエクイティの権限ももっていたようである。

[39] コモン・ローの法領域には、不法行為法、刑法など実定法のほとんどの分野が含まれる。

[40] 中世においては、法定相続人または国王の承認をえた相続人でなければ相続できなかったので、本文でのべたような訴訟は、1540年までには起りえなかった。Statute of Wills, 32 Hen, 8c. 1 の制定によって、自由意思による遺言の作成が可能になった。

[41] 当初は擬制ではなかった。これは、土地回復令状（writ of entry）に代る訴訟として盛んに利用された。

占有しているので、ロウを相手に明渡請求訴訟を起したが、ロウは裁判所へ出頭しないので、ドウの権利を認めるというのである。そして、ドウは土地の賃借権を甲に返すことにしたので、甲はドウのもつ妨害排除の権利も承継している、とするのである。

§29　このような訴訟が行われたことの背景には次のようなことがあった。まず第1に、イギリス法上、対世的な効力をもつ絶対的な所有権は認められておらず、土地に対する権利を主張するためには、正式な捺印証書を作成しておく必要があった[42]。捺印証書の解釈についてはいくつかの厳格な原則があり、普通の人の期待どおりに解釈されるとはかぎらなかったし、民訴裁判所の訴訟には時間と費用がかかった。これに反し、王座裁判所の手続は簡便であり、しかも通常の期待にかなう解決を与えてくれたのである。

§30　このような王座裁判所の訴訟は、本権の有無を直接問題にしないので、不確実な地位に置かれている賃借人を保護するのに役立った[43]。しかし、先の擬制による救済を受けるためには、原告はシーズン（seisin）と呼ばれる権原を有することを証明しなければならなかった。このシーズンの用語は、古い時代には事実上の「占有」を意味する言葉として使われていたが、16世紀後半以降に盛んに利用された先の擬制のなかでは、それが観念化し、「占有権」ないし「所有権に近いもの」になっている[44]。これは不動産法の近代

---

[42]　正式な捺印証書とは covenant, deed または indentute と呼ばれる書面を指すが、これは作成日などが記載され、署名のうえ封ろうを溶してその上に印形を押したものである。正式の遺言書は、さらに若干の要件が加わる。 ⇨§406。

[43]　コモン・ローにおいて古くから認められてきた copyhold と呼ばれるものがあったが、本文でいう賃借人の権利は、それではなく、leasehold を意味している。わが国では、川島武宜教授が大陸法の土地所有権に関する研究『所有権法の理論』(1949年) のなかで、近代の所有権は「私的性質」、「観念性」、「絶対性」をそなえていると指摘したことから、この観点からイギリス土地法にも盛んにスポット・ライトが当てられるようになり、leasehold の研究も進んでいる。日本の研究者は、これを私有化、観念化の例としてとらえている。

[44]　たとえば、Asher v. Whitlock, L. R. 1 Q. B. 1 (1865) p. 6 では、コウバーン裁判官 (Cockburn, C. J.) は、「真の所有者以外の全世界に対し原告のために法が認めるところの、当該の不動産を遺贈する権利を原告がもつことは疑いの余地のありえないことである」とのべている。本件では、荒地を開拓して小屋を建てて住んでいた者が、その妻が生存中または再婚するときまでは生涯権 (life estate) を認める条件で、その娘に対し当該不動産を相続させたのであるが、その者の死後に妻が再婚したので、娘

化に役立ったとはいえるが、反面、それを著しく複雑なものにした原因ともなっている[45]。虚構の上に組立てられたコモン・ローの不動産法がもたらした害悪は、エクイティによってある程度は緩和されたとはいうものの、1925年に本格的な法律が制定されるまでは完全には取り除かれえなかったのである。これについては、のちに改めて関連部分で説明することとなろう。

§31　(ロ)　契　約　法　　コモン・ロー裁判所の裁判管轄と関連して契約法の訴訟をもう1つの例として説明することにしよう。英米法上、契約（contract）とは、法が履行を強制する約束（promise）、法がその違反に対し救済を与える約束、または法律上の義務の生ずることを法が認める約束と定義される[46]。かかる契約は、口頭の約束も含みうるのであるが、中世のコモン・ロー裁判所がそれを強制したり、その違反に対し救済を与えたのは、そのうちの一部分にすぎなかった。第1に、その約束が正式の捺印証書に記載されておれば、捺印証書訴訟（covenant）によって救済される。第2に、原告が被告に有価物を与えており、被告が債務を負っていることを証明できるときは、原告は金銭債務訴訟（debt）によってそれを請求することができる。さらに、ごく限られた場合には計算訴訟（account）も利用できた[47]。しかし、これらのいずれの訴訟方式によっても、民訴裁判所はきわめて厳格な要件を課し、不動

の法定相続人が再婚した相手に対して不動産の明渡しを求めた。女王座裁判所は、かかる観念的処分を有効と認め、原告の権利をより上位のものと判決したのである。*Cf.* Doe d, Carter v. Barnard (1949) L. J. 18 Q. B. (N.S.) 306. シーズン（seisin）の概念について、Maitland, *The Beatitude of Seisin*, in COLLECTED PAPERS (Fisher ed. 1975) vol. 1, pp. 407-57 が詳しい。

[45] 前注10でふれたように、近代的不動産法は、所有権者をしてその自由意思によって土地を商品として処分することを可能にし、その処分に絶対的効力を認めるものと言ってよい。イギリス法の場合、真の所有者であると思われる者の権利放棄ないし裁判で争わないという約束（release）によって自由に譲渡できるようになり、裁判所も譲受人を保護するようになったが、絶対的所有権は認めないので、その効力は相対的なものにならざるをえない。1862年の Land Registry Act, 25 & 26 Vict, c. 53 によって登記が可能になったが、登記されていない者も含めて土地に関係のある者の権原の強弱を比較してみることが常に必要であり、ここに不動産譲渡専門の法律家が職業として成立つ理由がある。

[46] POLLOCK, CONTRACTS (1950) pp. 1-6, 44; ANSON, CONTRACTS (1964) pp. 3-4 を見よ。なお、アメリカのリステイトメントも、これに近い定義を与えている。AMERICAN LAW INSTITUTE, RESTATEMENT: CONTRACTS §1.

[47] たとえば、被告が原告のために財産管理の業務を負っている場合である。

産に関する訴訟と同じ程度に慎重に、十分な時間をかけて審理を尽したのであった。そのうえさらに、1677 年には詐欺防止法（Statute of Frauds）が制定され、重要な約束は書面になっていて当事者の自署の付されたものが存在する場合でなければ提訴できないことと定められたため、口頭の約束を強制することはいっそう困難になった[48]。

§ 32　契約法の領域において、その保護を拡げたのは、場合訴訟から独立した引受訴訟（assumpsit）によってである。この訴訟は、元来、あることをする約束をし、その履行の仕方を誤ったために約束の相手方に損害を与えた場合に認められた救済方法であった[49]。しかし、1602 年のスレード事件において、クック裁判官は、約束を履行しないことによって相手方に損害を与えた場合にも、債務の存在が立証されれば救済が認められるべきであると判示した[50]。この考え方によれば、古い金銭債務訴訟ならば宣誓雪冤（wager of law[51]）などの手紙に従わされる可能性があったが、これを避けることができたし、簡便な訴訟であるために契約法の訴訟で盛んに使われるようになった。

このような引受訴訟の利用は、農業社会から商業社会へと移行しつつあるイギリスの歴史の社会的要望にこたえるものであると思われるが、契約理論

---

[48] Statute of Frauds 1677, 29 Car. 2 c.3 の第 4 条および第 17 条は、裁判により保護される契約は文書によるものであって当事者の署名が付されたものに限られる旨を定めている。

[49] 詳しくは、SIMPSON, A HISTORY OF THE COMMON LAW OF CONTRACT (1975) pp. 210-23; Ames, *The History of Assumpsit*, 2 HARV. L. REV. 1, 53 (1882) を見よ。

[50] Slade's Case, (1602) 4 Co. Rep. 92 b, 76 Eug. Rep. 1074. ちなみに、この事件は、ロンドンのパン屋が青田に育ちつつある小麦を全部買取る約束をしたが、エリザベス女王の死のために祭りごとが一切とりやめになり、パン屋は収穫された小麦を引きとらなかったために起った。民訴裁判所はこの事件の裁判管轄について否定的意見を示したが、財務裁判所は、農民が税を払えなくなることから国王の財政的平穏に対する危害とみて、これを肯定した。そこでコモン・ロー裁判官の全体会議を開いてその意見をまとめ、クック裁判官が下した判決が先の判決である。

[51] Compurgation とも呼ばれる。国王裁判所によって召喚された当事者が、宣誓のうえ自己の主張をのべることになるが、この宣誓が潔白であることを宣誓してもらうために、一定数の証人（彼をよく知る仲間）を出頭させることを要求されたのである。その人数は、ブラックストンによれば 11 名、またはクックやプラクネットによれば 12 名が原則であるが、裁判所はこれと異なる人数を定めることができた。プラクネットは、この手続は本質的には神判の一種であるとみている。PLUCKNETT, *supra* p. 9 (n. 17), at 115.

上、やっかいな問題を生むことになったことも事実である。不法侵害（trespass）に対して国王が裁判権を行使したのは、「国王の平和」を守るという古くからの大義名分によっていたのであり、しかもこれは暴力（vi et armis）をもって行われた場合に限られていた[52]。しかし、スレード判決の考え方によれば、暴力の要件は取りはずされ、すべての私人間の争いが裁判となりうる可能性が生まれたことになり、一定の歯止めをかける意味で、約因（consideration）という新しい概念が導入された。つまり、契約がコモン・ロー上契約として認められるためには、一方当事者が相手方に対し約束の申込（offer）をし、相手方が承諾（acceptance）を与えたというだけでなく、約因が存在しなければならない。この約因は、さまざまに解釈することができる[53]。のちにみるように、この法領域においても、やがて立法による補正を必要とするようになる。

§33　(ハ)　人身保護その他　コモン・ロー裁判所の裁判管轄の拡大は、不動産法や契約法の領域だけにみられた傾向ではない。第２章で説明したように、コモン・ローの法律家たちが自治団体を完成させてからは、コモン・ロー裁判所は国王と対立する姿勢をみせるようになり、議会の支援をえて司法権の独立性を獲得し、一般的管轄権をもつ通常裁判所へと成長していったのである。そして、19世紀の司法改革によって裁判所制度が近代化されたときまでに、労働法や経済法などの新しい領域も含んだコモン・ローの体系を完成させたのである[54]。

§34　最後に、このようなコモン・ロー裁判所の成長の過程において、国王が新たに設置した大権裁判所との激しい衝突があったことにも注目しておかなければならない。この大権裁判所についてはのちに少しくふれることになるが、コモン・ロー裁判所は、これと対抗するために人身保護令状[55]をしばしば用

52　したがって、殺人、強盗、強姦などの刑事事件が王座裁判所の主な管轄なのである。占有回復訴訟（writ of ejectment）でも、樹を伐り倒したなど「暴力（vi et armis）」の事実が含まれていることが多い。Milsom, *Trespass from Henry III to Edward III*, 74 L. Q. REL. 561, 583 (1958).

53　これについては、本著作集第４巻（コモン・ロー）の中で詳しく説明する。

54　労働法、経済法などの展開については、DICEY, LECTURES ON THE RELATION BETWEEN LAW AND PUBLIC OPINION IN ENGLAND DURING THE NINETEENTH CENTURY (1905)の著作が詳しく説明している。

55　この令状の歴史的起源は必ずしも明らかではないが、1679年 Habeas Corpus Act,

第1章 イギリスの裁判所

いたのである。大権裁判所の裁判は適正な手続によらない不当なものであると認め、そこで裁判を受けている者の身柄の引渡しを要求したのである。そして、裁判権をめぐるこのような拮抗を通じてコモン・ロー裁判所の手続は厳格なものになっていった[56]。

(3) 救済方法（remedies）

§35　裁判制度は自力救済に代るものとして発展してきたといわれる。英文法においても、一般的にはその通りであると言ってよかろう[57]。しかし、大陸法に比べて英米法の場合には、自力救済を認めることが多い。裁判は多くの人をわずらわせるし、また多額の費用がかかるので、当事者どうしで穏便に紛争を解決することができればそれにこしたことはない、と考えられてきたと思われる[58]。

§36　近代においては自力救済を行うのは稀であり、裁判による救済を求めるのが普通となっているが、コモン・ロー裁判所が与えうる救済はかなり限られている。原則は金銭による損害賠償である。損害額が最初から確定できればその額が賠償額となる。その額を確定できないことが多いが、この場合には陪審がそれを確定することになる。陪審による賠償額の算定はその裁量に任されており、はっきりした基準はない。しかし、陪審による裁判が放棄されることもあり、コモン・ロー裁判所は判例によって次のような大まかな基準を示している。

---

　　31 Car. 2 c.2、1816 年の同名の法律、56 Geo. 3 c.100 などによって制定法上の基礎が与えられ、個人的自由の権利（裁判を受ける権利を含む）を保護するために重要な役割を果たした。これについて、ダイシーは、フランス法と比較しながら詳説している。DICEY, infra p.39 (n.101), at 214-28 を見よ。

[56]　のちにみるように、皇室裁判所（Star Chamber）はデュー・プロセスに反する裁判所であるという理由で 1640 年の法律によって廃止され、この裁判所の裁判管轄もコモン・ロー裁判所に移されるが、これには伝統的なコモン・ローの裁判とは違った特色がみられる。叛逆罪、共謀罪、名誉毀損などの裁判がそれである。

[57]　HOLMES, COMMON LAW (1881) pp.6-7. 1381 年の Statute of Forcible Entry, 5 Rich. 2, stat. 1, c.7. に実力により不動産占有を回復することを禁止している。POLLOCK AND MAITLAND, THE HISTORY OF ENGLISH LAW (2nd ed. 1898) vol.2, p.63 も見よ。

[58]　月賦の返済がとどこおっている自動車の自救的差押え（distress）やニューサンスの自力除去（abatement）は許されている。Cf. BLACKSTONE, COMMENTARIES (1765) vol.3, p.4. また、仲裁の合意があればコモン・ローそれを認めてきたし、とくに合意が書面になっている場合には、1950 年の Arbitration Act により紛争が解決される。

第1に、原告が被告に対し物品または役務を与えている場合は、その合理的な代金が賠償額となる。後者の算定のときには、その質のよしあしは考慮に入れられる[59]。

第2に、被告の行為によって原告が損害を被ったときは、その損害額が賠償額となるが、その算定にあたって原告を原状に戻すことが意図される[60]。損害賠償の範囲は、当該の行為と因果関係の存在する限度に限られるが、行為の時点で予見可能であった結果については賠償責任が生じる[61]。身体に対する危害があった場合には、次の諸点を考慮して算定される。(1) 身体の傷害の程度と生理的な危害の有無、(2) 精神的な苦痛の程度[62]、(3) 人生を楽しむ能力の喪失の程度、(4) 推定生存年数の短縮された率などである。被害者が死亡したときは、契約責任による損害賠償は相続人が当然に請求できるが、不法行為責任による場合は、一定の制限がある[63]。

第3に、権利の存在を認めさせたり、汚名を雪辱することが目的となっていて現実の損害が証明されていないときは、名目的損害賠償が認められることがある。たとえば、クリケットの競技に出場する十分な資格があるのに、黒人であることを理由に出場を拒否された事件[64]がその例である。

§ 37　ところで、もし被害者が損害賠償よりは加害者に対する復讐を望む場合には、事件は刑事事件となり、被告人に対して刑罰が科されることになる。古くはコモン・ロー裁判所が重大な犯罪だけをあつかったので、死刑が科され

59　TREITEL, CONTRACT (3 d ed, 1971) p. 854.
60　Livingstone v. Rawyards Coal Co., (1880) 5 App. Cas, 25, 39 (per Lord Blackburn).
61　債務不履行の場合と不法行為の場合に分けてこの問題を検討した論説として、伊藤正己「英米における因果関係の一考察」同『イギリス法研究』(1978年) 403-26頁を見よ。なお、当事者が予見できた範囲で特別損害が認められるのとうらはらに、もし原告が損害を合理的にさけられたと思われる限度で減額される。Darbishire v. Warran [1963] 3 All E. R. 310, 315.
62　暴行 (assault, battery) や名誉毀損 (libel) などのように実害の立証を必要としない不法行為以外の事件について、精神的苦痛に関して加害者がそれを予見しており、ショックのため病気になったという具体的事実がなければ、損害賠償は認められない。末延三次「精神的衝動による損害の賠償——英米法における Nervous Shock について」同『英米法研究 (上)』(1959年) 191頁以下参照。
63　これについて LAWSON, REMEDIES OF ENGLISH LAW (1972) pp. 143-8 は、コモン・ローおよび最近の立法を詳しく説明している。
64　Constantine v. Imperial Hotels Ltd., [1944] K. B. 693.

ることが多かったが、現在では、これは原則として廃止されている[65]。懲役または罰金が普通の刑罰となっている。

　以上のほか、コモン・ローはさらに懲罰的損害賠償と呼ばれる救済方法をもっている。これは、はっきり制定法の明文によって定められている場合も少ないが、原告は損害賠償を求めており、裁判所としてはそれを認めるが、被告は故意に不法な行為を行ったのであるから、将来被告に同じ行為を繰返させないようにするために懲しめておきたいと考える場合に使われる[66]。もちろんこれは例外的な救済方法であるが、これが使われるときは現実の損害額の2倍または3倍の損害賠償が認められる。

§38　以上にのべた救済方法のほかに、1875年にコモン・ロー裁判所とエクイティ裁判所が併合されてからは、コモン・ロー裁判所も特定履行や差止命令などの救済方法も利用できることになっている。しかし、今日でもそれらはエクイティの法理と結びつけて使われているので、次節のエクイティ裁判所と関連して説明することにしたい。

§39　最後に、「同意は免責する」という原理にも一言ふれておきたい。もし原告が加害行為に同意を与えていたことが認められる場合には、コモン・ローによる救済は認められなかった。しかし、最近では、人身傷害に対する同意は有効なものではなく、財産侵害に対する同意も、エクイティの考えに従って、合理的でないものは効力を認めないとする傾向がある[67]。

---

[65] Capital Punishment Act, 1965. ちなみに、古い時代においても、コモン・ローが厳格になりすぎて重罪に対して死刑をもって対処する慣行ができ、これを緩和するために「僧侶の特権（bencfit of clergy）」の便法が用いられることがあった。これは、有罪とされる犯罪者にラテン語を一こと、二こと言わせ、形式的に僧侶とみなし、当コモン・ロー裁判所には裁判管轄がないとのべて、死刑に処する代りに多くの人の前で親指又は額に罪名のイニシャルの焼印を押すものであった。完全に廃止されたのは19世紀中頃である。Marke, Vicnettes of Lecal History (1965) pp. 269-80.

[66] この点に関する最近の指導的判例は、Rookes v. Barnard, [1964] A.C.1129であるが、この判決の中でデブリン裁判官は、(1) 公務員の行為で弾圧的、恣意的または非立憲的なもの、(2) 被告の行為が原告に支払うべき、補償を超える利益を収めようという計算の上に立ってなされた場合、(3) 制定法の定める場合に限って懲罰的損害賠償が認められる。とのべている。この判決の解釈について、田中英夫「懲罰的損害賠償に関するイギリス法の最近の動き」『現代イギリス法（内田力蔵先生古稀記念）』(1979年) 245-82頁参照。ちなみに、オーストラリア、ニュージーランド、カナダはこの判例に従っていない。

第4項　エクイティ裁判所

1　起　源

§40　エクイティ裁判所の起源は、コモン・ロー裁判所のそれほど明瞭ではない。この裁判所の頂点に立つ裁判官は大法官であるが、本来は大法官は裁判官ではなかった（⇨ §247）。大法官が直接かかわりをもつようになったのは、裁判をしてもらうために原告はまず大法官府へ出向き、訴訟開始令状を買わなければならなくなってからである。原告の希望する令状があれば、それは当然に発給されるたてまえになっていたから問題は起りえなかった。実際には、原告の希望通りの裁判をコモン・ロー裁判所で受けられそうにない事例が数多くあったのであり、かかる場合に大法官は、国王に対する請願という形で原告の苦情を受けつけたのである[68]。さらにまた、イギリス法の歴史のなかで、エクイティ裁判官たちも法曹の一員としてなごやかな雰囲気で互いに補完しあい、協力しあってきたと言えるのであるが、ステュアート時代に国王がコモン・ロー法曹団と対峙しあったとき、彼らはむしろ国王を支持する姿勢を示したのであった。このことは、多分に私情の混ったクックとベーコンの対立が原因となっていると考えられなくもない。過大視することは正しくないが、コモン・ローとエクイティという2種類の法を別々の裁判所が運用するという、大陸法系の諸国には見られない英米特有の裁判所の制度を生んだことの遠因になっているように思われる[69]。

---

[67]　この点について非常にむつかしい法領域は、構造物の管理責任者（たとえばホテルの支配人）の訪問者に対する注意義務違反に関するものである。判例法はきわめて不確定な状態にあったが、最近の制定法により厳格責任を定めたので、契約の免責条項によってその責任を免れることはできない。Occupiers' Liability Act, 1984. また、1977年のUnfair Contract Terms Actも本文でのべた考え方に従っていると思われる。

[68]　かかる請願には2種類のものがあった。1つは、コモン・ローによって救済がえられる場合であるが、有力者が陪審に圧力をかけたために不正な裁判が行われたことに対する請願である。*Cf.* Deffinitio de Conspiratoribus, 33 Ed 1. 大法官がかかる請願を受理して事件を審理したときには、記録がラテン語で残されるのでLatin Side（またはコモン・ロー・サイド）と呼ばれた。他の1つは、コモン・ローによっては救済されえないが、衡平によって新しい救済方法を認めてほしいという請願である。これはEnglish Sideと呼ばれた。本項が対象とするのは後者の場合である。

[69]　大法官府が独立したエクイティ裁判所へと発展し、その固有の裁判管轄をえて確固たる地位を築くにいたった諸事情は、HOLDSWORTH, *supra* p. 11 (n. 18), vol. 1, at

§41　(1) エクイティの特色　　大法官府がエクイティの法を運用するとき、令状と関係なく裁判を行っていたのであり、その方式に拘束されることもないから、裁判官の裁量によるところが多かった。法的安定性よりも具体的妥当性が重んじられ、厳密な事例ごとに考えられた。そもそもエクイティとは、裁判官の「良心」とか「公正観」ともいうべきものであって、厳密な定義をすることのできないものである[70]。

　エクイティがこのような性質の法であるとしても、決して英米法だけに固有なものではない[71]。中世の裁判において、ある慣習法の存在を認めてそれを利用することに何らかの不都合があったときに、「正義」の名を借りてローマ法を利用することがあったことをすでに説明した。具体的には、わが国の法律にもみられるような、「信義誠実」、「禁反言」などの諸原理が使われたのである。エクイティの内容は、ローマ法という言葉こそ用いられていないが、まさにそれらを含むものであった。実際上、エクイティの裁判官のなかには僧職者もあり、ローマ法や教会法を参照したと考えられる場合が少なくないのである[72]。

　エクイティは対人的に働く（equity acts in personam）。たとえば、コモン・ロー上完全に有効な契約書が作成されているときに、原告にそれを強制させることは正義に反すると考えられる場合（たとえば、ヴェニスの商人の

395-476 に詳しく説明されている。

[70] Earl of Oxford's Case (1615) 1 Ch. at 6 で大法官エルズミア (Lord Elesemere) の判決文にも本文でのべた趣旨のことが記されている。一般的には、大法官が国王の良心の保管者 (keeper of the King's conscience) と呼ばれたこともあり、「良心」が裁判の基準であるといわれるが、海洋閉鎖論でよく知られるセルデン (John Selden) は、まるで大法官の足の長さがちがうように判決もまちまちである、とのべた。

[71] よく知られるように、ローマ法では、ius civile（市民法）が厳格法であったのに対し、ius praetorium 又は ius honorarium（法務官法又は名誉法）が具体的事件についての妥当性を求めて判決を通して形成されていったのであり、この対照はコモン・ローとエクイティのそれと似ている。もっとも、ローマ法では、イギリス法とはちがって、エクイティニアス皇帝の即位のときから（同皇帝は外国人との婚姻を望んだので）その区別は消え、ius gentium（万民法）へと発展し、同一の裁判所がこれを運用するようになった。

[72] もっとも、実体法の面では、法制度として近似したものが存在するにもかかわらず、エクイティがローマ法に負うところはほとんどないとされている。この点について、Holdsworth, *The Influence of Roman Law on English Equity*, in ESSAYS IN LAW AND HISTORY (1946) p. 188 参照。

シャイロックが作成した証書を強制する場合)、当該被告に対しその強制を禁止する命令を出したのである。もし被告がこの命令に従わなければ裁判所を侮辱したことになり、監獄に拘禁されることになる。

§42 (2) エクイティ裁判所の危機　エクイティがどこの国にもみられるものであるとしても、その運用のために特別な裁判所を設置した国はほかには見られないのであり、イギリスにおいても、これを廃止しようとする動きが全くなかったわけではない[73]。のちに述べるように、ヘンリ8世は、財政難を克服するためであったが、当時エクイティ裁判所の最も重要な管轄事項となっていた信託を禁止しようとした。土地保有者たちの強力な反対にあって完全に禁止することはできなかったが、これによってエクイティ裁判所の扱う事件は激減した。しかし、信託法の利点が認められて再び盛んに使われるようになり、大法官エルズミア (Lord Ellesmere) の時代になると、コモン・ロー裁判所からの攻撃を受けつつも、国王ジェームズの加護をえて裁判所としての地位は確立した[74]。これは先にも述べたクックとベーコンの対立の時代であるが、このときにエクイティの諸法理は、はっきりとした理論的な支えをもつようになる。その後、共和制時代にまた重大な危機をむかえた。この時代はピューリタンの時代であった。彼らは法の道徳的要素を非常に重んじ、ベーコンが提案したように、法を明快で厳格なものにするために本格的な司法改革に取り組んだ。そして、エクイティの倫理が彼らの考えと異なるものであって、しかもエクイティ裁判所の現実の姿は余りにも堕落したものであったので、これを廃止する法律を制定した[75]。しかし、これが施行される前に1660年の王政復古が起り、それを失効させたので、エクイティ裁判所は生き残ったのである[76]。

---

[73] たとえば、トーマス・モアはエクイティをコモン・ローの管轄の中に吸収することを提案した。しかし、むしろコモン・ローの法律家たちが陪審などの伝統を守るべきであるとしてそれに反対したといわれる。PLUCKNETT, *supra* p.126 (n.7), at 687-9.

[74] 1590年代に民訴裁判所がエクイティ裁判所に対して裁判を止めるよう禁止令状 (writ of prohibition) を出した記録が残っている。1598年には、Stepney v. Flood 事件においてエクイティ裁判所の判決は違法なものである、という判決を下したといわれる。COKE, FOURTH INSTITUTE (1644) p.97.

[75] エクイティ裁判官の腐敗ぶりは、VEALL, THE PORULAR MOVEMENT FOR LAW REFORM 1640-1660 (1970) に詳しく書かれている。

[76] このように共和制時代の司法改革の試みは失敗に終ったのであるが、その英米法に

§43 これ以降のエクイティ裁判所の歴史は安定したものであった。これはつぎのような諸理由によるものと思われる。第1に、1673年以降には、聖職者が大法官に任命されたことはなく、大法官の地位が、第2章で説明したとおり、だんだん高くなっていって現在では最高位にたどりついている。第2に、実際に大法官として任命された法律家たちのなかには、ノッティンガムやエルドンのような学術的な法律家がおり、エクイティの諸法理を理論的に整理し、つぎに説明するような多くの利点をもった体系へと発展させたことである。

2　エクイティの諸法理とその救済手段

§44 すでに述べたように、エクイティはコモン・ローを補充するものであって、それ自体がまとまった1つの体系をもつものではない。ここではエクイティの諸法理のうちで特に重要であると思われる信託法、譲渡担保の法理、不実表示、詐欺、強迫、不当威圧に対し認められるエクイティの救済、禁反者の法理などを説明し、それらが裁判においてどのように使われてきたかを示すことにしたい。

§45 (1) 信託法　コモン・ローの土地法は身分制と結びついていた。そして、その身分関係には種々な付随条件が付いていて、これが実質的には税金となっていたと思われる[77]。しばしばこれは国王や領主によって悪用された。当初は国王や領主に対する現実の奉仕であった。しかし、奉仕の金納化によって身分的な感情がうすれ、12世紀頃から聖フランシスコ派の間で行われていたユース (use) の慣行を利用し、その負担を免れる者が現われた[78]。

　　残した意義は大きい。例えば、刑法や陪審制の近代化に大きな貢献をした。罪刑法定主義に近い考え方がイギリス法に導入されたのはこの頃である。また、最近の憲法典論争においても、このころの立法がしばしば言及されている。前注のヴィール (Veall) の著作は、これらのことを詳しく説明している。共和制時代の憲法、法律その他の主要な諸文献は、CARDINER, THE CONSTITUTIONAL DOCUMENTS OF THE PURITAN REVOLUTION 1625-1660 (1979) に収められている。

[77] 金子宏『租税法』(1976年) 69-70頁参照。

[78] 聖フランシスコ派の教義によれば私物私有は禁止されていたのでユースの慣行が生まれた。FIFOOT, ENGLISH LAW AND ITS BACKGROUND (1932) pp.61-2. とくに十字軍として外国へ出かける者は、国に残る家族のためにユースを設定することが多かったという。POLLOCK & MAITLAND, History of English Law before the Time of Edward I

このユースの慣行には、次に説明するようないくつかの利点があり、たちまちにして広がっていったのである。

§46　(イ)　ユースの慣行　これは、土地に対する権利（fee simple）を有する者が、その土地を教会に寄進するが、その者とその相続人がそれを使用収益するものである。こうすることによって相続料その他の負担（マグナ・カルタ第4条参照）を回避することができたのである。エドワード1世は、敬虔なキリスト教徒の慣行であることでもあり、このような形の土地譲渡を直接禁止することはしなかったが、譲受人が国王に忠誠の誓い（homage）をたて、譲渡人と同じ負担を負うことをその条件とした[79]。そこで、教会の牧師や裁判所の書記等を譲受人にする新しい慣行が生れた。しかし、これは実質的には同じ効果をもたらすのであり、財政難に追いつめられたヘンリ8世は、議会を説得して1535年にユース法（Statute of Uses）を制定させ、これを禁止したのである。この慣行は、「死に瀕する苦悶や苦痛で苦しむ病人が食欲な悪人に財産を奪われること」を許し、法律上正当であると認められる「後見料、婚姻料、相続料、助成金を消滅させる」ものであり、このユースによる「秘密の財産譲渡は諸悪をもたらす」、というのである。

1535年のユース法は思いがけない結果をもたらした。この法律は、ユースによる受益者（cestui que use）をコモン・ロー上の土地所有者（したがって付随条件の諸負担を免れられない）とする、という規定のしかたをした。このために、ユースに関する事件は大法官府の裁判管轄ではなく、コモン・ロー裁判所のそれに含まれるという解釈を許すことになり、コモン・ロー裁判所の権限をいっそう強化することになったのである。有産階級はコモン・ロー裁判所の干渉を歓迎せず、ヘンリー8世はとうとう圧力に屈して、1つの妥協の産物として1540年に遺言法（Statute of Wills）を制定した。これによってユースの慣行は一定の範囲で許されることになった[80]。

(1895), vol.2, p.230 は、このユースの慣行はフランク時代にみられた慣行に由来するとみている。サリカ法典43条〔久保正幡訳『サリカ法典』（1977年）72頁〕参照。

[79] 法人は忠誠の誓いをたてられないので、譲渡を受けることのできたのは自然人だけである。Quia Emptores, Stat. 1289-90, 18 Ed. 1 c.3. このクイア・エンプトーレスと呼ばれる法律は4章からなるが、この第3章は「死手禁止法（Statute of Mortmain）」と呼ばれることもある。

[80] 農民保有（socage）の土地を自己の意思によって遺贈したり、譲渡したりすること

§47 (ロ) 信託法の諸法理　甲が自分の子供たちを受益者として管理することを条件として土地を乙に譲渡した場合を例にとろう。(a) 信託契約が乙による土地管理となっていて乙による売却が禁止されている場合であっても、乙はコモン・ロー上完全な権利をもっているから第3者にそれを譲渡することには何ら支障がない。しかし、受益者はエクイティ裁判所へ訴えて、引渡前であれば乙が第3者に引渡すことを差止めてもらうことができ、引渡後であれば、第3者が信託財産であることを知っているときは（scienter という）、そのもの自体の返還を命じてもらうことができる。(b) 第3者がその事実を知らないときは受益者は乙を相手に訴えを起すことになる。乙は一般的に自己の能力に応じて受益者の利益になるように最善の努力を払うよう義務づけられている。したがって、具体的には、乙の売却代金は受益者のものとなるだけでなく、通常の市場価格よりも安く売られているときはその差額を自己負担し（言いかえれば、元本の保証義務を負う）、逆にそれより高く売られていても全部受益者のものとなる。さらに、売却代金を使って事業に投資し、大きな利益を得た場合、たとえそれが乙の特殊な知識技能によるものであっても、経理が信託財産と明確に分離されていないかぎり、全部が受益者のためのものとみなされる。(c) 信託契約の土地管理の条件が破られているので、甲が乙を相手にコモン・ローの契約違反で訴えることができることはいうまでもない。このように受託者の義務が非常に重いにもかかわらず、通常必要と考えられる経費は別として、特約がない限り手数料さえ受取ることはできない。それにもかかわらず受託者となることを引受ける者が多くいるのは、高度の信頼関係が要求されるだけに、受託者であることが一種の社会的身分の保証となりうるからである。しかし、信託契約には目的の宣言条項を含め

を許したが、国王が絶対的所有権をもつことおよび相続料（relief）をとる権利などを留保した。完全に負担を免れようとする者たちは、のちに2重のユース（use upon use）というものを生み出した。これは to A to the use of B to the use of C という形式による譲渡である。ユース法によれば、Aに譲渡された土地はBがコモン・ロー上の権利をもつものとみなされるが、その法律はCのことについては全く定めていないので、Cは信託法上の受益者となることができ、完全に脱法できるのである。民訴裁判所は、Tyrrel's Case (1557) 2 Dyer 155a でこれを違法と判決したが、Sambach v. Dalston (1634) Tothill 188 で信託制度を理論的に整理したうえで、これを有効と判決した。

ることとし、それが明確なものでなければならないとされる。

§48 さらに、信託法には永久拘束禁止の原則（rule against perpetuities）と呼ばれる重要な法理がある。これは、信託証書の効力発生時に生存している者の死亡後21年間を経過するまでに財産処分をすることとするものでなければ、信託設定全体を無効とするものである。次に説明するセツルメント（settlement）の形をとれば、将来生まれてくる子供に財産相続をさせることも可能（⇨§50）であるが、財産の帰属が確定できない不安定な状態が永久に続くことは望ましくないので、そのような制限を設けたのである。しかし、この法理は、ノーフォーク公爵事件[81]によって確立されたもので、解釈の余地が広く残されており、これをめぐる訴訟がしばしば行われた。立法によってその法理を明確にしようとする試みが何度もなされたが、一方では家産の在り方に直接かかわっているし、他方では主に土地の譲渡取引の活性化とも関係しており、関係する諸利益の間に適切なバランスをとることはむつかしく、まだ確実な解決には至っていない[82][83]。

§49 (ハ) 信託の目的　信託の目的は、公序に反しないものである限り、いかなるものであってもかまわない。先にのべたとおり、それが明確なもので裁量の余地を残すものであってはならないことが要件となるが、公益を目的とした信託については、この要件はゆるめられている。さらに、一定の場合に

---

[81] Duke of Norfolk's Case (1681) 3 Cas. in Ch. 1, 2 Swanst. 454, per Lord Nottingham.

[82] この事件で問題となったのは、信託設定者の第2の息子ヘンリおよびその子孫のために設定された200年間の土地信託（賃貸借契約）の解釈であった。その証書は、ヘンリの生存中に第1の息子トマスが子供を残さないで死亡したときは、第3の息子チャールズのための信託となるという規定を含んでいた。実際上は、トマスは病弱で精神に異常があり、子供を生まないで死亡した。その死亡事故はヘンリの生存中に起ったので、裁判所は、チャールズが成人に達するまで土地信託は存続するが、そのときに賃貸借を解除して信託財産をコモン・ローに従って相続させることにしたのである。

[83] いま実施されている法律は、1964年の Perpetuities and Accumulations Act である。この法律によれば、80年以内ならば不確定な状態のままに残しうることとなった。また、この法律には、信託上の権利を確定するための文言の解釈や意思の確定に関する諸規定もおかれている。ちなみに、MAUDSLEY, THE MODERN OF PERPETUITIES (1979) は、アメリカのモデル法および州法（マサチューセッツ、ミズーリなど）、ニュージーランド、カナダなどの立法と比較しながら、この法律の問題点を詳しく説明している。

は、実際に信託契約が存在していなくても、信託の存在が推定されることさえある[84]。

§50　かかる信託が現実に使われる例としてセツルメント（settlement）を取り上げよう。たとえば、甲がその妻に対しては生産権を、そして3人の子供とその子孫に対しては合有（joint tenancy）の形で単純土地保有権を与えるという遺言を残して死亡したとしよう[85]。この場合、妻が取得する権利は夫と共に住んでいた土地家屋に自分が生きている限り住み続ける権利であって、土地家屋の本権を得るわけではないから、相続税を払わなくてもよい。子供については、もし3人のうち1人が死亡すればその者の権利は生存者の権利に吸収されてしまう（この生存者の権利を survivorship という）ので、持ち分を確定できず、相続税を課税することはできないことになる。このように、家族全員のため私有財産を維持することを目的とした信託は、セツルメントと呼ばれ、しばしば利用されたのである。

　かかる信託は、娘だけしかもたない父親にとってはたいへん好都合なものであった。中世の土地に対する権利に付随する保有条件は、男性の現実の奉仕を要求するものであったから、女性には権利（一定の割合のダウワー（dower）は除く。これはのちに説明される）を認められなかった。もしその娘が結婚し、父親が娘の夫に相続させることにしなければ、土地は国王ないし領主に戻すこと（escheat）になる。娘は結婚するときに夫婦一体の原則[86]（coverture）によって化粧品以外の全財産を夫に奪われるので、娘が離婚す

---

[84]　たとえば、無遺言相続の場合には、遺産は相続人のため売却を目的とした信託（constructive trust for sale）とみなされる。したがって、裁判所は職権によって遺産管理人（administrator）を任命し、法律上正当な相続人のそれぞれの権利を確かめたうえで、それを売却して配分させる。ちなみに、法人の破産の場合にも、債権者たちのために類似の手続がとられる。アメリカでは、のちに説明するように、自然環境の保護のためにも公益信託の理論を使っている。

[85]　合有の形で相続がなされるのは、通常、相続人が女性しかいない場合である。男性の相続人の場合は、長男が通常は相続権をもっており、次男以下は残余権（remainder）ないし復帰権（reversion）をもつにすぎない。残余権とは長男が妻子を残さないので死亡したときに残余財産についてその地位を引継ぐ権利であり、復帰権とは一旦は長男の家系の者が相続したが、何らかの理由でそれがとだえたとき、残余財産を引継ぐ権利である。

[86]　この原則はさらにいくつかの効果をともなうが、今日では、ほんの一部分を除き全部廃止されている。

第1節　歴史的概観

ることを心配する父親にとっては、ダイヤモンドなどの財産にかえて娘に与えることを躊躇した。このような状況のもとにおかれた父親は、娘を受益者とする信託財産として土地をその夫に譲り、娘が男子を生んだときはその子供ににそれを相続させる（この場合、子供のもつ権利は限嗣不動産権［estate in tail］と呼ばれる）という条件をそれに付けることによって、父親が望むような形での財産相続ができたのである。

§51　㈡　信託法の現代的意義　　信託は、歴史的には、税の軽減を目的としたり、コモン・ロー上は認められていなかった女性の財産権を実質上保護するために使われたと思われる。今日では、封建的な土地制度とは完全に切り離された租税法が存在しているし、最近では女性にも男性に等しい財産権が認められているのであるから、信託は不必要なものになったはずである。しかし、そうではなく、現実に今日でも盛んに使われているのである。これは、現在でも税負担を軽減するために利用できる場合があるし、高度の信頼関係を必要とする情況は、今日ますます増えていて、信託法はその必要を満たすのに便利だからである[87]。権利関係の確定を将来の出来事にかかわしめることができることも１つの利点であると考えてよいし、イギリス契約法では認められない第三者のための契約も、信託法を使えばその目的を実現できるからであろう[88]。さらに、公正さを重要視することから、一定の公共事業を行うために信託法が利用されることが少なくない[89]。

---

[87] ロンドン株式取引所やロイド海上保険は、これを上手に利用した例であるといってよかろう。ただし、現在では、ロイド海上保険は、設立当初のように各々の保険引受人（underwriter）が受託者として個人的に全責任を負うという形態をとっておらず、会社の取引という形態をとっており、保険会社法の規制を受けるようになっている。Cf. Insurance Companies Act 1982, ss. 83 and 84. ちなみに、コーヒー・ショップから今日のような大会社にまで発展したロイド海上保険の歴史は、COKERELL, LLOYD'S OF LONDON（1984）に詳しくのべられている。

[88] 生命保険契約がそのよい例である。J. BIRDS, MODERN INSURANCE LAW（1982）pp. 293-9 参照。第三者のための契約を直ちに無効とせず、一種の信託設定としてその効力が認められることがある。Les Affréteurs Réunis Société Anonyme v. Leopold Walford (London), Ltd. [1918] A.C. 801. このような結果的信託（resulting trust）について、PETTIT, EQUITY AND THE LAW OF TRUSTS（5th ed. 1984）pp. 117-38 を見よ。また、法律によって信託が擬制される場合もある。例えば、Road Traffic Act 1960, s. 206 (3)（自動車保険）、Married Women's Property Act 1882, s. 11（生命保険）、Bill of Lading Act 1858, s. 1（商業信用状）。

§52 (2) 譲渡担保（mortgage）　封建的性格を比較的最近まで残していたイギリスの土地法のもとでは、担保権を設定するのは困難であったが、エクイティの法理を利用することによってそれが可能になった[90]。すなわち、金銭貸借をするときに、土地の権利を債権者に移転するが一定の期日までに返済すればそれを受戻すことができることとする信託に類似した契約を結べば、実質的に抵当権を設定したのと同じ効果がえられたのである。債権者はコモン・ロー上完全な権利をもっているから土地を第三者に譲渡することができたが、債務者は、その第三者が「善意で有償の買主（purchaser without notice for value）」でない限り、その第三者に対しても取戻権（これは equity of redemption と呼ばれる）を主張することができた[91]。しかも、この取戻権は一種の物権であると考えられていたから、債務者がこれを第三者に譲渡することもできたのである。債権者が譲渡担保権を実行するには、裁判所へ訴えて、取戻権を失権させる手続をとらなければならなかった。

§53 (3) 不実表示、詐欺、強迫、不当威圧　エクイティの法理は契約法の領域でも用いられた。まず第1に、一定の不実表示（misrepresentation）に基づく契約はエクイティによって取り消すことができる。真実と異なる事実が表示者の過失によって表示されたときに、その表示を信頼したために損害を被った者が、その賠償を求めうるかどうかについては疑問がある[92]。第2に、

---

[89] 文化的価値の高い城が地方公共団体に寄付され、当該団体がその管理を特定の専門家に委託する場合や、自然環境を守るために「ナショナル・トラスト」を作る場合に信託が使われている。さらに、博物館や公営住宅の管理などにおいても大きな利点を示している。

[90] 動産に関しては、市場を通じてそれが第三者の手に渡った時点で債権者はその物自体に対する権利を失うので、むしろ保証書（security instrument bond ともいわれる）または第三者による保証契約（guaranty）が使われる。ただし、社債担保には使われているし、20世紀になってから現われたハイヤー・パーチェスは、動産について譲渡担保の考え方を利用したものといえよう。なお、英米法上の動産担保権としては、日本法の質権、先取特権に相当する pledge, lien がある。lien は、ホテルの宿泊料を払わない客の持ち物を支払がなさるときまで留置したり、倉庫料が支払われた時に保管物を返還することにすることを許すので、留置権という訳語を当てた方がよい場合もある。

[91] ちなみに、この取戻権は、土地譲渡契約の制限的約款にも認められる。この約款は、たとえば2階建て以上の建物を建ててはならない等の条件を付けた規定をさすが、このために消極的地役権としての効果をもつ。

[92] これについて判例法はつぎのように揺れている。1913年の Heilbut, Symons & Co.

意思表示の瑕疵を理由とする取り消しの事由として、詐欺、強迫、不当威圧がある。ここにいう詐欺は、コモン・ローの詐欺と著しく異なるので、それと区別してエクイティ上の詐欺と呼ばれることが多い[93]。不当威圧は、弁護士と依頼人、医師と患者、教師と生徒などの特別な関係が意思表示の誘因となっているときに認められるもので、擬制的詐欺とも呼ばれる。

§54 (4) 禁反言（estoppel）の原則　本来ならば無効であるか取消しが認められる場合であるが、信頼利益を保護するためにそれを認めないときに使われる原理である。表見代理人と取引をした買主や流通証券の譲受人の保護などのためにも使われる。たとえば、訪問販売のセールスマンが表示したことは、たとえそれが無権限でなされた場合であっても、この原理により会社を拘束することになる[94]。

§55 (5) エクイティの裁判手続と救済方法　エクイティ裁判所は以上にのべたようなことをする裁判所であるが、その手続は、コモン・ロー裁判所に比べて著しく簡略化されている。第1に訴訟開始令状を買う必要もなければ、訴訟方式もない。訴状（petition または complaint と呼ばれる）を提出すれば足り、しかもその形式についての慣行が存在してはいるが、必ずしもこれに

---

v. Buckleton [1913] A.C.30 では、売主が過失によって虚偽表示をし、それによる損害の賠償を買主が請求したが、この請求は拒否された。しかし、1963年の Hedley Byrne & Co. Ltd. v. Heller & Partners Ltd. [1964] A.C.465 は、判例準則を修正し、契約の交渉中に真実でない事実を表示した者に対し責任を認めた。判例法の準則をはっきりさせるため1967年の Misrepresentation Act が制定され、不実表示によって損害賠償も請求しうることは明確になった。しかし、その法律の解釈として、善意の不実表示の場合にもそれが認められるかどうかは明らかでない。売主の善意の不実表示を信頼してなされた意思表示が瑕疵あるものとして取消しを認めてもらうためには、買主は、少なくとも売主が表示した事実が真実であると信じたことが相当であったことを示すことを要求されると思われる（Oscar Chess Ltd. v. Williama [1957] 1 W.L.R.370;[1957] 1 All E.R.325 参照）。

[93] 例えば、Nocton v. Ashburton [1941] A.C.932. コモン・ロー上の詐欺は、キリスト教倫理に反するので厳しく処罰された反面、それが書面上明らかでなければならないなど、成立要件は厳格であった（Statute of Frauds Amendment Act 1828, s.6 参照。なお、表示による詐欺について、Derry v. Peek (1889) 14 App. Cas. 337. も見よ）。

[94] セールスマンは estoppel by conduct（日本の表見代理に類似した法理）によって売主の代理人と推定される。なお、虚偽表示を信頼した者を estoppel の原理によって救済した指導的判例として Balkis Consolidated Co. v. Tomkinson [1893] A.C.396（per Lord MacNaghten）参照。

こだわる必要はない。裁判の開始から判決に至るまで、手続はきわめて弾力的である[95]。

救済方法としては、差止命令や宣言判決が最も普通のものである。これらの救済方法は、コモン・ローによる事後的救済では正義が実現できないときに予備的に事前に認められる救済としての性質をもつ。さらに、特定履行（specific performance）を命じる判決もしばしば使われている。エクイティ裁判所は、刑罰についても懲役、罰金だけでなく、見せしめの刑を認めるとか、またアメリカで盛んに使われている3倍賠償など、いろいろな制裁を弾力的に運用してきた。しかし、有責の原告は救済を認められなかった（clean handsの原理という）。

第5項　大権裁判所、教会裁判所、商事裁判所

1　総　　説

§56　イギリスにはコモン・ロー裁判所とエクイティ裁判所の外にも多くの司法的機関があった[96]。それらのうち、大権裁判所、教会裁判所、商事裁判所はとくに注目に値する。というのは、これらの裁判所が運用した法は、今日の実定法にも大きな影響を残しており、コモン・ローの1部になっているとさえ言ってさしつかえないほどだからである。もっとも、これら3つの裁判所は、全く相互に関係のない独立の司法機関であり、それぞれに1項を当てて説明すべきものである。しかし、本書では便宜上、それらに共通に見られるローマ法の影響という点に視点をおき、本項で合わせてのべることにした。ところで、歴史性を特色とするイギリス法研究にあっては、それらの裁判所

---

[95] たとえば、エクイティの時効（laches）もコモン・ローの時効ほどはっきりしていない。のちにみるように、離婚判決や15歳以下の子供の養子決定が仮判決の形で出されることもある。ちなみに、エクイティでは、訴訟はsuit（コモン・ローではaction）、判決はdecree（コモン・ローではjudgment）など、特別な言葉が使われていた。

[96] 本項で説明する3つの裁判所以外のものは非常に限られた裁判管轄しかもたず、しかも各々の裁判所がその歴史によって異なる固有の管轄を有していた。例えば、オックスフォード大学およびケンブリッジ大学は、各々の大学に関係する事件だけを扱う独自の裁判所をもっていたが、オックスフォード大学裁判所が大学関係者の事件に対し管轄を有していたのに反し、ケンブリッジ大学裁判所はケンブリッジ市内およびその近郊で起きた事件に対し管轄を有していた。

が創設された歴史的背景を知ることが実定法の理解にも役立つ。そこでまず、中世に産まれたそれらの機関が著しい活躍ぶりをみせた絶対王政の時代に少しく目を向けることにしよう。

§57　絶対主義は、中世的封建国家を解体し、統一的権力の支配の構造をもつ近代国家に移行する過程にみられる政治形態である。このような歴史的役割に基づき、法の世界においても、封建法を克服する法改革を要求し、また分散的な法秩序を統合して、国家の統一法の実現を志向することになる。ヨーロッパ大陸においては、ローマ法の継受をもって、この要請にこたえたということができる。イギリスでも、このような全ヨーロッパ的現実の波をうけざるをえなかった。「イギリスにおいて、コモン・ローという堂々たる建造物、ゴシックの大寺院に劣らず中世の精神の力を証明する組織が、≪エクイティ≫の旗のもとに戦列をくんだ勇敢な改革者たちによって脅かされた。そこでは、心が豊かで、建設的な政治的手腕の指導者のもとに、法典化が、ローマ法継受が、他の文明国の側にならってイギリス法を合理化することが語られたのである」[97]。当時の有力者レジナルド・ポール（Reginald Pole）が強くローマ法継受を主張したことも知られているし、すでに一言したように、ヘンリ8世が今も残るローマ法の王立講座をオックスフォードとケンブリジの両大学に創設し、ローマ法に通ずる法律家の育成を期待したことも、この傾向を示すものである[98]。この時代は、長いイギリス法史のなかで、コモン・ローがローマ法によって全面的に排除されるか、もしくは重要でない領域のみに押し込められる危険にさらされた唯一の時期であったともいえよう。

§58　イギリスは、中世においてすでにコモン・ローという統一法を形成したことによって、ローマ法継受の有力な一要因を欠いたといえる。それにもかか

---

[97] Vinogradoff, *Reason and Conscience in Sixteenth Century Jurisprudence*, 24 L. Q. REV. 373 (1908).

[98] 法学が大学で講義されるようになったのはブラックストンがヴァイナ講義を行ってからのことである。今日でもローマ法講座が非常に重要視されているのは、比較法ないし法制史の対象となる重要な法体系であるということよりは、その伝統の長さによるものと思われる。ちなみに、ヴァイナ講義とは、ABRIDCMENT OF LAW AND EQUITY（全23巻、1742-53年）の著者として知られるヴァイナ（Charles Viner, 1678-1756）の遺産によってオックスフォード大学に設立されたコモン・ローの講座であり、ブラックストンはその最初の相当教授であった。その信託の原文と講座の意義の説明は、HOLDSWORTH, A HISTORY OF ENGLISH LAW vol. 12 (1938) の末尾に記載されている。

わらず、この時期に強力なローマ法化の動きがみられたことには、いくつかの要因が考えられる。第1に、世俗的にも、宗教的にも、国の至上の存在となることを望んだ絶対君主にとって、コモン・ローのもつ権力制約的原理よりも国王の意思のあらわれを法と考え、国王は法の拘束を受けないものと措定するローマ法とくにビザンチン期ローマ法の観念は、歓迎されるものであった。第2に、コモン・ローの煩雑な手続法の古風さ、封建法と密着したことによる実体法の硬直性など、法自体に欠陥が多く、また実務家の学識水準の低下とあいまって、新しい時代の要求に対応しえない面が多かった。そのために、コモン・ロー裁判所が法秩序のなかで占める役割は減少せざるをえなかった。このように、コモン・ローの弱体化がみられたことは、ローマ法を誘引するものとなりえよう。そして、第3に、このようなコモン・ローの欠陥を補うものとして、新しい裁判所（ないし評議会）が誕生し、社会的必要をみたすものとなった。これらの裁判所は大権裁判所（prerogative courts）と呼ばれ、ローマ法あるいは教会法の影響を加えたコモン・ローを運用したのである。

§59 絶対王政時代の流れがこのような方向に向いていたことは事実であるが、コモン・ローの排除は実現しなかった。第1に、コモン・ロー裁判所はイギリス国家組織のなかにしっかり根を下し、定着しており、これを新しい裁判所によっておきかえることが実際上不可能であった[99]（この点で、ローマ法継受以前の大陸における裁判所組織とは全く異なる地位を占めていたのである）。第2に、コモン・ローの中心が不動産法であり、土地はすべての家族財産の基礎をなしており、イギリス社会の有力な階層である地主階級はその土地法の改変を好まず、しかも土地法が複雑で精緻なものとなっていて、その変更は実際上ほとんど不可能なものなっていた[100]。そのうえ、第3に、絶対王政

---

[99] すでに説明したとおり、コモン・ロー法曹は強力なギルドを形成しており、その組織は、既得権を擁護するためにきわめて強硬な態度を示した。ローマ法の法曹が出現しても、そのギルドに立ちいることはできず、独立の組織を作ることはあっても、既存のコモン・ロー法曹の力をゆるがすことは困難であった。

[100] 国王にとっても、コモン・ローの原則はいわば憲法の一部をなしているため、もしローマ法をもって完全にコモン・ローを排除するならば、現在の政治組織を崩壊させ、もしくは少なくとも重大な変更をもたらすことになる。いかに大胆なデューダー朝の絶対君主にとっても、革命的な法継受を行うことは、自分の存在の基礎を動揺させることになり、実行はできなかった。

後期にあっては、新興の国会の勢力が国王権力と対立することになるが、このような近代革命の準備期において、国会側はコモン・ローによって有力な武器を提供されたのであり、つねにコモン・ロー法曹の協力を望み、その意味でもコモン・ローの力は政治的な支えをえていたともいえる[101]。

§60 このような歴史的諸事情のために、新しく作られた大権裁判所は、結局は短命に終らざるをえなかった。しかし、一時的であったとはいえ、大権裁判所のめざましい活躍ぶりは、同じような性質の裁判所で古くから存在していた教会裁判所を勇気づけ、その裁判管轄を著しく拡大させたのである。また、コモン・ロー裁判官たち自身にも新しい時代の到来をはっきり認識させることになり、ホウルト卿（Lord Holt）やマンスフィールド卿（Lord Mansfield）のように、新しい法理論をとりいれてコモン・ローを時代の要請にこたえうるものに変えようとした有能な裁判官たちが生まれた。ここにわれわれは、商事裁判所が運用していた海商法などのローマ慣習法がコモン・ローのなかに融合されていく過程をみることができるのである。

2 大権裁判所

§61 コモン・ロー裁判所やエクイティ裁判所の場合もそうであったように、大権裁判所という名称の具体的な裁判所があったわけではない。テューダー朝からステュアート朝にかけて、コモン・ロー法曹が王権に対して批判的な姿勢を示したので、国王は、裁判権がもともと国王評議会に帰属していたことを理由として、随時、国王大権（prerogatives）を行使させることを目的とした特別裁判所をいくつか設置した。ここではそれらを総称して大権裁判所と呼んでいる。具体的には、国家の安全にかかわる反逆罪などの重要な刑事事件の審理に当った星室裁判所（Star Chamber）、ヘンリ8世が宗教改革を行ったときに反対した者を処罰するために作られた高等宗務裁判所（後に教会裁判所の上訴事件を扱うようになる）、いわゆる公務員の不正に関する苦

---

[101] フランスでは、司法裁判所こそ絶対主義の左袒者であるとみなされ、市民革命の攻撃の目標とされたのであるが、イギリスでは、司法裁判所こそ光栄革命を理論的に支える諸法理の創造者としての役割を果していたのであり、このことが行政法の不存在などのイギリス法の特色を生んだ。DICEY, INTRODUCTION TO THE STUDY OF THE LAW OF THE CONSTITUTION (10th ed. 1914) pp. 328-405.

情[102]や貧困者の訴えを処理した少額債権裁判所がその主なものである。

§62　大権裁判所は少なくとも設立当初は非常に評判がよかった。たとえば、星室裁判所について、コモン・ロー裁判所のチャンピオンであったクック裁判官でさえ、「キリスト教世界に存在する最も栄誉ある裁判所」という評価を与えたほどであった[103]。国王が百年戦争やバラ戦争にあけくれしている間に、地方の奉行（sheriff）は俸給が支払われなくなったこともあって治安維持にはげまなくなり、治安判事が新設されてある程度はその欠陥が補正されたとはいうものの、社会的に混乱し秩序のみだれた状態のなかにあって、迅速に事件を処理する星室裁判所は国民に大きな期待をいだかせたのである。このような大権裁判所のもつ弾力性や迅速性は、今日の特別裁判所の設置にあたっても、しばしば参考にされているところである。

§63　しかし、やがて大権裁判所は専制政治の強力な道具として使われるようになり、国民はこれに反感をいだくようになった。国王は、1539年ヘンリ8世第31年の法律によって勅令（proclamations）による立法権をえたのであるが、議会勢力と結びついていたコモン・ロー法曹はこれをよく思わず、結局、大権裁判所がその運用に当ることになったためである[104]。ついに国民の反感は頂点に達し、1640年にいわゆる長期議会が久しぶりに開かれたときには、デュー・プロセスに反する裁判所として大権裁判所を廃止することが決められ、翌年に実際に廃止されてからは二度と復活することはなかった[105]。

§64　もっとも、皇室裁判所の運用した法は、それを廃止した法律のなかの明文

102　この訴訟は、エドワード1世の時代以降使われてきた quo warranto（権限開示令状）によって進められた。ちなみに、この令状は請願が出されたときに法務総裁が利用したものであったが、今日では当事者が直接利用できることとなっている。アメリカでも盛んに使われている。

103　フィーフット（伊藤正己訳）『イギリス法』（東京大学出版会、1952年）108頁を見よ。

104　この法律の全文とその憲法上の問題について、Dicey, supra p.32 (n.7), at 50 に詳しく論じられている。なお、この法律はエドワード6世の時代に廃止された。

105　大権裁判所の1つである星室裁判所の下した主要判例、判例手続、この裁判所が廃止されるにいたった社会的背景、廃止を決定した法律の意義などについて、詳しくは、田島裕「コンスピラシー法理の研究(2)——スター・チェンバーによるその法理の利用」法学雑誌第24巻1号1-22頁を見よ。この論文は、多少の修正を加えたうえ、本著作集第7巻に収載されている。

によって存続することとされた。当該の規定はつぎのようにのべている。すなわち、皇室裁判所が扱った事件については「コモン・ローにより、かつ大権裁判所とは別に存在する通常の司法過程において、各々の適切な賠償と救済および各々の適切な刑罰と矯正を受けることができる」と[106]。大権裁判所が自ら国王の良心を守る裁判所であると公言していたことから、コモン・ロー裁判所は、この規定を自らに対し「公共倫理（public decency）」を守るための裁判管轄を付与されたものと解釈して、さかんにこれを利用してきたのであった[107]。現在のコモン・ローのなかに、不法集会罪（unlawful assembly）、煽動罪（sedition）などのような国家の安全にかかわる犯罪や、名誉毀損（libel）、共謀（conspiracy）の不法行為など、伝統的なコモン・ローとはいろいろな意味で性質の異なる諸法理が含まれているのは、大権裁判所の法を利用したからである[108]。しかし、コモン・ロー裁判所は、大権

---

[106] エドワード3世第36年の法律（第15章）にラテン語で判決文が書かれるべき旨が定められていたし、国王によってはフランス語で裁判を行うよう命令した例もあり、本文で引用した規定は、すべて英語で裁判を行うのを認めるものとも解釈され、歓迎された。

[107] 1664年には、セドリ卿（Sidley）は、コンスピラシー事件の中で「当裁判所は、国王の全臣民の倫理法廷（custos morum）である」とのべて星室裁判所の法解釈を踏襲している（Le Roy v. Sir Charles Sidley,（1664）1 Sid. 168, 82 Eng. Rep. 1036）。また1763年のデラヴァル判決では、マンスフィールド卿は、「当裁判所は国民の倫理法廷であり、善良な道徳（bonos mores）に反する犯罪の監督権をもっている」とのべ、不道徳な徒弟契約を結んだことによりコンスピラシーが成立すると判示した（R. v. Delaval,（1763）3 Burr. 1438, 97 Eng. Rep. 913, at 915）。

[108] コンスピラシー法理を一例としてここで説明しておこう。この法理はエドワード1世の法律に起源があると思われるのであるが、大権裁判所はこれを濫用し、犯罪行為が行われていなくても不法な目的が証明されれば処罰できるとした。しかし、コモン・ロー裁判所がこれを受けついだときには、犯罪を行う意思（mens rea）のほか、犯罪の実行行為そのものは必要とされないが、少なくとも外顕行為（overt act）が要求されるようになった。さらに最近の判例である Kamara v. D. P. P.［1974］A. C. 104（過激派の学生がシェラ・レオーネ国高等弁務官事務所を占拠した事件）では、ヘイルシャム卿が、刑事コンスピラシーが成立するためには不法侵害（trespass）だけでは不十分であり、(1) 共謀の実行が公的領域に立入るものであるか、または(2) 名目的損害（nominal damage）以上の社会的危害が見られる場合でなければならないとのべている（*cf.* Criminal Law Act 1977, §1 (1)）。このように法理が著しく合理化されたとはいえ、2人以上の者が同じ不法な目的をもったときに、伝統的なコモン・ローならばそもそも法律問題とならないのに、その目的をいだくことを犯罪とするのを認める異質なものが存続している。

裁判所の場合とはちがって、陪審を付して審理を行うので、その適用において国民感情から著しくかけはなれるようなことは比較的少なく、それを利用することについて非難されることもほとんどなく現在にいたっているのである。

3 教会裁判所

§65 (1) 教会裁判所の起源　イングランドをはじめて統一したウィリアム大王は、王権を主張するにあたって、ローマ教皇の権威を借りたし、ドウムズデイ・ブックの作成についても当時のヨーロッパ教会の慣行にならったところが多い[109]。このように、国王と教会との関係は建国当初から密接なものであったが、その関係は非常に複雑なものであって、このことがイギリス法に大きな影を残している。たとえば、有名なマグナ・カルタを承認するにあたり、ジョン王は、ローマ教皇との過去のいきさつを反映した、教会裁判所の管轄権についての重要な規定をその中に置かせているのである[110]。教会法（canon law）の権威的書籍は、「人は2つの法、すなわち自然法と慣習法とによって支配される。自然法は旧約聖書および新約聖書のなかに含まれる法である」とのべて、教会裁判所の固有の法領域を長いあいだ主張してきた[111]。しかし、教会裁判所で運用されてきた法は、ローマ法の影響を受け

---

[109] ⇨ §13。また、詳しくは Pollock and Maitland, supra p.29 (n.78), vol.1, p.193 参照。

[110] たとえば、マグナ・カルタ第1条は教会の特権を認めており、この特権には教会裁判所の裁判権も含まれている。ただし、ヘンリ1世およびヘンリ2世の時代に国王と教会の間に激しい争いがあり、両者の間に裁判権に関するいちおうの了解ができていたが、マグナ・カルタの規定は、この了解を明瞭に記述したものではない。この了解について次の注を見よ。イギリスの国王と教会の関係については、Z. N. BROOK, THE ENGLISH CHURCH AND THE PAPACY (1931) が詳しい。

[111] 本文の引用は、Corpus Juris Canonici (1528) に収められている Decretum Gratiani (1140) の冒頭の文言である。イギリスの教会法はランフラン（Lanfranc）の叙述によるところが大きい（BROOK, supra note 2, at 57-83）が、かなりの部分がのちに立法化されている。Cf. C. R. Cheney, The Legislation of the Mediaeval English Church, 1 ENG. HIST. REV. 193-224, 385-417 (1935). 教会裁判所の裁判管轄については、1164年のクラレンドン法 (Constitutions of Clarendon) が重要である。これによれば、(1)聖職推挙権（advowson）は国王がもつこと、(2)教会の自由寄進保有地に関する裁判権は国王裁判所にあること、(3)僧侶が世俗の犯罪を犯した場合、また裁判管轄について争いがある場合、国王裁判所が優先的管轄権をもつこと、(4)教会裁

るものであったことは事実であるとしても、ローマ教会の直接の支配ないし指示を従うものであったと考えるのは誤りである[112]。とくにヘンリ8世が1534年に首長令を出してからは、教会裁判所はローマ教会から完全に絶縁された[113]。

§66 (2) 教会裁判所の組織と裁判管轄　執事室（Peculiar or Province）が普通の事件の第1審裁判に当り、重要な事件については、司教裁判所（Diocese）がこれに当った。1533年以降は、これらの裁判所の決定に対し、さらに代議司教高等法院または高等宗務裁判所へ上訴することが許された。

教会裁判所の裁判管轄は聖職者の身分および聖職者の犯罪に関する事件を含むことは明白であるが、教会は種々の擬制を用いてそれを拡大しようとした。教会が特に関心をもった法領域は、人の出生、婚姻（離婚）、死亡（相続）に関するものであったが、刑事裁判権について疑問のあるときには、コモン・ロー裁判所の認めた僧侶の特権[114]を悪用した。すなわち、聖書の詩篇の一部を当事者に読ませ、多少でもそれを読んだ者は聖職者とみなすという擬制を用いたのである。また、日曜日の安息は教会法上の法的義務であるとして、その日に行われた取引を無効にしたり、刑罰を科したりしたのである。旧約聖書のモーゼの十戒に定められた、詐欺や姦淫の禁止、暴利行為の禁止などに強い関心を示した。

§67 (3) 教会法の諸領域　イギリスの教会裁判所が運用した法のうち、特に今日でも重要であると思われるものについて、少しくふれておこう。

　(イ) 遺 言 法　コモン・ローは不動産については法定相続（長男子相続）

　　判所の裁判に国王の臣下が立会うことを認めることなどが定められている。
112　1353年のStatute of Praemunireが制定されるまではローマ教皇への上訴の道が開かれていたが、実際には上訴は非常に少なかった。ローマ教会の法律についてはMaitland, *Canon Law*, in COLLECTED PAPERS (1911), vol. 3, pp. 65-77 に説明がみられるが、そのイギリス教会法との関係については、Scrutton, *Roman Law Influence in Chancery, Church Courts, Admiralty, and Law Merchant*, in SELECT ESSAYS IN ANGLO-AMERICAN HISTORY (1907) vol. 1, pp. 208-47 を見よ。
113　Act of Supremacy, 1534. これはヘンリ8世の宗教改革の核心をなす法律であり、これによってイギリス国教が確立された。ちなみに、この立法がなされたのは、後掲注119でのべるヘンリ8世の離婚事件をめぐるローマ教皇との対立がきっかけとなっている。
114　カンタベリ大司教ベケットの殺害ののち、ヘンリ2世が教会に妥協して認めた特権（聖職者は初犯については教会裁判所で審理を受けること）である。

を強行し、動産の相続については全く関知しなかった[115]。その結果、コモン・ローには遺言法の発展はみられなかった。しかし、教会は動産の半分を教会に遺贈することを奨励し、無遺言のまま死ぬことは宗教上の罪（sin）であるとさえ言いきっていたのであるから、教会裁判所がその管轄のなかに遺言をまっさきに取りこんだのは当然であった。教会裁判所は、遺言の検認から遺言執行者（executor）の任命、遺産の管理配分に至るまで、遺言に関する一般的管轄を掌握した。そして、1540年の遺言法の制定によって遺言の自由が認められるようになると、教会裁判所の遺言に関する裁判管轄は非常に重要なものになった[116]。

ここで「遺言の自由」という用語を用いたのであるが、この自由は、第2項で説明したコモン・ローとエクイティの枠内で認められる一定の選択権にすぎなかった[117]。遺言は大きな財産にかかわる問題であり、コモン・ロー裁判所にとっても、またエクイティ裁判所にとっても、教会裁判所がかように管轄事項を拡げることには好感をもたなかった。さまざまな形で反撃を加え、その2つの国王裁判所はたがいに協力しあいながら、管轄事項を少しずつ奪っていった。しかし、教会裁判所は、遺言に関するもののうち検認に関する管轄権だけは手離さなかった。そして、次項で説明するように、19世紀には徐々にではあるが全面的に司法制度が改革されたときにも、検認を扱

---

[115] この制度は Administration of Estates Act, 1925 により廃止された。1938年に Inheritance (Family Provision) Act が制定されてからは、たとえそれと異なる遺言がある場合でも、家族が一定の相続権を裁判所に申し立てることができるようになった。現行法のもとでは、残存配偶者は、すべての家財のほか、不動産について、直系卑属がいる場合には8750ポンド、いない場合には3万ポンド相当分の権利などを主張することができる。被相続人の両親、兄弟姉妹および一定の親族も、相続権を認められる場合がある。

[116] Statute of Wills, 1540, 32 Hen. 8c. 1. 正確には、socage の単純封土権者が遺言によりその土地を他の男性に相続させることを許したが、相続人は被相続人と同一の忠誠義務を国王に対して負う。なお、この法律は、第10条によって土地の3分の2の部分について妻のダウア（dower）を認めている点でも注目に値する。一般的に教会裁判所が管轄権を拡げていった様子は、Beaumanoir, Le Coutumes de Beauvaisis [2 vols.] (1889); 1900 に描かれている。

[117] これについて、戒能通厚『イギリス土地所有権法研究』（1980年）273-8頁参照。戒能氏は、イギリスの「遺言の自由」は貴族制を守るための制度であったとのべ、この視点からこれを詳しく説明している。

う部局が別個に設置され、教会裁判所の伝統は今日まで維持されてきている。

§68 (ロ) 家族法 (family law) 　教会と家族は長いあいだ緊密な関係を保ってきていたので、教会裁判所が家族法の諸問題に強い関心を示したことは当然のことであった。婚姻、夫婦間の権利義務、親子、家族の財産関係などがこれに含まれる。とくに離婚法に関しては、毅然たる態度で教会の考え方をつらぬいており、教会裁判所の裁判管轄から世俗の裁判所のそれに移された後にも、その原理は基本的には変っていない（ただし、後に述べるように、比較的最近の立法により、有責主義から破綻主義に変っている）。

§69 　家族法の中でとくに重要な管轄事項は離婚であった。当時の教会はそもそも離婚を認めていなかったが、婚姻のときに取消し事由があったとか、そもそも法律の要求する要件がそなわっていなかったと主張する訴訟は可能であった[118]。また、同居義務のみを免除するいわゆる卓床離婚 (divorce à mensa et thoro) を求めることは教会裁判所でも可能であった。ただし、これにより離婚をえるためには、教会裁判所の別居判決をえてからコモン・ロー裁判所に損害賠償を請求する訴えを起して勝訴し、最後に国会へ請願を出した両当事者を離婚させる私法律[119]を作ってもらうという手紙をふむことになっており、莫大な費用を要した（したがって、離婚は金持のぜいたくといわれた）。実際上、離婚はほとんど不可能であったと言ってよかろう。

§70 　教会法が認めた別居判決の要件もなかなか厳しいものであった。それをえるためには、相手方配偶者が、姦通の罪を犯したか[120]、執拗に虐待行為を行ったか[121]、長期にわたる遺棄があったか[122]、性犯罪などで有罪判決が下された場合でなければならない。教会裁判所は、しばしば女性にとって不利な判断を示すことが多かったといわれるが、イギリス国教には男女平等の考

---

[118] たとえば、Beamish v. Beamish, (1861) 9 H. L. Cas. 274; 5 L. T. 97.
[119] ヘンリ8世は最初の妻 Catherine を離婚して、Anne Boleyn と結婚するとき、Catherine との結婚は近親婚であって無効ということにしたが、これをきっかけに私法律による離婚の道を開いた。私法律（Private Act）は英米法に特有の立法形式であるが、特定の個人・法人だけに適用される法律であり、個別法律ということもある。
[120] 妻が訴える場合には有罪判決をえなければならなかった。
[121] 一緒に生活をするのが困難であると認められるほどの暴力行為が何度も繰返して行われることが要件である。
[122] 5年以上相手方の所在が分からないときにこれが認められる。

第1章　イギリスの裁判所

えはなかったといってよいのではなかろろう[123]。女性が男性と結婚すると同時に夫の人格の中に吸収されるとするコモン・ローの原則にも示されているように、法律家たちの間では夫唱婦随の思想があった[124]。

§71　親子関係に関する問題も教会にとっては重大な事項であるはずであるが、教会裁判所はこれには余り関与しなかった。その1つの理由は、相続事件と関連して問題となることが多く、コモン・ロー裁判所かエクイティ裁判所で扱われることが多かったことによると思われる。また第2に、子供の監護養育と関連して問題となる場合には、もし裁判所が親子関係を認めないときは、教会がその義務を引受けなければならなくなる場合も少なくなく、むしろ治安判事らのとる措置に任せておくことが多かった[125]。しかし、準正（legitimacy）の問題は教会裁判所の管轄事項とされていた[126]。

家族法には夫婦財産制の問題も含まれるが、これは主にエクイティ裁判所によって処理されてきたことは、すでにのべたとおりである。このようにして、教会裁判所の家族法に関する裁判管轄は、ほとんどすべて離婚だけであったと言ってよい。事実、教会が世俗の事件に関する裁判管轄を放棄したとき、これに対処するために1857年に設置された特別裁判所が離婚裁判所

---

[123] プロテスタントの思想が労働を尊重することと関係があると思われる。ただし、トーマス・モアやミルの思想には平等主義がみられる。女性に認められた物権は、土地については生涯権に限られていた。ただし、のちに説明するように、現在では平等の原則がつらぬかれている。

[124] これを夫婦一体の原則（coverture）という。この原則によれば、第1に婚姻中に生まれた子供はその嫡出子と推定される（*Cf*. Russell v. Russell, [1924] A.C. 687, H.L.）。第2に女性が結婚したときにその財産は夫に帰属することになる。第3に、妻に対する侵害は夫の財産に対する侵害とみなされ、夫だけが訴えを提起できる（ただし、これは Law Reform [Miscellaneous Provisions] Act 1970, s. 4 によって廃止された）。第4に、妻が不法行為をおかし、夫がその事実を知っているときは、夫自身がそれをおかしたものとみなされ、また、妻は夫について証言をする能力をもたない。第5に、妻が日常必要な取引以外の取引を行うには夫の同意が必要である。

[125] 1601年の Poor Relief Act (43 Eliz. c. 2, amended by 4 & 5 Will. 4c. 76 [1834]) により、教会が一定の者の扶養を義務づけられている。これについても、現行法では、その義務を地方自治体に移すとともに、裁判手続などについても、のちに説明するように大きな改革が行われた。

[126] 現在では、この管轄権も1926年の Legitimacy Act によってコモン・ロー裁判所に移し、さらに1959年および1976年の同名の法律により、準正を認める道をひろげた。

§72 (ハ) 暴利行為の禁止　旧約聖書のなかに、モーゼがシナイ山上で金銭貸付の罪悪を説く戒めを行った話が書かれている[128]。これを根拠として、教会法は暴利行為を禁止してきた。少なくとも15世紀の終りごろまでは、この禁止は非常に厳格であり、そもそも利息付きの金銭貸付を全面的に禁止した[129]。しかし、ヘンリ8世の時代になると、国家の財政を建て直す必要から10パーセントの利息を適法と認めざるをえなくなり、それ以降も、相当の利息は法律によって許されるようになった[130]。19世紀になると、先にのべた2つの法領域の場合と同じように、教会はとうとうコントロールを失い、1854年には、たとえ暴利と思われるような利息の付いた金銭貸付であっても、自由に認められるようになった[131]。今日では、経済学の考え方を借りて適正な金利が維持されるように行政規制が行われているが、教会法の関与する余地はほとんどなくなっている。しかし、利息に関する国民の意識に対し、教会裁判所の伝統的な見方が大きな影響を与えていることは、今日でも否定できないであろう。

4　商事裁判所

§73　中世コモン・ローは商取引というものに全く無関心であり、従って商取引に関する争訟のための令状はなかった[132]。しかし、中世の後半期にはいる

127　同じときに離婚手続に関する Matrimonial Causes Act が制定された。離婚については、この後も何度か改革が行われているが、これについては次項で詳しく説明する。

128　Exodus 22: 25 また、Leviticus 25: 35-37 および Deuteronomy 23: 19 & 20 も見よ。ちなみに、イスラム法もまた、利息を禁止していたといわれる。「したがって、アラーの神は、売ったり買ったりすることは合法としたが、利息をとることは違法とした」（コーラン第2章2節参照）。

129　教会法の利息に関する考え方について、詳しくは、R. H. TAWNEY, RELIGION AND THE RISE OF CAPITALISM [Pelican Book] (1938), pp. 131-2, 164-6 を見よ。

130　ヘンリ8世およびエリザベス1世のときは10パーセント、それ以降、1623年には8パーセント、1660年には6パーセント、1713年には5パーセントの法定利息が認められた。

131　Usury Laws Repeal Act, 1854. これは19世紀の自由競争の原理にしたがうベンサムの主張に影響された立法である（Cf. J. BENTHAM, DEFENCE OF USURY (1787)）。しかし、現在では、消費者保護の観点から12パーセントが適切な利息であるとみなされ、48パーセントを越えるものは暴利行為として禁止されている。

第1章　イギリスの裁判所

とイギリスにも商人（merchant）の階級が出現し、主として港町や市の開かれる町でいろいろな取引を行うようになった。これらのいわゆる商業都市は、多くの場合、国王の特許状によって認められた自治権をもっており、商取引をめぐって紛争が起っても行くところがなく、彼らの間で自主的な裁判所が作られた[133]。イギリスの南東海岸地域にみられた五港裁判所（Court of Cinque Ports）、ウエストミンスタ、ニューカスル、ブリストルなどの輸出入品売買の許された諸都市に設置された主要産物裁判所（Court of the Staple）、ロンドン、イズウィッチ、グロスタなどの商業都市に作られたギルド裁判所や市場裁判所が、その例である。これらの裁判所は本節第1項で説明した地域的裁判所に類するものであるし、これらの裁判所の裁判管轄も非常に小さなものであったので、コモン・ロー裁判所はこの存在にほとんど関心を払わなかった。しかし、実際にはこれらの裁判所の裁判には注目すべきものが少なくなかった。

§74　五港裁判所は外国商人と港町の貿易商人との間の取引上の紛争を解決することを主な目的として作られた裁判所である[134]。港町の存亡は、それを訪れる外国商人たちの支持ないし信頼にかかっており、裁判は、彼らの立場に理解を示し、十分な敬意を払い、慎重に行われた。市長自ら裁判官となり、日頃から教養として学んだ諸外国（とくに地中海地方）の商慣習に十分な配慮を払いつつ、「信義誠実」の原則などを準用してきわめて弾力的な裁判を行ったのである[135]。また、主要産物裁判所は、14世紀中頃に貿易の振興を目的とする特別の法律により設置された裁判所であるが、5港裁判所の場合

---

[132] たとえそのような令状があったとしても、商人たちはコモン・ローの厳格な手続に従うのを嫌ったと思われる。DEVLIN, SAMPLES OF LAWMAKING (1962) pp. 28-51 参照。

[133] この中世の商事裁判所と商慣習法について、詳しくは TRACKMAN, THE LAW MERCHANT: THE EVOLUTION OF COMMERCIAL LAW (1983) pp. 7-22 を参照せよ。裁判管轄と手続についての正確な叙述は、MALYNES, LEX MERCATORIA (3rd ed. 1686) に見られる。

[134] 五港（cinque ports）とは、Dover, Sandwich, Romney, Hastings, Hythe を指すが、13世紀になってから Winchelsea, Rye にも同種の裁判所が設置された。

[135] この手続は、27 Ed. 3 c.8 の法律に定められている。これについての説明は、Scrutton, General Survey of the History of the Law Merchant, in SELECT ESSAYS IN ANGLO-AMERICAN LEGAL HISTORY (1907), vol. 3, pp. 7-15; BATESON, BOROOGH CUSTOMS [Selden Society vol. 21] (1906) に見られる。

と同じように、訴訟当事者が外国の有力な商人たちであることが多く、諸外国の商慣習がしばしば尊重された[136]。そして、市場裁判所は、市の立つ所にそこで起った契約上の争いを略式手続により即決するために設置されたものであり、条理により迅速な事件処理がなされるところにその特色があった[137]。

§75 ところで、中世末期になると、これらの地域的裁判所とは全く別に、国王評議会から海軍省(Admiralty)が派生し、その長として海軍司令官が置かれた。この海軍司令官は一定の事件について裁判権をもつこととなった。最初は海上の刑事犯(とくに海賊)を裁いていたが、やがて民事の管轄権も持つようになった。その対象も船舶から渉外取引(イギリス人どうしの取引ではあるが外国で締結された契約も含む)まで、徐々にひろがっていった。商人たちは、これを歓迎した。というのは、この海事裁判所は地域的裁判所ではなく、国王の裁判所でありながら、地域的な商事裁判所と同じように、令状なしの簡略な手続で迅速に事件を処理してくれたからである。しかも、その裁判所が適用した法は、ヨーロッパの商人階級の間でその頃までに確立されていた、ローマ法の影響の強い商慣習法(law merchant)であり、判決もイギリスの地域的な商事裁判所のそれに近いものであった[138]。

§76 海事裁判所は非常に評判のよい裁判所として発展を続けたのであるが、それとともに地域的商事裁判所は衰退していった。そして、16世紀末ごろからコモン・ロー裁判所がこれに反感を抱くようになり、禁止令状(prohibition)によって管轄権を海事裁判所から奪いとろうとした。クックは

---

[136] Brodhurst, *The Merchants of the Staple*, in SELECT ESSAYS IN ANGLO-AMERICAN LEGAL HISTORY (1909) vol. 3, pp. 16-33 参照。ちなみに、主要産物とは、革、スズ、鉛、羊皮をいう。

[137] MITCHELL, AN ESSAY ON THE EARLY HISTORY OF THE LAW MERCHANT (1904); Thayer, *Comparative Law and the Law Merchant*, 6 BROOKLYN L. REV. 139 (1936). この裁判所は埃足裁判所(Court of Piepoudre)と呼ばれることもある。これは、「泥が空中に飛んでから足もとに落ちるまでに事件が解決されている」からであると説明されることもあるが、おそらく古いフランス語の pied puidreaux(行商人)に由来するものであろう。

[138] 詳しくは、GILMORE AND BLACK, THE LAW OF ADMIRALTY (2nd ed. 1975) を見よ。この商慣習法はしばしば成文化されているが、12世紀にフランスのビスケ港にあるオレロン島で作られた Rolls of Oléron は、イギリス法に大きな影響を与えたといわれる。

第 1 章　イギリスの裁判所

「ロー・マーチャントはこの国の法（the law of this realm）の一部である」と断言し、以来、海商法の事件もまたコモン・ロー裁判所の厳格な手続に従うこととなったのである[139]。しかし、商法の父と呼ばれるマンスフィールド卿は、「ロー・マーチャントは国法（the law of the land）である」と認めながらも、具体的にも手続的にも時代の要請により適うと思われる商慣習法をコモン・ローの中にもちこんだのである[140]。これに対して反対の考えをもつ裁判官がそれ以後も絶えず存在してはいたが、1857 年に国会の法律によって海事裁判所が設置された頃には、マンスフィールド卿の考えを支持する法律家が多くあり、船舶の衝突、共同海損、海難救助などの純粋に海事法の領域と思われるもの以外は、コモン・ロー裁判所に残されたのである[141]。

[139] COKE, LITTLETON (1628), s. 182. また、PLUCKNETT, *supra* p. 9 (n. 17), at 663 も見よ。具体的には、「商慣習が存在することを（商法に無知な）陪審が認めること」、「コモン・ローと整合性があり、安定した法であること」、「人間の記憶を越える古い時代から存在していて、合理的なものであること」などが要求されたのである。TRACKMAM, *supra* note 2, at 30.

[140] たとえば、有名な Luke v. Lyde, 2 Burr. 882, 97 Eng. Rep. 614 (1759) 参照。マンスフィールドによる商慣習法のコモン・ロー化について、詳しくは、FIFOOT, LORD MANSFIELD (1936) の第 4 章、および Llewellyn, *Across Sales on Horseback*, 52 HARV. L. REV. 725 (1939) を見よ。

[141] マンスフィールドに従う例として、Willes, J. in Dakin v. Oxley, 15 C. B. N. S. 646. また、Cockburn, C. J. in Goodwin v. Roberts (1875) L. R. 10 Ex. 337, at 346 も見よ。Abbott, C. J., Lawrence J., Lord Tenterdon などもマンスフィールドに従う裁判官とみてよかろう。これに対し、商慣習の存在は認めても、伝統的なコモン・ローの枠内でのみそれを法源とすることが許されるとする考え方を示した例として、Blackburn, J. in Crouch v. Crédit Foncier of England (1873), 8 QB. 374, at 386. また、さらに最近の例として、Diamond Alkali Export Corporation v. Fl. Bourgeois (1921) 3K. B. 443（この事件では、c. i. f. による海上運送契約の場合に通常行われている保険証に保険約款としての効力を認めなかった）。ちなみに、本文でのべたような歴史的事情から、イギリス商法はコモン・ローによるところが多く、おそらくはそれゆえに、民法と商法の区別は明瞭でない。*Cf.* Gutteridge, *Contract and Commercial Law*, 51 L. Q. REV. 91 (1935). 会社法は大部分が成文化されているが、銀行、証券取引、保険などの領域においては、今日でもロンドンのシティの商慣習法は大きな意義をもっている。

第2節　現在の裁判所

第1項　総　　　説

1　裁判所法の制定

§77　現在の裁判所の組織の基本的な枠組は、1873年と1875年の司法府最高法院法（Supreme Court of Judicature Acts）によって築かれた。この法律は、コモン・ロー裁判所とエクイティ裁判所とを併合して一元化し、新しく統合された裁判所組織の中に、それ以前に存在していた様々な特別な裁判所の若干のものを組み込んだものである[142]。1873年法は、セルボーン卿が起案したものであると言われるが、その意図したことは、貴族院から裁判所の機能を取り除くことにあったと思われる。しかし、スコットランドが新しい最高法院（Supreme Court）への提訴を拒む姿勢を見せたため、当時の首相ディズレリ（Disraeli）は政治的譲渡を示し、1875年法による1873年法の改正という形で、従来どおり、貴族院を最終上訴裁判所として位置付けた。

1873年および1875年の立法は、むしろ歴史的な司法制度を存続させるものとなった。しかし、その後の数度の立法によって、裁判所の組織、管轄、手続などについて、かなりの簡素化（多少の改革を含む）が行われた。たとえば、1880年には、女王座部、民訴部、財務部、大法官部、検認・離婚・海事部の5部からなっていた高等法院（High Court）を、民訴部と財務部を女王座部に吸収させて3部に改組した[143]。1971年には巡回裁判所の制度を廃止するとともに、検認・離婚・海事部を家族部と改め、その管轄についての若干の手直しを行った[144]。さらに、1981年の最高法院法（Supreme Court

---

[142] 214 Parl. Deb., H. L. (3rd ser.) col. 349 (13 Feb. 1873) 参照。1876年にはAppellate Jurisdiction Actを制定して常任上訴裁判官（法卿とも呼ばれる）という終身の貴族を創設し、かかる貴族だけが貴族院の裁判にあたることができるとした点は、大きな改革であったといわなければならない。

[143] この改組は内部組織の問題として裁判所規則によって行われた。

[144] これはCourts Act 1971による。なお、この立法に先立ってAdministration of Justice Act 1970によって司法の運営についての改革が行われているが、これら2つの法律は、とくに刑事裁判のあり方に大きな意義をもっている。これについては、第

第1章　イギリスの裁判所

Act）によって、裁判所の組織、管轄、手続などに関する諸法律の再統合を行うとともに、高等法院に対し行政事件に関する裁判管轄を新たに付与した[145]。

§78　現在［2009年8月］の裁判所の組織は、下の図のようになっている。その組織の中心は最高法院（Supreme Court）である。この「最高法院」は、控訴院、高等法院およびクラウン・コート（刑事裁判所）からなり、大法官がその長である（Supreme Court Act 1981, s 1）。高等法院とクラウン・コートは事実審裁判所である。控訴院は法律審裁判所として法律解釈に誤りのないよう万全を期する。

イギリスの裁判所

```
┌─────────────────┐   ┌─────────────────┐
│ ヨーロッパ裁判所 │   │ ヨーロッパ裁判所 │
│ （ストラスブール）│   │ （ルクセンブール）│
└─────────────────┘   └─────────────────┘
           ↑                     ↑
    ┌──────────────┐   ┌──────────────┐
    │   貴族院     │   │   枢密院     │
    │ ［最高裁判所］│   │  司法委員会  │
    └──────────────┘   └──────────────┘
           ↑                     ↑
    ┌──────────┐     ┌──────────┐     ┌──────────┐
    │  控訴院  │     │  控訴院  │     │ 特別裁判所│
    │ （民事部）│     │ （刑事部）│     │   (1)    │
    └──────────┘     └──────────┘     └──────────┘
           ↑                     ↑
  ┌──────────┐  ┌──────────┐  ┌──────────┐
  │ 高等法院 │  │ 高等法院 │  │ 高等法院 │
  │（大法官部）│ │（家族部）│  │（女王座部）│
  └──────────┘  └──────────┘  └──────────┘
                     ↑              ↑
              ┌──────────┐   ┌──────────┐   ┌──────────┐
              │国王裁判所│   │   上訴   │   │ 特別裁判所│
              │クラウン・│   │ 特別裁判所│   │   (2)    │
              │  コート  │   │          │   │          │
              └──────────┘   └──────────┘   └──────────┘
                     ↑              ↑
  ┌──────────┐  ┌──────────┐  ┌──────────┐
  │ 県裁判所 │  │ 治安判事 │  │ 特別裁判所│
  │          │  │ 裁判所   │  │   (3)    │
  └──────────┘  └──────────┘  └──────────┘
```

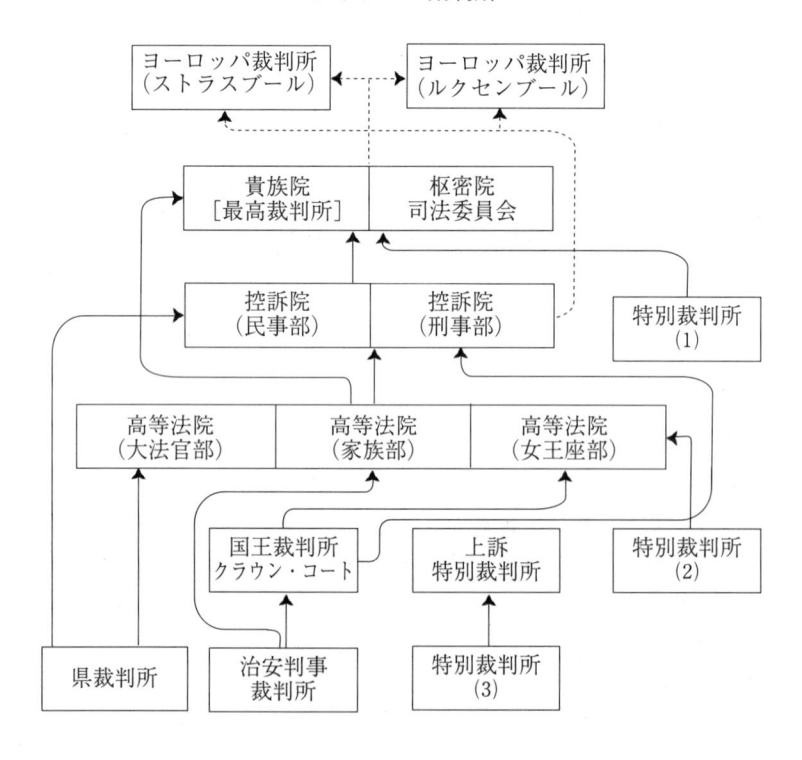

4章で刑事訴訟手続について詳しく説明するので、そこでふれることにしたい。
[145]　この立法は行政訴訟の制度を正式に認めた点でとくに重要な意義をもっているが、これについては§102でふれる。

貴族院は最高法院の上に位置し、最高法院には属さない。連合王国の最高裁判所に相当する機関であるが、貴族院への上告は厳しく制限されており、上告する権利というものは原則として認められない。これらのいわゆる上位裁判所（superior courts）以外に、県裁判所や治安判事裁判所などの下位裁判所（inferior courts）が存在する。これらの裁判所は、小さな事件を簡略な手続によって迅速に処理し、上位裁判所の仕事を軽減するのに大いに役立っている。これらの裁判所の詳細については第4項（§§97-103）で説明するが、その前に、いったい今日の裁判所に何が期待されているかということについての歴史的背景に言及しておきたい。

2　実体法の近代化

§79　既に説明したように令状方式が廃止されて訴訟の進め方が簡略になったことは別として、裁判所の組織そのものは、少なくとも形式的には余り変っていない。しかし、1875年以後に裁判所の果すべき役割についての国民の期待は、全く変ったと言っても過言ではない。これは、1つには、議会民主制が実質的に確立し、国民は、国会が新しい社会事情に適合する立法を行うべきであると考えるようになったためである[146]。また、他方、ベンサム主義者や分析法学者らの批判をうけ、裁判所自身が、古いコモン・ローの判例大系を整理し、合理化する必要に迫られたことも、それと関係する。この点については、裁判所の側でのいろいろな努力にもかかわらず、判例法によるコモン・ローの近代化には一定の限度があるため、新しく作られた法律を運用する任にあたる特別裁判所がしばしば設置されるようになった。この傾向はますます顕著になってきており、これについても後に詳説しなければならない。

---

[146] 現在の議会民主制の出発点は Representation of the People Act 1832, 2 & 3 Will. 4 c. 45 にもとめることができる。この1832年の選挙法では、人口に比例した選挙区となるよう選挙区が再編成されたが、10ポンド以上の家屋の所有者もしくは賃借人のみが選挙資格を有していたにすぎず、庶民院は、中産階級上層部の有権者によって代表されていた。その後、1867年および1884年にも選挙法が改正され、さらに1918年には女子にも選挙権が与えられ、漸く大部分の国民による庶民院の選挙が行われるようになった。そして、1911年と1949年の Parliament Act によって庶民院の優位が認められ、議会民主制がほぼ完全に確立したといってよい。

§ 80　ところで、19世紀の終りごろから今日にかけて、裁判所に期待されてきた役割とは何か。この問題は、わが国でも古典的名著の1つとして知られるダイシーの『法と世論[147]』（1905年）のなかで1つの論点として論じられているが、一般的にそれに答えるとすれば、ブラックストンの法思想に見られるようなトーリ党的保守主義を否定して現われたベンサム流の功利主義ないしミルらの自由放任主義の行きすぎを、適切に軌道修正することであったと思われる。19世紀以後に形成された労働法と経済法の若干の法理を例にとりながら、このことをもう少し具体的に説明しておこう。

　まず第1に、イギリスの労働法については、今日のそれとはかなり性質のちがった断片的な諸法律の集合体としてではあるが、労働法と呼んでもよいようなものが相当古くから存在していた。例えば、1349年および1351年の農民等の団結を禁止する法律は、広い意味での労働者の団体活動を規制する側面を持っていた（An Ordinance concerning Labourers and Servants 1349, 23 Ed. 3 c. 1; The Statute of Labourers, 1351, 25 Ed. 3 c. 1. これらの法律は、労働時間や賃金に関する規定を含んでおり、これに反対する運動を起すことを禁じている）。しかし、この法律は、ペストが大流行した後の社会秩序の混乱を治めることが目的となっていたので、再び秩序が回復されると存在意義をもたなくなった。親方と徒弟との関係を規律することを目的とした労働法（law of master and servant）が現われたのは主に18世紀になってからである[148]。そ

---

[147]　本書23頁注54。この著作は、1898年のハーヴァード・ロー・スクールの特別講義のために書かれたものである。この講義はハーヴァード大学のエリオット総長からの招きに応じて行ったものであるが、同総長の招待の手紙の中で「19世紀のイギリスにおける法と世論の関係」というテーマが一案として軽い気持で書かれていたのを、ダイシーが正直に受けとめて苦心して生み出したものであるといわれる。ダイシーは講義の成功に気をよくし、その後、慎重に手を加え、注を付し、1905年に1冊の本として出版した。この著書は、ダイシー自身がその序文の中で認めているように、歴史研究ではなく、メイトランドのような本格的な歴史家の目から見れば、その研究には不満がかなりあった。しかし、わが国でも、この著書は早くから全訳され、法律、歴史、経済、労働その他さまざまな領域の研究者たちによって、今日なお盛んに読まれている（本書を邦文で紹介した文献として、伊藤正己『イギリス法研究』（1978年）68-76頁を見よ）。

[148]　例えば、Journeymen Tailors (London) Act. 1720 [7 Geo. 1, stat. 1, c. 13]（裁縫職人たちが賃金の増額または労働時間の減少を要求する目的で結んだ同盟契約を無効とし、かような契約を結んだ者を2月間の懲役に処することを定めている）；

第2節　現在の裁判所

して19世紀には、イギリスは産業革命に成功し、農地の囲込みが行われたり大工場で働く者が必要になったりしたために社会構造が大きく変り、資本家と労働者という新しい階級分離がおきた。当時の法律は、両者の間で起る紛争を個人主義の契約自由の原則で処理し、労働活動を使用者の「営業の自由[149]」に対する違法な侵害とみなした。しかし、議会を支える世論は、少なくとも19世紀の後半には、労働者の団結権や交渉権を認めるようになっていた[150]。そこで、1875年以後の裁判所は、単なる個人間の紛争の解決だけではなく、一階級としての使用者の利益と一階級としての労働者の利益とのバランスをはかることが要求されるようになったのである[151]。

　Combination Acts, 1797 [37 Geo. 3 c.123], 1799 [39 Geo. 3 c.79], 1817 [57 Geo. 3 c. 19]（労働者の団結を一般的に禁止した）などが主要なものである。なお、18世紀後半以降には、労働時間の制限と幼年労働の禁止などを内容とするFactories Actも数度にわたって制定されている。

[149]　これはイギリス法固有の用語であり、その言語はfreedom of tradeである。tradeという言葉は、trade disputeとして使われる場合には「労働」という意味をもつし、ときには「取引」と訳すのがよいと思われる場合もある。マグナ・カルタ以来、一定の事業について国王の干渉を受けない自由もしくは特権がしばしば認められたが、これは親方（master）に対し認められたものであって、労働争議が営業の自由の侵害と禁止されたのは、かかる自由もしくは特権の存在を前提としていたのであろう（マグナ・カルタ30条、1333年のエドワード3世の法律（9 E.3 c.1）など参照。Cf. R. v. Druit (1867) 10 Cox C.C. 592, at 600.）。

[150]　1871年には労働組合の大憲章と呼ばれたTrade Union Actが制定され、また1875年にはConspiracy and Protection of Property Act 1875, 38 & 39 Vic. c.86により労働者の団体交渉権が認められた。さらに、1906年になると、Taff Vale Railway v. Amalgamated Society of Railway Servants [1901] A.C. 426のような事例に対処するためにTrade Disputes Act 1906が制定された。

[151]　裁判所が直面した最も困難な事件はQuinn v. Leathem [1901] A.C. 495である。この事件は、労働組合の役員ら被告5名が非組合員を雇用している原告屠殺業者に対しその非組合員の解雇を求めたが、原告はこれに応じなかったことから起った事件である。そこで被告は、原告の得意先に対し、原告から食肉を買うのを中止しない場合には当該得意先で働いている組合員たちを引きあげさせる、と脅かした。原告の食肉は売れなくなり、損害が生じた。この事件の陪審は、害意の存在を認め、これに従って、第1審裁判所、上訴裁判所および貴族院は、原告の損害賠償の請求を認める判決を下したのであった（Cf. Allen v. Flood [1898] A.C.; ユニオン・ショップ制に関する事件でQuinn事件に類似している）。大法官サイモン卿は、Crofter Hand Woven Harris Tweed Co. v. Veitch [1941] A.C. at 442で、それらの諸判例で問題になっているコンスピラシー法理を整理し、(1) ある者の営業を妨害する2人以上の者の結合は違法であり、もしその結果、その者に損害を与えたときは訴えることができる、(2) もし結

§81　つぎに経済法については、19世紀初頭に至るまで、自由競争または自由放任こそ最もよい原理であると考えられており、経済活動の規制は「営業の自由」を侵害する違法な行為として禁止された[152]。しかし、19世紀の後半になると不公正な競争は社会的な害悪をともなうという認識が議会のなかで高まり、1875年以後の裁判所は、紛争当事者間で公正な競争を行わせるために、裁判の際にその当事者の人間関係を考慮に入れなければならなくなった[153]。さらに20世紀になると、「消費者の利益」が一般的に主張されるようになり、労働法の場合と同じように、単なる個人間の紛争の解決だけでなく、諸階層の利益の調整がここでも期待されたのである[154]。

3　議会との協力関係

§82　裁判所に対する新しい期待が右にのべたようなものであるとしても、実際に裁判所がなしうることは非常に限られている。第1に、訴訟当事者が裁判所に提出する証拠は当該事件に直接関係するものだけであって、それと関連する社会問題を考慮するためには余りにも不十分であるというだけではなく、

　　合の真の目的が他人を傷つけることでなく、営業を行おうとする者がその利益を守ることにあるときは、訴えられない、という判断基準を示した。なお、最近では、不法行為の損害賠償を求める事件や労働契約の解釈に関する事件は別として、労働事件は、のちに説明する労働関係裁判所により処理されている。

[152]　18世紀の終りに、アダム・スミスによって「営業の自由」は自由競争の保証または自由放任を意味するものと説明され、19世紀になると、見えざる手による秩序維持、すなわち、私的自治を尊重すべきであり、裁判所といえども取引競争に干渉することはよくない、と考えられていた。

[153]　この考慮のために裁判所が使った論理は「公序（public policy）」である（Mogul S.S.Co. v. McGregor, Gow & Co. [1892] A.C. at 45 (per Lord Bramwell)．「公序」の先例として、Hilton v. Eckersley (1855) 6 E. & B. 47 (per Lord Campbell) も見よ）。この領域でもまた、1956年のRestrictive Trade Practices Actにより創設された行政裁判所（制限的取引慣行裁判所）に紛争の処理が任されるようになった。

[154]　「消費者の利益」は、「買主に警戒させよ」の原則をうちたてたChandelor v. Lopus (1603) Cro. Jac. 41, 79 Eng. Rep 3の考え方を修正した有名な1893年のSale of Goods Actなどによって実質的に保護されていたが、制度的にそれが保護されるようになったのは1970年代になってからである。Fair Trading Act 1973, Consumer Credit Act 1974, Unfair Contract Terms Act 1977, Supply of Goods and Services Act 1982参照。なお、この領域でも新設の行政裁判所が利用されている。これらのことについて、詳しくは、田島裕「諸外国における消費者（保護）法(2)——イギリス」加藤＝竹内編『消費者法講座』第1巻（1984年）149-81頁を見よ。

それだけから判断することは誤認に導くおそれさえある（さらに、裁判官の個人的知識の専門性の問題もこれと関係する。）。第2に、伝統的な裁判は、具体的な事件が起ってからそれに関連のある当事者に十分な議論をさせ、証拠による決定にしたがって金銭賠償による事後的救済を与えるという形をとるのが原則であり、20世紀の法的問題はこの形による解決には適さない部分を多く含んでいる。たとえば、1966年の生活補助給付法（Supplementary Benefit Act）第4条第1項は、貧困というものは社会制度が生んだ必要悪であるという考え方にたち、貧困者に対しその者の権利として生活できるだけの金銭を受けさせることを定めている[155]。この規定に基づいて支払われる金銭が争われているとき、この紛争の処理は、伝統的な裁判官に任せるよりもソーシャル・ワーカーに任せた方がより適切であり、迅速な処理が必要であるという点からも当該の法律に通じた専門の特別裁判所を設置してソーシャル・ワーカーの活動や決定を監視させるのが望ましいと考えられている[156]。

§83　このように、国家が国民に対して積極的にサービスを与えることを要求されるいわゆる福祉国家においては、紛争の事後的な処理を目的とする伝統的な裁判所がなしうることは限られているといわなければならない。何百年にもわたって判例法によって法形成を行ってきたイギリスにおいても、より大局的な見地に立って社会を見ることのできる議会が法形成の中心となるべきであると考えられるようになった。実際上も、先にみたような労働法や経済法の領域では、裁判所は、一般的な指針を示すことを議会に求めざるをえなくなってきている。社会保障法や借地借家法のような新しい領域では、伝統的な裁判所に代わる新しい司法機関の設置が望まれている。しかし、現在このような情況があるにもかかわらず、現代社会においても、法律問題の基調

---

[155] これは「ゆりかごから墓場まで」というキャッチ・フレーズで知られる1942年のベヴァリッジ委員会の勧告（Cmd. 6404）に従ったものである。これについては、本書73頁で詳説される。これ以前にも救貧法（本書48頁注125参照）はあったが、給付は慈善であって権利ではなかった。

[156] 但し、スカーマン卿が具体的な事例を示しながら説明している通り、ソーシャル・ワーカーの記録の誤記が争われたりする場合など、紛争の形態によっては伝統的裁判所の果すべき領域も残っている（SCARMAN, ENGLISH LAW-THE NEW DIMENSION (1974) pp. 36-9 を見よ）。

第1章　イギリスの裁判所

にあるものが人と人との争いであることは変りなく、次に説明するような伝統的裁判所の役割が決して減少したわけではない。また、のちに詳しく説明するように、イギリスにおける議会と裁判所の関係は、対立する関係であるというよりは互いに協力する関係にあり、両方が補完しあいつつ法の正義を実現しようとしている。

第2項　通常裁判所

1　通常裁判所の定義

§84　通常裁判所（ordinary courts）とはコモン・ローまたはエクイティの裁判管轄をもつ国王の裁判所を指す。この裁判所で裁判を受けることは、基本権の1つであると古くから認められてきた[157]。その中心をなすものが最高法院（Supreme Court）であることは言うまでもないが、貴族院のほか、県裁判所（county courts）、治安判事裁判所（magistrates' courts）も通常裁判所に含まれる。通常裁判所は、正式記録を保存することが法律上義務づけられる裁判所（courts of record）とそうでない裁判所とに分類できるが、一般的裁判管轄をもついわゆる上位裁判所（superior courts）は、すべて前者の裁判所である。裁判管轄の制限されたいわゆる下位裁判所（inferior courts）の中にも、記録裁判所とされるものがいくつか含まれている（例えば、県裁判所や後に説明する家賃裁判所などいくつかの特別裁判所）が、下位裁判所は、普通は記録を保存することを要求されない[158]。

---

[157]　マグナ・カルタ39条は、「自由人は、その同輩の合法的裁判によるか、または国法によるのでなければ、逮捕、監禁、差押、法外放置もしくは追放をうけ、またはその他の方法によって侵害されることはない」と定めている。貴族院は、裁判をしないことに同意する契約条項を無効と判事してきた。Goodinson v. Goodinson, [1954] 2 All E.R. 255; Re Davstone Estates Ltd.'s Leases [1969] 2 All E.R. 849. また、国会の法律が通常裁判所の裁判管轄を明文で否定していた事例でも、特定の当事者に対し当該の法律が適用されるか否かの解釈については、貴族院が最終的権限をもつとする判決を下した。Anisminic Ltd. v. Foreign Compensation Commission [1969] 2 A.C. 147. この事件について、詳しくは、本書78-79頁注203を見よ。

[158]　ちなみに、本書第4項［27頁以下］で言及する特別裁判所がすべて下位裁判所であるのではない。例えば、制限的取引慣行裁判所は、上位裁判所であり、かつ記録裁判所でもある。

2 高等法院

§85 この裁判所は、大法官、英国首席裁判官、家族部長、副大法官および96名以内の判事からなる。組織内部では、大法官部、女王座部、家族部の3つの部に分れている。大法官部（1982年現在、12名の判事が配属されており、大法官［欠席のときは副大法官］が長となる）は、組合（partnership）の組織と権利義務関係、譲渡担保（mortgage）、信託、法人財産、証書の修正、遺言書の検認に関する事件を扱う。このなかに、特に会社の清算およびその他の会社法の諸事件の審理に当る会社裁判所（Companies Court）と特許事件を扱う特許裁判所（Patents Court）が設けられている[159]。女王座部（約40名の判事からなり、英国首席裁判官がその長となる）は、コモン・ロー（契約や不法行為など）に関するすべての事件を扱う。このなかに、特に海事事件を取扱う海事裁判所[160]（Admiralty Court）と保険などの商事事件を専門に扱う商業裁判所[161]（Commercial Court）が設けられている。家族部（1982年現在、17名の判事からなり、家族部長が長となる）は、婚姻、家族財産、親子（養子縁組、後見などを含む）に関する事件を扱う[162]。

---

[159] 会社裁判所のなかに破産事件を専門に扱う破産裁判所（Bankruptcy Court）が設けられているが、破産事件においては、他の裁判所で確定された債権者の権利を実行するのを許すことが破産裁判所の主たる職務であり、多くの事件は登録官（registrar）によって処理されている。

[160] Supreme Court Act 1981, s. 20に定める管轄権を行使する。船舶等の所有権、海難事故の処理などがこれに含まれる。

[161] 商事裁判所は、大法官によって高等法院判事のなかから特にその職に任命された者からなり、主に裁判上の和解をすすめ、また商事仲裁にあたることをその任務とする。この手続は、1950年のArbitration Actによる。これは1982年から実施された制度であり、将来の活動に期待されてはいるものの、評価は固まっていない。

[162] Supreme Court Act 1981, s. 26により、(a) 裁判上の別居（divorce à mensa et thoro [judicial separation]）、(b) 婚姻無効ないし婚姻詐称、および(c) （教会法上の）婚姻特許以外の婚姻関係の事件ないし事項を扱うことと定められている。そして、家族部が運用にあたる実体法については、19世紀中頃から段階的に改革が進められており、家族法の近代化の作業は今日も続けられている。SCARMAN, *supra* p. 56 (n. 156), at 31-3参照。とくに1965年にロー・コミッションズが設立されてからは、本格的に作業が進められている。

　1968年にはロー・コミッションの第2次法改革計画として家族法の総合的検討が提案されている。これに従い、いくつかの法案が準備され、議会がそれを承認し次々と法律になった。例えば、Family Law Reform Act 1969, Matrimonial Proceedings and Property Act 1970などがその例であるが、これらの法律はさらに整理統合され

さらに高等法院には合議法廷（Divisional Court）が置かれる。この合議法廷は通常3名（但し、法律上は2名以上となっている）の裁判官によって構成され、他の裁判所の判決に対する上訴審として裁判に当る。女王座部で合議法廷が開かれることが多いが、この場合、クラウン・コートからの上訴および治安判事裁判所のお伺いの形式（case stated）でなされる上訴[163]の審理を行う。この女王座部の合議法廷は、のちに説明する特別裁判所ないし下位裁判所に対しサーシオレアライ、マンデイマス、プロヒビションによって監督権を行使するための審理や人身保護令状を発給するための審理にも当る。そして、大法官部の合議法廷はロンドン以外の県裁判所の破産事件の判決に対する上訴を審理し、家族部の合議法廷は婚姻関係事件の治安判事裁判所の判決に対する上訴を審理する。

3 クラウン・コート（刑事裁判所）

§86 この裁判所は、1971年に巡回裁判所（Courts of Assize）および四季裁判所（Quarter Sessions）を廃止してそれに代る裁判所として設置された裁判所である[164]。この裁判所は主として刑事事件の第1審の審理に当るが、非嫡出

てMatrimonial Causes Act 1973となった。法改革の内容の点でも重要なものがある。例えば、離婚理由として「婚姻が回復できないほど破綻したこと」だけを定めていることである。また成年年齢が21歳から18歳に引き下げられたことも、もう1つの重要な点である（ちなみに、アメリカでも、1971年7月1日に成立した合衆国憲法第26修正によって、18歳以上の者に選挙権が認められるようになった）。1873年法や1925年法などを統合したGuardianship of Minors Act 1971が作られたほか、夫婦共有財産制を内容とする画期的立法ををを行ったInheritance (Provision for Family and Dependants) Act 1975が作られた。さらに、主として家族の財産関係について定めたMatrimonial Homes and Property Act 1981およびMatrimonial and Family Proceedings Act 1984が制定された。

163 のちに説明するように、裁判官は原則として非法律家であるので、法解釈について疑問があるときは、上位の裁判所に意見を求めることができるようにした制度である。訴訟当事者がこれを求めるときは、一種の上訴に似た形になるが、この場合においても、上位裁判所が法解釈に関する意見を示した後に事件は原審に戻され、ここで判決が下される。

164 巡回裁判所や四季裁判所は、長い伝統をもつ地域的裁判所（本書5頁参照）であり、ここでは当該地方の事件について当該地方の裁判官が裁判にあたった。したがって、地方ごとに裁判のあり方はまちまちであり、法の運用にも大きな相違があった。クラウン・コートの創設は、全国的司法組織のなかに地方裁判所を位置づけたことを意味する。

児の準正、免許の授与など一定の事項に関する治安判事裁判所の判決に対する上訴の審理も行う。ロンドンにあるクラウン・コートは、特に中央刑事裁判所と呼ばれる（また Old Bailey という愛称で市民にも親しまれている）。陪審による裁判でまっ先に思い浮べるのがこの裁判所である。

　クラウン・コートの裁判管轄は、正式起訴手続によるすべての刑事事件に及ぶが、殺人罪や反逆罪などの重要な犯罪（正式には第一種犯罪という）以外の事件に関しては、高等法院の裁判官が必ずしも審理に当る必要はなく、巡回裁判所判事ないし5年以上の経験をつんだ記録官が、2名ないし4名の治安判事を陪審裁判官にして、裁判を行うこともできる。陪席裁判官を付して裁判が行われる場合には、多数決によって判決が下されるが、表が同数となったときは、主任裁判官が最終的決定権をもつ。クラウン・コートは、少年事件の上訴審裁判も行うが、この場合には、巡回裁判所判事と少年事件担当の2名の陪席治安判事とによって審理が行われる。

4　控訴院（Court of Appeal）

§87　この裁判所は伝統的には民事事件の上訴のみを扱う裁判所であったが、1966年に別個の刑事上訴裁判所が廃止されてから、刑事事件の上訴も審理するようになった。この裁判所は、1982年現在では18名の上訴審裁判官（Lord Justices）によって構成されているが、この人数は規則によって変更できる。記録長官がその長となる。審理はそのうちの3名（重要な事件では5名ないし7名。また1981年には、重要でない事件については、当事者の同意がえられれば2名で足りることとなった）の合議法廷によって行われる。刑事事件の上訴審裁判も同じ裁判官たちの合議法廷によって行われるが、この場合には、英国首席裁判官は、高等法院の裁判官たちも審理に加わらせることができる[165]。控訴院は、以上のように上訴の審理に当ることのほか、事件の再審理を決定することなど若干のことができる。

---

[165] Administration of Justice Act 1960 に定められている場合を除き、刑事事件の上訴は非常に制限されており、控訴院の裁判官たちは民事法に強い人たちが多いので、刑事法の弱点を補うことが意図されている、と思われる。

5 最高裁判所（旧貴族院）

§88 イギリスの最高裁判所は、周知のように、議会を構成する一院である貴族院（House of Lords）であった［2009年10月から最高裁判所へ移転］[166]。このような立法機関が同時に最高の司法機関を兼ねるという異例の制度は、権力分立をたてまえとする国家構造のもとでは想像することができないものであろう。すべての国家機関が論理的思考のうえにたった構成をもって成立せしめられたのではなく、歴史的な必要に応じた発展過程のうちに成長してきたというイギリス法の性質こそが、このような貴族院すなわち最高裁判所であるという変態を生んだことは疑いのないところであろう。ノルマン人の征服ののち中世を経過する間に、もともと国王評議会として統一的な権力を行使したものが母胎となって、立法機関も司法機関も分化していったのであるが、もとは単一の機構であったところから、権限も決して完全に分解することなく、権力は混然とした不統一のままに多岐に分化した機関に属することになった。議会も立法、行政、司法の各種の権力を行使するものであり、むしろ裁判機能こそは議会の起源をなすと考えられている。このような国王評議会に起源をもつ国会が、やがて貴族院と庶民院の2院をもつようになり、前者が最高裁判所としての機能を営むようになった[167]。

§89 議会と裁判所の機能をはっきり分化すべきであるとする考えがあらわれたのは、19世紀になってからであった。このためまず必要とされることは、最高裁判所として貴族院が活動する場合に、法に通じていない素人の貴族の関与を排除することである。19世紀のはじめには、貴族院が最高裁判所として機能しているときには、司法裁判所たる性格をもつべきであり、非法律家である貴族が関与することを排斥すべきであるという意識がたかまり、漸次それが憲法上の慣例と化していった。そして1844年のオコンネル事件[168]にいたって、その事件の政治的な背景から若干の非法律家たる貴族が判決に

---

[166] Constitutional Reform Act 2005 により、貴族院は「最高裁判所」と呼ばれることになった。本書「はしがき」で述べたように、その新しい建物が国会の前にたてられている。この憲法改革については、本著作集第2巻で詳しく説明する。

[167] 貴族院がどのような事情のために最高裁判所の機能を果すようになったか、今日に至るまでその機関がどのような役割を果してきたかなどについて、R. STEVENS, LAW AND POLITICS: THE HOUSE OF LORDS AS A JUDICIAL BODY, 1800-1976 (1979) が詳しい。

[168] O'Connell v. Queen (1844) 5 S. T. (N.S.) 1, 11C. & F. 155; 8 Eng. Rep. 1061.

介入しようとしたとき、枢密院議長ウォーンクリフ（Wharncliffe）が、それは古くからの慣行に反するとして警告を発し、その勧告がまもられることによって、ほぼこの慣行は規範意識をともなう憲法習律として確立したのであった。その後も、ブラッドロー対クラーク事件[169]におけるデンマン卿の例のように、この慣例を無視しようという試みが絶無ではなかったが、現在では、何人も違反することのない規範となっている。

§ 90　最高裁判所としての貴族院から素人を排除したのち、それにふさわしい裁判官として常任上訴裁判官が任命されるようになったことは、すでにのべたとおりである。したがって、貴族院は、大法官、高位の裁判官の職を経験した貴族および常任上訴裁判官からなるが、このうちの3名以上の者が合議制によって裁判にあたる。この3人という定足数は、貴族院が立法部の専門委員会として機能するときの数と軌を1にしている。現在、大法官を含む法卿のうち5人が裁判に関与することが多いようである。いうまでもなく、貴族院には少数意見の制度があり、しかも、アメリカのような多数意見、少数意見、同意意見という形で示されるのではなく、すべての裁判官が自己の意見を発表するやり方（seriatim opinion といわれる）がとられている。

§ 91　貴族院の権限には、第1審の管轄権も含まれていた[170]が、現在では上告

169　Bradlaugh v. Clarke (1883) 8 App. Cas. 354.
170　民事事件としては、Skinner v. East India Company (1666) 6 S.T. 710 が最後の事件である。この事件は、貴族院が第1審の裁判権を行使したところ、その管轄権なしとする東インド会社側が庶民院に請願し、その結果、両院のはげしい対立抗争を生みだした事件として知られている。この争いの結果、貴族院の民事の第1審管轄権は否認されて、庶民院の勝利におわった。刑事事件については、第1に弾劾（impeachment）の裁判権がある。庶民院の訴追をうけて、貴族院が審判するものであり、これは法律上は存続しているが、1806年のメルヴィル卿（Lord Melville）の弾劾事件以後その例がなく、その手続の非実際性と責任代議政治の発達（裁判官については両院の奏請による罷免制度が認められたこと）からみて、この制度は慣例上消滅したものと考えられている。長く存続したのは、貴族の重罪事件について、貴族院が第1審かつ終審の管轄権をもつことである。これは古くマグナ・カルタ39条にいう「同輩による裁判」の保障の具体化したものが近代まで残存したものであり、その特権の実益がなくなり、むしろ逆に手続、費用などすべての点からみて時代錯誤的なものとなり、貴族院の放棄しえない権利として、いたずらに被告人たる貴族をお祭りさわぎの対象にするにすぎないにかかわらず、廃止は容易に成功しなかった。しかし1948年の Criminal Justice Act 30条は漸くこれを廃止し、貴族も普通の刑事の裁判をうけることになった。

事件を処理するのみとなっている。貴族院は控訴院の判決からの上告をうけるのみならず、スコットランドの最高裁判所（Court of Session がそれである）及び北アイルランドの最高裁判所（Court of Appeal in Northern Ireland がそれである）の判決からの上告事件をも処理する。その意味でそれはイギリス連合王国（United Kingdom）の最高裁判所である。そこで法卿のうちには常にスコットランドの出身者が含まれ、スコットランドからの上告事件には少なくともその裁判官が関与する。かつてはアイルランドについても同様に扱われたが、アイルランド共和国の分離ののちは、北アイルランドのみが連合王国に所属し、その出身者が法卿に選ばれないこともありうる。しかし出身者がいるときは、北アイルランドからの事件では、つねにその裁判官が関与することになる。このようにイングランド以外の場所からの上告事件を処理する権限をもつことが、多くの批判にもかかわらず、貴族院の最高裁判所的機能を維持させる有力な原因となっているといわれている。なぜならば、スコットランドや北アイルランドからの事件の当事者は、その出身者の参加していないイングランドの控訴院のような機関よりも、貴族院の方に好感をもつからである、といわれている。

§92　貴族院へ上告される事件の数は非常に少ない。これは、民事事件の上告については控訴院（例外的な場合は貴族院。Administration of Justice [Appeal] Act 1934, s.1）の上訴許可（leave）が必要であるし、刑事事件の上告については訴追側も被告人側も上告権を認められてはいるが、法務総裁（attorney general）が、当該事件には公けの例外的重要性をもつ法律問題が含まれており、上告を認めるのが公益上望ましい旨の証明をすることが条件となっていて、上告が法的にきびしく制限されているためである。また、国会への法案の提出のときと同じように上告は訴願（petition）の形でなされ、訴状を活字で印刷して製本することなどが要求されるために上告には多額の費用を要する[171]。そのうえ、貴族院と控訴院との間に裁判官の質の優劣はないと一般的に考えられていることも、そのことと関係があろう。しかし、第6章で詳しく説明するように、法源としての判例法のなかで最も重要なものは貴族院

---

[171] JACKSON, THE MACHINERY OF JUSTICE IN ENGLAND (2nd ed. 1953) p.76 で、本文でのべたことを説明しながら、通常の費用のほか、この著作の出版以前に印刷費だけで800ポンドを要した例があると述べている。

判決であり、貴族院への上告がきわめて重要な意味をもつことは否定できないところである。

6 県裁判所（county courts）と治安判事裁判所（magistrates' court）

§93 この2つの裁判所は、他の裁判所に比べて、パート・タイムの素人裁判官が主役となってしばしば裁判を行うことがあるという点で、きわめて例外的な裁判所である。しかし、これらの裁判所の歴史は古く、各々の地域と深く結びついて育ってきた裁判所であり、また、実際に処理する事件の数も他の裁判所のそれをはるかに上まわっており、司法に対する国民の信頼は、これらの裁判所の在り方に大きくかかっているといえなくもない。県裁判所は訴訟額が一定額以下の民事訴訟を扱う[172]。治安判事裁判所は、家族法関係の事件を扱うほか、主として軽罪に関する刑事事件を審判する[173]。

第3項　枢密院司法委員会

§94 枢密院司法委員会（Judicial Committee of the Privy Coucil）は、若干のことは別として、コモンウェルス[174]のための最高裁判所ともいえる司法機関である。もともと枢密院[175]は、国王の顧問会として広い司法権を行使したが、

---

[172] County Courts Act 1984 では、訴訟額5000ポンド以下の契約または不法行為に関する事件のほか、一定の土地回復事件および海事事件を扱うことになっている。

[173] この詳細については、第4章で陪審制と関連して刑事裁判について詳しく説明することになるので、その部分でふれることにする。

[174] 「コモンウェルス」という言葉は、いくつかの意味に使われうる言葉であるが、法律用語としてそれが使われるときは、独立の主権国家が協議および協力を目的として作った任意団体であって、イギリスの女王をその自由な結合の象徴とするものを意味する。具体的には、それは、連合王国、カナダ、オーストラリア、ニュージーランド、インド、バングラデシュ、スリランカ、ガーナ、マレーシア、キプロス、ナイジェリヤ、ケニアなどの合計31カ国からなる。その言葉が広義に使われる場合には、その他に、各構成国の属領や植民地がそれに含まれるが、返還前のホンコンがその例である。ビルマ、アイルランド、パレスチナ、スーダンなどの旧コモンウェルスまたは旧植民地とも一定の関係を維持しているが、コモンウェルスの加盟国としての法的義務を負わされていないので、厳密にはコモンウェルスから除外される。

[175] 枢密院は300名以上の会員からなる諮問機関であるが、憲法習律により、カンタベリとヨークの司教、庶民院議長、大臣、英国首席裁判官、常任上訴裁判官、記録長官、高等法院家族部長、控訴院裁判官、その他一定の地位についた者は原則としてその会員になる。それ以外に高齢の有識者、功績のあった国会議員や行政官も首相の推

第1章　イギリスの裁判所

　ステュアート王朝の時代の闘争の結果、多くの裁判権を剥奪され、近代にはいると、枢密院には国王大権の支配する海外領土から請願の形式でもちこまれる事件を司法的に解決する機能が残された。しかし、イギリスの帝国主義的発展とともに領土が広まり、この司法的機能のもつ意義が大きくなるとともに、委員会によって処理されるようになり、この司法委員会は1833年には制定法上の根拠を与えられるに至った[176]。形式上は、それはあくまでも国王に助言を与える顧問会の一委員会であるが、実質上は、法によって上告事件を裁判する司法機関であるという変則的な機構なのである。

§95　その構成員は、大法官、枢密院議長（President）、前議長、高位の司法職を保有するか、かつて保有していた枢密顧問官（9人の法卿はこれに含まれる）、自治領の上級裁判所の判事もしくは前判事で枢密顧問官の地位をもつ者、国王の指名する2名の枢密顧問官であり、原審たる裁判所の所在地の上級裁判所の裁判官が補佐官として参与することがある（Administration of Justice Act 1928, s. 13 参照）。定足数は3人であって、通常は5人によって裁判所を構成する。右のような多彩な構成員をもっているが、現在では、実際上は大法官と法卿が裁判を行う例が圧倒的に多い。かくして枢密院司法委員

せんにより女王によって会員に任命される。
　枢密院会が開かれることは少ないが、開かれるときはバッキンガム宮殿で女王の在席のもとで開かれることになっている。枢密院会で知りえたことがらは外部へは絶対にもらしてはならないことになっており、各会員はその旨の宣誓を求められる。したがって、何がそこで議題とされてきたかは全く分らないのであるが、国会の招集、解散、延長、宣戦布告、戒厳令などは枢密院令の形式で出されることになっている。国王に対する請願であって法律上の紛争にかかわるものについて、枢密院会員のうちの数人の専門家にその解決を任せるという慣行が古くからあり、これが本節で説明する裁判制度を生み出す基礎となっている。
　植民地の法律の裁可など、日本の政令に近い性質の枢密院令が出されることがあるが、この場合の手続は司法委員会のそれに近く、形式上は司法委員会の判決と区別がつけがたいこともあるが、その効果は、はっきり区別される。Ibralebbe v. R. [1964] A.C. 900 参照。

[176] Judicial Committee Act 1833. この法律は、手続等について、1844年、1876年、1949年に若干修正されている。枢密院司法委員会の形成過程を詳細に研究した文献として P. A. Howell, The Judicial Committee of the Privy Council 1833-1876 (1979) 参照。なお、Sir George Rankin, *The Judicial Committee of the Privy Council*, 7 Camb. L. J. 2 (1939) は、枢密院司法委員会が最も輝かしく活動していた頃の姿を描写した文献として興味深い。

会は、裁判所として貴族院と実質を同じくするといってよい。しかし、枢密院司法委員会の裁判は、貴族院のそれとつぎの2点で異なっている。1つは、上告が国王への請願という形でなされ、委員会の決定は国王への助言という形式をとる。国王への助言には2つの矛盾したものが示されるべきでないと考えられるところから、判決は全員一致の助言の形態でなされ、したがって委員会の判決には少数意見が付せられなかった。判例集に登載される唯一の意見は、多数意見であって、実際にその結論がどのような賛否の結果であるかは明らかにされなかったのである。この憲法習律は現在では廃止されている（Judicial Committee（Dissenting Opinions）Order 1966（S.I.1966, No.1100）が、今日でも判決の書き方に多少の差異が残っているのは、このためである。他の1つは、以上にのべたように、この委員会は実質的に貴族院と同一の構成をもち、きわめて高い地位をもつ裁判所であるが、それは上位裁判所（superior courts）のうちにかぞえられない。イギリスにおいて、先例たる拘束力をもちうるのは、上位裁判所の判決にかぎられる。そこで、貴族院の判決がそれ自身を含めてすべての裁判所を絶対的に拘束する（最近では多少緩和されている。これについて、⇨§413）のに反し、枢密院司法委員会の判決は、法的な拘束力をもたず、その先例としての価値はいわゆる説得的なものであって、事実上の拘束力にすぎないとされる。

§96 枢密院司法委員会の管轄事項は、海外領土からの上告事件が主たるものであるが、これ以外にも医師の資格剥奪の司法審査など一定の事項が含まれる[177]。海外領土からの上告事件としては自治領およびインドからの上告が多数を占めたが、1931年のウェストミンスタ法制定以来、主要な自治領が一方的に司法委員会への上告を廃止ないし制限することが可能になったため、いくつかの自治領がこの上告の道をたちきった[178]。カナダ[179]、インド[180]、

---

[177] 具体的には、Medical Act 1956, Dentists Act 1957, Opticians Act 1958, Solicitors Act 1974 などに基づいて各々の専門職の特別裁判所が下した資格剥奪の決定に対する上告事件を審査する。さらに、宣戦布告などの国家の重大事について憲法上の助言を与えることになっている。Judicial Committee Act 1833, s.4.

[178] Statute of Westminster 1931 は、前文で「国王が英国のコモンウェルス加盟国の自由な統合の象徴であり、その構成国は国王に対する共通の忠誠で結合」する独立の主権国家が協議並びに協力を目的として作った任意団体であることをうたい、第2条ないし第4条でつぎのように定めている。すなわち、

第1章　イギリスの裁判所

「第2条　(1)　1865年の≪植民地の法の効力に関する法律≫は、本法施行後は、自治領の議会の制定した法律に適用されない。

(2)　本法施行後、自治領の議会の制定したいかなる法律も、その規定も、それがイギリスの法、連合王国の国会の現行の、または将来制定する法律の規定、もしくはその法律にもとづいて作られた命令、規則に反するという理由で無効とされることはない。自治領の議会の権限は、自治領の法の一部であるかぎりにおいて、右の法律、命令、規則を廃止し、修正する権限を含む。

第3条　自治領の議会はその領域外の適用のある法を制定する完全な権限を有する。

第4条　本法施行後成立した連合王国の議会の法律は、当該自治領がその制定を要求し、またはその制定に合意した旨がその法律のうちに明示されていないかぎり、その自治領の法の一部として、そこに効力が及ぶものではなく、また及ぶものとみなされることがない。」

ちなみに、第2条1項で言及する Colonial Laws Validity Act (1865), 28 & 29 Vict. c. 63 は、自治領の憲法や法律をイギリスの国会の法律により自由に改廃できること、またそれらがイギリス法と牴触するときは無効であることなどが定められている。したがって、先の法律の解釈の結果、本文でのべたようなことになるのであるが、この法律が立法権についてのみ規定したものであり、行政権や司法権については全くふれていないことに注意しなければならない。

179　1949年のカナダの Supreme Court Act (S.C.) 1949, c. 37, s. 3 により、枢密院司法委員会への上告を禁止した。*Cf.* British Coal Corporation v. The King [1935] A.C. 500; Attorney-General for Ontario v. Attorney-General for Canada [1947] A.C. 127. このようにイギリス法から離れていった背景には次のような事情がある。

カナダは、1763年のパリ平和条約によってイギリス領となったが、もともとはフランスの領土であったから現在でもフランス系住民は有力である。アメリカの独立戦争の過程で移住したアングロ・サクソン系住民は、フランス系住民と対立し、いちおう優位を維持してきた。したがって、フランス系住民の優越する。lower Canada すなわちケベック州は別として、カナダの各州はイギリスのコモン・ローを基礎として法制を発展させた。法学教育もイギリスの強い影響を受けている。ただ、カナダ連邦制は、州の権能がつよく、立法によるコモン・ローの修正も州によって異なり、商事法の分野においても統一性が乏しいことが特色としてあげられる。第2次世界大戦頃からは、地理的経済的状況からむしろアメリカに目を向けはじめ、最近ではアメリカ法の影響が濃厚になっている。カナダ法のこれらの諸情況について Laskin, The British Tradition in Canadian Law (1969) が詳しい。1982年のカナダ憲法は、当該憲法が施行された後に制定される「連合王国の国会法は、カナダに適用してはならない」と定める規定を含んでいる。*Cf.* Canada Act 1982〔イギリスの国会法〕。この法律の解釈をめぐる重要な憲法訴訟が行われている。その理論上の争点は、G. Marshall, Constitutional Conventions (1984) に詳しく説明されている。なお、カナダは、現在、10州（オンタリオ、ケベック、ノヴァ・スコシア、ニュー・グルンズウック、マニトバ、ブリテッシュ・コロンビア、プリンス・エドワード・アイランド、アルバータ、サスカチュワン、ニュー・ファンドランド）および二直轄領から

第2節　現在の裁判所

セイロン（スリランカ[181]）は廃止した諸国であり、オーストラリア連邦[182]は

なる。

[180] インドは、1600年の東インド会社の設立以来、イギリスの重要な植民地であったが、1947年8月15日に独立し、憲法（1950年1月26日から施行）を制定した。これにより枢密院司法委員会への上告の道はたちきられたことになるが、コモンウェルスの構成員としての地位は維持したいという意思を示したため、法解釈上のやっかいな問題を残した。1949年のロンドン宣言により、ウェストミンスタ法の前文の「英国のコモンウェルス」という文言から「英国の」という言葉を削除し、コモンウェルスの構成国がエリザベス女王が元首とする義務はないことを認めることにより、政治的解決がはかられた。これは、インドはイギリス法に従う義務はないが、イギリスにおいてインドのことが問題となるときには、イギリス法に従って決定することができることを意味している。ちなみに、前掲注1に列記した諸国のうち女王を元首とする国は Dominion という名称が付されている。

インドにおけるイギリス法の意義についても少し説明しておこう。インドの近代法の発展は複雑な過程をたどっている。東インド会社を通じてイギリスの勢力は漸次拡大されたが、まず、マドラス、ボンベイ、カルカッタは重要な港湾都市としていわゆる「総裁都市 (Presidency Towns)」とされ、ここの特別の国王裁判所がおかれ、この裁判所——はじめ「市長裁判所」、のちに「最高裁判所」と呼ばれる——は「正義と権利にしたがって」裁判した。この「正義と権利」は、特殊な地域の事情で適用されない場合（とくにマホメット教徒やヒンズー教徒用の身分法の問題）を除いて、制定法を含むイギリスのコモン・ローにほかならなかった。他の地域にものちに属領裁判所がおかれていったが、ここでも、宗教的慣行と結びつく身分法のほかは、「正義、衡平、良心」すなわち原則としてコモン・ローにしたがって裁判され、このようにして一般的にイギリス法の大部分が継受されたのである。もとより、インドの錯雑した法の状況がつづいていたので、法の統一を要望する声も高く、19世紀には有名な法典化運動がすすめられた。これによって、主としてイギリス法を基盤とするインド法が、その特殊な領域を除いて成文の形で発展した。民事訴訟法典（1859年）、刑法典（1860年）、刑事訴訟法典（1861年）をはじめ、契約法（1872年）、信託法（1882年）などがその例である。相続法（1865年）も、イスラム法、ヒンズー法の適用をうけない者に対する規範として、成文化されている。このようにして、インド私法は、その大部分が成文化されたイギリス法といってよいであろう。インド法について、鈴木敏和「インドにおける英法の継受と《正義・衡平および良心》」立正法学第1巻2号1-22頁、同「イギリス法のインドにおける継受」比較法研究38号195-207頁参照。なお、1947年の独立により制定された憲法は、違憲審査制の採用などアメリカ法の影響の大きいことも付言しておこう。

[181] セイロンは1947年にイギリスから独立したが、裁判所制度とその運用する法については、従来通りの慣行が維持された。Cf. Ibralebbe v. R. [1964] A. C. 900. ただし、1972年にはセイロンでも廃止されたという。S. A. DE SMITH, CONSTITUTIONAL AND ADMINISTRATIVE LAW (2nd ed. 1973) p. 49.

[182] Privy Council (Limitation of Appeals) Act 1968 (No. 30). 上告制度を維持したニュージーランドとマレーシアの場合と比較しながら、オーストラリア連邦の場合の

制限した国である。ニュージーランド[183]や南アフリカ[184]は、現在でも枢密院司法委員会へ上告することを認めてはいるが、実際上は、その数は著しく

> 上告制限について説明した文献として、R. STEVENS, *supra* p. 62 (n. 167), at 416-7 参照。
> オーストラリア連邦についても少し説明しておこう。この国はイギリスの流刑者たちが移住して作った白人の国であり、当初からコモン・ローが通用した。イギリス国会の制定した1828年の法律は、当時施行されている制定法を含めてイギリス法が原則として当該植民地で適用されると規定している。1900年には、イギリス国会の別の法律である Commonwealth of Australia Constitution Act により連邦国家となったが、連邦法も州法も、基本的領域においてほぼ類似した内容をそなえており、すべてコモン・ローに発し、その後の判例も立法もイギリス法から離れることは少なかった。連邦を構成する州は、ニュー・サウス・ウェールズ、タスマニア、ウェスタン・オーストラリア、サウス・オーストラリア、ヴィクトリア、クィーンズランドの6州であるが、独立前の歴史的諸事情のために利害が対立することも少なくなく、アメリカ合衆国のように州権を中心とする法制度になっている。枢密院司法委員会への上告は、1968年に連邦最高裁からの上告についてだけ廃止された。オーストラリア法について、田中英夫ほか「オーストラリアの法と法学」ジュリスト586号122-35頁、平良「オーストラリアにおけるイギリス法の承継」法学研究44巻7号1-37頁参照。なお、比較的最近まで、イギリスの貴族院の判例に拘束されるという慣行があったが、Uren v. John Fairfax & Sons Pty. Ltd. (1966) 117 C. L. R. 118 において、貴族院の重要な判例である Rookes v. Barnard [1964] A. C. 1129（懲罰的損害賠償に関する判決）の拘束力を否定した（*Cf.* Australian Consolidated Press Ltd. v. Uren [1969] 1 A. C. 590. 先の判決の意義について、田中英夫「懲罰的損害賠償に関するイギリス法の最近の動き」『現代イギリス法』(1979年) 245-82頁参照)。
>
> [183] ニュージーランドも、オーストラリアと同じようにかつてはイギリスの植民地であったが、1947年にコモンウェルスに属する国として独立した。しかし、実際に上告される事件数は著しく減ってはいるが、枢密院司法委員会への上告は、いまでも認められており、ニュージーランド法はイギリス法に最も類似しているように思われるし、イギリスの立法に先立ってまずニュージーランドで立法が試みられることも少なくない。なお、ニュージーランドと同じようにシエラ・レオーネ、ジャマイカ、トリニダッド・トバゴ、マレーシアなどは現在でも上告を認めている。
>
> [184] 南アフリカが自治領としての地位を取得したとき、その国家構造を定めたのが南アフリカ法（1909, 9 Ed. 7 c. 9）である。この法律は、形式上は連合王国の国会制定法であるが、実質上は南アフリカを構成する諸植民地が原案を作り、さらにその同意をえて制定されたものである。そこでは国家組織の基本として連邦制をとるか単一制をとるかがはげしく論議され、結局は単一制の憲法構造が採択されることとなった。ところが、一地区すなわちケープ地区のみが、白人以外にも選挙権を与えており、同地区は単一制国家の採用のためにこの点が統一され、白人以外の者の選挙権が剝奪されるのではないかということをおそれた結果、妥協が成立し、特殊の規定が南アフリカ法に挿入されることとなった。それが同法第35条であるが、この解釈をめぐる憲法訴訟が、しばしば枢密院にもちこまれている。詳しくは、伊藤正己『イギリス法研究』(1978年) 188-99頁を見よ。

減っている。このように枢密院司法委員会の職務が非常に少なくなったことの背後には、コモンウェルス諸国が独立性を強くしていることのほか、イギリスがコモンウェルス諸国よりもヨーロッパ諸国との関係を優先的に扱わざるをえなくなったという事情もある[185]。また、コモンウェルス諸国の側でも、それをとりまく国際的あるいは国内的な諸情況の変化にともない、イギリスへの信頼ないし関心を失いつつあるということも否定できない事実である[186]。

第4項　特別裁判所

1　特別裁判所の定義

§97　本項の総説のなかで、労働関係裁判所や制限的取引裁判所を例にとりながら、20世紀になってから特別裁判所が登場してきた理由を説明した。17世紀に大権裁判所の苦い経験をへており、またダイシーの説く「法の支配」の原則はこれにきわめて批判的であったことから、その導入は非常に慎重に行われた[187]。しかし、1932年には行政府による委任立法と準司法機能を検討したドノモア委員会（Donoughmore Committee）が、また1957年には特別裁判所とその手続を検討したフランクス委員会（Franks Committee）が、特別裁判所の制度を積極的に評価したために、急速に発展した[188]。現在ではそ

185　この点について、枢密院司法委員会への上告数が著しく低下していった様子は、前掲注167に引用したスティーヴンの著作の中に数字を示しながら詳しく説明されている。ただし、これは私見ではあるが、枢密院判例の質は非常に高まっており、第6章で論じる判例法形成にとっては、既に説明した少数意見を付する慣行の採用とあいまって、かえってよい効果をもたらしているのではあるまいか。Reid, *The Judge as Law-maker*, 12 J. S. P. T. L. 22, 29（1972）参照。

186　最近、香港が1997年以降コモンウェルスから離脱することになったのも、この傾向を示すものと考えられる。

187　A. V. Dicey, *supra* p. 39（n. 101）の第12章を見よ。ただし、ダイシーは、20世紀になってから新しい装いをした行政裁判所がイギリスにあらわれはじめたことを「男らしく認め」（フランクファータの評釈）ていた。これについて、ダイシー（伊藤＝田島訳）『憲法序説』（1983年）458-9頁参照。

188　Report of the Committee on the Ministers' Powers, Cmd. 4060（1932）（通常ドノモア報告書と呼ばれる。大臣の苦情処理が準司法的な性質をもっているので、自然的正義などの原理に従うべきであることを勧告した）、Report of the Committee on Administrative Tribunals and Enquiries, Cmnd. 218（1957）（通常フランクス報告書と呼ばれる）。

の数は２万を超えており、通常裁判所で処理される民事事件は法人（とくに保険会社）に関係する事件だけにほとんど限られていて、私人間の紛争の大部分が特別裁判所によって処理されている。これまでのわが国の著作では、この裁判所は十分に評価されていないけれども、本書では多少紙面をさいて説明しておきたい。

2　特別裁判所の種類とその機構

§98　20世紀になると数多くの特別裁判所が創設されたのであるが、有名なフランクス委員会が、各々の対象とする裁判事項に適した機構をもち、弾力的にかつ迅速に処理できるという利点を強調したために、それらが統合されることもなく、いっそう増加されることとなった[189]。のちに審判所委員会（Council on Tribunals）という大法官の諮問委員会が監督機関として設置されはしたが、この委員会は強制権を全くもたず、また、２万を越す特別裁判所を十数名の委員だけで監視することは実際上も不可能であるといわざるをえず、多種多様な特別裁判所が混然と存在している[190]。したがって、体系的な説明はあきらめざるをえないので、ここでは、特に目立った活動をしてい

---

[189] ただし、フランクス委員会の勧告に従って制定された審判所および調査に関する法律（現行法は Tribunals and Inquiries Act 1971 第７条１項）は、「特別裁判所の審判長は大法官によって任命された者の集団のなかから担当官庁が選任するものとする」と規定しており、また大法官は非法律家の審判員たちを教育する義務を負っているから、司法機関として要求される自然的正義などの基本的原理だけは守られているようである。民間航空局、運輸委員会、租税委員会などの特別裁判所には、先の1971年法の規定は適用されないが、これらの裁判所も、法律家を審判長とし、非法律家である専門家をして補助に当らせるという通常の方式に従って構成されることが多い。もっとも、法律家に裁判に当らせれば司法的正義が実現できるという考えは、「単なる神話以外の何ものでもない」という批判的意見も出されている。ABEL-SMITH AND STEVENS, IN SEARCH OF JUSTICE (1968) p.229 参照。GARNER, ADMINISTRATIVE LAW (4th ed. 1974) p.194 もまた、うちとけた会話によって進められる手続に対し批判的である。

[190] 特別裁判所の実態は、毎年定期的に議会へ提出される Council Report のなかに、明らかにされている。ちなみに、審判所委員会は、フランクス委員会の討論のときにはフランスのコンセイユ・デタに類似した行政裁判所として設置されるべきであるとする意見（ロブソン、ウェイド）も出されていたが、この意見は退けられ、単なる調査権と勧告権のみをもつ機関となっている。Tribunals and Inquiries Act 1971, s.1 (1). 特別裁判所の制度は、Tribunals, Courts and Enforcement Act 2007 によっていっそう強化されている（本著作集第２巻で詳しく説明する）。

る典型的な実例を示すのみにとどめたい。

§99　(イ)　評価のための調査を必要とする特別裁判所　家賃に関する紛争を処理する特別裁判所を最初の例として取り上げよう。これについては家賃裁判所と家賃評価委員会がある。前者は家具付きの場合の「公正な家賃」を決定する特別裁判所であり、後者は家具付きでない場合の「公正な家賃」を決定する特別裁判所である。家賃裁判所は、「(a) 賃貸借契約書により支払われるべき賃料を承認するか、または、(b) すべての諸情況を考慮にいれて、合理的であると考える賃料にひきさげる」ことを職務とする[191]。これに対し、家賃評価委員会は、「(個人的なものを除く) すべての諸情況に考慮を払い、また特に、家屋の建築後の年数、性質および地域に対し、そしてその修理情況に対して考慮を払い」公正な家賃を決定することを職務としており、この委員会の場合には、地方自治体が任命する家賃吏の最初の決定の再審査という形でその職務が行われることになっている[192]。

　特別裁判所についての実証的研究を行ったファーマーは、制度的欠陥として主に次の3つのことを指摘している[193]。第1に、特別裁判所が職務を行うときの判断基準を制定法が示していないことである。第2に、特別裁判所の決定は、理由を付さないで出されることがしばしばあるし、決定は文書にして公表されることはさらに稀なことであり、恣意的になりがちであると

---

[191] Rent Act 1968, s.73 (1). ちなみに、家賃委員会が1946年に創設されたときには、第2次世界大戦がもたらした紛争を処理するための臨時 (1年限り) の機関であると考えられていたが、現在では最もポピュラーな特別裁判所の1つとして定着している。

[192] Rent Act 1968, s.41 and sch. 5. 公正な家賃の決定は、家賃吏が担当地区の家賃を調査し、集計したデータによる平均値による、という慣行ができている。しかし、家具の評価や修理状況の考慮には主観的判断が入りこむし、外国人の賃借人の場合には普通より高い賃料を払っていることが少なくないので、これを「個人的な事情」として考慮から除くことができるかどうか、問題となる。さらには、そもそも「家具付き」といえるか否かが問題となることさえある。Woodward v. Docherty [1974] 1 W.L.R. 966 参照。これらの諸批判にもかかわらず、公正な家賃に関する2つの特別裁判所を好意的にあつかった文献として、Yardley, *Rent Tribunals and Rent Assessment Committees,* [1968] PUB. L.135 を見よ。

[193] FARMER, TRIBUNALS AND GOVERNMENT (1974) p.141. ちなみに、この著作は、特別裁判所に関する諸問題を本格的にあつかったすぐれた研究であるが、特別裁判所全般にわたる実証的研究として、WRAITH AND HUTCHESSON, ADMINISTRATIVE TRIBUNAL (1973) も参考になるところが多い。

いうことである。第3に、通常の裁判所の手続は守られておらず、審判の公正さに欠けることがときにはありうるということである。これら3つのことは、家賃に関する2つの特別裁判所の場合に特によく当てはまることである。

§100 (ロ) 許認可制度の運用にかかわる特別裁判所 つぎに公正取引局長の場合を例にとろう。この地位は1973年の公正取引法によって創設されたものであって、職務は消費者保護の領域だけに限られてはいるが、オンブズマンに似た役割が期待されている[194]。具体的には、一般的な調査を行ってその結果を公表すること、規則を制定すること、消費者利益を守るために訴訟当事者となることのほか、消費者信用に関する免許についての審査に当ることになっている。この免許制度の運用は、1974年の法律（Consumer Credit Act 1974, s.2）によって付加された職務である。その明文の規定によって審判所委員会の一般的監督に服することとされており、公正取引局長は、その限度で特別裁判所の機能を果している[195]。

免許制度の運用にあたり特に困難な問題は、免許申請者が免許を受けるのにふさわしい人物か否かをいかにして決定するかである。公正取引局長が関与する免許は消費者信用、消費者賃貸、信用仲介、債務整理、債務相談、債務取立ておよび信用紹介という6つの事業に関する免許である。この免許の申請を審査する際に、公正取引局長は、申請人が(a) 犯罪を犯したと思われるか、(b) 消費者信用法に違反する行為を行ったか、(c) 差別的行為を行ったか、(d) その他局長が詐欺的である、強迫的である、不公正であるまたは不適当であると思料する行為をなした、と「思わせる傾向のある証拠」を調べることを義務づけられている。この証拠を調べるときに、警察の秘密情報と

---

[194] H.C. Deb., vol. 848, col. 457 (13th Dec. 1972). 公正取引局長は、クラウン・コートの裁判官と同等の身分保障があり（Fair Trading Act 1973, s.1 (3) 参照）、他の特別裁判所よりも制度的にととのっているが、独占禁止法の取締りなど、その他多数の職務をもっており、期待どおりに職務を果せないのではないかと当初から危惧されていた。GRANADA TV, THE STATE OF THE NATION: PARLIAMENT (1973) p. 92. しかし、The Tenth Annual Report of the Director General of Fair Trading 1983, 3rd July 1984 に見られるように、ほぼ期待通りに機能しているように思われる。広い視野に立ってこの制度の評価を示した最近の文献として、BORRIE, THE DEVELOPMENT OF CONSUMER LAW AND POLICY-BOLD SPIRITS AND TIMOROUS SOULS (1984) を見よ。

[195] 審判所委員会は公正取引局長に対し何ら強制する権限をもたないが、免許申請の審査に時間がかかりすぎるという批判をしたことが一度だけある。

か、申請人に対し偏見をもつ者からの内部的情報提供によって影響されることはしばしばあり、通常裁判所における手続的公正さをこの審査手続においていかに保障するかが重要な問題となっている。さらに加えて、ニュー・メディア時代における個人情報処理の諸問題が、その問題と関連して検討されなければならないときがきている[196]。

§101　(ハ)　給付行政を補助する特別裁判所　　最後に、いわゆる福祉行政に関する特別裁判所の一例を示すことにしよう。「ゆりかごから墓場まで」というキャッチ・フレーズで知られるベヴァリッジ報告書（正式には、Report on Social Insurance and Allied Services, Cmd. 6404 という）が1942年に出され、この勧告に従って国民生活補助給付法が制定され、国民は権利として生活補助を受けられるようになった[197]。貧困は社会制度が生んだ自然の産物であるという考えが、その基底にある。しかし、具体的な個々の事例をながめてみると、生活補助を受けなければならない者の個人的な事情もかかわっているように思われ、給付の決定には主観的な感情で動かされる部分がある[198]。また、職務に忠実すぎるソーシャル・ワーカーに、生活補助を受けている者の私的な生活に立入りすぎるという問題も生じている。これらの問題に関する苦情を処理するために生活補助給付上訴裁判所（Supplementary Benefit Appeal Tribunal）が設置されている（この裁判所に提訴される前に、まず Supplementary Benefits Commission が厚生大臣に代って事件を審査する。したがって、この決定に対する appeal という形がとられている）。この裁判所の審理

---

[196] この問題の処理のためにも、新しい特別裁判所が設置された。Data Protection Act 1984, s.3 and sch. 2. もっとも、この法律を実施するために国務大臣が省令を作ることになっており、これが実際に働き出すまでには、まだ多少の時間がかかりそうである。

[197] 2種類の特別裁判所が設置されている。1つは、国民保険裁判所（national insurance tribunal）と呼ばれるもので、病気、失業、配偶者の喪失などのときに認められる生活補助に関する苦情を処理する。前掲注6で言及した家賃吏に匹敵する保険吏が、自ら調査をしたうえ第一次的決定を行っている。MICKLETHWAIT, THE NATIONAL INSURANCE COMMISSIONERS (1976) は、この制度を正確にかつ詳細に説明した文献である。また、第2の種類の裁判所として、先にのべた生活補助給付上訴裁判所と呼ばれるものがある。

[198] 一例として、離婚を原因として生活保護給付を受けることになった事件である R. v. West London Supplementary Benefits Appeal Tribunal, *ex parte* Taylor, [1975] 2 All E.R. 790 を見よ。この判決は397-8頁で説明される。

の進め方は、多くの点で通常裁判所のそれと異なっている[199]。

3　通常裁判所による司法審査

§102　特別裁判所の決定が出されたのちにさらに通常裁判所へ上訴できるかどうかが、制定法に明瞭な規定が置かれている場合もある（例えば、運輸裁判所、土地裁判所、雇用上訴裁判所、制限的取引慣行裁判所の決定に対しては控訴院へ上訴できる。また、すでにのべたように、専門職の資格剝奪に関する特別裁判所（69頁注177）の審決に対しては枢密院司法委員会へ上訴できる。）が、はっきり定められていないことが多い。例えば、生活補助給付上訴裁判所については、法律は、その決定が「あらゆる目的のために確定的である」と定めており、立法者の意思は通常裁判所の裁判を排除することにあったと思われる[200]。しかし、1958年の審判所および調査に関する法律（Tribunals and Inquiries Act）第11条1項が、法律上の論点について特別裁判所の決定に不服のある者は高等法院へ上訴できる旨を定めており、高等法院がしばしば特別裁判所の決定の司法審査を行ったために、その決定は不安定な状態におかれてきた[201]。このような積極主義の裁判所は、先の第11条1項の規定の適用が明文で否定されている場合でも、ひるがえることはなかった[202]。

199　この特別裁判所の実態は、ADLER & BRADLEY, JUSTICE, DISCRETION AND POVERTY（1975）に詳説されている。

200　R. v. Preston Supplementary Benefits Appeal Tribunal, *ex parte* Moore, [1975] 1 W. L. R. 624, at 631（*per* Lord Denning）を見よ。

201　H. L. Deb., vol. 208, col. 601（1st April 1958）およびR. v. Medical Appeal Tribunal, ex parte Gilmore, [1957] 1 Q. B. 574, at 583 を参照せよ。本文で言及した規定は、1971年に制定された同名の法律では第13条1項となっている。

202　例えば、Anisminic Ltd. v. Foreign Compensation Commission, [1969] A. C. 147; [1968] 2 Q. B. 862 を見よ。この事件の原告は、エジプト鉱山事業を行っていたイギリスの会社である。1956年にスエズ動乱が起ったために、原告は、その事業を著しく安い値段で包括的にエジプトの新政府機関の1つ（TEDO）に売却することを余儀なくされた。しかしその売却に際し、原告は、もし将来在外財産補償が認められるときはエジプト政府以外の者に対するその請求権を留保するという条項を当該売買契約中に含ませることに成功した。政情が安定してからエジプト政府はイギリス政府に対して賠償金を支払い、1950年の在外財産補償法（Foreign Compensation Act）（以下、1950年法という）に基づく損失補償が行われることになった。在外財産補償委員会は、1950年法による1962年の命令に従って個別的審査を開始したが、原告の申請については、原告の事業の譲受人が補償請求権を有すると決定した（したがって、譲受

第2節　現在の裁判所

　この問題は長い間いろいろな場で議論されてきた問題であるが、最近の立法によっていちおうの結着をみた。すなわち、マンデイマス[203]、プロヒビ

人はイギリス国籍を持たないので、現実には、補償はなされないことになる）。
　この決定については、1950年法4条4項によって通常裁判所への提訴が禁止されている（ちなみに、1969年の現行法にも同様の規定がある）。しかし、既に説明したように、1958年の審判所および調査に関する法律（Tribunals and Inquiries Act、以下、1958年法という）第11条1項〔1971年の現行法144条1項〕は、かかる場合でもサーシオレアライまたはマンデイマスの訴を提起できることを定めているので、原告は、この規定に基づいて高等法院へ提訴した。同裁判所では女王座部のブラウン（Brown）裁判官が審理に当り、相当躊躇しながらも、結局、原告の請求を認めて在外財産補償委員会の決定は無効であることを確認した（同裁判官は、先の規定を固有の裁判権の存在を認めたものと理解したようである）。
　この事件は、若干の複雑な法律問題を含んでおり、それらがさらに上訴審で争われることになった。第1に、1958年法第11条3項は、在外財産補償委員会の決定については同条の適用がないことを明示的に定めている。第2に、もし原告がサーシオレアライの訴として提訴した場合、決定後6カ月以上経過していたためにこの点だけで却下されるおそれがあったので、原告は宣言的判決を求める訴として提訴した。そこで被告は、これらの点を無視した高等法院の判決は破棄されるべきであると主張して上訴した。
　控訴院は原審判決を破棄した。その理由は、最も重要であると思われるディプロック（Diplock）卿の意見によれば、通常裁判所の固有の権限として管轄権に関する間違い（jurisdictional error）の司法審査はできるが、本件にはその間違いはないとするものである。しかし、この判決に含まれる法律問題の重要性を考慮して控訴院は、本件の貴族院への上訴を特に許した。貴族院は、高等法院の判決を支持した（ただし、2名の裁判官の反対意見が付されている）が、判決のなかで最も重要なリード（Read）卿の意見は次のようなものである。本件は、在外財産補償委員会がその管轄権に関する法令解釈について間違った事例である。つまり、関連条文は、請求権者は、(1)所有権者または(2)その権利承継人とすると定めているが、この規定を元の事業者が排除されるものと解釈するのは間違いであるというのである。確かに原告は、その事業の売却時に全ての所有権を失ったのであるが、その際、将来の補償についての1種の期待権を留保しており、これから発生した権利の行使までも当該条項が禁止するものとは解釈できないとするものである。
　ちなみに、この判例の意義は、『ジュリスト別冊・英米判例百選Ⅰ公法』（1978年）32-3頁に詳しく解説されている。

[203] マンデイマスは、法律上あることをしなければならない義務が存在するにもかかわらず、それがなされていないときに、それを行うことを強制するために使われる大権令状であるが、私人間の争いの場合に使われるマンディタリ・インジャンクションとの差異が実際上なくなっており、大権令状以外の救済方法までその規定に含めようとする傾向が見られる。DE SMITH, JUDICIAL REVIEW OF ADMINISTRATIVE ACTION (3rd ed. 1973) p.395. 例えば、前注で引用したアニスミニック判決では、私人間の紛争についてのみ利用されてきた宣言的判決による救済まで、利用できることを認めた。た

ション[204]もしくはサーシオレアライ[205]、または宣言判決[206]もしくは差止命令[207]を求めて高等法院へ訴えが出されたときは、一定の要件を満している限り司法審査が認められることになった（Supreme Court Act 1981, s. 31）。ただし、その要件は非常に一般的な言葉で書かれており、またその要件が満されているか否かの判断は高等法院の裁量に委ねられており、従来の裁判所の慣行と異なるところは、比較的少ないと思われる[208]。

　　　　　　　　　　・・・・
　　　　だし、マンデイマスの場合には、公的性質の義務がなされていないこと、そしてマンディタリ・インジャンクションの場合には、損害が生じていることの立証が、その訴の性質上要件とされる。Padfield v. Minister of Agriculture, Fisheries and Food [1968] A. C. 997 参照。
[204] 法律上なされてはならない行為が行われようとしている場合に、それを禁止するときに使われる。ド・スミスが「行政法において、サーシオレアライとプロヒビションの命令は、非常に多くの共通した性質をもっているので、それらは一緒に論じてもよい」（DE SMITH, *supra* note 204, at 337）とのべているように、次注のサーシオレアライの説明は、ほとんどそのままこれにも当てはまる。
[205] サーシオレアライは、国王のところへ苦情が持込まれた際、それについて調べるために同事件に関する記録を国王のところへ持参するように命ずるときに使われた大権令状の1つである。後には、通常裁判所が国王に代ってその令状に基づく調査をするようになった。これは特別な手続によるものなので、一般的に通常裁判所による裁判が禁止されている場合にも、利用することができる。しかし、サーシオレアライに基づく訴は、事件後6カ月以内に出訴されなければならず、また、司法審査の範囲についても、「記録」の上に明らかな法律上の間違えを改めることに限られている。ダイシーの著書の中には、この令状は言及されていないのであるが、20世紀の福祉行政の行政裁量行為を司法的にコントロールするのに、都合のよい令状であるので、盛んに使われるようになった。1958年の法律でこれを法文化したとき、デニング裁判官が国会で説明に立ち、これは「法の支配」の要となるものであるとのべているとおり、行政訴訟において最も重要な救済方法である。208 H. L. Deb., col. 601（1st April 1958）．
[206] 宣言判決は、通常ならばマンデイマス、プロヒビションまたはサーシオレアライの命令が認められる場合であって、事後的救済では正義が実現できず、不都合である場合に出される。Supreme Court Act 1981, s. 31 (2)。
[207] この命令が出される要件は、前注の宣言判決の場合と同じであるが、Supreme Count Act 1981, s. 30 の規定によって命令の名宛人となる者の枠を国王にまで拡げている。
[208] 特に重要な改革は、国の不法行為責任に関する国王訴訟手続法（Crown Proceedings Act, 1947）の一部を改正していることである。同法第21条2項によれば、国に対する差止命令は許されず、そのかわりに、権利宣言命令が与えられることになっているが、国に対しても差止命令を出しうるものとした。前注参照。これは、ロー・コミッションの勧告に従ったものである。Law Commission's Working Paper

第2節　現在の裁判所

§103　そこで、高等法院が司法審査を認める場合、どのような審査がなされるかが次に問題となる。この点に関しては、フランクス委員会が、自然的正義が行われたか否かの審査をするべきであると勧告しており[209]、裁判所もこれに従っている。具体的にいえば、第1に、特別裁判所の裁判官が偏見（bias）をもっていたか否かが問題となる。この点は、裁判所に対する国民の信頼を維持することともかかわっており、実際上偏見がなかったというだけでなく、「公正らしさの外観」もそなわっていることが要求される[210]。第2に、「公正な通知」と「聴聞」の有無が問題となる[211]。裁判というものは、少くとも両当事者の意見を十分に聞いたうえでなされなければならないからである。最後に、開示（disclosure）の原則が守られているかどうかが問題となる[212]。

　　No. 40（11th Oct. 1971）および Law Commission's Report on Remedies in Administrative law, Cmnd. 6407, 1976 を見よ。

[209]　本書73頁注188のフランクス報告書23-33節。「自然的正義（natural justice）」は、アメリカ法の「デュー・プロセス」の概念に似たものであるが、個々の事件の情況に照らしてそれが何であるか判断される。Russell v. Duke of Norfolk, [1949] 1 All E. R. 109. その判断は裁判官の裁量に委ねられている。自然的正義について、前掲注17のド・スミスの著書は134頁以下で非常に詳しく説明している。

[210]　Cooper v. Wilson [1937] 2 K. B. 309 は、その解説のために便利な事件である。1882年の都市創設法は市警察の警察官の停職、罷免等の処分をする権限を監視委員会に与えていたが、その事件では、同委員会の罷免手続の公正さが問題となった。当該の法律の規定の仕方からは、問題の性質上司法審査を排除する意図が読みとられたのであるが、王座裁判所は、本書の第4章4節で説明した通常裁判所の裁判権を行使して、同委員会の決定に「偏見」がみられることを認めてその決定を破棄した。その理由としたものは、いわゆる訴追者側に立った警察署長およびその補佐官が委員たちと同列に着席していたことが委員会の公正らしさを疑わしめるものであるということであった。Bank v. Lower Hunt City Council [1974] 1 N. Z. L. R. 394, at 390 は、判断基準をさらに明確に説明している。

[211]　King v. Electricity Commissioners, *ex parte* London Electricity Joint Committee Company [1928] 1 K. B. 171, at 204 において、アトキン卿は、個人の権利並びに自由に影響を与える決定を行う者または機関は、司法的に働かなければならないと判示した。「司法的に働かなければならない」という言葉は、ここでは「聴聞」の権利を与えなければならないという意味で使われているのであるが、その権利が認められる場合とは、「個人の権利並びに自由に影響を与える場合」であるというのである。不利益処分の事件でよく使われる原理であるが、公法上の事件に対してだけでなく、私法上の事件に対しても適用がある。

[212]　この原則をのべた判例として、Pepys v. London Transport Executive [1975] 1 All E. R. 748 をとりあげよう。この事件では、ロンドンのある土地を買いたいという者が原告に一定の金額での売買を申込んだところ、原告がその売却を決心したときに被告

これは、特別裁判所の下した決定の根拠を明確に示させることが、当事者の納得を得てその裁判所に対する信頼を高めさせることにつながるし、その裁判所に十分熟慮したうえで決定を下させるための圧力ともなる。しかし、この第3の原則に関する判例法の立場は必ずしも明瞭ではない[213]。

以上にのべたような形で特別裁判所は通常裁判所とつながっている（高等法院の司法審査に対し、さらに上訴ができる）のであるが、通常裁判所は、特別裁判所の決定の内容にまで立ちいって審理をやりなおすことはしない。先にのべたような司法審査のためには、決定に関係のある「記録」を調べれば足りるからである[214]。これは、特別裁判所の裁判官が各々の分野の専門家であることが多く、その専門性を尊重することのあらわれであるともいえる。

§104 **4 ヨーロッパ裁判所**（European Court of Justice）

この裁判所は条約によって創設された裁判所であり[215]、これまでのべて

がその土地の下で地下鉄工事をはじめ、申込値段よりもかなり低い売値で売却することを余儀なくされたので、その差額を支払うよう被告に対し損害賠償請求をした。この事件の管轄を有していた土地裁判所は、原告の請求を否認する決定を下したのであるが、奇妙にも同裁判所は、この事件のためにかかった訴訟費用を勝訴したロンドン運輸局が支払うように命じた。この事件の上訴を受けた控訴院は、訴訟費用の決定はその裁判所に委ねられていることは認めるとしても、かように例外的な決定を下す場合には、その理由を示さなければならないと判決した。秘密公文書の開示に関する Conway v. Rimmer, [1968] A.C. 910 も見よ。

[213] 前掲注203のド・スミスの著書は、R. v. Gaming Board for Great Britain, *ex parte* Benaim and Another [1970] 2 Q.B. 417 を引用して、「行政（または確実に司法の）決定について理由が与えられなければならない、というイギリス法の原理はない」とのべている。但し、Padfield v. Minister of Agriculture, Fisheries and Food [1968] A.C. 997, at 1006-7 において、デニング裁判官は、開示の原則を「自然的正義」第3原理であると認めている。

[214] ただし、R. v. Northumberland Compensation Appeal Tribunal, *ex parte* Show [1952] 1 K.B 711 において、デニング裁判官は、記録の文言の意味を確かめるために、他の証拠の提出を求めたり、釈明を求めたりすることができると解した。この見解は、かなり多くの支持をえているようである。

[215] いわゆる EEC 条約（1957年）第164条以下の諸規定に基づいて創設された裁判所であり、その判決はイギリスの国民に対して直接執行力をもつ。本書の終りにイギリス法の将来についてふれる部分で、ヨーロッパ法との関係については改めて検討することになるが、この事項に関連するイギリスの関連法規および解説は、スカーマン（田島訳）『イギリス法――その新局面』(1981年) 148-65頁にみられる。

きた裁判所とは全く性質の異なる裁判所である。しかし、最近では、1972年の法律によりヨーロッパ共同体の法は国内法の一部となる旨を定めている（European Community Act 1972, s.2.）ので、非常に限定された事項に関してのみではあるが、一方では通常裁判所がヨーロッパ法を法源と認めてそれを運用するようになっているし、他方、通常裁判所の判決に対しヨーロッパ裁判所へ上訴されることもめずらしくなくなってきた。今後、ますます重要性を増すものと思われる。

第3節 司法改革の展望

第1項 ウルフ・レポートの意義

1 レポートの概観

§105 本著作集第2巻『イギリス憲法』の中ですでに述べたように、1998年に制定された人権法に従って、ヨーロッパ人権規約を国内法化し、ヨーロッパ連合の主要国家にふさわしい本格的な司法改革がすすめられている。これに関して注目すべきものはウルフ・レポートである。ウルフ・レポートは、大法官から諮問を受けた記録長官（Master of the Rolls）ウルフ卿によって作成された研究調査報告書であるが、その中間報告書が1995年6月に公表され、これに対する意見を集約して、1996年7月にその最終報告書が完成された。この報告書は、司法への接近権（Access to Justice）と題されているが、この報告書の勧告は、同名の法律として漸次立法され、徐々に実施されている。

このウルフ・レポートは、イギリスにおいて大きな支持を得て、司法改革の原動力となっているだけでなく、わが国でも、その他の先進諸国でも、注目されている。この報告書の内容は、最終報告書が完成し、公刊された日に来日された貴族院裁判官マスティル卿の安田講演で紹介された[216]。これに引き続き、ウルフ卿自身が1998年に来日され、別の安田講演で詳細な論述を行った。本書では、このウルフ講演に従って、ウルフ・レポートを説明す

---

[216] この速記録は、安田火災記念財団叢書55巻（1998年6月）［以下、ウルフ記念講義という］として出版されている。

る。

§106　その講義の目次はつぎのようになっている。すなわち、(1) はじめに、(2) 保険業界の役割[217]、(3) 日英法学交流の意義、(4) ウルフ・レポートの社会的背景、(5) 司法へのアクセス権、(6) 文化と風土の変革の必要性、(7) 司法改革の実行、(8) 平等の原則、(9) 迅速性の原則、(10) 経費節減の原則、(11) 比例の原則、(12) 効率性の原則、(13) 代替的紛争処理の活用、(14) 私的紛争処理の奨励、(15) オンブズマンの評価、(16) 少額紛争処理、(17) 迅速紛争処理、(18) 多重紛争処理、(19) 公益訴訟の取扱い、(20) 改革の見込み、(21) 情報処理技術の発達、(22) 司法改革の目標である。

　この講義の中で最初に注目すべき部分は、社会的背景を説明したつぎの部分である。

　「この報告書が英国で最初の司法制度改革に関する報告書というわけでは決してございません。過去150年の間に60ほどの報告書がすでに刊行されています。19世紀には、たとえばディケンズ（小説家）が当時の司法制度には多くの問題があると指摘したことはよく知られています。批判されたその制度は、まなおイングランドの司法制度の中に残っています。はたして、この制度が本当に改革できるのか、一部の弁護士にはかなり懐疑的な意見をもった者もおります。英国のある裁判官は、『改革、改革、改革とあまり口にするな。改革の結果、現状はすでにひどすぎる状態になっているではないか』と、公の場所で言ったことがあります。

　しかし、今回のわたくしの報告書の場合には、タイミングとして非常に恵まれていたと言えると思います。これまでの報告書の場合とは違って、政府はもちろんのこと、民事裁判手続法の改革に一般の関心が非常に高くなっています。イギリス人全体が、改革をしようという気持ちになっているのです。この報告書を完成する前に、わたくしたちは、イングランドとウェールズの各地に何度も出かけ、いろいろな会合を開催し、その場で改革に関する討論を重ねました。そのヒヤリングには、予想のつかないほど多数の出席者が集まり、熱心に討論に参加しました。こういった会合では、主催者が予定した

---

[217] すべての市民が平等に裁判所へのアクセス（接近権）を得るためには、保険業界の協力が必要であると考えられている。そして、そのために訴訟の開始時点で訴訟費用の算定が事前にできるような仕組みが提言されている。

裁判官、弁護士または利益団体関係者が、それぞれの立場の一般的意見（シナリオ）を述べて終わるのが通常ですが、今度の場合には、その他、一般市民も数多く参加し、新鮮な意見を述べることが多々ありました。一般市民ですら、英国で現在行われている裁判手続きに対し、深い憂慮の念をもっているのでしょう。そのために出席したと思います[218]」。

§107　ウルフ裁判官の説明によれば、イギリスの裁判官のあいだで、「結果としての判例法の質が高いこと」が最も重要であると考えられてきた。当事者主義がとられており、弁護士が争点を選択し、証拠調べの計画を立て、法廷での審理の進行を管理してきた[219]。「現在の手続きは、決して意図的にそのようなものにしたのではないのですが、結果として、正義へのアクセス（接近権）に対し障碍・ハードルを設けているのと同じことになっています。」、とウルフ裁判官は述べている。そして、司法制度の改革のために、主要な問題は何かを見つける作業は簡単であった[220]が、解決策を見いだすことが困難であったという。ウルフ・レポートは膨大なものであり、余りにも単純化することは誤解を招きかねないが、あえて提案された解決策を要約すれば、以下(2)ないし(5)に述べるようなことであると思われる。

2　現在の司法制度の問題点と5大原則の説明

§108　ウルフ裁判官は、イギリスの司法制度の現状は、「訴訟をするに当たって、(1) 金がかかりすぎること、(2) 時間がかかり過ぎること、(3) 複雑すぎること」が問題であると述べている。さらに、(4) 裁判の結果が不確定であること、(5) 訴訟のプロセスにおいて、当事者の具体的な事情は考慮されないこと、(6) 余りにも当事者主義が徹底されすぎていて、敵対的な関係を生みすぎていること、(7) 訴訟以外にも有効な紛争処理手段が数多くあるにもかかわらず、それらを利用していないことに、問題があると述べている。

§109　これらの問題を解決するために、裁判所が訴訟管理を行うべきであり、最初から、紛争解決の方針を示して、関連する弁護士の協力を得て、一定のス

---

[218]　ウルフ記念講義、5頁。
[219]　ここでいう「管理する」ということばは、manageの訳語である。
[220]　ウルフ裁判官は、「英国以外の法域（諸外国）においても同じような法律問題を抱えているから、諸外国の経験から多くを学ぶことができました。」と説明している。

ケジュールに従って迅速に解決するという原則を確立した。まず第1に、裁判官は、訴訟以外の紛争処理の方法について、当事者たちに正確に説明し、その裁判官の管理の下で当事者たちがその方法を選択するように指導することを提唱している。オンブズマンの積極的利用も奨励している[221]。そしてまた、訴訟によって紛争を解決することが適切であると判断する場合でも、3つのパッケージにした訴訟モデルに従って、訴訟を迅速に終了させようとしている。

このような新システムを司法に導入するときに指導原理となる5大原則が、新民事訴訟規則1として、明確に規定されている。この新しい規則は1999年4月から実施されている。それによれば、今後は(1) 平等の原則、(2) 迅速性の原則、(3) 経費節減の原則、(4) 比例の原則、(5) 効率性の原則に従って、司法が運用される。

3　訴訟モデルの3類型

§110　裁判官が、裁判所に持ち込まれた紛争は訴訟によって解決されるべきであると判断するとき、3つの訴訟モデルの中から1つを選ぶことになる。第1は、「少額紛争処理」モデルであり、第2は、「迅速紛争処理」モデルであり、第3は、「複合紛争処理」モデルである。

第1の少額紛争処理とは、訴訟額が5000ポンドまでの事件の処理のためのモデルで、日本の少額請求事件の処理の仕方と類似した側面をもっているという。この手続きは、きわめてインフォーマルなものであり、弁護士の同席がなくても、地方裁判所の裁判官が1人で当事者の言い分を聞き、非公式な形でそれを処理するものである。通常、1回だけの審理で決着することになっており、しかもその審理の時間は20分から1時間程度のものである。この少額紛争処理の制度はきわめて人気があり、3月に数千件の率で訴訟が処理されている[222]。

---

[221] オンブズマンについては、次のように述べている。「オンブズマンが紛争を調査するに当たっては、裁判所と違って、自ら現場まででかけ、実態をみるプロセスが使われます。伝統的に英国の裁判所が使ったやり方とはまったく異なっております。事例によっては、これを使うよう当事者に助言することが裁判官の義務であると考えられます。」ウルフ講義、12-13頁。

[222] この手続の残された問題点として、判決の強制の問題があると指摘している。

第3節　司法改革の展望

§111　第2のモデルである「迅速紛争処理」モデルは、日本円にして約300万円（1万5000ポンド）までの訴訟を処理するためのモデルである。これはファスト・トラックと呼ばれるもので、きわめて単純な手続きに従って、裁判官により事前に決められた紛争処理のスケジュールにより、弁護士が中心となって事件を処理する。通常、その訴訟の期間は20週間から30週間とされている。その期間の終わりに当事者全員が集まり、短い法廷が開かれ、裁判官が判決を述べて終わりになる。弁護士が、先のスケジュールに違反するようなことがあれば、ペナルティが科せられる。このモデルによる訴訟では、紛争処理にかかる訴訟費用（弁護士報酬を含む）は最初から決められる。最大限度2500ポンドまでに制限される。判決の日も決まっている[223]。

§112　第3の「複合紛争処理」モデルは、マルチ・トラックと称される多重紛争処理手続きである。複雑な紛争を分析していくつかの部分に切り離し、当事者の選択に基づいて、いろいろな訴訟管理、または紛争処理が、同時進行的に多重に進められる。この手続きの一部は、上述のファスト・トラック（迅速軌道手続き）ときわめて似通った処理が含まれる。それは争点が法律問題だけに限定されているときに使われる手続きである。

　上述のいずれのモデルを選択する場合でも、一方では、裁判官の訴訟の進め方（または管理）については、権限を強化すると同時に、できる限り裁判官が直接関与する時間を節約する方針がとられている。

4　公益訴訟の取扱い

§113　ウルフ裁判官は、「公益訴訟」を例外として扱っている。もし訴訟の中に公共の利益に役立つものが含まれている場合には、国がその訴訟にかかる費用を負担してその訴訟を進め、優れた判例法を形成するように努力する。費用負担の点は別として、これはイギリスの伝統的なコモン・ローの判例形成プロセスを意味する。この場合、良い判例法の形成が社会全体の利益となるため、様々な利害関係人にも参加させるよう、特別な配慮がなされる。一般的には上訴も制限されるべきであるが、上訴についても例外的な扱いをする。

---

[223] マスティル卿特別講義「英国における紛争処理の動向」安田火災記念財団叢書49巻（1996年10月）にこの裁判モデルの手続は詳細に説明されている。

この部分で何百年にもわたるコモン・ローの伝統が維持されることになる[224]。

5 改革の見込み

§114 最後に、改革の見込について、述べておこう。ウルフ裁判官は、これについて、第1に、「文化と風土を変える必要がある」という。ウルフ裁判官は、「法廷の内側だけでなく、外側にもすぐれた紛争解決の方法があり、その外側のメカニズムがどうなっているかということに対する国民の関心が、さらに高まるとよいと願っています。」と述べている[225]。改革が実現されれば、訴訟のはじめに手続担当の裁判官が法廷外の紛争処理を説明し、その選択を迫ることになるが、これを受け入れるか否かはその国民の風土にかかっている。

第2に、今度の司法改革では、裁判官の監督権が強化されるので、監督の仕方について特別な訓練が必要であるともいう[226]。ただ単に新任の裁判官を訓練するのみならず、経験のある裁判官を訓練する必要があるという。ただ単に第1審の裁判官のみならず、もっと上の控訴裁判所の裁判官も併せて訓練しなければならない。裁判官を訓練するための投資は実際の投資額以上の多くのメリットを社会にもたらすものであり、イギリス政府は、その裁判官の訓練のために膨大な費用を準備している。そして、弁護士会もより高度のレベルにおいて継続教育のプログラムを実施している。弁護士が自らに対して教育面で投資しているということは、将来、とてつもない大きなメリットがイギリス司法全体にもたらされるという。

第3に、情報処理技術の発達を最大限に利用することが条件となる。情報

---

[224] 伝統的なコモン・ローの法形成については、L. L. JAFFE, ENGLISH AND AMERICAN JUDGES AS LAWMAKERS (Clarendon Press 1969) が詳しく説明しているが、同書の概要は、著書紹介「アメリカ法」1973-2号235-246頁に見られる。
[225] ウルフ特別講義7-8頁。
[226] 裁判官の訓練は、代替的紛争処理についての当事者に対する説得の仕方が中心になる。第2に、裁判官の国際性の養成がその内容となる。ロンドンが国際的金融センターという世界的評判を得ることができたのは、イギリス裁判所が国際的事件の処理に卓越していたためである。この評判を傷つけないように、裁判官に国際的感覚を身につけさせることが重要であるという。

技術を活用することによって、裁判所とのコミュニケーションがより円滑になり、迅速になる。弁護士が裁判所へでかけなくても、コンピュータを利用して準備書面を電送したり、訴訟の現在の状況をモニターすることもできる。現在、法廷の場において膨大な証拠書類を扱うことは、法廷にとってかなり大きな負担であるが、技術革新は目覚ましく進んでおり、その技術を裁判の実践において、大いに利用していくためのプログラムも作られている[227]。ゆくゆくは、証拠書類のファイルを法廷から一掃できる見込みも、将来においては十分に出てくる。

第2項　ウルフ・レポートの概要

1　改革の目標

§115　先に紹介した特別講義は、非常に明解で説得力のあるものであったが、通訳の限界があり、正確を期するという点では不十分なところがあるように思われる[228]。その欠陥を補充する意味において、ウルフ・レポートに従って作られた規則1（司法改革の目標）の規定を正確に訳しておくことにしたい。

規則1.1
(1)　以下の諸規則の全体の目標は、裁判所が事件を公正に扱うことができるようにすることである。
(2)　裁判所は、この最優先の目標を促進するように、以下の諸規則を運用しなければならない。
(3)　事件を公正に扱うということは、次のことを含む。
　(a)　実行可能な限り、両当事者が平等の立場に立つことを確実にするように事件を扱うこと：

---

[227] 著者自身、詐欺事件を扱う高等法院のマックスウェル裁判を傍観する機会を得たが、法廷での口頭弁論はすべて自動的にコンピュータに入力・記録され、証拠調べもコンピュータ画面に映し出されたものを使って、審理が進められていた。また、レキシスというアメリカの法律データベースに類似するものがイギリスでも開発されており、先例法や関連文献の調査は、その場で即時にできるようになっている。

[228] 田中康郎「外国人事件における正確な法廷通話の実践と適正な訴訟運営」原田＝川上＝中谷『刑事裁判の理論と実践（中山善房判事退官記念）』（成文堂、1998年）139-191頁は、裁判における通訳の困難と問題点を指摘しているが、これは法律に関する講演の通訳にも当てはまる。

(b) 両当事者の経費を節減すること；
   (c) 次のことに比例するようなやり方で事件を扱うこと；
      (i) ［訴訟に］関連する金銭の額；
      (ii) 争点の重要性；および
      (iii) 両当事者の財政的な立場。
   (d) 事件が適宜に扱われ、終了することを保証すること；および
   (e) 他の諸事件にも裁判所の資源を割り当てる必要性を考慮に入れながら、その資源の適切な割合をその事件に配分すること。

規則1.2 両当事者は、裁判所が最優先の目標を促進できるように協力しなければならない。

規則1.3 適切と思われるやり方で、また、とくに次のように、各事件を積極的に管理することによって、裁判所は最優先の目標を促進しなければならない。

   (a) 早い段階に争点を特定すること；
   (b) 争点の特定がなされた後、できる限り早く、完全な調査と審理を必要とするものを決定し、かつ、その結果、その他のものを略式手続で処理すること；
   (c) もし裁判所が適切と考える場合には、代替的紛争処理手続を当事者が使うことを積極的に奨励すること、また、その手続の利用を準備してやること；
   (d) 事件の全部又は一部を当事者が和解するのを助けること；
   (e) 特定の争点について合意に達するよう当事者たちを説得する試みをすること；
   (f) 当事者たちが合意に達するよう説得できない争点が解決されるように、命令を出すこと；
   (g) 事件の進行について、時間割を固定することによってか、またはその目的のために適切な他のステップを設けることによって、その進行をコントロールすること；
   (h) 特定のステップをとることによって得られそうな利益が、そうする費用を正当化できるかどうかを考慮すること；
   (i) 適切な場合には、当事者が法廷に出席することを要求せずに、その

事件を処理すること；
　(j)　電子機器、機械機器、その他の機器を適切に利用すること。

2　司法改革の勧告

§116　最終報告書の勧告は303ある。最初の3つの勧告は、つぎのように述べている。

　勧告1　民事訴訟の管理の責任について、訴訟当事者およびその弁護人から裁判所への基本的な移転がなされるべきである。

　勧告2　その管理は3重のシステムによって行われるべきである：少額紛争処理の事件の増加、訴訟規模の低い列に並ぶ訴訟についての新しい迅速処理方式、およびその他残りの事件についての新しい多重紛争処理方式。

　勧告3　弁護士が付くすべての事件は、手続担当裁判官によって審理され、この裁判官が当該事件を適切な方式にその処理を割り当てることになる。

　これに続く勧告4-20（迅速紛争処理：手続の詳細）、勧告21-31（迅速紛争処理の費用）、および勧告32-51（多重紛争処理方式）は、すでに前節で説明したとおりなので、説明は省略したい。これに続く、勧告52-58では、手続違反に対する制裁が説明されている。訴訟費用については、勧告59-70で述べられているところであるが、ここでは、訴訟当事者が訴訟を始める時点で総額が予測できるようにしようとしている。そして、これに関しては、保険制度と関連づけて、一般市民が訴訟をもっと簡単に利用できるようにしようとしている。

　勧告71は、民事司法委員会を設置し、提案された改革の発展を見守ることを勧告している。この民事司法委員会の改革作業を支援するための機構について、勧告71-96が説明している。勧告97は、手続が開始される前に、訴訟当事者およびその弁護人の側で、協力精神が新たに生まれるべきであると述べて、当事者主義を修正し、勧告98は、適切な専門家団体に対し、法的弁護を行う手続のためにガイドラインを作成することによって、協力を求めている。勧告99-102は、訴訟前の準備手続を説明している。

　日本法における裁判上の和解の制度に類似したものの導入も考えているようである。勧告103は、「和解の申し込みは、被告だけでなく、原告もすることができる。」とし、勧告104は、「和解の申し込みは、個別的な争点につ

いて、なされうる。」としている。そして、勧告105-112は、和解の手続を説明している。

　勧告113-118では、司法慣行および手続を扱っている。この部分では、訴訟の開始手続を定めている。すべての訴えは1枚の様式に記載することから開始されるが、この様式には、(a) 救済につながる請求に関係する諸事実、(b) 求められる救済、(c) 原告が救済を得るのに役立つその他の諸事実、(d) 請求権の法的性質が記載されることになっている。勧告119-127は、事件の陳述書について、また、勧告128-130は、訴状の送達について、具体的な改革を提言している。勧告131-133は、略式判決の場合を説明している。勧告134-143は、書証の開示の手続の合理化を提案している。勧告144-151は、証人による陳述について述べている。

　訴訟手続に関して、歴史的な理由から会社が訴訟当事者の場合の司法慣行には奇妙なものがあった。そこで、それを近代化する提言をしている。まず、勧告152は、裁判所規則は、事務弁護士（solicitor）によって会社を代理させることを要求すべきではないと述べている。そして、勧告153-155には、その他の会社の弁護の場合について、新しい改革を提案している。

　勧告156-173は、専門家鑑定に関するものである。これについては、「鑑定の依頼は裁判所の完全なコントロールに服するものとすべきである」と勧告している。勧告174-186は、上訴についての改革を提言している。勧告187-199は、医療上の過失に関する訴訟についての勧告である。勧告200-211は、住宅問題の事件に関するものである。勧告212-229は、多重当事者訴訟についての勧告である。勧告230-244は、公法上の訴訟について述べている部分であり、主として第2節(4)で述べた公益訴訟に関するものである。そして、勧告245-257は、その他の特殊な訴訟を扱っている。

　勧告258-273は、コンピュータ情報技術の導入を勧告したのもであり、勧告274-280は、カウンティ裁判所における少額紛争処理を扱っている。勧告281-294は、本人訴訟の在り方を検討した勧告である。これに続き、勧告295は、「代替的紛争処理に関する諸外国の発展、とくに合衆国、オーストラリアおよびカナダが、研究されるべきであり、司法制度研究会がこの実施に関してできる限りの援助を与えるべきである。」と述べ、勧告296は、「小売業界は、サービス産業に関連して現在存在しているものに類似する、消費

第3節　司法改革の展望

者苦情処理のための私的なオンブズマンの機構を発展させることが奨励される。」と述べている。そして、既に説明したように、勧告297では、「オンブズマンと裁判所の関係は、広げられるべきであり、これによりオンブズマンから裁判所に紛争を回付したり、裁判所からオンブズマンに紛争を回付したりすることができるようにする。」と述べている。

　最後の勧告297-303の部分は、司法を行うための代替的処理方法を扱っており、これがもう1つの重要な目玉となっている。上記の勧告に従って、すでに民事訴訟法の改正が行われ、新訴訟規則が1999年4月から実施されている。

第3項　ロー・コミッションによる法改革

1　ロー・コミッションの役割

§117　1998年に、メアリ・アーデン裁判官も訪日され、特別講義を行なっているので、一般的にロー・コミッション報告書の意義についても説明しておこう。この委員会は、1965年のロー・コミッション法（Law Commission Act 1965）によって設置された独立の立法準備委員会であるが、その設置の目的は、「全部の法律の組織的な発展および改革のために、とくに、法典化、変則の除去、古くなった不要な法律の廃止、個別的な法律の数の減少、並びに法の単純化および近代化」にある[229]。5名の専門家からなる委員会であり、任期期間中、主として法律案づくりを専業とする。学術的業績をもった裁判官、法学部教授、弁護士が、それぞれ自分の職を停止させて、立法委員となり、各委員が10人余りの補助者（弁護士が多い）を使い、朝から晩まで徹底的に調査・研究する。その作業プロセスは、グリーン・ペーパーに始まり、法律案を国会に提出して終わるが、国会の承認を得た諸事項について、多数の法律案作成を同時に進めている。各委員の任期は大法官によって決められるが、通常は5年であり、再任されることもある。メアリ・アーデン裁判官は、訪日当時、この委員会の委員長であった。

---

[229] Law Commission Act 1965, s.3 (1).

2 ロー・コミッションの実績

§118 イギリスにおける立法準備過程は3つある。その1は、日本の場合と同じように、関連官庁が中心となって法案を準備するものである。その2は、特定のテーマについて専門委員会を設置して、その委員会の検討に委ねるものである。とくに重要な法案については、ロイヤル・コミッションが設置される。この場合、委員は国王の名において国会によって選任され、委員会は国会に対して直接進言することになる。その3は、ロイヤル・コミッションが法案を準備するものである。その1およびその2は、事務局となる官庁の意向が法案に大きく反映されるので、中立性について疑問視されることがあり、成功率はかなり低かった[230]。

§119 ロー・コミッションが提案した法律案は、ほぼ確実に法律として成立してきた。そもそも法律は、国会議員によって作成されるべきものであるが、立法の素人たちの集団であり、これを補助するという意味が、ロー・コミッションの設立には含まれており、この面が成功していると言える。アーデン・レポートが法案第248号となっていることからも理解できるように、同専門委員会が作成した法案は多数に上る。過去の実績において、その提案する法律案はほとんど国会における審理を10分に経ずに成立してきた。審議時間を増やすために、この法律案は議員立法の形で審議が進められることになった。

§120 一方では、このように高い評価を得ておりながら、他方において、「当初予定されていたほど多くの成果をあげたわけではない」と言われるのは、刑法典や契約法典の作成については、政治的な理由によって成功しなかったためである[231]。これらの法典の法案作りは着実に進められていたにもかかわ

---

[230] ロイヤル・コミッションは通常、高年齢の委員で構成されており、改革を否定する結論が出されることが多い。

[231] Criminal Law: A Criminal Code for England and Wales (1989) Law Com. no.177. これにより判例法の条文化の作業は一通り終了したが、その後、各論の検討が進められている。これまで、傷害罪、殺人罪における「1年1日」の原則、夫婦間強姦罪、コンピュータ犯罪などの法改革が行われた。この法典化作業の中心人物はグランヴィル・ウイリアムズであったが、とうとう1997年に逝去された。このため、その作業はとどこおっている。

なお、契約法典の編纂作業は、国会によって停止させられたが、ロー・コミッションの委託を受けた専門家委員会のメンバーは、事実上作業を継続し、法典案を作成し

らず、国会は予算をその作業に使うことを禁止した。その禁止の意味は、かかる大事業はロイヤル・コミッションを設置してなされるべき国家事業であり、ロー・コミッションには荷が大きすぎるということであろう。しかし、その委員としての経験は、学問上も非常に高く評価されることであり、その活動には目を見張るべきものがある。

第4項　ロー・コミッションの立法例

1　腐敗に関する法律案の概要

§121　ところで、アーデン裁判官は、1998年3月2日に「腐敗罪（corruption）」に関する法律案を提言するロー・コミッションの報告書を公刊した。この報告書が作成される前に、1996年9月には、これをテーマとする国際会議がケンブリッジ大学で開催され、さらに1997年10月には、企業法学会が主催する筑波大学（東京都大塚）における国際会議でその各論が論じられた。アーデン裁判官は、この国際会議における主要な研究報告者の1人であり、2つの国際会議での討論は、直接その報告書に反映されている。通常のイギリス法がそうであるように、この法律は、その背後にある判例法の体系が存在していることを前提に作られたものであり、これだけを読んでみても、その意味を明瞭に理解することはできない。しかし、この法律案の存在自体が日本では知られておらないのであり、とりあえずその法律案をできるだけ正確に訳出することからはじめることにしよう。

§122　（主要犯罪）
第1条（便益を腐敗的に付与する犯罪）
　　以下の場合には、人は犯罪を犯している。
　　(a)　その者が腐敗的に便益（advantage）を付与する、または
　　(b)　その者が腐敗的に便益を付与する申し込みをするか、またはその合意をする。
第2条（便益を腐敗的に取得する犯罪）
　　以下の場合には、人は犯罪を犯している。

　　た。この法典案は、ヨーロッパ共同体法案として採択された（The Principles of European Contract Law 1997）。

(a) その者が腐敗的に便益を取得する、または
(b) その者が腐敗的に便益を取得する勧誘をするか、またはその合意をする。

第3条 （職務を腐敗的に行う犯罪）

人はその職務を代理人として腐敗的に行う場合には、その者は犯罪を犯している。

例えば、テレビのディスク・ジョッキーがレコード会社から供応を受けてその会社のレコードを自分の番組で多く利用した場合には、その番組の視聴率が下がらなければテレビ局にとっては損害が生じていないけれども、「供応を受けた事実」が腐敗罪を構成する。便益を付与し、その付与に「腐敗の意思」が認められれば、犯罪が成立する。ここにいう便益は、第4条に規定されている。それによれば、「(a) ある者（例えば、ディスク・ジョッキー）がある行為（例えば、レコードの選択）をする権限をもっており、それを行っているか、または行っていない場合で、かつ、(b) その作為または不作為が、他人の要求の結果として、もしくは他人が利益を結果として得るように、なされたか、又はなさしめた場合」には、便益付与の構成要件を満たしている。同条2項は、「たとえその作為または不作為の性質、およびその行為がなされることの意図された時が何時であるか」、供応を受けた者が、要求を受けたときに理解していない場合であっても、付与の要件は満たされうることを規定している。

保険会社の調査員が、厚生省の職員から医療情報を得る目的でその職員を供応し、必要な情報を得た場合にも、上記の腐敗罪が成立する。第5条は、「(a) 他人（例えば、厚生省職員）があることをする権限をもっていて、作為または不作為を行い、かつ、(b) その作為または不作為が、他人の（明示的または黙示的）要求の結果として、もしくはその最初の者が便益を（直接または間接に）結果として得るように、なされたか、またはなさしめた場合」には、腐敗的取得罪が成立すると規定している。

行為が「腐敗的」になされることが重要な要件である。「腐敗的」ということばの意味について、第6条は、ある者に対し、自分の代理人として職務を行なわせる意思をもち、その者が作為・不作為を行なえば、その要件が満たされると規定している。誰がその便益を取得するかということは、犯罪の

成立には関係ない。当該の便益を付与したことに対する主要な見返りとなるであろうという認識があれが、この故意の要件は満される。

　便益を付与する者は、または便益を付与する申し込みをするか、もしくはそれに合意する者は、「(a) ある者がその者の職務を履行する過程で、自分の代理人として作為もしくは不作為を行なっていることを知っているか、もしくは行なうと考える場合で、(b)（誰がその便益を取得するかに関係なく）その者が、主として便益を付与するのを確実にするために、作為または不作為を行なったことを知っているか、もしくは行なうと考えている場合で、かつ、(c) 当該の便益を（または付与された便益を）その作為または不作為に対する主要な見返りとして付与されると考えて、当該の作為または不作為がなされたと知っているか、もしくはそう考える場合」には、腐敗罪が成立する。

§123　「腐敗的に取得する」ことの意味については、第7条が次のように規定している。

第7条（便益の取得：腐敗的の意味）
　(1)　以下の場合には、便益を取得する者は、その便益を腐敗的に得ている。
　　(a)　その便益を付与する者がそれを腐敗的に付与することをその者が知っているか、またはそう信じており、かつ、
　　(b)　（その者がその便益を要求しない場合）その者がそれを得ることに明示または黙示の同意を与えている場合。
　(2)　便益を得ることに同意する者が、もしその便益を付与することに同意する者がそれを腐敗的に付与することに同意していることを知っているか、またはそう信じている場合には、それを腐敗的に得ることに同意している。
　(3)　便益を勧誘する者は、以下の場合には、腐敗的にそれを勧誘している。
　　(a)　人にそれを付与させる、またはそれを付与することに同意させる意図をもっており、かつ、
　　(b)　もしその者がそうしたならば、おそらく腐敗的にそうするだろうと信じている場合。

　公務員の汚職罪は、腐敗罪に含まれるが、腐敗罪はそれだけに限られない。第8条は「職務の履行における腐敗」について規定している。(a)（誰がその便益を取得するかに関係なく）ある者が主として便益を付与するのを確実にす

るために、その者が作為または不作為を行い、かつ、(b) もしその者がそうしたならば、おそらく腐敗的にそうするだろうと信じている場合には、腐敗的にその職務を行っている。この定義には当然に公務員の汚職罪が含まれるのであるが、それだけに限られるわけではない。「代理人として自分の職務を履行する者」とは、(a)（誰が取得したかに関係なく）ある者が便益を腐敗的に付与したことを知っているか、付与したと信じているときに、その代理人が作為または不作為を行い、かつ、(b) もしその者が、なされた作為または不作為を、便益を付与したことに対する見返りとみなす場合」には、腐敗罪が成立するのである。本条にいう「代理人」については、第9条が次のように定めている。この規定からも明らかなように、公務員以外の代理人も、腐敗罪の正犯となり得るのである。

第9条（代理人と本人の意味）
 (1) 以下の場合には、人は代理人であり、他の者はその人が職務を行うことの利益（benefit）を受ける本人である。
    (a) 第1の者が受託者であり、第2の者が同一の信託による受益者である場合；
    (b) 第1の者が会社の取締役であり、第2の者が会社である場合；
    (c) それぞれが同一のパートナーシップのパートナーである場合；
    (d) 第1の者が専門家（弁護士、会計士など）であり、第2の者がその依頼人である場合；
    (e) 第1の者が代理人であり、第2の者がその本人である場合（代理人および本人を、通常、弁護士が理解する意味で用いている）；
    (f) 第1の者が第2の者の被雇用者である場合。
 (2) (1)項の適用がない場合でも、もし2人の間に（明示的または黙示的に）第1の者が第2の者のためにその職務を履行するという合意または約束がある場合には、第1の者は代理人であり、かつ、他の者は、第1の者に職務を履行してもらうその本人である。
 (3) もしある者が履行する職務が公的性質のものである場合には、その者は公衆のため職務を履行する代理人である。
 (4) もしその者が、連合王国といかなる関係ももたず、また、「公的」という用語が連合王国またはそのいかなる部分だけに限定されるものでも

ない場合であっても、(3)項は効力をもつ。
(5) 人は、本人とその公衆のために、一定の職務を履行することがあり得る。
(6) 付与された職務に関して、人は、本人および公衆のために、それを履行する代理人であり得る。

上の第9条に関して、注目すべき点は2点ある。第1は、汚職罪を公務員犯罪だけに限定していないことである。第2は、腐敗罪は国際犯罪であり得ることを認めていることである。

§124 次に、犯罪から免除される例外事例が、第10条に規定されている。受け取った利益が正当な報酬であれば、犯罪にはならない。具体的に言えば、「(a) 便益が付与され、または便益を付与する申し込みもしくは合意がなされ、かつ、(b) 以下の3つの条件のうちのいずれかが満たされている場合」には犯罪とならないのである。
(2) 第1の条件は、つぎのものである。
　(a) 問題の職務が本人だけのために（また、公衆のためでなく）履行されており、かつ、
　(b) 本人によってか、または本人に代わって、便益がその職務の履行に関する報酬としてか、または手当として付与された（または付与される）こと。
(3) 第2の条件は、つぎのものである。
　(a) 問題の職務が公衆だけのために（また、本人のためでなく）履行され、かつ、
　(b) 本人によってか、または本人に代わって、便益がその職務の履行に関する報酬としてか、または手当として付与された（または付与される）こと。
(4) 第3の条件は、つぎのものである。
　(a) 問題の職務が本人のために履行され、かつ、その残りが公衆のために履行されるか、あるいは所与の職務が本人と公衆のために履行され、かつ、
　(b) 便益の各要素が付与された（または付与される）場合。

これに続く第11条では、本人（例えば、会社）が免責を認めたときには、

抗弁となりうることを規定している。その後の第12条以下第19条までの諸規定では、廃止される法律の扱いなどのいわゆる雑則を定めている。いずれにせよ、上に訳出した法律案の中でもっとも重要な部分は、第1に、「腐敗罪（corruption）」の定義に関係する部分である。

2 「腐敗罪（corruption）」の定義

§125 ことばというものは、現実に存在する「もの（のモデル）」へのレファレンスないしレッテルのようなものであって、人はことばを聞いたときにその「もの（のモデル）」を連想する。しかし、「腐敗（corruption）」ということばは、対象となる「もの」をもたないメタ言語である。イギリスの法律では、fraudulentlyと同じような意味でcorruptlyという用語が使われてきたのであるが、刑法の領域では、そのことばは行為を行う「意思」ないし「故意」とほとんど同じ意味しかもたない。「不正直」ということは必ずしも「腐敗」の要件ではないとされてきた[232]。しかし、現在では、重要詐欺犯罪局（Serious Fraud Office）および通産省（Department of Trade and Industry）に強力な調査権限が与えられ、倫理に反する経済犯罪を重要視して厳しい取締りが行われるようになっていることから、罪刑法定主義という観点からも、「腐敗」の明確な定義を再検討することが求められている。

§126 アーデン・レポートは、この必要に応えたものである。「腐敗罪」に関する最初の制定法（1889年法）は、例えば、警察官が職務を行うについて「贈与、金銭貸与、手数料、報酬または利便」を求めることを禁止し、また、求めに応じてそれを与えることを犯罪と定めている。1906年の法律は、「代理人（例えば、訴訟代人）との腐敗取引」を犯罪とした（この訴追には、法務総裁（Attorney-General）の同意が必要）。これらの諸犯罪を整理すると、ロー・コミッション法律案第1ないし第3条となる。但し、新しい法案では、訴追には法務総裁などの同意を必要としていない。

アーデン・レポートは「腐敗」ということばを次のように説明している。一方では、そのことばは、「腐敗する傾向があるとして法が禁止する行為を

---

[232] Cooper v. Slade (1858) 6HL Cas 746 at 773, 10 E.R. 1488 (per Willes J.)（投票権の買収事件）。

記述するものであり、他方では、代理人の本人に対する忠実性を弱める不正直な意図である」。こう定義したうえで、「腐敗」の犯罪を贈収賄以外の経済犯罪も規制できる、より広い構成要件を制定法で定めるよう提案している[233]。A（贈賄者）、B（収賄者、例えばC会社の社員）、C（Bの本人、例えば会社）というパターンを典型モデルとして考えて、「腐敗」の主要な要素は、BのCに対する忠実義務の違反にあると考えている[234]。つまり、法律案の犯罪の核心には「不正直」の共謀（conspiracy to defraud）があると思われるのである。従って、実質的な損害が会社に生じているか否かは、犯罪の成立には関係ない。

3　公的職務と私的職務の区別

§127　1916年法は、「公務員」の事件については、上述の「腐敗罪」の場合に有罪の推定を定めたものである[235]。しかし、これにより「公的職務」の不正を問題にしてきたのに、今日では、多くの公的職務が民営化されており、本来、法律が規制しようとしていた同じ行為が、その民営化のために犯罪とされなくなっている。公務員ならば贈収賄の犯罪が成り立つような場合において、民間接待の場合にはそれが成り立たないとするのは、論理的におかしいのではないか、というのがアーデン・レポートの1つの問題提起である。例えば、A（会社）が倒産しかけたときに、Aの社長の息子B1（銀行の支店長）、B2（会社取締役）、B3（国民保険基金理事長）がそれぞれの立場でAに融資したとしよう（例えば、マックスウェル事件）。それでもAは倒産し、B1、B2、B3はそれぞれ刑事訴追を受けたとしよう。B1、B2、B3ともに、法的には同じ評価がなされるべきであるのに、現行法のもとでは、B3のみが処罰される。アーデン・レポートは、3人とも同じように扱われるべきであると考えている。

§128　この論点と関連して重要なことは、「代理人と本人」の関係をどのように

---

[233] アーデン・レポート、53頁（§5.4　§5.5.）。
[234] 同上、117頁（§8.20）。Criminal Justice Act 1977, s.1 (conspiracy)（訴追にDPPの同意が必要）と類似した犯罪であると考えている。
[235] Prevention of Corruption Act 1916, s.2 は、「金銭、贈与、その他の対価が公務員に渡されたときは、腐敗的に」報酬を勧誘したものとみなすと規定している。

理解するかということである。法律案第9条は、5類型を例示している。例えば、会社の場合には、取締役と会社との関係は、厳密な意味での代理関係にはない。しかし、ある取締役が独立した父親の会社の倒産状態から父親を救うために不正融資を行ったとすれば、その取締役は、自分の会社に対して不正直な行為を行っているのであり、公務員が特定の依頼人の利益のために行為するのと同じように、犯罪とされるべきものが含まれている。しかし、このような問題は、新しい法律によって規制しなくても、古くから会社法で規制とされてきていることから、政府の証券投資局（Securities and Investments Board）は、アーデン・レポートに積極的に反対している。

なお、アーデン・レポートが提言する法案は、国会議員の「腐敗罪」については、適用を考えていない[236]。現在、国会議員の倫理規制の問題は、別の専門委員会で検討されているので、その作業が完成したときに、整合性の問題を考えるという姿勢をとっている。

4 違法性の推定

§129 「腐敗罪」の立証は困難であり、この犯罪に関する法律は違法性の推定を認めてきた。1916年の公務員犯罪については、職務に関連して利得を得ただけで犯罪を推定することを認めているし、1994年の刑事裁判・公的秩序に関する法律では、「黙秘からの有罪の推定」を許している[237]。そして、「腐敗罪」は、今日では国際的な犯罪となっており、国際慣習法の基準に適合する「構成要件」を規定する必要があるという。「職務上の腐敗」を規制する法規は、ヨーロッパ連合、ヨーロッパ評議会、OECD、コモンウェルス大臣会議、G7、国際連合、国際金融基金、およびアメリカ諸国連合組織にも見られるのであり、これらの基準との整合性を維持する必要がある。

ここで言う基準については、具体的には主にヨーロッパ人権規約が検討されている。裁判所人権委員会の売春禁止に関するX対連合王国判決[238]では、

---

[236] Home Officeが事務局となり、議員特権に関する合同委員会が法案を検討中である。
[237] Criminal Justice and Public Order Act 1994, s.34は、要求された証言を拒否したり、証拠の提出をしない場合には、制裁が課されうることを定め、また、同法 s.35は、法定での黙秘権行使から「腐敗罪」を推定することを許している。
[238] X v. United Kingdom, App 5124/71, (1972) 42 COLLECTION OF DECISIONS 135.

1916年の腐敗罪に関する法律2条が「反証のない限り、売春婦と同棲している男は不道徳な職業の営利罪を犯していると推定する」と規定しており、この合憲性が争われた。ヨーロッパ人権規約第6条(3)項は無罪の推定を原則として推定しているので、それに違反しないかということである。先の判決は、この規定は、無条件な推定ではなく、特殊な状況なもとでの犯罪について規定した例外的なものであり、合憲と判示した。

§130　そこで、アーデン・レポートは、有罪の推定の規定を置くことが許されることを前提として、4つのオプションを示している。第1の選択肢（推定強化案）は、公務員の犯罪については、利益を得たすべての場合に「腐敗」を推定させるとするものである。

第2のオプションは、いわゆるホンコン・オプションと呼ばれるもので、各人の所得に比べて、日頃の生活がその水準を越えている場合には、違法性を推定させるものである。この推定の合憲性をホンコン権利章典第11条(1)に照らして検討した枢密院判決[239]は、本稿で紹介したウルフ裁判官が下したものであり、アーデン・レポートもそれを仔細に検討している。

ウルフ裁判官は、その判決で次のように述べている。「一定の例外は正当化できるであろうし、他のものは正当化できないであろう。それが正当化できるか否かは、主として要件とされる基準まで被告人の有罪を訴追側が立証する責任にかかっており、また、第11条(1)項（無罪の推定）が保障する原理を維持することの重要性にもかかわらず、例外を合理的に認めることができるかどうかにかかっている。」この点に関する理論として、アメリカ合衆国最高裁判所の判決[240]を引用している。この事件では、犯罪の事実が独立した証拠によって立証できるときに、具体的な状況的事実を推定するのに違法収集証拠（黙秘権を否定して得た証拠）を許容した。

アーデン・レポートは、第3のオプションとして、違法性の推定の程度を

---

[239] Attorney-General of Hong Kong v. Lee Kwong-Kut, [1993] A.C. 951 (P.C.).
[240] Leary v. United States, 395 U.S. 6, 89 S.Ct. 1532, 23 L.Ed. 2d 57, 82 (1969). この事件は、麻薬取扱い業者が自己負罪の特権を主張し、連邦租税法が要求する情報提供の拒否から有罪の推定を受けるのは憲法に違反すると主張したものである。26 U.S.C. §4751は事業税として年3ドル、また§4741は移転税として1オンスにつき1ドルを課すると同時に、業者の事業について多くの情報登録を要求していて、この情報を警察に渡すことになっている。

軽減するものを示している。これは、ダビッドソン卿が支持するもので、最近盗まれた財物を占有する者がいれば、窃盗を推定されてもしかたがないが、有罪の判決を下すためには、独立の証拠を必要とすると主張するものである。

そして、最後のオプションは、刑事責任を問う場合には、無罪を推定するのが原則であり、犯罪の立証が困難であるという便宜上の理由だけで有罪の推定を認めるのは間違っている、とするものである。アーデン・レポートの結論は、これを支持している。そして、公的領域でも私的領域でも同じである、と述べている[241]。

第5項 改革の展望

§131 第2節で紹介したウルフ裁判官の特別講義の結びの言葉を引用して、本節を結ぶことにしたい。

「過去において、日本はヨーロッパ大陸および英国の法律制度からいろいろなことを学び、吸収してきたはずです。それにもかかわらず、日本では、原型とは違った独特のものを作りあげ、自分たちのものになさったと思います。これからは、英国の側が、大陸の法律制度から、また日本の法律制度から、学ぶ番ではないかと確信しています。

たしかにこれは、大きなチャレンジです。しかし、新しい姿勢でのぞむとき、得るものもきわめて大きいと信じています。多方面からの検討を経た本格的な司法改革は、単に一般国民に対して公正な正義を実現できるというだけでなく、実際に効率的で、常識的な、十分活用できる、国際的な敬意を得ることのできる法律制度の構築を意味するからです。いうまでもなく、それはきわめて重要なゴール（到達目標）です。（冗談ですが）わたくしの後継者は、記録長官（the Master of the Rolls）ではなく、ホンダ［日本法］のマスター（the Master of the Honda）と呼ばれるような時代が来るかもしれません[242]。」

この言葉には多少のへつらいが含まれているかもしれないが、日本における100年にわたる比較法研究の歴史を振り返ってみると、明治時代には想像もつかなかった時代が来ていることを示している。現在の日本の大学の法学

---

241 アーデン・レポート、51頁。
242 ウルフ講義16頁。

教育について、厳しい批判が出されている[243]が、現在の大学院教育には新しい活気が見られる。そもそも、アメリカの大学制度にみられるように、法学教育は大学院のレベルで行われるべきものであるかもしれない。また、法曹教育と大学院教育は、相互に補完しうるものをもっており、イギリスの法学教育の在り方にも学ぶべきものがあるかもしれない。

---

[243] 柳田幸男「日本の新しい法曹養成システム（上、下）」ジュリスト 1127 号（1998年）111 頁、同 1128 号（1998 年）65 頁。

第2章　アメリカの裁判所

第1節　二元的な裁判所の制度

§132　アメリカには50の州が各々設置した裁判所のほか、合衆国憲法にもとづいて創設された連邦の裁判所がある。各々の州裁判所の管轄は各々の州憲法によって定められるが、一般的にはほとんど無制約である。これに対し、連邦裁判所の管轄は、合衆国憲法によってかなり制限されてはいる。州裁判所のそれと牴触することは少なくない。そこで、本節では、連邦裁判所と州裁判所の仕組みをそれぞれ説明したのち、それらの裁判所のあいだの関係について解説しなければならない。

　ところで、合衆国憲法第10修正は、「この憲法によって合衆国に委任されず、また各州に対して禁止されなかった権限は、各州それぞれに、または人民に留保される」、と規定している。したがって、条約の締結やドル貨幣の鋳造などのごく限られたことを除き、アメリカでは各州が一般的立法管轄をもっている[1]。しかし、合衆国憲法第6編2条（最高法規条項という）は、連邦法が存在するときは州法に優先することを定めているから、連邦法の領域においては州法は、その限度で劣位に置かれる。そこでまず、連邦の立法管轄は何かを説明することとしよう。

§133　これについて定めているのは、合衆国憲法第1編8条である。この規定は、連邦議会の立法権限を18項目だけに限定している。まず第1項は、合衆国の債務の弁済、共同の防衛および一般の福祉の目的のために、租税、関税等を徴収することをあげている。第2項は、国際の発効を認めている。第3項は、外国との通商並びに各州間およびインディアンの部族との間の通商を規制することを定めている（通常、この規定は通商条項と呼ばれる）。第4項は帰化および破産に関する権限、第5項は貨幣の鋳造等に関する権限、第6項

1　アメリカ法の立法管轄について、田島裕『アメリカ憲法』著作集1（信山社、2004年）29-33頁参照

は証券および通貨の偽造を取締ること、第7項は郵便の制度を設けること、第8項は著作権、特許権などを保護し、学術等の進歩を促進することを定めている。第9項は、最高裁判所の下に下級裁判所を組織することを定めている。第10項は海賊行為およびその他の国際法に違反する行為を取締ること、第11項は戦争を宣告することなどに関する諸規定を置いている。第12項ないし第17項は、軍隊や民兵等に関することを定めている。そして、第18項は、上述の権限を実行に移すために必要かつ適切なすべての法律を制定することを定めている。

§134　もし上述の18項目にわたる合衆国憲法第1編8条の規定に基づいて連邦法が制定されているときは、その対象となる事件が連邦裁判所の管轄に服することはいうまでもない（州裁判所が連邦法を適用することは許されているが、その判決に対し連邦最高裁判所へさらに上訴される可能性がある）。連邦裁判所は、のちに詳細に説明されるように、合衆国憲法の他の規定の解釈によって、さらに一定の範囲の拡がりをもつ管轄を有している。これらに含まれない事件は、州の裁判所で専属的に審理されることになる。

とくに連邦裁判所は、イギリスの通常裁判所と比べれば、著しく特殊な裁判所であるといわなければならない。イギリスの裁判所との差異は、このような制度的な面にみられるだけでなく、運用の面にもみられる。例えば、クラス・アクションがある[2]。これは、共通の利害状況にある多数の者のため

2　クラス・アクションは、1966年に改正された連邦民事訴訟規則（Federal Rules of Civil Procedure）第23条に定められている。この訴訟の要件としては、次の(a)に属する4つをすべてを充し、かつ、(b)にあげる3つのうちいずれか1つに該当することを要する。
　(a)(i)　クラスに属する者が多数で、全員を当事者として併合することが実行困難（impracticable）なこと
　　(ii)　そのクラスに共通の法律問題または事実問題が存在すること
　　(iii)　代表当事者の請求または抗弁が、そのクラスの請求または抗弁のなかで典型的なものであること
　　(iv)　代表当事者がそのクラスの利益を公正かつ十分に保護するであろうこと
　(b)(i)　別々の訴訟が行われると次のおそれがある場合。(A) 各人毎に矛盾・相違する判決がなされ相手方が相反する行動をしなければならなくなるおそれ、(B) 各人との間でなされた判決が、実際上、その訴訟の当事者とならなかった他のメンバーの権利を処分し、或いはその権利保護を著しく困難にするおそれ（(A)は、例えば地方公共団体による債券発行の違法確認を求める訴のような場合であり、(B)は、1つの基金の額よりもそれに対する多数債権者の合計請求金額の方が多い場

第1節　二元的な裁判所の制度

に、1人または数人の者が、個別に授権を得ないで勝手に代表として訴訟を起し、その判決が、原告勝訴の判決であれ敗訴の判決であれ、代表された者全員を拘束する訴訟であるが、イギリスではこのような訴訟は認められていない。この訴訟は、消費者を保護する法律などの立法目的の実現を促進するために考案された法の運用方法である。弁護士報酬を成功報酬（contingent fees）としたり、訴訟を奨励する意味で3倍賠償を認めたりすることにも、同じようなアメリカ法の特色がみられる[3]。州の裁判所は、比較的イギリスの通常裁判所に似てはいるが、このような特色は州の裁判所にも共通にみられるところである。

　　合において、若干の債権者が弁済請求訴訟を提起したような場合である。）
(ⅱ)　クラスの相手方が全員にあてはまる理由で行為しまたは行為しないので、全員のために行為の差止命令を与えるのが適当な場合（例えば人種差別行為の差止を求める訴）
(ⅲ)　クラス全員に共通の法律問題・事実問題が各メンバーに関する問題よりも支配的であり、かつ、その紛争につき能率的に判決をするのに、利用可能な他の手段よりもクラス・アクションの方がすぐれていると裁判所が判断した場合。この判断に関連する事項には次の点が含まれる：(A) クラスに属する各メンバーが攻撃禦を自らコントロールすることにどういう利益を有するか、(B) 当該紛争につきクラスに属するメンバーによりまたはこれに対して既に提起されている訴訟があればその程度と性質、(C) その裁判所にその請求に関する訴訟を集中させることが望ましいか否か、(D) クラス・アクションとしたときに予想される訴訟運営上の困難（この(ⅲ)にあたるのは、例えば、多数人に対する同一の詐欺行為を理由とする損害賠償請求のような場合である。）

　　竹内昭夫「消費者・投資者の保護とクラス・アクション」ジュリスト525号42頁によった。クラス・アクションを概説した文献として、Note, *Development in the Law - Class Actions*, 89 HARV. L. REV. 1319 (1976) を参照されたい。また、Eisen v. Carlisle & Jacquelin, 417 U.S. 156 (1974)（高橋宏志「クラス・アクション」〔『別冊ジュリスト・英米判例百選Ⅱ私法』（1978年）所収〕180-1頁）も見よ。ちなみに、ここでは連邦法の規定を紹介したが、多くの州が類似の規定を定めている。

3　田中英夫＝竹内昭夫「法の実現における私人の役割――日米の比較を中心として」法学協会雑誌88巻5・6号1頁、89巻3号1頁、89巻8号1頁、89巻9号1頁（後に1987に東京大学出版会から同名の書籍として出版されている）。

第2章　アメリカの裁判所

第2節　連邦の裁判所

第1項　司法に関する合衆国憲法の諸規定

§135　まず連邦の裁判所の説明をしよう。合衆国憲法第3編は、司法府に関する諸規定を定めている。その1条は、「裁判官の任期は非行なき限り終身とする」ことを定め、その2条は、連邦裁判所の裁判管轄について定めている。この裁判管轄は一定の範囲に限られたものである。その管轄のうち重要なものが、後述の「連邦問題」にかかわる事件であるが、合衆国憲法第1編8条は、連邦議会の立法権を非常に狭く（18項目に）限定しており、これが1つの枠となっている。連邦裁判所の裁判権は、この枠をこえる部分を含んでいる。例えば、係争額が7万5千ドル以上の民事訴訟という制限がもうけられてはいるが、「州籍の相違（diversity of citizenship）」に基づく訴訟がその一例である[4]（ただし、家事事件および遺言検認事件はこれから除かれる）。そして、第3編3条は、連邦裁判所はコモン・ロー裁判所の性格をもつ裁判所であることを定めている[5]。

§136　陪審については本書の第3章で詳説するので、ここでは簡単にふれるだけにとどめるが、合衆国憲法は、陪審による裁判についても若干の規定を置いている。まず第3編2条3項は、「弾劾の場合を除き、すべての犯罪の審理は陪審をもってする」ことを定めている。また、刑事裁判について、第5修正は、死刑または破廉恥罪の責を負わせる告発または起訴は大陪審によらなければならないことを定め、また、第6修正は、公平な陪審による裁判を受けることは刑事被告人の権利であることを定めている。民事裁判についても、

---

[4]　正確には、合衆国憲法第3編2条はこれについて「2個またはそれ以上の州の間の訴訟、1州と他州の市民との間の訴訟（これは第11修正で限定されている）、多数の異なる州の市民の間の訴訟」に連邦司法部の司法権がおよぶものと定めている。この規定の解釈には種々な論点が含まれるが、WRIGHT, THE LAW OF FEDERAL COURTS (4th ed. 1983) pp. 127-75 にこれについて詳しく解説されている。7万5千ドル（利息及び費用を除く）［クラス・アクションの場合、5百万ドル］の要件は 28 U.S.C. § 1332 (2005) の規定による。

[5]　「コモン・ロー裁判所の性格」について、田島裕『アメリカ憲法』著作集1（信山社、2004年）87-89頁を見よ。

第7修正は、係争額が20ドルを超える事件では陪審による裁判を受ける権利が保障されることを定めている。のちに述べるように、イギリスでは陪審に対する批判が高まっていて（重罪の刑事裁判は別として）一般的に衰退の傾向を示しているが、アメリカでは今日でも盛んに使われているのは、これらの諸規定によるところが大きいと思われる。

§137 ここで有名なマーベリ対マディスン事件[6]を説明しよう。この事件は、治安判事の任命はその辞令を本人に交付したときに発効するのか、あるいは任命が正式に決定された時点ですでに効力が発生しているのかが、問題となった事件である[7]。新しく治安判事に任命されたマーベリ他3名が、辞令書の交付を強制するマンデイマスの発給を求めて、国務長官マディスンを被告として直接連邦最高裁判所に提訴したのが本件である。

連邦最高裁判所は、まず第1に、原告らの任命は大統領が辞令に署名したときに完成しており、「辞令を保留することは、法の認めるところではなく、既得権の侵害である」と判示した。そして、マンデイマスを出して原告らを救済することが、国の法の要求するところであるとした。しかし、本件の根拠となっている1789年の司法府法（Judiciary Act）13条（最高裁判所が第1審としてマンデイマスを発給する権限等を定めている）は最高裁判所の第1審管轄権を限定している合衆国憲法第3編2条2項に反しているから同条は無効であり、したがって、求められたマンデイマスを発給する権限は当該裁判所にはない、と判決したのである。

この最後の部分が違憲立法審査制を生む重要な部分であり、判決の原文にそってもう少しその論旨をたどってみよう。最高裁判所は次のようにいう[8]。

---

6 Marbury v. Madison, 1 Cranch 137（U.S. 1803）
7 この事件には複雑な政治的背景があった。1800年に連邦の大統領アダムスは共和党（または民主＝共和党ないし反連邦派とも呼ばれる）のジェファスンに選挙で敗北し、政府を明渡すことになったが、翌年の3月4日までの在任期間中にマーシャルを連邦最高裁判所の長官に任命するとともに、司法府に連邦派の権力を残すために多数の裁判官を任命した。しかし、マーベリ等数名の者は、共和党が政治につく日までに辞令を受取ることができず、これを知ったジェファスンは、国務長官マディスンを通じて、辞令の公布を禁止させたため起った事件である。この判決を下したマーシャルは、非常に困難な立場に立たされたものと思われる。
8 この判決文の翻訳にあたり、田中英夫『アメリカ法の歴史（上）』（1968年）226頁を参照した。ここで説明した違憲立法審査制は、すでに植民地の立法が国王の特許状

「憲法に反する法律が国法（law of the land）たりうるか否かという問題は、合衆国にとって極めて重要な問題である。しかし、幸いなことに、問題は、その重要性ほどには複雑ではない。それを決定するには、長年にわたって確立されていると思われる数個の原理を承認すれば足りるように思われる。…（中略）…成文憲法を作ったすべての人々が基本的で至上の国家法を作っているものと考えていたことは確かであり、従って、そのような〔成文憲法のもとでの〕統治の理論は、憲法に反する法律は無効だということでなければならない。…（中略）…憲法に反する立法が無効だとすれば、このような立法は、無効であるにもかかわらず、裁判所を拘束し、裁判所はこれに効果を与える義務を負うか。いいかえれば、法でないのに、あたかも法であるかのような効力を有する準則をなすか。もしそうだとすれば、それは、理論上確立されたところを実際上くつがえすものである。余りにも馬鹿げたことで、主張もできないようなことである。…（中略）…何が法であるかをのべることは、断然、司法部の領域であり、その義務である。」

この論理こそ、イギリスには見られなかった（ただし、最近ではこの制度を採用すべきであるとする意見も見られるようになった）違憲立法審査制の基礎となっており、のちにみるようなアメリカ法の特色を生む重要な原因の1つとなっている。

第2項 連邦の裁判所

1 連邦裁判所の組織

§138 　連邦裁判所は、「1つの最高裁判所および連邦議会が随時制定し設立する下級裁判所」からなる（U.S.Const. art.3, sec.1）。現在存在する下級裁判所としては、まず第1に、コロンビア地区やプエルト・リコも含め91の地区に設置された地方裁判所がある。1968年には、連邦治安判事法（Federal Magistrates Act）によって連邦の治安判事の職が創設され、彼らが地方裁判所の仕事を補助している。第2に、のちにのべる連邦巡回区上訴裁判所（Court of Appeals for the Federal Circuit）およびコロンビア地区の上訴裁判

に違反しないかどうかという形で、古くから行われていたと主張する興味深い文献、J.B. Thayer, *The Origin and Scope of the American Doctrive of Constitutional Law*, 7 HARV. L. REV. 129 (1893) も見よ。

第2節　連邦の裁判所

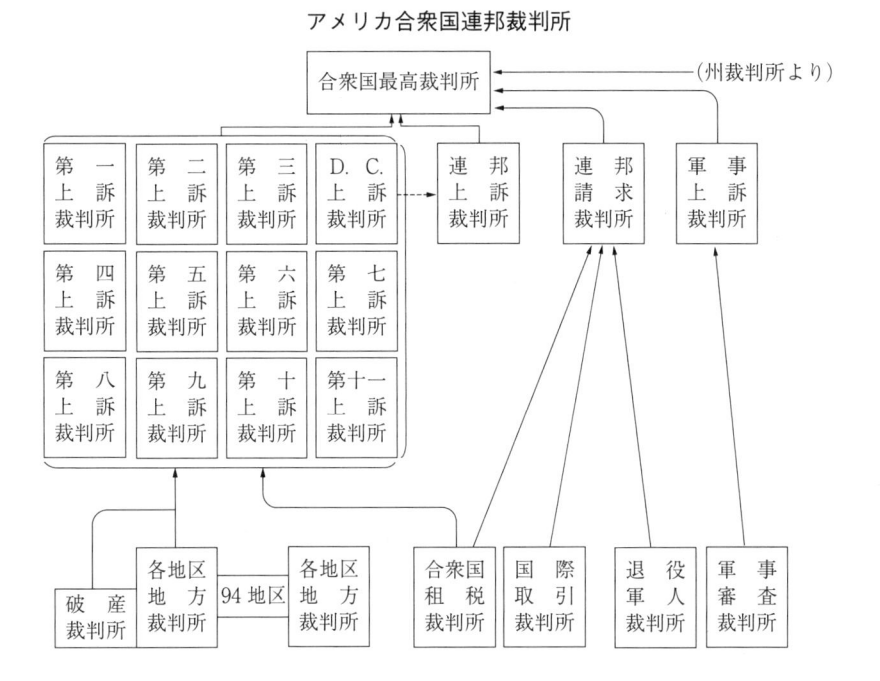

アメリカ合衆国連邦裁判所

```
                    合衆国最高裁判所 ←――――――― （州裁判所より）
```

（図：第一上訴裁判所、第二上訴裁判所、第三上訴裁判所、D.C.上訴裁判所、連邦上訴裁判所、連邦請求裁判所、軍事上訴裁判所／第四～第十一上訴裁判所／破産裁判所、各地区地方裁判所、94地区各地区地方裁判所、合衆国租税裁判所、国際取引裁判所、退役軍人裁判所、軍事審査裁判所）

所を含めて13の上訴裁判所がある。これらの通常の裁判所のほか、一定の限定された事項について管轄権をもつ合衆国請求裁判所、国際取引裁判所、破産裁判所、緊急時上訴裁判所（臨時[9]）などがある。

　これらの連邦裁判所のうち「（憲法によってではなく）法律によって創設された裁判所（legislative courts）」と呼ばれるものについて、説明を付け加えておかなければならない。合衆国請求裁判所や破産裁判所がその例である。これらの裁判所は、合衆国憲法第3条が制定された当時に予定されていた裁判所ではなく、第1条8節9項に基づく立法権限に基づいて作られた法律によってはじめて創設された裁判所であり、裁判官の身分保障などコモン・ロー裁判所の裁判官に認められるコモン・ロー上の特権は、これらの裁判所では認められないと考えられている[10]。

9　1970年のEconomic Stability Actによって1979年8月に設置された暫定的な上訴裁判所。この裁判所は、1971年に最初に設置されたときには、物価賃金制の規制を職務とされたが、1974年には廃止され、改めて復活された。

113

2　合衆国最高裁判所

§139　この裁判所は首都ワシントンに置かれている。裁判官の数は、当初は6名であったが、1793年には7名になり、1807年には8名になり、1837年には9名になり、1864年には10名になった。そして、1869年の法律によって、その数は9名と定められ、そのうちの6名によって裁判のための定足数は満たされることとなった[11]。

(イ)　**裁判管轄**　さて、最高裁判所の裁判管轄については、合衆国法典集第28巻1251条以下に定められている。まず第1に、大使その他の外交使節および領事が関係する事件並びに当事者であるすべての事件について、最高裁判所は第1審管轄権を有する。この第1251条の規定は、合衆国憲法第3条2節2項の規定に従ったものであるが、実際の事件数は非常に少ない。

第2に、第1252条が、合衆国（またはその公務員）が一訴訟当事者となっている民事事件において、連邦法を違憲と判決した連邦地方裁判所の判決からの直接上訴を認めている。刑事事件についても直接上訴が認められていたが、現在では廃止され、まず上訴裁判所に上訴されることになっている。そのほか、3名の裁判官によって構成された裁判所（地方裁判所および特別裁判所）の判決からの直接上訴が許されているが、これは非常に厳しく制限されてきたし、1982年の法律によって、この直接上訴の道はさらに狭められた[12]。

第3に、裁判所改革の議論で最も問題とされる権利上訴（appeal）及び裁

10　これについての詳しい説明は、WRIGHT, supra p.213 (n.1), at 39-52 を見よ。1978年に、Bankruptcy Court Act によって連邦地方裁判所の付属裁判所として破産裁判所が創設されたが、連邦最高裁は、1978年の破産法第241条(a)項（裁判管轄に関する規定）は合衆国憲法第3条に違反すると判決した。Northern Pipeline Construction Co. v. Marathon Pipe Line Company and United States, 450 U.S. 50 (1982). 破産裁判所は、1982年法によって設置された新しい裁判所とともに、多少の手直しをうけた。

11　1936年には、ロウズヴェルト大統領が、「定年に達した裁判官があるときは、その人数だけ新しい裁判官を加えることができる」とすることを内容とした司法府改革法案を連邦議会に提出したが、はげしい反対をうけてその法案を撤回した。このときの諸事情について、N.L. DAWSON, LOUIS D. BRANDEIS, FELIX FRANKFURTER (1980) pp. 139-53 参照。

12　1976年には、州および連邦の制定法の適用を差し止めるインジャンクションを求める訴訟では3人で構成される裁判所が裁判に当たらなければならないことを定めていた［28 U.S.C. §§2281, 2282］が廃止された。3人で構成される裁判所の判決に対する上訴を一般的に認めていた 28 U.S.C. §§1255, 1256 の規定も、1982年の立法によって廃止された。

量上訴（certiorari）に関する合衆国法典集第28巻第1254条および第1257条の規定がある。前者は連邦裁判所の判決に対する上訴の場合について定めた規定であり、後者は州の最高裁判所の判決に対する上訴の場合について定めた規定である。いずれの場合でも、権利上訴は一定の要件を満たした「連邦問題」に関する事件で認められる。これに対し裁量上訴は、最高裁判所が特に重要であると考えれば、その裁量によって認められる。

§140 (ロ) **連邦問題** 権利上訴は当事者の権利として認められる上訴であるが、これが認められるためには、「連邦問題」の存在が重要な要件となっている。「連邦問題」とは、連邦憲法、連邦法、条約に関する問題であるが、州際通商条項や市民権法などの諸規定には広い解釈の余地があり、このことが、権利上訴の場合にも最高裁判所に裁量を与える原因となっている。しかも、連邦問題が実質的に事件の主要な争点となっていなければならない、とするのがその判例法が採用した見解であり、権利上訴の裁判の実際の進め方は、裁量上訴の場合と余り変るところはないと言われている[13]。

§141 具体的な実例として合衆国憲法第1条8節3項の州際通商条項に関する諸事件をとりあげることにしよう。この条項は、起草された当初には連邦政府に対しポリス・パワー（住民の健康、安全、倫理または公共福祉を守るための規制権限）を与えるものであるとは、考えられていなかった[14]。しかし、3つの時期を経て、連邦最高裁判所はその権限を与えるものと解釈するようにな

---

13 NOWAK, ROTUNDA & YOUNG, CONSTITUTIONAL LAW (1978) pp.33-5 参照。しかし、権利上訴により最高裁判所が裁判をする場合には、最高裁判所はコモン・ロー裁判所として機能しているのであるから、その判決のときには先例法理に従わなければならないことなど、その相違を強調する意見もある。例えば、Donovan v. Dewey, 452 U.S. 594 (1981) at 607 n.2, におけるステュアート裁判官の意見を見よ。

14 F. FRANKFURTER, THE COMMERCE CLAUSE UNDER MARSHALL, TANEY AND WAITE (1937) p.27 参照。しかし、マーシャル首席裁判官は、McCulloch v. Maryland, 4 Wheat. 316, at 407 (U.S. 1819) で「憲法というものの性質からいって、大まかな概略のみを記し、重要な目的を示しておき、これらの目的を構成するより重要でない目的の内容は、その目的自体の性質から演繹されるべきものとすることが必要になる」とのべ、自由な憲法解釈の必要を説いてから、連邦銀行に対して課税するメアリランド州の法律を違憲であると判決した。つまり、連邦銀行の設立は、連邦政府の権限として憲法のなかには列挙されていないが、連邦政府にとって銀行は「必要」かつ「適切」であるから、州法によってはそれを妨害したり、規制してはならない、というのである。合衆国憲法第1条8節18頁参照。

り、連邦の権限を拡大してきたのである。まず第1の時期は、ホワイト裁判所の終り（1888年）までであるが、この時期の最も重要な判決はギボンズ対オグデン判決である[15]。この事件では、ニュー・ヨーク州から航行の独占権を与えられていたオグデンが、そのような権利をもたずにニュー・ヨークとニュー・ジャージの間で、船客輸送をはじめたギボンズを相手として、裁判所に差止命令を求めた。最高裁判所は、「通商（commerce）」は「交通（intercourse）」を意味し、これには「航行（navigation）」も含まれると解釈し、オグデンの独占権は通商を妨げ、違憲であると判決した。

§142　第2の時期は1933年までである。この時期の最高裁判所は、「通商」と「製造（manufacturing）」とを区別したが、スウィフト会社対合衆国判決において、ホームズ裁判官が、「通商の流れ（current, stream or flow）」に直接つながるものには州際通商条項の適用があると解釈し、価格維持協定を連邦のシャーマン法によって禁止するのを合憲と認めた[16]。この判決に勇気づけられ、他方では第10修正の定める州権に特別の考慮を払いつつも、連邦政府は州際通商条項に基づいて盛んに法律を作った。

最後の第3期は1937年以降である。それ以前には、通商との直接のつながりを要件としていたのに、この時期には「通商に影響を与えるもの」をすべて含むように解釈するようになり、すでにのべたように、連邦のポリス・パワーの存在を認めるようになった[17]。このような州際通商条項の自由な解

15　Gibbons v. Ogden, 22 U.S. (9 Wheat.) 1 (1824). この時期には、「生産」は「通商」には含まれないと解されていた。詳しくは、前注で引用したフランクファータの著書を見よ。

16　Swift & Co. v. United States, 196 U.S. 375 (1905) at 398-99. この判決では、肉の競売価格についての小売業者間の価格協定に対しシャーマン法（15 U.S.C. §1 et seq. [1890]）（⇨§366）の適用を認めた。Cf. Federal Baseball Club of Baltimore v. National League of Professional Baseball Club, 259 U.S. 200 (1922). 大リーグによる野球企業の独占に対してはシャーマン法の適用を否定した。

17　この解釈により、連邦議会は多くの規制法を制定した。とくに重要な立法例として、1964年の Civil Rights Act, 42 U.S.C. §2000 et seq.（ホテル、レストラン等の公の場所での取引において、人種等を理由とする差別を禁止している）、Minimum Wages Act, 29 U.S.C. §206 (1970)（最低労働賃金を規定している）、Mann Act, 18 U.S.C. §§241-245（売春取引を禁止している）などをあげることができる。また、前注の最高裁判所の判例と区別してシャーマン法を適用した Flood v. Kuhn, 407 U.S. 267 (1972) も見よ。

釈をみるとき、それが管轄権の枠となっているとは考えがたいのである。

§143 (ハ) **裁量上訴** 最高裁判所へ上告できるもう1つの道は裁量上訴 (certiorari) によるものである。裁量上訴の訴の原語はサーシオレアライであり、それはイギリス法の大権令状であるサーシオレアライに由来する。かつて国王が請願ないし直訴をうけたとき、法の運用に誤りがなかったかどうかを確認するために、事件に関係する官吏に対し、当該事件に関する書面ないし記録を国王に移送することを命じた令状であった。この手続によって確認が行われた後、申立人には結論だけが知らされた。1958年には、法律によってサーシオレアライは行政救済の主要な制度として確立され、今日、さかんに利用されていることはすでに説明した通りである。アメリカの最高裁判所への上訴手続としてのサーシオレアライは、イギリスのそれとは異なるものであるが、次に見るように、性質上よく似た側面をもっている。

§144 アメリカの「裁量上訴 (certiorari)」は、「職務執行令状に基づく司法審査であって、権利として認められるものではなく、事件の特別の重要性のために最高裁判所が特に認める上訴」である[18]。これが認められるのは、比率としては申し立ての数パーセントにすぎないが、申し立ての数が多いために事件数としてはかなりの数になる。この上訴が認められる場合には、争点が1つに（時には2、3に）絞られ、それについて両当事者が論じた書面を検討したうえで口頭弁論（普通は1日だけ）を行い、その後数週間の間に判決が下される。上訴が認められる事件の種類としては、デュー・プロセス条項や平等保護条項などの一般条項の解釈に関するものが圧倒的に多い。

「裁量上訴」の実例として、第14修正のデュー・プロセス条項に関するグリズウォルト判決[19]を見てみよう。コネチカット州の刑法は、避妊のために薬品、医療器具、その他のものを使うこと、およびそれを助言することを犯罪としていた（ちなみに、この判決で違憲とされた General Statutes of

---

[18] 最高裁判所規則第19条(1)項および本書78頁注206を見よ。なお、この上訴に関する研究として、服部高顕「裁量上訴としての certiorari」『英米法論集（末延三次先生還暦記念論文集）』所収が詳しい。実際には、上告書が9名の裁判官に順にまわされ、裁量上訴を認めてよいとする4名の裁判官の○印がそれに付されれば、それまでの裁判記録などの提出を命ずるサーシオレアライが出される。○印が4つ付されなければ門前払いとなる。

[19] Griswold v. Connecticut, 381 U.S. 479 (1964).

Connecticut（1958 rev. ed.）§53-32 の規定は、1971 年 10 月 1 日に廃止された）。この州刑法の規定により、州出産計画センター所長および同センターに協力していたイエール大学医学部教授が、州裁判所による有罪判決を受け、100 ドルの罰金を言い渡された。州最高裁判所もこの判決を支持した。しかし、連邦最高裁判所は、先の州刑法の規定は第 14 修正のデュー・プロセス条項に違反しているかもしれないとして、裁量上訴を認めたのである。

§145　第 14 修正のデュー・プロセス条項は「州は適正な手続によらないで人の生命、自由または財産を奪ってはならない」と定めている。先の事件では手続上問題になるところは全くなく、上訴を認めるとすれば、裁判で適用される法律が正当なものでなければその手続が適正なものであるとは言えない、という論理を立てる以外になかった。これは実体的デュー・プロセス論と呼ばれるもので、かつて連邦最高裁判所がこの理論を使ったときに激しい非難を受けたために、それ以後ほとんど使われたことはなかった[20]。しかし、ウォレン裁判所は、ある程度の留保を付けたうえで、その理論を復活させた。

　ダグラス（W.O.Douglas）裁判官は、法廷意見として、第 14 修正のデュー・プロセス条項は権利章典を州に適用することを包括的に定めた規定であると解釈し、問題のコネチカット州の刑法の規定は権利章典により保護される権利を侵害する違憲な規定である、と判示した。プライヴァシーの権利は、憲法の明文によって保護されていないけれども、第 1 修正、第 4 修正、第 5 修正のいわば「（三ケ月形の）半影部」とも呼ぶべき部分で黙示的に保護されている[21]。権利の周辺部分の保護が十分でなければ、憲法の保障する権

20　その時の立法の正当性の判断は、ソーシャル・ダーウィニズムの大きな影響を受けていた。実体的デュー・プロセス論に関係のある諸判例を分析した文献として、田島裕「ソーシャル・ダーウィニズムがデュー・プロセス条項の解釈に与えた影響について」『法哲学年報・法的推論』（1971 年）178-87 頁参照。

21　第 1 修正は、信教の自由、言論出版の自由、集会の自由などを保障しているが、その解釈によって、結社の自由もその中に含まれており、夫婦の絆もその結社の一類型であるということが、論理的前提となっている。つまり、避妊を犯罪と定める刑法は、夫婦関係のプライヴァシーへの干渉を許すもので、ひいては第 1 修正にも違反することになりうるということである。第 4 修正と第 5 修正は、刑事捜査における被疑者の権利を定めているが、Entick v. Carrington, 19 How. St. Tr. 1029（1765）でカムデン（Camden）卿が説明しているように、プライヴァシーを守るのがその目的となっている。しかし、先の刑法は捜査のために司法令状なしに家屋に立ち入ることを正当化するものであって、その権利を侵害するものであるというのである。

利の核心部分の保護ができないことがありうる、というのである。

§ 146 この判決には3つの同調意見が付いている。その1は、ゴウルドバーグ (A.J.Goldberg) 裁判官が書いたもので、ウォレン (E.Warren) 首席裁判官とブレナン (W.J.Brennan) 裁判官がこれに加わっている。この意見は、法廷意見の結論には賛成するけれども、権利章典のすべての規定が州に適用されるのではなく、州に対して何が保障されるかは事件ごとに個別的に判断されるべきものであるとのべている。具体的に、当判決によって認められたプライヴァシーの権利の根拠は第9修正に求められるべきではないか、というのである[22]。第2のハーラン (J.M.Harlan) 裁判官による同調意見も、権利章典の包括的適用に留保を付して、本判決で守られた権利はいわば人間の基本的価値とでも呼ぶべきものである、という（これは自然権思想による意見である）。第3のホワイト裁判官による同調意見は、その権利は第14修正（デュー・プロセス条項）そのものによって保護される権利であるとのべている。さらに、ブラック (H.L.Black) 裁判官とステュアート (P.Stewart) 裁判官が、それぞれ反対意見を書いている。これら2つの反対意見に共通する考え方は、裁判所は政策の問題にかかわるべきではないとするものである。

ここではグリズウォルド判決という第14修正の適用範囲を広く解釈した例を示したが、裁量上訴は文字通り連邦最高裁判所の裁量にかかっており、常に広く解釈するとは限らない。実際上、連邦最高裁判所は、ジャッフィの譬えをかりていえば、「あたかも巨大なアコーディオンを奏でるかのように拡大したり縮小したりしてきた」のである[23]。

 ちなみに、本文で引用した「半影部 (penumbras) という言葉は、ダグラス裁判官自身が使った言葉である。381 U.S. at 484. また、本判決で認められたプライヴァシーの権利の考え方は、刑事手続の違法性が問題になったウォレン裁判所の諸判決でも一貫して採用されたものである。

22 最高裁判所は「経済問題、事業界の事柄または社会状況に関係する法律の英知、必要性および妥当性を決定する超立法府」ではないので、裁判は憲法上の明文に従ってなされなければならないという点では、ゴウルドバーグ、ウォレン、ブレナンの同調意見も同じ見解をとっているが、第14修正の「生命、自由または財産」という言葉は「権利章典」と同義語であるとするのは不自然であるというのである。第9修正は、「憲法に特定の権利を列挙したことをもって、人民の保有する他の権利を否認しまたは軽視したものと解釈することはできない」と定めている。

23 この司法府の積極主義または消極主義の問題については、本書339頁以下で詳説する。

§147 ㈡ 「憲法の番人」としての最高裁判所　合衆国憲法の第１修正ないし第10修正は、いわゆる「権利章典」と呼ばれる諸規定である。例えば、第１修正は、信教の自由、言論出版の自由、集会の自由および請願権を保障している。第４修正は、不当な逮捕、捜索、押収などを禁止し、刑事被告人のプライヴァシーの権利を保護している。第５修正は、被疑者に対し自己負罪拒否の特権（privilege against self-incrimination）を認め、デュー・プロセスを保障し、財産権を保護している。第８修正は、残酷で異常な刑罰を科すること禁止している。その他、すでに第１項で言及した陪審による裁判を受ける権利もこれに含まれるのであるが、最高裁判所がこれらの人権の守護神としての姿を見せるとき、「憲法の番人」と呼ばれることがある。

　第１修正から第10修正までの規定は、連邦派（Federalists）が州権擁護派（Auti-Federalists）に妥協した結果、憲法に追加された諸規定であるといわれ、これらの規定は連邦政府に対してのみ適用される。しかし、南北戦争で北軍が勝利をおさめ、黒人も平等に保護するために追加された第13修正ないし第15修正の諸規定は、州に対して適用することが意図されている。そして、のちに第14修正の規定は、グリズウォルド判決のように、権利章典を州に対しても適用できるようにするための連結器として使われるようになっており、最高裁判所の「憲法の番人」としての役割は、それだけ重要なものになってきていると思われる。

　裁判所に対し「憲法の番人」としての役割を果すことが期待される訴訟を通常「憲法訴訟」と呼んでいる[24]。たとえば、先に紹介したグリズウォルド判決がその一例であるが、学校教育や環境権に関する訴訟にもその多くの例を見ることができる[25]。これらの訴訟では、当事者の自己の利益よりも公益を守ることが主な目的となっており、裁判所も当事者適格に関する訴えの利

---

[24] これについては、わが国でも盛んに研究されているが、その主なものとして、芦部信喜『憲法訴訟の理論』（1973年）および佐藤幸治『憲法訴訟と司法権』（1984年）をあげておこう。

[25] A. Chayes, *The Role of the Judge in Public Law Litigation*, 89 HARV. L. REV. 1281 (1976); O. H. Fiss, *The Supreme Court* 1978 *Term-Foreword; The Forms of Justice*, 93 HARV. L. REV. 1 (1979); Eisenberg and Yeazell, *The Ordinary and the Exordinary in Institutional Litigation*, 93 HARV. L. REV. 465 (1980) を見よ。また、邦文で書かれた文献として、藤倉皓一郎「アメリカにおける公共訴訟の一原型」『法学協会百周年記念論文集』（1983年）258頁。

益などの点で弾力的な判断を示すことが少なくない[26]。

3 連邦裁判所の改革

§148　連邦裁判所が取り扱う事件数は20世紀の後半になってから著しく増大している。このことは、司法積極主義のウォレン裁判所が、新しい法領域における訴訟について、連邦裁判所の役割に対する大きな期待を国民にもたせたことの1つの間接的効果であるとみることもできなくない。しかし、もっと確実で大きな原因は、第2次世界大戦後に、アメリカ合衆国の地位が国際的にも国内的にも高まり、活動領域がひろがると共に、合衆国政府が、1964年の市民権法など、数多くの重要な連邦法を制定するようになったことにあるのではなかろうか。合衆国最高裁判所のバーガー首席裁判官は、かねてから司法改革に大きな関心をもっており、その検討を進めてきた[27]。その頃から、司法改革をめぐる熱心な議論が、あちこちで聞かれるようになった。それらの議論の多くは、少なくとも表面上は裁判所の仕事量を減らすことに力点を置いてはいるが、連邦裁判所の役割についての論者の考え方がその背後に隠されていることは疑いない。

§149　(イ)　**改革案の大別**　個々の議論は多岐にわたるのでかなり不正確にはなるが、便宜上諸説を大別するとすれば、つぎのような改革案が主要なものであろう。第1は、連邦裁判所（特に最高裁判所）へ訴えることのできる事件の種類を厳しく限定しようとするものである。第2は、最高裁判所の扉はこれまで通り広く開いてはおくが、事件をもっと簡略に処理できる略式手続を

26　例えば、Flast v. Cohen, 392 U.S. 83 (1968)（納税者訴訟）、Association of Data Processing Service Organizations v. Camp, 397 U.S. 150 (1970)（APA 10条にもとづく行政訴訟）、Baker v. Carr, 369 U.S. 186 (1962) 1人1投票権を求めた訴訟）を見よ。また、第14修正の平等保護条項で要求される州の行為（state action）の要件を弾力的に解釈した判決として、Shelley v. Kraemer, 334 U.S. 1 (1948) も見よ。

27　この問題に関するバーガー裁判官の考え方について、Burger, *Annual Report on the State of the Judiciary*, 62 A.B.A.J. 443 (1976) および Burger, *Defends Freund Study Goup's Composition and Proposal*, 59 A.B.A.J. 721 (1973) を見よ。バーガー首席裁判官は、1906年にロスコー・パウンドが掲げた司法改革の理想に近づこうとしているように思われる。1976年度の連邦司法教書〔これは法律論叢53巻1・2号（1980年）161-77頁に訳されている〕、さらに松平光央「21世紀の司法運営への布石」『法律論叢別冊（創立百周年記念論文集）』(1982年) 389-427頁参照。

第2章　アメリカの裁判所

導入しようとするものである。第3は、新しい司法機関を創設し、連邦裁判所の仕事を分担させようとするものである。もちろん改革不要論もあったが、今日では、何らかの改革が必要であるということは、世論となっているように思われる。

　具体的には、1972年にフロイント報告書という形で、連邦裁判所の改革のための素案が提示された[28]。これを叩き台として議会の内外で約10年にわたり討論が重ねられ、1982年4月2日に「連邦裁判所改善法」が制定された（1982年4月2日に制定されたFederal Courts Improvement Act, 96 Stat. 25 (1982)〔Pub. L. 97-164〕）ことによって、1つの結論が出されたことになる。この改革はかなり本格的なものであり、それにかかわる問題点は少なくない。しかし、立法の下に広くひろがった裾野ともいうべき部分にまで、本書でふれることはできない。ここでは、立法の内容を説明するだけにとどめ、その他の諸問題については、別の研究に譲らざるをえない。

§150　㋺　フロイント報告書　　先に言及したフロイント報告書は4つの重要な提案を含んでいる。第1の提案は、上訴裁判所と最高裁判所の間に新しい上級の連邦巡回区上訴裁判所を設置し、現在の最高裁判所の仕事のかなりの部分をその裁判所に負担させようとするものである。第2の提案は、3人の裁判官が構成する裁判所によって裁判がなされるべきことを定める種々の法律を改正し、最高裁判所への直接上訴の道を閉ざすことである。第3の提案は、特に囚人たちからの苦情に関して、新しい準司法機関を従来の司法制度の外に設け、その機関にそれを調査され、迅速に処理させることである。第4の提案は、裁判所の仕事を補助する事務局や付属図書館などを整備充実させ、増強することである。

　この勧告は、先にのべた改革案の第3のものに比較的近い考えを採用したものであるが、これを実行するには、連邦議会はさらに本格的な検討を必要とした。若干の緊急を要することがらについては、既に細かい立法を行って

---

[28] この報告書は、ポール・A・フロイント教授を委員長とする研究グループ（フロイント、ビッケル両教授を含む7名の法律家からなる）が連邦司法センター（バーガー首席裁判官の諮問機関）に提出したReport of the Study Group on the Caseload of the Supreme Court (Dec. 1972) である。その原文は、57 F.R.D. 573-628 (1972) に掲載されている。

きたが、この勧告の主要部分にふれる立法を行ったのは、1982年法がはじめてである。この正式の法律の名称は1982年の裁判所改善法であり、この法律は1983年10月1日から発効しているが、新しい裁判所は1984年4月1日から開設された。

§151 これまで、関税、特許、州際通商などに関する個々の法律に基づき、いくつかの特別裁判所がその管轄する特定の争訟について審理に当たってきた。その多くの場合、行政審判からの上訴審としての性格をもち、3人の裁判官の合議制により裁判が行われる。前節で説明したとおり、この場合には直接最高裁判所に上訴できる。特に、合衆国に対する請求で不法行為以外のものについて裁判をすることを任務とする請求裁判所（Court of Claims）の判決に対しては、最高裁判所に直接上訴されることが多い。1982年法は、この部分に関して大きな組織がえを行った。

§152 第1に、請求裁判所を合衆国請求裁判所（United States Claims Court）と改名し、この裁判所に多くの特別裁判所を吸収合併させた。この裁判所は、合衆国憲法、連邦法、連邦機関の規則に基づくか、または合衆国との明示もしくは黙示の契約に基づくか、または不法行為に関係のない事件で損害賠償を求める、合衆国を相手とするすべての請求事件について裁判管轄をもつ。1982年法は、この裁判所を地方裁判所のレベルに位置づけ、その判決に対して、次項で説明する新設の連邦巡回区上訴裁判所に上訴できるものとした。

　合衆国請求裁判所について注目すべきもう1つの規定は、1982年法第139条(b)項(2)によって改正された合衆国法典集第28巻2510条である。これによって、会計検査院長は、租税債務に関する事件を合衆国請求裁判所に付託することができるようになった。さらに、立法技術にかかわる微妙で分かりにくい規定であるが、その裁判所が合衆国憲法第1条により設立された裁判所であることを明文で定めていることも、重要なことである。

§153 第2に、関税徴収官の決定に対する不服審査を行うことになっていた関税裁判所は、1980年の関税裁判所法によって国際取引裁判所（Court of International Trade）と改名され、国際取引に関する合衆国を一当事者とする争訟を裁判する裁判所となり、1982年法によって、その判決に対しても新設の連邦巡回区上訴裁判所に上訴できることになった。先の合衆国請求裁判所はこの裁判所の民事専属管轄権を侵してはならないと明文で定められて

いる。

　1982年法は、先の合衆国請求裁判所の裁判官に関する諸規定を定めているが、国際取引裁判所のように憲法が予定した裁判所であるとみなされる裁判所とはちがって、裁判官の身分保障などの点で著しく欠けるところがある[29]。さらに、その裁判官が70歳で退官した後、当該裁判所に関係のある弁護士業務を行うことが禁じられることまで定めている。

§154　(二)　連邦巡回区上訴裁判所の新設　　1982年法は上訴裁判所をもう1つ新たに追加した。1980年の第5巡回区上訴裁判所法による修正によって、上訴裁判所の数は12となっていたが、1982年法の追加により13になる[30]。実際には、1970年の経済安定法に基づいて、緊急時上訴裁判所が1979年8月に設立され、これも機能しているので、これが廃止されるまで14の上訴裁判所が存在することになる。

　新しく設置された裁判所、正式には合衆国連邦巡回区上訴裁判所（United States Court of Appeals for the Federal Circuit）と呼ばれる。この裁判所の専属管轄権は、1982年法第124条によって、合衆国法典集第28巻第1292条

---

[29] 28 U.S.C.§§171-7. 第171条(a)項は、大統領が上院の助言と同意を得て16名の裁判官を任命することを定めているが、この16名の裁判官によって構成される合衆国請求裁判所は、合衆国憲法第1条に基づいて設置された裁判所であることも明記している。第176条は、「不適格、非行、義務の軽視、法律実務を行ったこと、または身体的もしくは精神的無能力」のみを理由として、その裁判官を罷免できることを定めている。その罷免は、連邦巡回区上訴裁判所の裁判官全員の投票で多数がえられたときになされる。

[30] 具体的には、コロンビア地区（11名）、第1巡回区（4名、メイン、マサチューセッツ、ニュー・ハンプシャ、プエルト・リコ、ロード・アイランド）、第2巡回区（11名、コネチカット、ニュー・ヨーク、ヴァモント）、第3巡回区（10名、デラウェア、ニュー・ジャージ、ペンシルヴァニア、ヴァージン諸島）、第4巡回区（10名、メアリランド、ノース・キャロライナ、サウス・キャロライナ、ヴァジニア、ウェスト・ヴァジニア）、第5巡回区（14名、キャナル地区、ルイジアナ、ミシシッピ、テキサス）、第6巡回区（11名、ケンタッキー、ミシガン、オハイオ、テネシー）、第7巡回区（9名、イリノイ、アイダホ、ウィスコンシン）、第8巡回区（9名、アーカンソー、アイオワ、ミネソタ、ミズーリ、ネブラスカ、ノウス・ダコウタ、サウス・ダコウタ）、第9巡回区（23名、アラスカ、アリゾナ、キャリフォーニア、アイダホ、モンタナ、ネヴァダ、オレゴン、ワシントン、グアム、ハワイ）、第10巡回区（8名、コロラド、キャンザス、ニュー・メキシコ、オクラホマ、ユータ、ワイオミング）、第11巡回区（12名、アラバマ、フロリダ、ジョージア）、連邦巡回区（12名）の上訴裁判所がある。

(c)項ならびに(d)項および第1295条に定めるものだけに限定される。これら2つの条文は、1982年法第125条によって新たに追加された重要な規定である。

第1292条は中間判決に対して上訴する場合の規定であるが、(c)項は、(1)第1295条によって連邦巡回区上訴裁判所が管轄権をもつと思われる事件における中間判決に対する上訴、および(2)特許権侵害に関する民事判決であって、額の算定だけが残されているものに対する上訴について、専属管轄を認めている。(d)項は、(1)国際取引裁判所の中間決定が出される場合に、首席裁判官がそれを求めるか、または他の裁判官が、主要な法律問題について裁判官の間に意見の相違があり、それについて実質的な論拠を示し、上訴裁判所が意見を示して争訟を最終的に終結させるのが望ましい旨を当該決定の中でのべているときは、連邦巡回区上訴裁判所は、その裁量によって当該決定に対する上訴を許すことができると定めている。ただし、この意思確認（certification）の上訴の申し立ては、その決定から10日以内になされなければならない。さらに、同項(2)は、合衆国請求裁判所の中間決定に対する上訴について、同様の規定を置いている。そして最後に、同項(3)は、連邦巡回区上訴裁判所が中間決定に対する上訴を認めた場合であっても、原審裁判所は審理を進めることができることを定めている。

第1295条は、連邦巡回区上訴裁判所の専属管轄に関する主要規定である。(a)項は10項目にわたってそれについて定めている。すなわち、(1)合衆国地方裁判所、パナマ運河地区合衆国地方裁判所、グアム地方裁判所、バージン諸島地方裁判所または北マリアナ諸島地方裁判所の最終判決であって、特許権、植物品種保護、著作権、商標権または不公正取引に関するものに対する上訴、(2)前号で言及された諸地方裁判所の最終判決であって、合衆国が被告である事件に関するものに対する上訴、(3)合衆国請求裁判所の最終判決に対する上訴、(4)特許申請、商標登録申請、特許権もしくは商標権の侵害などに関する事件の行政審判に対する上訴、(5)国際取引裁判所の最終判決に対する上訴、(6)輸入取引における不公正取引に関する合衆国国際取引委員会の最終決定の再審査、(7)関税等に関する商務大臣の認定についての法律問題の再審査、(8)植物品種保護法に基づく保護品種の申請、補償要求の拒否に対する上訴、(9)実績本位保護〔人事〕委員会の最終決定に対する上

訴、⑽ 1978年の契約紛争法に伴う公契約の不服申立を審査する行政委員会の最終決定に対する上訴、である。この(a)項に続く(b)項と(c)項では、公契約に関する紛争で特に行政官庁の長が、法務総裁の同意を得て連邦巡回区上訴裁判所への事件の付託を申し立てるとき、同裁判所が先の規定に定める事件以外にも再審理を行うことができることなどを定めている。

　前項でのべたように、請求裁判所は合衆国請求裁判所と改名されて地方裁判所のレベルに並べられたが、その請求裁判所がもっていた上訴審管轄は、連邦巡回区上訴裁判所の専属管轄の中に吸収されている。また、特許権に関するすべての上訴審管轄が、連邦巡回区上訴裁判所の専属管轄となったので、関税特許上訴裁判所は廃止されることになった。

§155　㈭　その他の改革　　裁判を進める過程でこれまで問題になったいくつかのことについても、具体的な規定を定めている。第1に、1982年法第301条は、民事訴訟において裁判所が自己の裁判管轄に欠けるところがあると判断する場合に、その事件を適切な裁判所に移送できるものとした。また、従来、損害賠償額が連邦裁判所によって算定されるとき、それに付加される利息の額は州法によって算定されていたので、金額がまちまちになることが多かった。そこで、1982年法第302条は、利息計算を画一化するための規定を置いた[31]。その他、1982年法は、裁判所の付属図書館の完備、裁判を補助する事務態勢の強化、地方裁判所判決の判例集編纂に関する規定など、重要な雑則を定めている[32]。

---

[31] 1982年法第120条によって追加された合衆国法典集第28巻第713条がこれについて規定している。フロイント報告書の提案に従って裁判所図書館の現状を詳しく調査し、改革の素案を示した文献として R. M. TAYLOR, FEDERAL COURT LIBRARIES (1981)がある。なお、先に引用した条文では、各上訴裁判所ごとにその裁判所によって任命される1名の図書館員をおき、その者が事務局の同意を得て必要な数の補助職員を雇い、図書館を整備充実させることになっている。

[32] 1982年法によって修正または追加された、28 U.S.C. §456（裁判官の旅費手当等）、§462（裁判所の無料宿泊施設）、§463（裁判官、裁判所職員らが職務に関して訴えられたときの訴訟費用）、§714（廷丁および伝達吏）、§715（裁判所付弁護士および専門補助員）、§753(b)（地方裁判所の判例集）、§794（書記官および秘書官）、§2077（規則の公示）など。この立法の評価およびその動向について、田島裕「アメリカにおける司法改革の動向」法律時報55巻11号8頁参照。

第3節　連邦地方裁判所の訴訟手続

第1項　アメリカ的訴訟法の形成

§156　この著作集では、訴訟法について詳しく説明する部分がない。それを補充する意味で連邦の訴訟手続についての一通りの説明をしておきたい。この手続は、もともとイギリスのコモン・ローを継受したものであるが、建国当初から本格的に検討が繰り返され、きわめてアメリカ的なものになっている。1789年に連邦議会は司法府に関する法律（Judiciary Act）を制定し、連邦裁判所に規則制定権を付与したが、その5日後に追加された立法により、コモン・ロー上の訴訟については、「州の最高裁判所の判決の当時の規則にしたがうべし」とする規定が置かれた[33]。海事およびエクイティの訴訟については、連邦裁判所が排他的に規則を制定することができるので、訴訟当事者には、一種の選択権を与える結果となった。1825年のウェイマン対サザード事件[34]では、債権取立てを許す判決の執行について、債務者は住所を変更して自分に有利なケンタッキー州の手続規則の適用を求めた。しかし、連邦最高裁判所は、連邦裁判所はエクイティの裁判所であり、不正な債務者の主張を認めるためにケンタッキー州法を適用するわけにはいかないと判決した（マーシャル首席裁判官）。

§157　上記のような不都合は、多くの訴訟で顕在化した。そこで、ニューヨーク州では、1848年にケントが中心となって民事訴訟規則を制定したが、これはイギリス法に存続したさまざまな訴訟方式の技術的な部分を廃止することを目的としたものである[35]。とくに、コモン・ロー訴訟とエクイティ訴訟を併合させ、「民事訴訟（civil action）」と呼ばれるものに一本化したことは重要な改革点である（ルール2）。それ以来、州の訴訟では「エクイティ上の

---

[33]　Act of September 24, 1789, 1 Stat. 73, c.20. Warren, New Light on the Federal Judiciary Act of 1789, 37 Harv. L. Rev. 49 (1923) 参照。

[34]　Wayman v. Southard, 23 U.S. (10 Wheat.) 1 (1825)

[35]　ちなみに、James Kent (1763-1847) はブラックストーンのコンメンタリーズに感動し、その著作に倣って Onmmentaries on the American Law (4 volumes 1824-26) を著した。

訴訟（suit in equity)」という表現は使われなくなった。他の多くの州もこれにならって訴訟手続きの近代化をはかった。しかし、州の利害だけを考慮に入れたものであり、アメリカ法全体としてみた場合、アメリカにおけるすべての訴訟の進め方について、整然とした全体的なヴィジョンに欠けており、§301で述べたような手続上の混乱が解決されたわけではない。

§158 連邦裁判所のレベルでも、民事訴訟法の制定の必要性が叫ばれ、立法作業が進められることになった。最初の注目すべき立法は、1938年の連邦民事訴訟規則の制定である。この制定については、そもそも民事訴訟法は連邦議会が立法すべきではないかと議論されたが、訴訟手続きについては、その性質上、裁判所自身に制定させるべきであるとする意見が有力であり、その基となる連邦議会の法律を立法することなく、連邦最高裁判所が中心となってその規則が制定された（ただし、1934年にEnabling Actが制定されている)[36]。その後にも、数度の改正が行われ、現在のようなものになっている。

第2項 訴状の送達 (Process)

§159 訴訟は訴状の送達に始まる。この訴状の送達は、1983年の改革以前には、いわゆる「ヒップ・ポケット (hip-pocket)」方法と呼ばれるやり方で送達が行われた。すなわち、訴えるものが訴える者に対して、直接訴訟の意志を伝えたときに訴訟が始まることになっていた。しかし、少なくとも連邦法による訴訟の場合、現在では、裁判所に訴状を持参し、書記官がそれを受理したときに、訴訟は開始される（ルール3）。それを受理した書記官は、被告または被告人に対して出頭令状と共にその写しを送付することによって送達が行われる。しかし、州法にかかわる訴訟については、州の民事訴訟規則に定める送達の要件が満たされなければならない。具体的な事件において、これがどのようなことを意味するかは、さらに疑問の余地があるが、その原則はレーガン対マーチャンツ・トランスファ・アンド・ウエアハウス社判決で確立された法理である[37]。

---

[36] 28 U.S.C. §2071 (1948) は、連邦最高裁判所に規則制定権を付与しているが、その制定手続きは28 U.S.C. §2072 (2005) に定められている。

[37] Ragan v. Merchants Transfer and Warehouse Co., 337 U.S. 530 (1949). また、同日にくだされた判決である Woods v. Interstate Realty Co., 337 U.S. 535 (1949) およ

§160　レイガン事件では、高速道路上の自動車事故の訴訟に関する時効が争われている。事故発生地であるカンザス州の法律は、２年間の訴追時効を規定していた。この期間の計算は、原告が被告に訴状を送達したときを基礎とすることが定められていた。他方、連邦民事訴訟ルール３では、裁判所が訴えを受理した時点に基いて計算されることになっている。本件の原告は、事故の時から２年以内に裁判所へ訴えの提起をしたが、訴状の送達は２年が徒過した後になされた。この事件は多州籍市民間の争訟であったため連邦裁判所に事件が提起されたのであるが、最終審である連邦最高裁判所は、自動車事故の準拠法が抵触法ルールに従ってカンザス州法であることを認めたうえ、次のように述べた[38]。

「訴訟原因は地方法［州法］によって作られるのであり、その解決手段も地方法［州法］の中にのみ見つけられるべきである。……訴追時効の期間は、地方法がそれについて定めているように、開始され、かつ、徒過する。……地方法［州法］がそれを修正または短縮しているのならば、連邦裁判所はその定めに従わなければならない。」

§161　レイガン判決の判旨は、州権優位の原則を認めたものであると理解されたが、連邦最高裁判所は、ハンナ対プラマ判決[39]において、その法理を再検討した。このハンナ事件では、サウス・キャロライナ州を走る高速道路上で自動車事故が起こったが、加害者はマサチューセッツ州の市民であった。加害者は事故後しばらくして死亡したため、被害者（原告）はその相続人を相手に損害賠償請求の訴えを起こした。しかし、マサチューセッツ州法が、遺産管財人が選任されてから１年以内に訴状の送達がなされていない場合には、遺産管財人は応訴してはならないと規定しており、送達が１年経過した後になされたために、連邦地方裁判所は、略式判決により被告勝訴の判決を下した[40]。第一巡回区上訴裁判所も、これを肯定した。しかし、最終審である連邦最高裁判所は、再検討の後、その判決を破棄自判した。

　び Cohen v. Beneficial Industrial Loan Corp., 337 U.S. 541 (1949) も見よ。
[38]　Id. at 533.
[39]　Hanna v. Plumer, 380 U.S. 460 (1965).
[40]　この判決は、Guaranty Trust Co. v. York, 326 U.S. 99 (1945) ("outcome-determination" analysis) に従う判決である。ちなみに、先例はエクイティ上の権利についても、Erie, infra note 41 の法理により、州法の優先的適用を判示した。

§162　連邦最高裁判所は、州権優位の原則を述べたエリー判決[41]は「法廷漁り（forum shopping）」を否定したものであり、本件の場合には「法廷漁り（forum shopping）」の危険はまったくないと思われると判示し、事件の具体的妥当性を判断した[42]。マサチューセッツ州法によっても自動車事故に対する損害賠償請求は当然認められており、上述の訴追時効の規定は手続的な性質の規定であるという。そして、連邦議会は規則制定権授権法（Enabling Act）により民事訴訟ルールの制定を授権しているのであるから、連邦裁判所は、そのルールに従うことが当事者によって不公正でない限り、当該ルールに従って裁判するのが公正であると判決した。本件の場合、被告加害者側は賠償することを覚悟していたはずであり、本件の訴状の送達は有効であると判決した。

§163　今日では、連邦民事訴訟規則により、送達に関するルールができている。第一に、州内に被告（自然人）がいる場合には、3つの異なった方法による送達が認められている。(1) §159で述べたように、訴状が書記官によって受理された後、裁判所の執行吏または承認された配達人による直接の配達[43]、(2) 州法の手続による訴状の送達、および(3) 配達証明付き郵便による送達である。この第三の方法は、例えば郵便宛所には不在であったという抗弁などのため無効とされるリスクがあるので、(1)または(2)によるのが良いと理解されている。法人に対する訴状の送達は、法人の執行人、総代理人、その他の役員に対する同様の方法による送達によってなされる。

被告が州内（法廷の管轄内）にいない場合には、連邦民事訴訟ルール4(e)に従って送達が適法になされたか否か判断される。この規定は、もし事件に関係する連邦法（例えば、独占禁止法）が訴状の送達について規定する場合には、その規定に従うことを定めている[44]。もし連邦法にそのような規定がない場合には、上述の(1)または(2)の方法によることになる。そして、連邦裁

41　Erie Railroad Co. v. Tompkins, 304 U.S. 64 (1938).
42　ウォレン首席裁判官による判決。但し、ハーラン裁判官は、その同調意見の中で、「法廷漁りの防止および不公正な結果の防止」の必要性を強調している。
43　Pennoyer v. Neff, 95 U.S. (5 Otto) 714 (1877) で認められた伝統的な送達方法である。
44　そのような連邦法の規定の1例として、15 U.S.C.A. §5 (2009)。

判所の所在地の州法が、州外の当事者に対する送達について定めている場合には、その州法の規定に従うことができる[45]。

§164　前項で説明した送達ができるのは、裁判所が対人管轄権をもっていることを前提にしており、そもそも対人管轄がないと争われることがあることはいうまでもない。1945年にインターナショナル・シュウ判決[46]がくだされるまでは、裁判所が判決を強制できる物理的な支配権を当事者に対してもっていることが必要であった。しかし、インターショナル・シュウ判決は、この原則は時代錯誤であり、現代社会には適合しないと判決した。この判決は、裁判所と当事者の関係は最小限の接点があれば足り、裁判がフェアプレーを守っており、実質的に正義に適うものであれば裁判管轄権があると判決した[47]。従って、州外に住所をもつ当事者に対しても、上に説明したいくつかの方法の1つによって、送達が可能である。

§165　いずれの方法により訴状の送達がなされる場合でも、その送達はデュー・プロセス条項が要求する「公正な通知」の要件を満たすものでなければならない。ミュレーン判決[48]では、社会保障の給付金を停止させる手続に関係していたが、停止処分を受ける被告が、自己の利益を守るために十分に弁護を準備できる時間的余裕を与える通知として、訴状の送達は機能するものでなければならない。

現在の訴訟規則のもとでは、「訴状については厳格な様式は要求されない」と決められており（ルール8）、要するに訴えの内容が簡潔に述べられた書面でありさえすればよい。歴史的には、訴状は、(1) 訴えまたは抗弁の性質

---

[45]　とくにいわゆる「ロング・アーム法（long-arms statutes）」が問題になるが、そのモデル法的な州法として、Ill. Stat.-Smith-Hurd Ann. Ch. 111, §2-209 (1956) 参照。事件の性質により多少の制限を付するのが通常であるが、多くの州法はこれにならっている。ロード・アイランド州法 (R.I. Gen. Laws §9-5-33 (1956) は、これとは異なり、「合衆国憲法により禁止されない限りで、デュー・プロセス条項の要件を満たした手続により、州外の者に対しても訴状の送達ができる」とする方式をとっているが、キャリフォーニア州法はこれにならっている。

[46]　International Shoe Co. v. Washington, 326 U.S. 310 (1945).

[47]　ワシントン州の課税当局が、同州内でセールスマンとして働いていたインターナショナル・シュウ社（デラウェア州法による設立）の失業保険料の支払を同社に請求したが、同社は税金の納付を拒絶したので、課税当局は訴状を同社の州内代理店に送付すると同時に、ミズーリ州の本店宛にそのコピーを郵送した。

[48]　Mullane v. Central Hanover Bank & Trust Co., 339 U.S. 306 (1950) at 314

の通知を与え、(2) 各当事者が存在すると信じる事実を述べ、(3) 争点を絞り込み、(4) 論拠のない訴えまたは抗弁を迅速に取り除くことにあった。今日の訴訟手続のやり方は、これらの重要性を否定するものではなく、むしろ本来訴答手続きが目的としたものを現実に実現するために改良されたものである。

第3項　訴答手続（Pleadings）

§166　適正な訴状の送達がなされた後、公判が始まる前に、訴答手続が進められる。コモン・ローの訴答手続は厳格なものであったが、アメリカでは非常に現実的なものとなっている。キャリフォーニア州のように、イギリス法の伝統を残す形の州法[49]をもつ州もあるが、令状方式に違反があっても修正が許されているので、実質的には大きな違いは生じない。要するに、訴答手続は、訴訟の当事者適格を確認し、当事者間の争点を整理し、争訟性のないものを排除して、公判の準備をする手続である。どのような形で訴訟が進められるべきか裁判官の助言を受けつつその準備が行われる。

§167　訴訟の当事者は、当事者適格をもつ者でなければならない。「当事者適格をもつ者」とは、訴えに現実の利害関係をもつ者を意味するが、その者は原告と被告の2人だけとは限らない。たとえば、シールズ対バロー事件[50]では、ルイジアナ州の大開拓農場が売却され、その代金の弁済のために6通の約束手形が振り出され、2名の州外の市民を含む6名によって裏書がなされた。しかし、この売買契約は後に取消され、買主は当該の6通の約束手形を無効と宣言する確認訴訟を起こしたが、連邦裁判所は、裏書人がそれぞれの州裁判所で訴訟を起こすことになれば混乱が生じることをおそれ、関係者全員がこの訴訟に参加することを要求した。

§168　上の事例では利害関係人全員が訴訟に参加することを強制されたが、任意に訴訟参加が認められる場合もある。§134でクラス・アクションに言及したクラス・アクションがその例である。この訴訟を起こす者は、法律に定め

---

[49] イギリスの令状方式の訴答手続について本書154頁参照。ちなみに、デラウェア州、フロリダ州、メーン州、ロード・アイランド州、テネシー州、ヴァモント州およびウェスト・ヴァジニア州は、今日でも、この訴答の方式を残している。

[50] Shields v. Barrow, 58 U.S. (7 How.) 130 (1854).

られた手続に従って、参加者を募集しなければならない[51]。もっとも、このクラス・アクションは、利害関係人の訴訟参加を求めるという単純な手続的な意味だけでなく、訴訟を起こしやすくして法の目的の実現を強制しようとする政策的考慮が働くので、この訴訟を進めるのが適切かどうか、予備的な審判を受けなければならない。たとえば、アイゼン対カーリル・アンド・ジャクリン事件[52]では、70 ドルの取引しかしていない小口投資家が、被告の証券取引手数料の取立ては独占禁止法に違反すると主張した。もしこの事件でクラス・アクションが認められなければ、弁護士が訴訟を引受けることはありえず、手数料設定の正当性を審査することの公益性の考慮して、クラス・アクション訴訟が認められた。

§169 株主代表訴訟も集団訴訟の1つである。したがって、この訴訟が裁判所に提起されたとき、直ちに公判審理に入るのではなく、予備審問が行われる。この予備審問では、原告が会社を代表して訴えを進めることが適切か否かが決定される[53]。この訴訟における訴えの利益は、原告個人が保有する株式の価格が減少し、損失を被ったというだけでは不十分であり、会社に対する損失を追及するものであって、株主全体の利益にかかわる訴えを提起するものでなければならない。一時的に損失が生じていても、長期にわたる確固たる計画が作られていて、経営判断上それが選択された途であれば、適法とされ、株主代表訴訟は成り立たなくなる。

§170 公判に進む前の段階で、裁判所は職権により、さまざまな調整をする。別々に訴訟が提起されたけれども、裁判所から見れば同一の訴訟であると思われる場合には、裁判所の職権により訴えを併合することがある。

　競合当事者確認訴訟（interpleader）は、訴訟当事者がだれに対して責任を負うか知らない場合に、請求権者を確認するために使われる手続である[54]。訴訟参加（intervention）の手続は、ある訴訟が進んでいるときに、自分にも当事者適格があると信じる者が参加する手続である。引込訴訟（impleader）

51　Fed Rules Civ. Proc. R.23（c）(2). 本書 108 頁注 2 に当該ルールの基本規定を翻訳しておいたが、この規則の手続きはそれ以後数回改正されている。最新の改正は、2009 年改正である。
52　Eisen v. Carlisle & Jacquelin, 417 U.S. 156 (1974).
53　7 WRIGHT, MILLER & KANE, CIVIL PROCEDURE (2d ed., 1986) §§1821-41.
54　State Farm Fire & Gas Co. v. Tashire, 386 U.S. 523, 87 S. Ct. 1199, 1205 (1967).

は、訴訟参加の手続とは逆の場合である。例えば、エレクトン社対クロウガー事件[55]では、アイオワ州市民クロウガーが工事用のクレーンの過失使用による損害賠償を工事発注人電力会社を相手に訴えたところ、被告電力会社はクレーンが責任を負うべき事例であり、クレーンが被告となるべきであると主張して、この引込訴訟の手続きをとった。

　反訴（counterclaims）とは、訴えられた被告が、原告に対して請求権をもっている場合、被告は別個の訴訟を提起することなく、同一の訴訟においてそれを訴えることができる。別個に訴訟を行わせるのは煩瑣であり、反訴を認めることによって、訴訟にかかる経費を大幅に節約することができる。

§171　請求権の併合（joinder of claims）は、コモン・ローの訴訟令状が使われていた時代には、厳格に制限されていた。しかし、エクイティの裁判所では、裁判官の裁量によってこの併合はしばしば認められていた。すでに説明したように、アメリカの裁判所制度が作られたときに、コモン・ローとエクイティの両方の審理ができるものとされたために、やっかいな併合の問題が生まれた。フィールド民事訴訟法典[56]が作られたとき、併合できる請求権をリストし、リストされたものについては併合が認められると規定した。しかし、不都合がなお残っており、1938年に連邦民事訴訟規則（Feclercal Code of Civi Procedure）ができたときに、弾力的なものになり、これが現行法となった[57]。

第4項　公判前の打合せと証拠開示

§172　陪審による裁判は、1日1件主義を原則とするので、とどおこりなく公判を進めるためには、しばしば事前の打合せ（pretrial conference）を必要とする。この打合せは、ハワイ州、カンザス州などの少数の州を除き、法律上要求される手続きではなく、裁判官の職権によって決めることができる[58]。しかし、打合せを行うことが決定された場合には、弁護士は指定された場所に出頭することが義務となる。この義務違反に対しては制裁が課せられる[59]。

---

[55]　Open Equipment & Erection Co. v. Kroger, 437 U. S. 365 (1978).
[56]　1848年のニュー・ヨーク州法。1938年に現在の連邦民事訴訟規則が採択されるまで、多くの州法がこれにならった。
[57]　§165で述べたように、「厳格な様式」は廃止された。Sunderland, *The New Federal Rules*, 45 W. Va. L. Q. 5 (1938) 参照。
[58]　Fed. R. Civ. Proc. Rule 16.

公判前の打合せでは、証拠開示が行われることが多いけれども、その目的はこれだけに限られるものではない。複雑な諸問題を分かりやすくするため、主要な争点を絞りこむことが目的である場合もある[60]。公判において申立てる救済方法を予め特定したり、訴訟の前提条件となる裁判管轄について公判で争わない取決めをするためにも、これが使われる。基本的には、打合せをするか否かは裁判官の裁量に委ねられているが、当事者に圧力をかけて公判を思いとどまらせ、和解を強制するようなことは禁止されている[61]。上に説明した訴訟の併合や倒産手続きにおける停止の決定の場合では、この打合せは必須の要件となる。

§173　証拠開示の制度は1938年に導入された。この制度が導入されたときには、証人が病人であるような場合に、証拠を保全することが目的となっていたと思われる。公判前の打合せは、実際上、公判前に和解を成立させることに役立っている。その後、上述のようにいろいろな目的のためにも利用されるようになった。しかし、証拠開示の濫用もみられるようになった。とくに刑事事件の場合には、いわゆる司法取引がこの段階で行われるのであるが、民事事件の訴訟においても、裁判所による強制はできないとしても、和解による紛争解決が図られることは少なくない。ヒックマン対テイラー事件[62]では、被告側の弁護人は、事件の真実を知るための調査をせず、相手方の調査の結果をすべて開示することを求め、自分の側で調査することはなかった。このような場合には、開示請求が強力な武器となりうる。

§174　証拠開示の具体的やり方は、第1に、書面の面前供述書によってなされる。これは、開示を要求する弁護士が質問状を作成し、裁判所の官吏が証人と面接をして、これを読み上げ、口頭でなされた証言を記録に保存するものである。第2に、簡単な尋問書によってなされるものがあるが、この場合には、裁判所の命令により、質問状に類似した書面に回答することが要求され、この要求を受けた者が宣誓の上回答してそれを返送する[63]。第3に、弁護士に

59　Fed. R. Civ. Proc. Rule 16 (f)(2) は、義務違反の場合、相手方当事者の訴訟費用の負担または/および違反から生じた損失等の賠償を命じなければならないと規定している。

60　Fed. R. Cil. Proc. rule 26.

61　Fed. R. Civ. Proc. Rule 68 は、当事者間の任意の和解手続きについて規定している。

62　Hickman v. Taylor, 329 U.S. 495 (1947).

よる自認要求書の直接送付の方法がある。この要求を受けた者は、自認する必要はないが、返答することは義務とされる。自認をしない場合には、法廷で本格的に争うことになる。

§175　証拠開示は、帳簿の閲覧または物の検査という形をとることもある[64]。この他続きに関する州法の規定は区々であるが、一般的に、閲覧や検査の対象となる証拠が特定されている限り、開示を拒絶することが許されない。しかし、法律上守秘義務が認められている情報についてまで、証拠開示が認められることはない。さらにまた、身体検査や精神テストを要求する証拠開示もある。たとえば、子供が自動車事故の被害にあい、その親が損害賠償請求をした事件では、当該の子供が当事者となっていない場合でも、被害状況を示す信頼できる医師の診断書を請求することが許される[65]。もっとも、このような開示請求は裁判所の裁量にかかっており、容易に得られるものではない。

第5項　公開審理

1　略式審理

§176　公判前の打合せにしたがって公開審理のプロセスへと進むことになる。この段階で実質的な審理を行う前に略式の手続で紛争を解決できる場合がある[66]。例えば、当事者の間に事実に関する争点がなければ、当事者は裁判所に対して略式判決を申立てることができる。事件によっては、証拠調べの段階へ進まないものもある。もし一方当事者が法廷に出頭しない場合には、欠席判決（default judgment）がくだされる。また、争点が存在しないと裁判官が判断する場合には、略式判決がくだされ、証拠調べは行われない。たとえば、原告の主張に対し妨訴抗弁（demurrer）で被告が応じる場合には、公判は法律解釈の議論に終始することになり、証拠調べは行われない。

§177　裁判所は原告が訴えを取り下げること（dismissal）を許す場合もある。コモン・ローは、原告による取り下げを自由に許していたが、多くの州法は、

---

[63] この回答には公証人などの宣誓証明が必要となる。
[64] この開示命令は、訴外の第三者に対しても出されうる。Fed. R. Civ. Proc. rule 34.
[65] Beckwith v. Beckwith, 355 A. 2d 537 (D. C. App. 1976), *cert. denied*, 436 U. S. 907 (1978).
[66] Fed. R. Civ. Proc. §56 (c), West's Ann. Cal. Code. Civ. Proc. §437c (c); N. Y.-McKinney's CPLR 3121 (b) も見よ。

被告の側の利益を考慮して、一定の制限を付している。原告が訴えを三度目に取り下げたときは、訴権を失うということを規定している。二度目までの取り下げを許しているのは、原告と被告の利害のバランスをとるためであると説明されている[67]。連邦裁判所では、訴えの取り下げは裁判所の裁量にかかっており、原告側が誠意をもって（with due diligence）訴えを進めない場合には、訴えを取り下げた後に、再び訴えを起こすことが禁止される[68]。

2 陪　審

§178　アメリカでは公判は陪審による審理を原則とする。陪審の選任などについては、第3章で説明するが、その陪審評決に基づいて判決がくだされる。この陪審評決は通常は一般評決（general verdict）と呼ばれるものであり、これは原告勝訴か敗訴かの明暗を分けるものであり、あいまいなものではない。しかし、複雑な専門的知識を必要とする法律問題については、専門家の説明（判断基準）を参考にして指示評決（directed verdict）という形で陪審が評決をだす。たとえば、医療過誤事件において、治療の目的のために特定のクスリを投与することが注意義務違反を構成するか否かの判断を陪審が求められる場合、当事者は当該のクスリの性質についての説明を専門家に求め、裁判官がこの専門家意見を要約して陪審に説示を与え、陪審はこれに従って評決を下すことになる。この指示評決は、裁判所が陪審をコントロールする重大な武器である[69]。もし当事者が指示評決の申立てをしないで一般評決を下し、前提条件とすべき判断基準が間違っていることが明白な場合には、裁判所は評決否認の判決（judgments notwithstanding the verdict）をくだすことができる[70]。

§179　陪審による裁判では、公判の手続は州毎に異なり得るのであるが、次のよ

---

[67] FRIEDENTHAL, KANE & MILLER, CIVIL PROCEDURE 452 (2nd ed. 1993).
[68] 但し、Fed. R. Civ. Proc. rule 41 (a)(1)は、公判の開示前ならばコモン・ローの場合のように、訴えの取り下げの権利を認めている。
[69] Cooper, Directions for Directed Verdicts: A Compass for Federal Courts, 55 Minn. L. Rev. 903 (1971) 参照。See also, Herron v. Southern Pacific Co., 283 U.S. 91 (1931).
[70] しかし、評決否認の判決（judgments notwithstanding' the verdict）は当事者に重大な結果をもたらすので、十分な理由の説明が必要とされる。Fed. R. Civ. Proc. rule 50 (a)(2). See also, Reachi v. Edmond, 227 F. 2d 850 (9th Cir. 1960).

うな順序で公判が進められる。(1) 原告側が冒頭陳述を行う。(2) 弁論を行う。(3) 原告側の直接証拠を提示する。(4) これに対して被告側が、原告の主張を認めるか否か、もし認めない場合、被告側に反対する直接証拠を提示する。(5) これを受けて原告側が補強証拠を提出する。(6) 被告側も間接証拠を追加して、弁論を補強する。(7) 原告側が、争点を整理したうえで、最終陳述を行う。(8) 被告側が陪審に求める事実認定を説明し、最終弁論を行う。(9) 最後に、もう1度、原告側が追加したいことがあるかどうか、裁判官が確認を行う。(10) 裁判官は事件を要約し、陪審に対する説示を行う。

3 証拠法則

§180 　公判手続は、日本の場合に比べ、より厳格な証拠法則にしたがって行われる。陪審による裁判の場合には状況によって影響を受ける可能性があるので、伝聞証拠排除の法理により真実を間接的に示す証拠が排除される[71]。その他にも、かなり多数の証拠法則がある。証拠としては、物証、書証、証言など、真実を証明することができるさまざまなものがある。しかし、一定の証拠は証拠能力が否定され、法廷へ提出することが許されない。証拠能力が認められる証拠は、さらに証明力が問題とされる。アメリカ法では、最良証拠の法理があるので、真実を証明できる直接的証拠がもっとも尊重される[72]。

§181 　第1に、証拠能力と関連して許容性（admissibility）が問題になる。関連性（relevancy）のない証拠は、許容性を認められない。実際上は、この判断はしばしば微妙なものである。スティヴンソン対ステュアート事件[73]では、約束手形に基いて原告は貸付金の返済を求めたが、被告はこの約束手形は偽造されたものであると主張した。原告側の証人が、署名は被告の署名に類似していると証言した。そこで、被告は、記載された日には外国におり、その手形を作成できるはずがなかったと主張した。そこで、この事例で真実を発見する直接的証拠がなく、原告には金を貸し付ける余裕はなかったこと、また

---

[71] Garland, *An Overview of Relevance and Hearsay: A Nine Step Analytical Guide*, 22 SOUTHWESTERN U. L. REV. 1939 (1993). Leake v. Hagert, 175 N. W. 2d 675 (N. D. 1970) 参照。

[72] UCC §2-202 (2001) 参照。

[73] Stevenson v. Stwart, 11 Pa. 307 (1849). *See also*, Carter v. Hewitt, 617 F. 2d 961 (3rd Cir. 1980).

被告には借金をする必要がなかったことは、この事件に関連性があるとされ、これらの情況証拠から、被告勝訴の判決が下された。このように、関連性は事件と全体と関連して評価される相対的な概念である。

§182　ここでブランダイス・ブリーフのことにも言及しておこう。ブランダイス・ブリーフは、ミュラー対オレゴン事件[74]で合衆国最高裁判所へ上告するときに、当時弁護士であったブランダイスが提出した添付資料である。労働者の実態を社会学的に示した100ページほどの資料である。この事件の判決は、1908年にブリュワー裁判官によってくだされたが、その中で1行だけこれに言及している（この判決が判例集に収載されるときに編纂者が脚注を付けて、1ページ程度の要約を載せている）。「特許権の事件では、発明が公知のものかどうか議論するために広く一般的な資料を参考にするが、立法の経過を知るために（ブランダイス・ブリーフのような）司法外の資料を参考にすることもある」。しかし、このような資料は証拠ではなく、「公益訴訟」において「憲法事実」を証明するときにまれに使われるものである[75]

4　陪審の付かない公判

§183　公判審理は、陪審審理の形をとらないものがある。陪審審理を受ける権利は、被告の権利であり、これを放棄することは自由だからである。陪審審理の場合、まず第一に、原告側が訴えの冒頭陳述を行い、被告側がこれに対する答弁を行い、争点を明らかにしたうえで証拠調べの手続きへと進行する。この証拠調べについて、比較的厳格なルールがあるが、それは陪審審理を念頭においてできたものである。§246で述べた手続の順序についても、一応、その順序に従って進められるが、陪審による裁判の場合に比べ、はるかに弾力的であるといわれる。

第6項　判　決

§184　裁判官が判決を言渡す場合、証拠に基づく事実認定を行い、この認定に従って法律を適用し、判決をくだす[76]。もし陪審による裁判が行われた場合

74　Muller v. Oregon, 208 U.S. 412 (1908).
75　このブランダイス・ブリーフについて、『法の支配』132号（2004年）55-56頁参照。
76　判決の論理と証拠法の問題について、田島裕「ウルフ・レポートと証拠法則」『民

には、陪審評決に基づいて判決がくだされる。アメリカの裁判所の判決の書き方は、日本の判決の書き方とは異なっている。この違いは主に先例拘束性の原理の有無によるものと思われる。アメリカの先例拘束性の原理は、イギリスのそれほど厳格なものではないが、アメリカの判決でも先例の説明を軸として判決が書かれる。まず最初の部分で、原告が求めた救済と争点が説明され、公判のプロセスを経て明らかにされた真実が説明される。これに続いて両当事者が引用した諸判例（先例）が一つ一つ検討され、当該の事件に適用のある法理が説明される。そして、全体を論理的に整理して、判決の結論が導き出される。

第4節　上訴制度

第1項　連邦上訴裁判所への上訴

§185　判決に対する上訴は、第一に「最終判決原則」に服する。この原則は、その名が示すとおり、具体的な訴訟に含まれるすべての争点に対し事実審裁判所による最終判決が下された後に上訴が認められる[77]。この「最終判決原則」に対する例外がないわけではない。第一に、制定法の規定によって事実審裁判所の中間的決定に対し上訴が許されているならば、当然、その上訴が許される。また、コーエン対ベネフィシュアル・インダストリアル金銭貸付会社判決[78]では、株主代表訴訟において、原告が訴訟費用の支払を担保する州法の要件を満たしていないことを理由に、敗訴判決がくだされた。訴訟費用の争点に関して、これに対する上訴が認められた。しかし、ファイヤーストーン・タイヤ・アンド・ラバー社対リジャード判決[79]では、訴訟の過程で弁護人の資格剥奪の申立がなされ、これについての上訴がなされたが、却下された。

§186　上訴が認められる場合、次に問題になるのは審査の範囲である。上訴審の

事司法の法理と政策（小島武司先生古稀祝賀）』（商事法務、2008 年）参照。
77　28 U.S.C.A. §1291 (2009). Cal. Code Civ. Proc. §904.1 (2009).
78　Cohen v. Beneficial Industrial Loan Corp., 337 U.S. 541 (1949).
79　Firestone Tire & Rubber Co. v. Risjard, 449 U.S. 368 (1981).

機能は司法審査であり、第一審の公判を全部最初からやり直すというものではない。むしろ、事実認定のやり直しは、原則として否定され、公判記録に「明白な間違い」が見られない限り、第一審の事実認定が尊重される。たとえば、アンダーソン対ベスマー市判決[80]では、物証ではなく、証言だけに頼って判決が下され、上訴審において証人尋問のやり直しが申立てられた。争われたのは証人の信頼性（credibility）であり、事実審審理において信頼性の審理が行われなかったのは、「明白な間違い」であると主張された。しかし、合衆国最高裁判所は、このような問題についてこそ、事実審裁判官の判断はとくに尊重されるべきであると判示した。

§187　上訴審理の範囲は、主に法律問題の争いに限られることになる。しかし、いわゆる「憲法訴訟」ないし「公益訴訟」においては、紛争の解決という面だけでなく、判例法により法創造を行うという側面が含まれており、憲法解釈に必要な限りにおいて、新しい事実が審理されることがある。たとえば、上述の§182においてブランダイス・ブリーフについて説明したが、これはその1例であると思われる。もっと適切な事例は、ボーズ対合衆国消費者連合事件[81]である。この事件では、合衆国憲法第1修正の解釈と関連して、「法人に対しても名誉毀損」が認められるかが問題となったが、この憲法解釈に関係する事実を「憲法事実」と呼び、上訴審裁判所は、事実認定を改めてやり直した[82]。

第2項　最高裁判所への上訴

§188　後に説明する最高裁判所への上訴の途があるが、これは例外的な場合にのみ認められる。多くの事件では、上訴裁判所の判決によって判決が確定する。連邦最高裁判所は合衆国憲法によって設置された唯一の裁判所で、若干の事件について原審裁判管轄が認められてはいるが、ほとんどすべての事件について、最終上訴裁判所であり、この裁判所への上訴が認められるのは、きわめて稀である。合衆国憲法第3編1条は、最高裁判所の原審裁判管轄につい

---

[80]　Anderson v. Bessemer City, 470 U.S. 564 (1985).
[81]　Bose Corporation v. Consumers Union of United States, Inc., 466 U.S. 485 (1984).
[82]　この事件について、田島裕『英米法判例の法理論（著作集8）』（信山社、2001年）第5章で詳しく説明した。

ては、「州と州との間の争訟および対し、外国の大使、公使などの外交使節が関係する事件」を規定している。最高裁判所の上訴審裁判管轄については、本章第2節ですでに説明したので、ここでは重複して述べることはしない。

第5節　判決の既判力

§189　判決が確定するというのは、もはや上訴する途が残されていないことを意味している。このように判決が確定すると、同一の事件について、当事者はもはや争うことが許されなくなる。これは当事者にとって利益となるだけでなく、平穏な秩序を維持するという点で公益のためにもなる。確定判決は、執行できる状態になり、勝訴した当事者はその権利を強制することができる。たとえ後になって間違いが明らかになっても、判決の既判力は否定されることはない。しかし、原告が被告の不実表示または詐欺行為のために請求をしなかったという特殊な事情があれば、裁判所は、被告側の既判力の主張を否定する場合があり得る[83]。

§190　最後に、争点効（collateral estoppel）についてもふれておこう。ある事件の本案についてではないが、その事件の審理の過程で同時に他の事実についても明らかにされ、裁判所がそれについて判断を示した場合には、後の事件において当該事実が再び問題になったとき、訴訟経済上、その判断に拘束力を認めるものである。たとえば、モンタナ対合衆国判決[84]では、連邦のプロジェクトを請負った建設会社に対し、モンタナ州が受領金の1％を州事業税として徴収し、連邦政府がこの課税の違法性を争った。この判決の中で説明されているように、すでに事実について十分な審理がなされ、当事者間で論議を尽くしたうえで、裁判所が判断を示している場合、審理を最初からやりなおすことは訴訟経済上無駄であり、異なる判断が示されるのでは司法への信頼が傷つけられるので、同一の判断が示されるべきである。州の裁判所が

---

[83] Hyyti v. Smith, 67 ND. 425, 272 N.W. 747 (1937); Vinesseck v. Great Northern Railway Co., 136 Minn. 96, 161 N.W. 494 (1917).

[84] Montana v. United States, 440 U.S. 147, 153-4 (1979). 関連建設会社が州裁判所で同じ訴訟を起こし、敗訴した。Peter Kiewit Son's Co. v. Department of Revenue, 161 Mont. 260, 531 P.2d 1327 (1975). この訴訟は連邦政府の支援を得て起こされたもので、上記の事件は同一の当事者による同一の訴訟であると認められた。

裁判をした後、連邦の裁判所が同一の事実について審理するという場合にも、同じような争点効が認められる[85]。

第6節　州の裁判所

第1項　モデルとなる若干の州の裁判所

1　序

§191　アメリカには50の州があって各々が州憲法をもっており、それに基づいて州裁判所を設置している。多くの州（アリゾナ、コロラド、フロリダ、ケンタッキー、メイン、ミシガン、ミネソタ、オレゴン、ウィスコンシン、ワイオミングなど）では、イギリスの最高法院に似た2審制の通常裁判所の制度を採用している。全部の州のなかでとくに特色のある制度を採用しているのは数州にすぎないし、本書の紙面の都合上からも、若干の州の裁判所の制度にふれるのみにとどめざるをえない。

§192　ここでどの州をモデルとなる州として選択するかは、著しく恣意的にならざるをえないが、まずニュー・ヨーク州とキャリフォーニア州をあげることには異論はなかろう。アメリカ合衆国の独立当時から北部の文化と利益を代表してきたマサチューセッツ州およびこれと対立して南部商人の利益を代表する傾向のあるヴァジニア州を加えることができよう。さらに、フランス法に類似した特異な法制度をもっているルイジアナ州も取りあげるべきであろう。他にも特色のある州としては、モルモン教の影響のみられるユタ州、労働法の領域で注目されるペンシルヴァニア州、とくに土地法などに関して特異な慣習法を存続させているハワイ州などの諸州があるが、ここでは、先にあげた5州だけを説明することにしよう。

2　キャリフォーニア州

§193　州憲法第6編は、司法府に関して22条の規定を置いている。第1条は、司法権が最高裁判所（Supreme Court）、上訴裁判所（Courts of Appeals）、上

---

[85] Kremer v. Chemical Construction Corp., 456 U.S. 461 (1982); Allen v. McCurry, 449 U.S. 90 (1980).

位裁判所（Superior Courts）、市裁判所（Municipal Courts）および治安判事裁判所（Justice Courts）（治安判事裁判所以外はすべて記録裁判所である）にあることを定めている。通常、上位裁判所が第1審の審理に当り、この判決から上訴裁判所へ、さらに最高裁判所へ上訴する道が開かれている。簡略な手続によって事件を処理する市裁判所または治安判事裁判所が第1審の審理に当ったときは、上訴審裁判所がその上訴を審理する。

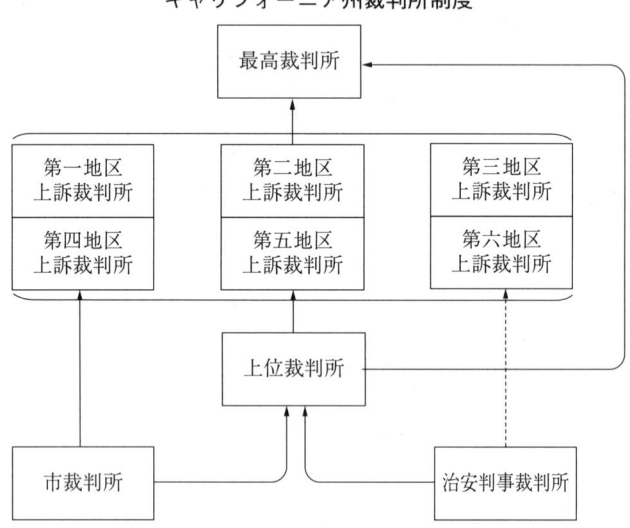

キャリフォーニア州裁判所制度

```
                    ┌──────────┐
                    │ 最高裁判所 │←─────────────┐
                    └──────────┘              │
    ┌──────────┬──────────┬──────────┐        │
    │ 第一地区  │ 第二地区  │ 第三地区  │        │
    │上訴裁判所 │上訴裁判所 │上訴裁判所 │        │
    ├──────────┼──────────┼──────────┤        │
    │ 第四地区  │ 第五地区  │ 第六地区  │        │
    │上訴裁判所 │上訴裁判所 │上訴裁判所 │        │
    └──────────┴──────────┴──────────┘        │
         ↑          ↑          ↑              │
         │    ┌──────────┐     │              │
         │    │ 上位裁判所 │─────┘              │
         │    └──────────┘                    │
         │     ↑      ↑                       │
    ┌──────────┐    ┌──────────────┐
    │ 市裁判所  │    │ 治安判事裁判所│
    └──────────┘    └──────────────┘
```

最高裁判所は、首席裁判官の他6名の裁判官からなる。その判決には4名の裁判官の合意が必要である。州憲法第10条ないし第12条は裁判管轄について定めた諸条文であるが、まず第1に、最高裁判所の第1審管轄として、人身保護事件およびマンデイマス、サーシオレアライまたはプロヒビジョンによる救済が求められた事件をあげている[86]（各々の裁判官が事件を受理することができる。また、これらの事件は、上訴裁判所および上位裁判所も管轄をもつ）。さらに、最高裁判所は、下級審で死刑が宣告された事件の最終的審理

---

[86] キャリフォーニア州憲法の定めるマンデイマス訴訟は、連邦裁判所におけるデュー・プロセス訴訟の役割を果たしてきた。Sierra Club v. City of Hayward, 623 P. 2d 180 (1981) 171 Cal. Rptr. 619 (1981); Fascination, Inc. v. Hoover, 246 P. 2d 656 (1952) を見よ。

に当たる裁判所でもある。これらの事件以外のものについては、上訴裁判所が最終的審理を行うことになっているが、最高裁判所は、その職権によって、上訴裁判所で係争中の事件を最高裁判所に移送させることができる。

　ところで、キャリフォーニア州は、1850年に州として承認されて以来、立法に熱心な州として知られてきた。その背景には、同州には資源が豊富にあり、気候にもめぐまれているという有利な自然条件から、他州ないし外国から多くの人が集まり、紛争がたえなかったということがある。西部の端に位置するキャリフォーニア州では、東部の法文化をそのまま使うことはしばしば不都合であり、裁判所もまた、判例法形成に積極的な姿勢を示してきた。たとえば、死刑が「残酷または異常な刑罰」であることを認めたキャリフォーニア州対アンダースン判決[87]や、厳格な製造物責任を認め、のちに不法行為法の展開に大きな影響を与えたグリーンマン対ユバ・パワー製造会社判決[88]などが、その例である。

3　ルイジアナ州

§194　ルイジアナは、アメリカ合衆国とフランスとの協議によって1803年にフランスから買いとられ（当時の金で6,000万フランが支払われた）、1812年に州となることが承認され、翌年に制定された州憲法によって州として独立し

---

[87] People v. Anderson, 493 P.2d 880, 100 Cal. Rptr. 152, 6 Cal. 3d 628 (1972). この判決では、キャリフォーニア州憲法第1編6条が「残酷または異常な刑罰を禁止する」と定めていることから、法社会学的ないし経験的なデータに基づいて、連邦判例とは異なり、死刑は違憲であると判決した。この判決の意義について、田島裕「キャリフォーニア州最高裁《死刑は違憲》判決をめぐって」ジュリスト504号83-8頁参照。連邦判例に大きな影響を与えたが、キャリフォーニア州では、その後の憲法修正（1976年10月7日）によってこの判決は否定された。

[88] Greenman v. Yuba Power Prods., Inc., 377 P.2d 897, 59 Cal. 2d 57, 27 Cal. Rptr. 697 (1963). トレイナ首席判事は、この判決によって、危険物の製造物責任が契約理論によるものではなく、不法行為理論によるもので、しかも結果責任に近いものであることを判示した。Escola v. Coca Cola Bottling Co., 24 Cal. 2d 453, 461, 150 P.2d 436, 440 (1944) における同裁判官の同調意見に、その理論がより詳しく説明されている。この理論は、Li v. Yellow Cab. Co., 13 Cal. 3d 804, 532 P.2d 1226, 119 Cal. Rptr. 858 (1975) において、イギリスの Butterfeld v. Forrester, 11 East 60, 103 Eng. Rep. 926 (1809) 以来コモン・ローの原理であった寄与過失（contributory negligence）の原理を廃棄させ、Jess v. Herrmann, 604 P.2d 208, 161 Cal. Rptr. 87 (1979) において、ニュージーランドの責任保険に近い考えを採用させた。

た。州となってからスペイン系の移民が多く住むようになり、州法にはその影響もみられるが、むしろフランス法の伝統が残っているといった方がより正確であると思われる。1974年の現行憲法の第5編は、司法府に関する諸規定を定めている。裁判所の組織は、日本法に似た3審制を採用している。州法は、とくに最近では、オクラホマ、ジョージア、テキサスなどの南部の諸州の法律と類似したものが多くなっているが、この州特有のものもある。たとえば、統一商事法典（これについては、⇨§367）は、50州中この州だけが採用していない。また、フランス語で作成された契約書が英語で書かれたものと同一の拘束力を認められること（Louisiana Rev. Stat. ch. 2, §51）も、この州の特色といえよう。

4 マサチューセッツ州

§195 合衆国が独立した当初から重要な役割を果たしてきた州であるが、イギリスの文化の影響を多くの面で残している。しかし、イギリスから独立しようとする意識は州民のあいだに強くあり、州憲法には清教徒的な自然権思想が基底にある。この州では、上位裁判所（Superior Courts）が第1審の一般的管轄権をもち、最高司法裁判所[89]（Supreme Judicial Court）が上訴審裁判所となっている。土地に関する事件や遺言、離婚、養子縁組などに関する事件等、若干の事項については、それぞれ特別裁判所が設置されており、特別裁判所の判決に対しては、直接、最高司法裁判所へ上訴される。比較的軽微な事件は地方裁判所ないし市裁判所で第1審の審理が行われる（Mass. Gen. Laws Ann. ch. 212, §§3-6 (West 1958)）が、この場合には、上位裁判所がその上訴審裁判所となる。

マサチューセッツ州にはハーヴァード・ロー・スクールがあり、数多くのすぐれた法律家がそこから生まれた。州の最高司法裁判所で活躍した裁判官としてルムュエル・ショウ（Lemuel Shaw）はとくに有名である[90]。オリ

---

[89] マサチューセッツ州憲法が議会を General Court と呼んでおり、これを区別するために「司法」という言葉が付されているものと思われる。ただし、マサチューセッツ州の憲法修正（現行の規定は Mass. Const. pt. 2, c. 3, art. 2 [1964]）により、具体的な事件を前提としないで一般的な憲法解釈を求めることができるようになったので、理論上は、西ドイツの憲法裁判所に近い性質をもつが、実際には、他の州の最高裁判所と変るところはない。

ヴァ・ウェンデル・ホームズは、むしろ連邦裁判所で活躍した人であるが、ハーヴァード・ロー・スクールの教授でもあったし、州の最高司法裁判所の裁判官も経験しており、州法にも足跡を残している[91]。

5 ニュー・ヨーク州

§196 この州は、キャリフォーニア州に次いで人口の多い州であり、この首都であるニュー・ヨーク市は、最も進んだ商業都市である。したがって、ニュー・ヨーク州法が問題になることは多くあり、注目すべき州法の1つであるが、裁判所の組織はかなり複雑である。まず、第1審の一般的管轄権をもつ裁判所として高位裁判所（Supreme Court）がある。これと並んで、限定された管轄権をもっている裁判所として、家庭裁判所、遺言検認官裁判所（Surogate's Court）、請求裁判所（Court of Claims）がある。高位裁判所には上訴部が設けられており（2名または3名で法廷が開かれる）、この上訴部が先の第1審裁判所からの上訴を受け、この上訴審の判決からさらにニュー・ヨーク州の最高裁判所に当たる上訴裁判所（Court of Appeals）へ上告できる。ただし、上訴裁判所への上告が権利として認められるのは、一定の場合に限られる。これらの裁判所以外に、ニュー・ヨーク市の民事裁判所、刑事裁判所、地方裁判所、県裁判所など、限定された管轄権をもつ裁判所が数多くある。

ニュー・ヨーク州は、キャリフォーニア州と同じように、立法に熱心な州として知られる。かつてフィールド（D.D.Field）を中心として法典編纂運動がくりひろげられたことがあった[92]。また、ほとんどの州でコモン・ロー上の権利であるとされているプライヴァシーの権利も、ニュー・ヨーク州では、

---

[90] Lemuel Shaw（1781-1861）のマサチューセッツ州法への貢献は、L. W. LEVY, THE LAW OF THE COMMONWEALTH AND CHIEF JUSTICE SHAW (1957) に詳しくのべられている。

[91] O. W. Holmes（1841-1935）については、数多くの文献があるが、ここでは州最高裁判所の裁判官であった時代のことにも詳しくふれている C. BOWEN, A YANKEE FROM OLYMPUS (1944) を引用しておこう。なお、本書では後述230頁§302で改めて紹介する。

[92] 1846年のニュー・ヨーク州憲法は、実体法および訴訟法の法典化のために3名ずつの委員を任命するものと定めていた。これにより委員が選任され（David Dudley Field [1805-94] はその1人）、公法典（Political Code）、刑法典（Penal Code）、民法典（Civil Code）が作られたが、実際に州法となったのは刑法典のみである。ちな

第2章　アメリカの裁判所

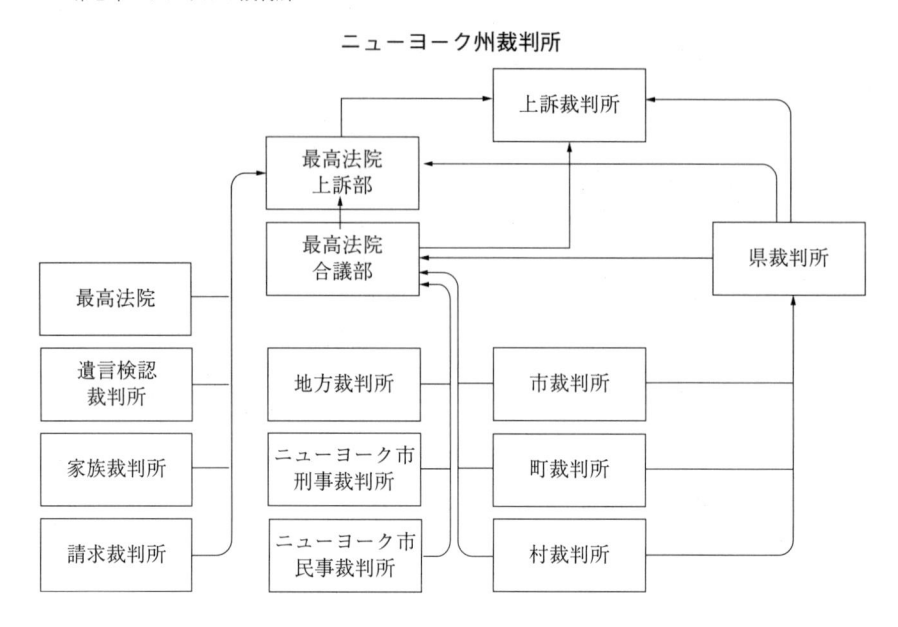

ニューヨーク州裁判所

```
                          ┌─────────┐
                      ┌──→│ 上訴裁判所 │←──┐
                      │   └─────────┘    │
                      │                   │
                  ┌───┴─────┐             │
              ┌──→│ 最高法院  │←──┐        │
              │   │ 上訴部   │   │        │
              │   └─────────┘   │        │
              │                  │        │
              │   ┌─────────┐   │   ┌────┴────┐
              │   │ 最高法院 │←──┼───│ 県裁判所 │
              │   │ 合議部   │   │   └─────────┘
              │   └─────────┘   │
┌─────────┐  │                  │
│ 最高法院 │──┤                  │
└─────────┘  │                  │
┌─────────┐  │   ┌─────────┐   │   ┌─────────┐
│ 遺言検認 │──┤   │ 地方裁判所│   │   │ 市裁判所 │
│ 裁判所   │  │   └─────────┘   │   └─────────┘
└─────────┘  │                  │
┌─────────┐  │   ┌─────────┐   │   ┌─────────┐
│ 家族裁判所│──┤   │ニューヨーク市│   │ 町裁判所 │
└─────────┘  │   │ 刑事裁判所 │   │   └─────────┘
┌─────────┐  │   └─────────┘   │
│ 請求裁判所│──┘   ┌─────────┐   │   ┌─────────┐
└─────────┘      │ニューヨーク市│   │ 村裁判所 │
                  │ 民事裁判所 │   │   └─────────┘
                  └─────────┘
```

法律によって認められている[93]。しかし、州の弁護士会は法典化に反対の意見をもち続けており、法典によって州法の体系を作るにはいたっておらず、ここでも判例法の重要性は失われていない。

みに、キャリフォーニア州およびモンタナ州では、これらすべてを州法として採択した。

[93] N.Y. Civil Rights Law §§50-51（1909年　現行法は1983年修正法）。この法律によれば、広告の目的または営業の目的のために、現存の人の氏名、肖像、あるいは描写物（picture）を、その者の書面による同意（未成年者の場合は、親または後見人の同意）をえないで使用する個人、会社あるいは法人は、軽罪に問われる。前条に規定されたような書面による同意を事前にえないで、自己の氏名、肖像、あるいは描写物を広告の目的または営業の目的で使用される者は、この使用を差止めるために、衡平法上の訴訟を提起することができる。またそのような使用のため損害をうけたならば、損害賠償を訴求し、回復することができる。としている。この法律は、その後きわめて多数の判決を生み出すことになったが、それらを詳細に分析した研究として、伊藤正己『プライヴァシーの権利』（1963年）を見よ。ちなみに、キャリフォーニア州でも、1973年の憲法修正によって、プライヴァシーの権利が保護されるようになった。Cal. Const. art. 1 (1).

6 ヴァジニア州

§197 アメリカ合衆国の独立のために戦った13の邦のうち、最も急進的な立場をとったのがヴァジニアであった。この邦は、アリザベス1世が1584年3月25日付で特許状によってウォータ・ローリ卿（Walter Raleigh）に与えた永代借地権によって開拓された土地であり、独立のころまでには重要な貿易拠点となっていたので、イギリスの植民地政策に対しては真向から立ち向わなければならない事情があった。この州の憲法は、人民による民主主義と「すべての人は、本来、均しく自由かつ独立であり、一定の固有の権利を有する」という自然権思想を主要な柱として作られている[94]。これらの考えがアメリカ法全体に与えた影響は非常に大きなものであるといわなければならないが、政治機構としての裁判所の組織は、他の多くの州にも見られるような2審制を採用している。

第2項 諸州間の拮抗

§198 合衆国憲法第4条は、「各州は、他州の法令、記録および司法手続に対して、十分な信頼と信用（full faith and credit）を与えなければならない」と規定している。この規定は、一州の裁判所で判決が下され、これを他州で執行する場合にとくに重要な意味をもつが、これは他州の法制度をできるだけ尊重しなければならない旨を定めたものである。しかし、現実には、この規定にもかかわらず、各州の利己的な思惑が州の法制度にあらわれることは少なくない。しばしばネヴァダ州の裁判所が認めた離婚判決は他州でも効力が認められるかどうかが争われているが、これは、ネヴァダ州の主要産業である観光産業の保護ということとかかわりがある[95]。また、イリノイ州のいわゆ

---

[94] この憲法は、合衆国の独立前である1776年6月に起草されたものである。1776年7月4日の独立宣言は、ジェファソンによって書かれたものであるといわれるが、ヴァジニア州憲法と共通の文言が多くみられる。なお、ジェファソンが州憲法をどのような性質の法であると考えていたかについて、ジェファソン（中屋訳）『ヴァジニア覚え書』（岩波文庫）（1952年）198-234頁参照。

[95] 一例として Williams v. North Carolina, 317 U.S. 287 (1942); 325 U.S. 226 (1945) を見よ。この事件では、2人とも既婚者である Mr. Williams と Mrs. Hendrix がネヴァダ州へ行き、6週間以上（ネヴァダ州で domicile を得るのに必要な期間）そこに居住し、それぞれが離婚判決をえてから2人で結婚し、ノース・キャロライナ州に戻ったが、同州は2人を重婚罪で有罪とした。被告人はネヴァダ州に domicile を有していた

る「ロング・アーム法」も、かかる利己的な立法の別の実例と考えてよかろう。この法律は、州内での取引や不法行為などに関してそれを行った者の国籍または州籍に関係なく、その州の裁判管轄を主張している[96]。州籍の相違やその他の連邦管轄に含まれる争点があり、当事者が事件を連邦裁判所に提起する場合には、各州間の諸利益調整がある程度できることとなるが、次にみるように、それには一定の限界がある。

第7節　連邦の裁判管轄と州の裁判管轄の交錯

第1項　「連邦問題」と裁判に適用される法源

§199　本章では、アメリカ合衆国の連邦裁判所および州裁判所の組織を説明し、それぞれの裁判所がどのような手続で裁判を進めているかを説明した。裁判管轄についても、その説明のプロセスの中ですでに言及したが、両裁判所の管轄が錯綜しており、本章の終わりに、それぞれの裁判所の役割分担について説明しておきたい。この問題は§135で言及した合衆国法第3編の条文（とくに第2条）の解釈に関係するが、その規定は必ずしも明瞭ではない。

§200　合衆国憲法第3編2条の規定から、州と州との間の争訟および大使、公使などの外交使節にかかわる訴訟について、合衆国最高裁判所が原審管轄をもっていることが明らかであるから、州の裁判所がこれらの争訟に対する裁判管轄はもっていない。また、§140で説明した「連邦問題」に関して、連邦裁判所に裁判管轄があることもあきらかである。しかし、この「連邦問題」に関して、州の裁判所が、州法の争訟と関連して裁判を行うことを禁止

とは認めがたい、という理由による。

[96]　Ill. Ann. Stat. c. 110, §17 (1956). この規定は、その外、(1) 不動産に関する権利争い、(2) 2州内での保証契約をあげている。デュー・プロセス条項は、関連する州との最小限度の接点があり、被告に対し訴状の送達が可能であることを要求する（International Shoe Co. v. Washington, 326 U.S. 310 [1945]; Pennoyer v. Neff, 95 U.S. 714 [1878]）が、州民の保護のために、自州に住居がある者にかかわる事件は、たとえ他州で事件が起きた場合でも、自州に裁判管轄があると定める州が若干ある。モンタナ州、ミネソタ州、ニュー・ヨーク州、テキサス州などがそれである（ニュー・ヨーク州は、「ロング・アーム法」から名誉毀損を除外している）。なお一般的に、訴状の送達について、§159以下を見よ。

する規定はどこにもない。したがって、州の裁判所でも「連邦問題」を争うことができるが、この場合には、当事者が申立てれば州裁判所から連邦裁判所に事件を移付することができる。特許権などについては、連邦法により、連邦裁判所の専属管轄であることが規定されているため、州の裁判所では裁判を行うことはできない[97]。

§ 201　連邦裁判所は、§ 135 で説明したように、「多州籍市民間の争訟」についても裁判管轄をもっている。この場合、州法の事件が連邦裁判所で審理されることになるが、連邦法が、7万5千ドル（訴額）を超える争訟でなければならないと規定しているので、それ以下の争訟がたとえ多州籍市民間の争訟であっても、州裁判所の専属管轄となる[98]。連邦裁判所が裁判をする場合、州法を勝手に解釈することは許されず、州際抵触法のルールに従ってまず準拠法を決定し、どの州の法律が適用されるか明確になった時点で、必要があれば当該の州の最高裁判所に解釈証明（certification）を求める手続をとることになる。しかし、実体法と手続法を区別し、連邦裁判所が州法に拘束されるのは、実体法についてのみであるとされるために、実際の運用上、さらに複雑な問題が生まれることになる。

§ 202　先に述べた複雑な問題は、裁判所漁り（forum shopping）の弊害を生むことになる。多州籍市民間の争訟であれば、裁判管轄をもつ裁判所が複数あり、当事者は自分にとってもっとも有利な解釈を期待できる裁判所を選択するという傾向を生む。公正な司法を行うために、どの裁判所でも同じ結論になるのが望ましい。これについての1つの答えを出した指導的判例が、エリー鉄道会社対トムキンス判決[99]である。この判決については、著作集第1巻でも詳しく説明したので、詳細な説明は省くことにするが、本章の最後に、その

---

[97]　28 U.S.C.A. § 1338（2009）．

[98]　28 U.S.C.A. § 1332(a)（2009）．

[99]　Erie Railroad Co. v. Tompkins, 304 U.S. 65（1938）. この判決は、合衆国最高裁判所の諸判例のなかで最も重要なものの1つといわれるものであり、これについて書かれた論文等は枚挙にいとまのないほどである。ここでは、それらの諸研究を仔細に検討したうえで、その判決の意義を詳しく説明した、WRIGHT, THE LAW OF FEDERAL COURTS (4th ed. 1983) pp. 352-97 を引用しておくことにする。なお、いわばこの判決の先駆けとなった Black & White Taxicab & Transfer Co. v. Brown & Yellow Taxicab & Transfer Co., 276 U.S. 518（1928）も見よ。

判例が示した法理を概説しておこう。

第2項　連邦のコモン・ローの不存在

§203　この事件は、ペンシルヴァニア州の住民であるトムキンスが被告鉄道会社の列車に接触して負傷したことから起きた事件である。この事故は被告の過失から生じたものであると主張して被告に対しその損害賠償を求めたのである。被告はニュー・ヨーク州法により設立された法人であったことから、州籍の相違に基づく訴訟としてニュー・ヨークの連邦地裁に提訴された。被告は、事故はペンシルヴァニア州でおきているので準拠法は同州法であるが、その法律は被告が悪意の場合しか責任を認めていないと反論した[100]。これに対し、原告は、多くの州は過失の責任を認めており、連邦裁判所はこれに従うべきであると主張したのである。

§204　この議論は1789年の司法府法（Judiciary Act）第34条の解釈にかかわる。この有名な連邦法の規定は、「諸州の法（the laws of the several states）は合衆国裁判所におけるコモン・ローの裁判において判決の準則とみなされるものとする」と、規定している。1842年のスウィフト対タイソン判決[101]において、ストーリ裁判官は、先の規定は判決の際に連邦のコモン・ローないし一般法に準拠することを要求するものと解釈し、同事件に直関係のあるニュー・ヨーク州法の適用を拒否した[102]。エリー事件の原告は、この解釈に依拠し、ペンシルヴァニア州以外の多くの州で認めている法理を一般法として採用し、当該事件に適用すべきであると主張したのである。しかし、エリー判決において、ブランダイス裁判官は、ストーリ裁判官の解釈は間違っ

---

[100] より正確にいえば、原告は線路にそった通路を歩いていたのでペンシルヴァニア州法上は不法侵入者であるから、被告に責任を負わせるためには、被告がwantonまたはwilfulであったために原告がけがをした、ということの立証が必要であるというのである。

[101] Swift v. Tyson, 19 Pet. (41 U.S.) 1 (1842). この事件では、ニュー・ヨーク州の住民であるタイソンが過去の約因により手形保証をしたが、ニュー・ヨーク州法上は過去の約因に拘束力を与えないこととされているので、手形の支払を拒否した。しかし、最高裁判所は、多くの州では拘束力を認めているので、それを連邦のコモン・ローと認め、支払を命じた。

[102] 但し、訴訟手続は連邦法による。Cuaranty Trust Co. of N.Y. v. York, 326 U.S. 99 (1945) 参照。この事件では、出訴期限が争点となっている。

たものであるとのべて、事故の発生地であるペンシルヴァニア州法を適用したのである[103]。州際私法の原則に従って不法行為地法を裁判の準拠法とすることによって、当事者が選んだ裁判所により判決の結論がまちまちになることを避けようとしたものと思われる。

第3項　連邦法の先占（preemption）の原則

§205　先に説明したように、州籍の相違に基づく訴訟において、連邦裁判所は、連邦判例によって州法を否定することは差しひかえてきたのであるが、連邦法が実際には存在しないにもかかわらず、当然に連邦法によって規制されるべき事項であるという理論（preemption）に立ち、州法を否定した事例が全くないわけではない。古い実例としては、有名なクーリ対監視委員会がある[104]。この判決は、フィラデルフィア港を出入りする船舶は水先案内人を雇わなければならないとするペンシルヴァニア州法は州際通商を妨害するとして、その効力を否定した。また、1964年のジェー・アイ・ケイス会社対ボラック判決[105]では、最高裁判所は、連邦証券関係法に基づく訴訟が州の実体法や手続法によって妨げられてはならないとのべ、最近では、これに従う連邦判例の集積によって連邦会社法とも呼ぶべきものができあがっていると言ってもよいほどである[106]。ウォレン・コートの時代には、連邦の権限を拡大する傾向がみられた。

---

[103]　304 U.S. at 73. この点について、ブランダイス裁判官は、Warren, *New Light on the History of the Federal Judiciary Act of 1789*, 37 HARV. L. REV. 49（1923）を引用している。

[104]　Cooley v. Board of Wardens of the Port of Philadelphia, 12 How. 299（53 U.S. 1851）ことがらの性質上、全国的統一を要求される法領域は連邦法の法領域であり、州法による干渉は禁止されると判決した。

[105]　J. I. Case Co. v. Borak, 377 U.S. 426（1964）. この判例の意義について、Cris-Craft Industries, Inc. v. Piper Aircraft Corp., 480 F. 2d 341, 396（1973）参照。

[106]　A. Fleischer, Jr., *"Federal Corporation Law": An Assessment*, 78 HARV. L. REV. 1146（1964）. この論説は、故矢沢惇教授によって全訳されている。アーサ・フライシャー（矢沢訳）「《連邦会社法》──1つの評価」アメリカ法1966-1号9-47頁。

第3章　陪審制度

第1節　陪審の役割

第1項　序　説

§206　本章では、陪審制度を説明することが主たる課題であるが、これについては原則としてイギリス法とアメリカ法を区別しない。これについては、ほとんどすべての側面が共通の問題となっているからである。そして、この陪審制度こそ、フランスやドイツなどの大陸法系の国と識別する際だって重要な「英米法の特色」をなす。英米の裁判の中に陪審制があるということが、英米法にきわめて広範囲にわたる特質をもたらした[1]。事実、言及した寄与過失の法理や物品売買の品質保証の法理など、実体法の諸領域にその影響がみられるのみでなく、証拠法上の伝聞証拠則[2]（hearsay evidence rule）や事実

---

[1] 比較法的考察を含めて広い視野から陪審制を説明した文献として、G. WILLIAMS, THE PROOF OF GUILT（1954）がある。この著作は刑事裁判に焦点をおいて書かれたものであるから、民事裁判に関する説明を補足するために、JAMES, CIVIL PROCEDURE（1965）の第12章と第13章を見よ。アメリカの憲法によって保障される陪審裁判についての研究として、田中英夫「合衆国憲法における陪審審理を受ける権利の保障」『裁判と法（下）』（1967年）717-40頁がすぐれている。なお、陪審制の歴史研究として後掲247頁注1を、また陪審制を批判した文献として後掲265-6頁注15および注16を参照。なお、最初に引用したウィリアムズ教授の著書の254-7頁には、諸外国の陪審制との比較研究が示されている。また、日本でも陪審制が行われたことがあるが、これについて、三谷太一郎『近代日本の司法権と政党——陪審制成立の政治史』（1980年）を見よ。

[2] 法廷へ出てきて直接証言する者は、反対尋問を受けて、その証言のなかに嘘が混っていないか否かが分るし、嘘があれば、偽証罪（perjury）として、厳しく刑事責任を問われるので、証言の内容は信ぴょう性が非常に高い。これに対し、伝聞証拠は信ぴょう性が低い。話の中で言及される第三者は、法廷で反対尋問を受けることはないし、これが許されれば嘘の話を作り出す可能性も大きくなるので、陪審はこれを考慮に入れてはならないとしたのである。自白法則は、伝聞証拠則の重要な例外である。他の証拠がなくて一定の条件を満たしている場合に限られるとはいえ、自白が証拠と

推定則[3]（resipsa loquitur）などの手続法上の諸原理も、陪審制が存在したために生まれてきたものなのである。

第2項　裁　判　手　続

1　民　事　訴　訟

§207　訴訟手続については、アメリカの連邦裁判所の説明の中で、ひととおり述べておいた。しかし、陪審による裁判の実際を説明するに当たり、裁判のプロセスにおける陪審審理手続きの位置付けを改めてしておきたい。ここでは、アメリカ法の説明がすでに済んでいるので、基本的にはイギリス法の裁判のプロセスを説明し、必要な限りでアメリカ法に言及するのみにとどめる。

民事訴訟は、原告が訴えを裁判所に提起し、訴状を被告に送達したときから開始される[4]。訴状の送達を受けた被告は、それに対する訴答を裁判所に提出し、原告側の主張する事実を否認したり（イギリスでは、これを traverse という）、事実を認めるがその法律上の責任を否定したり（通常、この被告側の主張[5]を demurrer という）、抗弁（defence. 禁反言や相殺などの主張がその例で

して認められるのは、事件の当事者は当然もっともよく真実を知りうる証人であるし、それについて語るのはその当事者にとって重大な不利益をもたらすことは明らかであるから、自白は他の証拠とは異なった性質をもつからである。しかし、拷問により自白をとる可能性もあり、憲法上、黙秘権ないし自己負罪拒否の特権（privilege against self-incrimination）が認められている。さらにまた、陪審は、人の格や前科に関する証拠によって動かされやすいので、これらの証拠も排除される。

[3]　不法行為の訴訟において、証明すべきことがらが医学などの専門分野にかかわるときに、原告に主張責任を負わせるが、専門家である被告側が、反証をあげない限り事件の結果について因果関係があったものと推定せしめる。この他にも、同じような考慮から、挙証責任（burden of proof）を転換したり、証費との誘導尋問を禁止したりするなどのいくつかの証拠則がある。

[4]　アメリカ法では、デュー・プロセス条項がこの手続を要求するものと考えられており、これに欠ける判決は執行が許されない。連邦裁判所の手続は、ごく最近まで本人への訴状の直接送達または不動産等の仮差押えの方式によってなされていたが、1983年の法律（Pub. L. 97-462, 96 Stat. 2527）は、イギリスの訴訟手続のように、訴状を裁判所書記官に渡したときに訴訟が開始されることとした。そのときに書記官が被告に対する召喚令状を発給してくれるので、原告はそれを被告に宛てて郵送することになる。連邦民事訴訟規則（Federal Rules of Civil Procedure）第4条。被告の所在が分らないときには、公示送達によってそれをなしてもよい。ただし、この方式によることが認められるのは、合理的な調査がなされた後に限られる。Mullane v. Central Hanover Bank & Trust Co., 339 U.S. 306 (1950) 参照。

ある）を主張したり、反訴したり（通常、counterclaim という）、裁判管轄の誤りを主張したりする。これに対し原告がまた書面で反論し、被告がこれに答える、という手続が数回繰り返される。この過程のあいだに、関連のある訴訟が併合されたり、第三者の訴訟参加が決定されたりする（アメリカで、訴訟をクラス・アクションの形で進めるか否かを別の裁判所が決定するのもこの段階においてである）。このようにして、争点が明瞭にされてから、当事者双方のもっている証拠の開示手続がとられ、裁判の進め方についての話し合いが行われる[6]。法廷で争うことに決定されると、陪審を付するか否かが問われ、当事者がそれを希望すれば、いよいよ陪審による裁判が開始されることになる。

§208　陪審による裁判は、原告側の冒頭陳述からはじまる。これに対し、被告側が返答する。そして、それぞれの主張が正当であることを立証するために、証拠が法廷に出される。証人に対しては反対尋問権が認められる。これまでの過程は、裁判官だけの裁判のときと変るところはないが、陪審による裁判においては、陳述はすべて陪審に向けてなされるという点にその特色がある。議論が尽されると、裁判官は陪審のために事件を要約し、適用のある法律を分りやすく説明し、陪審が決定すべきことを説示する。その後、陪審は別室に移り、自由な討論をへて結論を出す。民事訴訟の場合には、優越的証拠（preponderance of evidence）の原則によるので、その決定は過半数の多数決によってなされる。その決定ののち全員が法廷に戻り、代表が評決（ver-

---

5　この主張は妨訴抗弁と呼ばれる。これは、被告が事実問題を争うことは留保するが、かりに原告の主張する事実が全部真実であったとしても原告のいうような法律効果は発生しないはずだと主張するものである。この主張が裁判所によって認められる場合、事実問題の争点が抜け落ちて、法律問題のみが残ることとなるから、陪審は付されないことになる。

6　アメリカの連邦裁判所の手続における開示に関する規定は、連邦民事訴訟規則第26条ないし第37条である。この規則は1938年に制定され、その後、何回も改正されている。開示（discovery）は、裁判の争点を明確化し、審判に出される証拠をお互いに見せあって、不意打ちの可能性を少なくし、いわば本番ともいうべき陪審による裁判が、無駄なく、かつ迅速に行われるようにするための準備手続である。Hickman v. Taylor, 339 U.S. 495 (1947), at 501. 開示を要求できるものは「訴訟物に関連性をもつ」すべてのものに及び、証言録取書（deposition）の作成、質問（interrogatory）、文書提出の要求、検査（examination）または自認（admission）の要求という方法でなされる。

dict）を裁判官に伝える[7]。

裁判官は原則としてこの評決に従って判決を下すことになるが、特別の事情がある場合には、それに従わない判決を下すことが稀れにある（このような判決を judgment n.o.v.[8]という）。また、ある陪審員が買収されたとか、強迫を受けたとか、評決に至るまでの過程において不当と思われることがあれば、再審理（new trial[9]という。この場合、全く新しい陪審が選任され、最初から裁判がやり直される）が認められる。

(2) 刑事訴訟　刑事裁判は起訴のときに始まる。起訴状が被告人に渡されるときに、自分の費用で弁護人を雇うことのできない者は、国の費用で国選弁護人を付けてもらうことができる旨を伝えられる。証拠開示の手続と裁判前の話し合いが行われてから、罪状認否[10]（arraignment）の手続がとられる。これは、裁判官が刑事被告人を面前に呼び出し、犯罪を犯したことを認めるか否かを問う手続である。この時に被告人が「無罪（not guilty）」と答えれば、正式の裁判手続に入ることになり、重罪[11]（serious offences）の事

---

[7] 普通は、原告の主張を認めるか否かについて答える一般評決（general verdict）の形で出されるが、事件の性質によっては、裁判官は、特定の争点についてのみ判断することを説示（charge or instruction）して、陪審はこれに従う指示評決（directed verdict）を出すこともある。このような裁判官の説示は、陪審をコントロールする手段として重要な意義をもっている。なお、一般評決に対して、これらの評決は特別評決（special verdict）と呼ばれることもある。

[8] 正確には、judgment *non obstante verdicto*（notwithstanding the verdict）という。評決が下された後にそれを否定する判決を下すのであるから、特別の事情があるきわめて稀れな場合にしか使われない。普通、裁判官が一定のことが存在することを前提として陪審が評決を下すことを説示した場合に、のちにその条件がととのっていないことが判明したときに、この判決が下される。例えば、Baltimore & Carolina Line v. Redman, 295 U.S. 654 (1935) 参照。

[9] 日本でいう再審は retrial であり、new trial はこれとは違う。二重の危険（double jeopardy）の禁止は、英米法の憲法原理の1つであるが、これはその原理に反しないとされている。おそらく裁判官は、陪審の認定した損害賠償の額が不当に高すぎると思われるとき、または証拠の評価を著しく誤ったと思われるときにも、再審理を命じることができる。Wright, The Law of Federal Courts (1994), at 633-4.

[10] この手続は、前掲注4でのべたことと同じ目的の手続であり、陪審による裁判を円滑にすすめるために重要な役割を果してはいるが、その弊害もしばしば指摘されている。例えば、死刑の判決が下されうる犯罪で訴えられた刑事被告人が、自分では無罪であることを確信しているにもかかわらず、裁判を受けることのおそろしさから軽い犯罪で有罪を認めることに同意することがある、といわれる。

件であれば、被告人が権利放棄をしない限り、陪審による裁判が行われることになる。

　裁判の進め方と判決が出されるまでの過程は、民事裁判の場合と基本的に変るところはない。しかし、評決の決定のとき、合理的な疑いを越える証拠に基づくことが要求される（これを beyond a reasonable doubt の原則という）ので、ほぼ全員が有罪の確信をもつ場合でなければ、有罪の評決を下すことは許されない[12]。また、刑事裁判においては、陪審は事実認定を行うことになっており、その認定に基づいていかなる刑を科するかは、裁判官の裁量に任されている。

第3項　陪審の役割——過去

§209　現在、非常に厳しい陪審制に対する批判があるにもかかわらず、廃止論に

---

[11] イギリスで1967年に Criminal Law Act が制定されるまでは、重罪（felony）と呼ばれていた。これは、軽罪（minor offence or misdemeanor）と対比される犯罪であって、殺人（murder or manslaughter）、強姦（rape）、強盗（robbery）、窃盗（larceny）、放火（arson）などがこれにあたる。この窃盗は、theft, embezzlement, fraudulent conversion と区別がつきにくいので、1968年の窃盗法（Theft Act）によって、窃盗（theft）を「他人に属する財物を永久にその者から奪いとる意思をもって不正直に（dishonestly）領得すること」（同法第1条）と定義し、それらの犯罪を全部これに含めた。ちなみに軽罪とは、主にコモン・ロー上の犯罪以外の犯罪であって、比較的罪の軽いものを指すが、中には偽証罪（perjury）、暴行罪（assault）、名誉毀損罪（defamation）などの重大な犯罪も含まれている。これは、コモン・ロー裁判所以外の特別裁判所の略式手続による裁判によって形成されてきた犯罪であるという歴史的事情による。先の1967年法は、第1条によって重罪と軽罪の歴史的区別を廃止したが、第2条で、正式起訴手続による犯罪と略式手続による犯罪という分類をし、ここでその区別を維持している。ただし、1967年法は、正式起訴手続によってしか審理のできない犯罪を著しく限定し、重罪に関する事件でも略式手続に移すことのできる道を広く開いた。

[12] 後にのべるように、ごく最近まで、この評決は全員一致によるものでなければならないとされてきたが、イギリスでも1967年の Criminal Justice Act, s.13 によってこの要件は緩和された。現行法のもとでは、病気等の理由で陪審員に欠員ができても、11名以上による評決は10名の賛成により、また10名による評決は9名の賛成により、評決を出しうることとなっている。Juries Act 1974, s.17 (1). ただし、陪審員の代表は反対意見の数を法廷でのべることになっており、裁判官は陪審が事件を熟慮したか否かを判断して、その評決を認めるか否かを決定する。県裁判所でも陪審による裁判が行われるが、この場合には、8名で陪審が構成され、7名の賛成投票によって評決を下すことができる。

第3章　陪審制度

までいたっていないのは、英米において陪審制が正義の実現のために果たした輝かしい実績があるためである。しかし、陪審は長い歴史のなかで大きな変遷を示しており、陪審制の意義はその歴史のなかに求められなければならない。

陪審による裁判は、方式に多少の変化があったとはいえ、非常に古くからずっと行われてきたことは疑いない。しかし、中世の陪審は、今日のそれのような事実認定を行う役割は負わされていなかったのではないかと思われる。イギリスの陪審の起源が何であるかについていくつかの説があり、いずれが正しいとも言いかねるのであるが、フランク民族の間の慣行にそれを求める説に従えば、陪審とは、事件の起った地域に住む最も優れた、最も信頼できる人たちであった。彼らは事件についてよく知っており、宣誓のうえ証拠を確認する役割をになわされた。ノルマンディ公によってこの慣行がイングランドに持ち込まれた、というのが先の説であり、現在の有力説である[13]。

たしかに、現在の陪審制の初期の形態であったと思われる「アサイズ (assize)」には、そのような性格がみられる。このアサイズはグランヴィルの著作では決闘裁判に代る1つの裁判の態様として説明されている[14]。当時の裁判の態様としては、決闘裁判以外に人々の信仰心を起訴にした広い意味での神判[15] (ordeal) があったが、いずれの裁判にも苛酷な面があり、国王は、

---

[13] この説はドイツの法制史家ブルンナー (Heinrich Brunner, 1840-1915) が唱えたものであり、スタッブやメイトランドがこれを支持した。W. STUBBS, THE CONSTITUTIONAL HISTORY OF ENGLAND (1897) vol.1, §164; POLLOCK & MAITLAND, *supra* p.29 (n.78), vol.1, p.138. ここで引用されたブルンナーの文献は、BRUNNER, ENTSTEHUNG DER SCHWURGERICHTE である。なお、イギリスの陪審の歴史については、THAYER, A PRELIMINARY TREATISE ON EVIDENCE AT THE COMMON LAW (1898) が、古い文献ではあるが優れている。また、ブラックストンは、陪審の起源を、ブリトン人の慣行にもとめる説、サクスンにもとめる説、ドイツ、フランス、イタリアにあるとする説、エセルレッド王の法律にみられるとする説など、多くの説を紹介している。BLACKSTONE, Commentaries, vol.3, pp.349-50.

[14] BEAMES, A TRANSLATION OF GLANVILLE (1812) pp.58-70. この手続について、グランヴィルはつぎのように記録している。MまたはRのいずれかのうち、争われている土地の権利について、いずれがより大きな権利をもっているか、真実を知っている12名の者を選ぶようにその地方の4名の騎士 (knights) に命じ、その12名の者がウェストミンスタで国王または裁判官の面前に出頭するようにとりはからえ、と国王は州長 (sheriff) に命ずる、と。

[15] 第4回ラテラン会議の決議に従って、教皇イノセント3世は、1215年に聖職者が神

これを緩和するために1種の恩寵としてアサイズ（12名の合議体[16]）による裁判を認めたといわれる。そもそも、このアサイズというのは、不動産の占有について争いがあるときに、その占有の事実についてよく知っている12名の隣人を集め、宣誓のうえ証言させて、紛争を処理する訴訟方式の1つであった。1166年のクラレンドン条令[17]によってこれを刑事裁判に応用し、さらには、民事裁判でも一般的に用いるようになったというのである。このような陪審は、事実の認定者というよりは、証人に近い性質のものであった。したがって、他人と事件について話し合うことは、禁じられるどころか、むしろ当然なすべきこととされていた。

　判にかかわることを禁止した。これにより、神判による裁判への信頼は著しく傷つけられ、自然消滅していった。ちなみに、イギリスで行われていた神判は、隷農に対する冷水神判（水に漬けられ沈めば無罪）、自由人に対する熱湯神判（熱湯に手を入れて火傷しなければ無罪）、熱鉄神判（熱鉄にふれて火傷しなければ無罪）、聖職者に対する呪食神判（鳥の羽根の飲み込み方で決めた）などがあった。これらの神判は、国王裁判所で行われなくなった後にも、封建領主裁判所では行われていた。神判について詳しくは、GOITEIN, PRIMITIVE ORDEAL AND MODERN LAW (1923) を見よ。また、Hyams, *Trial by Ordeal: The Key to Proof in the Early Common Law*, in ARNOLD, GREEN, SCULLY & WHITE (ed.), ON THE LAWS AND CUSTOMS OF ENGLAND (1981) pp.90-126 は、陪審による裁判との関係を説明した興味深い研究である。

16　最初は、まず大陪審（grand assise or jury）の形で登場したこれは、国王が正式の起訴を決定する前に、事件のあった土地に住む24名程度の信頼できる人を呼びよせ、審問を行った inquisitio の手続に起源がある。アメリカでは、この大陪審の手続は憲法上規定されており、最近でも、ウォーターゲート事件などで使われた。日本の検察審査会の起訴決定の手続（検察審査会法第40条参照）に類似している。本文で言及しているアサイズはこれとは異なるものであり、正確には小陪審（petit or petty jury）と呼ばれるものである。この陪審がなぜ12名でなければならないかについては、いくつかの説がある。DEVLIN, TRIAL BY JURY (1966) p.8 に、イスラエルの12の部族、ユダヤ教に見られる12名の司教の儀式、ソロモンの12名の従者、キリストリ12名の使徒などにその根拠をもとめる説をあげているが、いずれの説も説得力がとぼしい。

17　クラレンドン条令第1条は、次のようにのべている。「ヘンリ2世は、平和と正義の維持のために、すべての豪族たちの助言にしたがって、あらゆる郡つまりあらゆる百戸邑において、百戸邑の12名の最も法を尊重する人々が、またはあらゆる村区の4名の最も法を尊重する人々が、……（中略）……強盗、殺人、窃盗の犯人またはかかる犯人の蔵匿者であると告訴する者、あるいはそのような者であると確信している者がいるか否かについて、真実を語らせ、宣誓の上で審問に答えさせるべきである、ということを定めた」と。この手続は、次の3のはじめの部分で言及する手続とも、また現在の大陪審の手続とも、奇妙に符合している。

第3章 陪審制度

第4項　陪審の役割——近代の陪審への発展

§210　§308で説明したような現在の裁判手続のなかで陪審が果している役割は、前述のような証人の役割ではない。しかし、ながい裁判の歴史のなかのどの時点で、このような変化が起ったかは、明らかでない。おそらくは、14世紀から18世紀までの陪審は、いかなる役割を負うべきかについて、はっきり確定されることなく、各々の事件の諸事情に応じて、裁判に都合のよい形で利用されてきたものと思われる。その間に起ったいくつかの重大な事件と関連して、陪審に関するいわば憲法習律が徐々に形成され、19世紀のはじめ頃に陪審制度の最盛期を迎えることになって、現在の形に近い陪審へと成長してきたと思われる。

§211　陪審に関する諸習律のうち主要なものをここでみておこう。まず最初に、裁判上の争点を事実問題と法律問題とに区別し、陪審の役割を前者の問題の解決とする習律があるが、これを生んだのは巡回裁判の制度であったと思われる。12、3世紀には、土地台帳の維持のため国王の臣下が定期的に地方を巡回し、百戸邑では12名、その他の小村落では4名のいわゆる村役の協力をえて、実態調査を行っていた[18]。この機会に法的紛争について相談を受けるようになり、15世紀の有力な裁判官であったフォーテスキュは、ここに事実の審判者としての役割を見出している[19]。イヤー・ブック（Year Book. これは古い時代の判例集である。⇨§377）には実際の陪審裁判の記録もいくつか残されているが、1367年のノーザンプトンの事件において、陪審裁判の裁判官が、1名の陪審の強力な反対を押し切って有罪判決を下し、ウェス

---

[18] この手続は、inquisitioと呼ばれた。国王の臣下が各地方を巡回した主な目的は国王の財政収入の確保のための土地不動産の管理であった。封建法により、重罪（felony）を犯した者の財産は没収できることになっており、この刑事事件の起訴決定のために、12名の者の評決の制度が使われた。しかし、当時は、有罪判決を確定するために、さらに決闘などによる裁判が行われることになっていた。これについて詳しくは、POLLOCK & MAITLAND, supra p.29 (n.78), at 138. この審問手続は、既にウィリアム王のときから、ドームズデイ・ブックの作成のためにしわれた。

[19] フォーテスキュは、陪審審理が神の法に反するのではないかという国王の問いに答える形で、陪審制はイギリスの誇るべき制度であり、政策的にも利用しうるものであることを説いている。CHRIMES (ed. and trans.), SIR JOHN FORTESCUE: DE LAUDIBUS LEGUM ANGLIAE (1942) pp.72-9.

第1節　陪審の役割

トミンスタの王座裁判所が、「何人も自らの良心に反して評決を下すことを義務づけられない」という理由でその判決を破棄したことが記録されている[20]。

この巡回裁判の習律は、陪審が討論している間は他人から隔離され、陪審員は、食事はもちろんのこと、飲物もタバコなども一切禁止されるべきであるとする考えを生んだ[21]。これは、裁判官が旅行の日程をくずさないようにするために迅速な裁判を行う必要があったことから生れた考えであろう。また、全員一致の評決を得るためにも必要だったのであろう。この禁止は厳格に守られていたようであり、違反者は裁判所侮辱を理由として厳しく罰せられた。

陪審は評決について理由を説明する必要はない。むしろ、陪審室のなかで話し合われたことは、絶対に外部にもらしてはならないことになっている。これは、判決後に仕返しを受けることをおそれたりして、陪審が自由に討論しなくならないようにするための習律である。この習律は、1670年のブシェル事件（Bushell's Case, Vaughan's Rep. 147-9 [1670]）で確立された。この事件の原審裁判官は、自分の説示を無視して評決が下されたのではないかという疑いをもち、評決の理由をのべさせようとしたが、陪審はそうしなかったので、裁判所侮辱の制裁によってそれを強制しようとした。しかし、ヴォーン（Vaughan）首席裁判官は、陪審は評決の結論だけをのべることが義務であり、評決について法律上責任を問われることはない、と判決した[22]。

20　デニング裁判官は、これが全員一致の評決を要求する原則を確立した事件であり、1967年までこの原則は変えられたことはないとのべて、この事件を詳しく紹介している。DENNING, WHAT NEXT IN THE LAW (1982) pp. 36-7. ちなみに、最後まで反対した陪審員は、良心に反する考えに従わされるよりは「むしろ監獄で死んだ方がましです」と答えて最後まで屈しなかったといわれる。

21　BLACKSTONE, supra p. 160 (n. 13), vol. 3, p. 375. 最も厳しかった時代には、小用をたすことすら禁じられたといわれるが、現在では、軽い飲食物ならば自分の費用で買いとどけてもらうことができる。Juries Act 1974, s. 15参照。

22　Bushell's Case, 6 Howell's St. Tr. 999, 124 Eng. Rep. 1006 (1670). この事件は、陪審の評決に不正の疑問をもった当事者が陪審査問を申立て、星室裁判所へ召集された通常24名からなる別の陪審によって行われた査問（attaint）の事件である。ちなみに、不正があったと認められると破廉恥罪となり、厳しい刑罰が科せられた。1495年の11 Hen. 7 c. 24およびこれを再制定した27 Hen. 8 c. 3; 13 Eliz. c. 25参照。この事件では、陪審が裁判官の説示に従わなかったことは明白であるが、陪審の独立性を守るこ

第3章　陪審制度

　この習律は、評決前に陪審員を饗応したり、強迫したり、新聞や世論の力を利用して、陪審に影響力を行使することを助長しがちなので、法制度上、これらのことについて特別配慮することが必要となった。そこで、第1に、12名の陪審を選ぶときに、偏見をもっていると思われる陪審員を、訴訟当事者が一定の限度で排除することが許されるようになった（これを challenge という）。イギリスでは、このいわゆる陪審員忌避は、事前に調査したうえで本人に会わないで裁判官の了承をえてなされるが、キャリフォーニア州などでは、本人に質問して活発な討論をしたうえで行われる[23]。第2に、係争中の事件について新聞等のマス・コミで事件を評釈することは、裁判所侮辱として処罰される[24]（ただし、アメリカ法では公正な評釈は許されている）。第3に、通常人である陪審が判断を誤る危険性の高い伝聞証拠などに証拠能力を認めないことにした。

§212　とくに17世紀から18世紀にかけて、陪審は、国王の不当な弾圧から国民を守るものであると理解され、実際上もその役割を期待されたわけであるが、このことは第3章で言及した星室裁判所を廃止したことと関係がある。星室

　　との重要性を認めたのである。この判決の結果、陪審は評決の理由を問われないこととなった。この判決は重要な憲法判例であるから多くの著書に引用されているが、ここでは邦文で事件を詳しく紹介した丸田隆「陪審制度の可能性と限界（一）」甲南法学24巻3・4号213頁以下を引用しておこう。

[23]　イギリスでは、各当事者は7名の陪審員を忌避でき、キャリフォーニア州法によれば、8名（3名以上の当事者がいるときは10名）を忌避できる。陪審員のリスト作成のときに、裁判所の側で前科の有無など資格要件を調べてそれに欠ける者は排除しているが、当事者もまた、理由を付して先の者以外に忌避を申立てることができる。キャリフォーニア州の場合には、当事者が陪審員になる者に対して質問し、世界観や犯罪についての考え方をただし、不都合な者を排除できることになっている。デヴリン裁判官は、Hiss 事件において、2回陪審忌避手続が行われたあいだにそれぞれ約2時間ずつかかり、陪審による裁判そのものは、すぐに終ってしまったという事例に言及し、キャリフォーニア州の忌避手続を批判している。DEVLIN, *supra* p.41（n.101）, at 33. もっとも、キャリフォーニア州のような手続を採用している州は、アメリカでも稀れであるし、Hiss 事件は、きわめて例外的な事件であるといわなければならない。

[24]　これについては、サリドマイド裁判に関するキャンペーンに対して裁判所侮辱が問われたサンデー・タイムズ事件が有名である。Attorney General v. Times Newspapers Ltd.［1973］3 All E.R.54. この貴族院判決はヨーロッパ裁判所で覆えされた。これについて詳しくは、スカーマン（田島訳）『イギリス法―その新局面』（東京大学出版会、1981年）161-3頁の訳者解題の部分を見よ。この判決に従って、裁判所侮辱に関する法律が一部改正された。Contempt of Court Act 1982.

裁判所は大権をしばしば濫用したために廃止に追いやられたのであるが、そこで運用されていた名誉毀損などの法律の運用は通常裁判所に引き継がれることになった、ということは既にのべたとおりである。これらの法律は、その後も時の権力者たちによってしばしば弾圧の手段として使われたが、陪審はそれを抑制するのに大きな貢献をした。たとえば、1784年のセント・アサフの首席司祭の事件がそのよい例である[25]。その首席司祭は国王および政府を風刺した罪で訴追されたのであるが、陪審は、「出版の事実のみを認める」という評決を下し、その評決のなかに名誉毀損は認められるべきではないという主張を黙示的に込めたのであった。裁判官たちは、出版物が名誉を毀損するものであるか否かは法解釈の問題であるから、陪審が判断すべき問題ではないとして有罪判決を下したのであるが、陪審の評決は世論を動かし、新しい立法によって言論出版の自由が保障されるようになったのである[26]。

§213　ブラックストンがオックスフォード大学の講義のなかで、「陪審による裁判はイギリス法の栄光としていつも見られてきたし、将来も常にそのように見られるであろう[27]」とのべているのは、陪審に対し先にのべたような役割を期待したからであると思われる。19世紀になってから、陪審による裁判が当事者の権利として認められ、12名全員の意見によって有罪、無罪を決定するものとされたことの背後にも、同じ考えがあったにちがいない。しか

25　Case of Shipley, Dean of St. Asaph, 21 Howell's St. Tr. 847 (1783). 陪審と言論の自由の保護は、しばしば歴史的に重大な問題となったが、この事件と類似したアメリカ殖民地時代のピーター・ゼンガーの裁判では、むしろ出版の事実は認めるが罪はないとする陪審評決が認められ、これがアメリカにおいて出版の自由を確立する礎石となったといわれる。ピーター・ゼンガー事件における陪審について、MARKE, VIGNETTES OF LEGAL HISTORY (1965) pp. 225-40 を見よ。また、有名な New York Times Co. v. Sullivan, 376 U.S. 254 (1964) は、新聞社に対して反感をもつ陪審が名誉毀損を認め、ぼう大な損害賠償を命じた州裁判所の判決を合衆国憲法の第1修正によって破棄した重要判決であるが、この事件は陪審制の意義を考えるうえでも興味深い判例である。

26　具体的には、1843年に名誉毀損法 (Fox's Libel Act, 32 Geo. 3, c. 60) を指す。この法律の前文には、「本法により、私費との人格のよりよい保護のため、出版の自由をより実質的に保障するため、その自由を行使するときの濫用をよりよく防止するため、つぎのように制定される」とのべている。

27　BLACKSTONE, supra p. 160 (n. 13), vol. 3, p. 379, id. vol. 4, p. 350. これと同じような陪審の考え方は、スティヴンにも見られる。これらの文献は、19世紀初頭において、陪審をはっきりとした制度として確立する基礎となったと思われる。

し、19世紀に陪審制の最盛期をむかえることになったのは、イギリス法のなかに意思主義の強い影響がみられるようになったこととも無関係ではない[28]。民事事件でも刑事事件でも、通常人としての「合理性（reasonableness）」の判断が重要な争点となり、陪審はその判断基準を示すのに最も適しているように思われたからであろう[29]。次節でみるように、陪審制の改革が最近になって唱えられるようになったのは、まさにこの点について陪審の資質が疑われるようになったためと思われる。

第2節　現在の陪審

第1項　現在の陪審制の特徴

§214　陪審制は、最近になって、厳しい批判を受けている。O.J.シンプソン事件[30]のように、誰の目からみても陪審制が濫用されたと思われる事例がしばしば起こっているからである。これについては、後に「濫用の防止策」と題する項で深く検討することになるが、まず最初に陪審による裁判のイメージを描くことにしよう。そのためにロンドンのニューゲイトに建っている中央刑事裁判所（通常、Old Baileyと呼ばれる）へ出かけるのがよい[31]。傍聴人用

28　ファイフットは、19世紀の刑法のなかに故意（mens rea）の要件を判例法上もちこんだ事例としてR.v.Prince（1875）32 L.T.700, 13 Cox C.C.138を紹介している。FIFOOT, supra p.84 (n.6), at 131. Williamson v. Norris [1899] 1 Q.B.7 (per Lord Russell) は、「法の一般原則は、故意（mens rea）がなければ犯罪は犯されえないということである」とのべて、行為者の側の意識の状態に非難可能性があったことを要求するようになった。19世紀に陪審制が最盛期をむかえたのは、この点についての判断を期待されたからであろう。ちなみに、マンスフィールド卿は、首席裁判官として商事事件の裁判にあたっていたとき、ロンドン市の商人からなる特別陪審の制度を利用したが、これは別の観点からの陪審制の合理化であるとみることもできよう。この特別陪審制の導入について、HEWARD, LORD MANSFIELD (1879) p.104を見よ。

29　例えば、有名なマクノートン事件（M'Naghten's Case [1843] 10 Cl. & Fin.200, [1843-60] All E.R.229）では、被告人の精神状態から判断して、殺人の意志があったか否かについて、陪審は評決を求められた。これは、前注でのべた刑法における罪刑法定主義の考えにしたがい、責任の部分の決定を陪審に委ねたものとみることができる。

30　R.GILES AND R.W.SNYDER (ed.), COVERING THE COURTS 43-52 (1999) は、報道活動の在り方という観点からこの事件を批判している。

第2節　現在の陪審

の出入り口から裁判室へ入ると、中央の一段高いところにひな壇があり、その上に置かれた机の後に、頭には馬の毛で作られたかつらをつけ、黒いモーニング服（高等法院で民事事件の裁判に当る裁判官たちは、赤い服を着ている）とチョッキを着て、首に派手な絹製のスカーフを巻いた裁判官が座っているのが見える[32]。その裁判官のいる段の下に、書記官の記録をとる姿がみられ、そのさらに手前には、左右に2つの長い机が置かれ、それぞれの机に、被告人側の弁護士と検察官が陣どっている。その斜め前方の壁側にもう1つのひな壇が作られていて、12名の陪審員が、いっしょうけんめい証人の話に耳を傾けている。これこそ映画やテレビで見る陪審による裁判の場面と同じものであるが、本章の冒頭でものべたとおり、このような陪審裁判こそ、英米の裁判の最も大きな特徴をなすものなのである。

§215　陪審制の主要な特徴は、普通の国民が直接裁判に参加することにある。陪審の選任の仕方は、地域によって多少の違いはあるが、普通選挙人名簿の中から平均的な国民を無作為で抽出するやり方がとられている[33]。1974年の陪

---

[31] 殺人、放火、強盗のなどの第1種犯罪の審判に当る第1審の刑事裁判所であり、地方のクラウン・コートはこの裁判所に相当する。ちなみに、1868年まで、旧ロンドン市の場末のこの新しい門のある場所で公開の裁判が行われ、有罪が決定されると、犯罪者はそこからまっすぐにタイバーン（現在のマーブル・アーチ）まで引きつれてこられ、公衆の面前で絞首刑にされた。

[32] 民事の陪審による第1審裁判は、高等法院で行われるが、この裁判所では、裁判官は、赤い派手なガウンをまとう。より高い身分の裁判官は、もっと派手な飾りの付いたガウンを着て、毛のふさふさとしたかつらをかぶる。正式の裁判官の服装、裁判所の建物などの美しい実物写真が、HODGSON (ed.), THE ENGLISH LEGAL HERITAGE (1979)にのっており、真の裁判の姿を知るために参考になる。もっとも、現実の裁判官の姿は、常にその写真にみられるような生き生きとしたものではなく、ときには、チャールズ・ディッキンスが小説に描写したような退屈きわまりない小柄の老人であることもある (DICKENS, THE PICKWICK PAPERS (Oxford ed. 1948) pp. 466-88. なお、現在の裁判官の実態について、HENRY CECIL, THE ENGLISH JUDGE (1970) も見よ)。

[33] イギリスでは、1974年の Juries Act によれば、18歳以上70歳以下の者で、土地保有者ないし世帯主である者でなければならない。有産者であることが資格要件とされたのは1825年の Juries Act 以降のことであるといわれるが、「15以上の窓のある家を所有する者」と表現されたこともある。1919年の Sex Disqualification (Removal) Act によって、女性でも陪審員になれるようになった。しかし、たとえ有産者であっても、貴族 (peers)、国会および地方議会の議員、法律家、僧侶、医師、船員、警官および郵便局員は、陪審員になる資格は、普通認められていない。通常、陪審員は「クラファム・バスの乗客」であるとか、ミドル・クラスの代表であると表現される

第3章 陪審制度

審法（Juries Act）以前には、陪審員になるためには、ミドル・クラスでなければならず、そのために一定の所得を得ていることが要件とされていた。しかし、現行法のもとでは、その資格要件は取り除かれ、18歳以上70歳までの普通選挙資格をもつものならば、だれでも陪審員になれる。抽出された者は指定された日に裁判所へ出頭することが求められ、実際に出頭して陪審控室で待っている者の中からくじ引きで12名の陪審員が選ばれる（かつてアルファベット順に選任されたこともある。R. v. Frost〔1839〕9 C. & P. 129 at 135）。陪審員となるのは国民としての義務であり、この義務に違反すれば1000ポンドの罰金が科せられる。このように、普通の国民ならば陪審員になる可能性が常にあり、このことが国民の裁判に対する関心を高めるのに役立っている。

非常に多くのイギリス人やアメリカ人が陪審を経験しているが、このことは社会教育としての意味をもっている。陪審員は、裁判のやり方についての重要なルールを学び、陪審を経験した者は、自分でも裁判を行うことができるという自信をもつ。また、人格的にすぐれた裁判官にじかにふれ、裁判所への尊敬の念を強める。とくにキャリフォーニア州のように、陪審員の選択がなされる際に直接質問する制度がとられている州では、陪審制のもつこのような意義は、よりいっそう大きなものであるといわれる。また、このことを裁判官または弁護士の側から見れば、法律を素人に理解させなければならないので、実体法が常識的なものとなる傾向がある。

陪審制のもう1つの重要な特徴は、裁判において当事者主義がつらぬかれるということである[34]。裁判の進め方は、対審的構造のものになる。訴訟は

が、先に説明した資格要件をほぼ正確に示している。ちなみに、MOTT, DUE PROCESS OF LAW (1926) pp. 106-24 によれば、このような陪審による裁判は、国法 (law of the land) による同輩 (peers) 裁判を保障するマグナ・カルタ第39条に由来するものと植民地時代のアメリカでは考えられていたようであるが、その規定は、陪審審理とは無関係の規定であったと思われる。HOLDSWORTH, A HISTORY OF ENGLISH LAW (1903), vol. 1, p. 215.

[34] マーチン・シャピロ教授は、世界の裁判所の比較研究の冒頭で、英米人のイメージのなかにある裁判の理念型は、(a) 独立の裁判官が、(b) 既存の法規範を適用し、(c) 対審的な手続のなかで、(d) 対立する当事者の一方が正しく、他方が間違っていると決定するものである、とのべている。そして、陪審による裁判の特徴としては、大陸法の諸国の裁判とはちがって裁判が口頭の弁論によってすすめられる点にある、と

当事者が交互に尋問する方式で進められ、集中審理によって迅速に処理される。裁判官も陪審も、事件について調査する義務は全く負わされず（むしろ、調査は禁止されている。但し、裁判官は、法廷である程度まで釈明権を行使することはできる）、当事者が陪審を説得し、証拠を提出して事実を立証する責任を負う。衡平の原理にしたがって、この責任が転換されることもあるが、原則として原告側が、この責任を果たすことについてより大きな義務を負うので、責任を果さない結果、原告側が利益を負うことになる（刑事事件の場合、「疑わしきは被告人の利益に」ということは、はっきり確立された原理となっている）。英米法においては、裁判所の友（amicus curiae）を利用することが認められているが、この制度は、厳格な当事者主義をつらぬくことから生じうる弊害を補正する役割を果していると思われる[35]。

指摘している。M. SHAPIRO, COURTS: A. COMPARATIVE AND POLITICAL PROCESS (1981) pp. 38-9. しかし、最近では、市民権法に関する公益訴訟や消費者問題に関する法的紛争において、伝統的な当事者主義のイメージはくずれかけている。公務員の行為による市民権の違反に対し損害を求める「憲法訴訟」について、Eisenberg, *Section 1983: Doctrinal Foundations and an Empirical Study*, 67 CORNELL L. REV. 482 (1982) また、公共訴訟の裁判そのものについて、Chayes,*The Role of the Judge in Public Law Litigation*, 89 HARV. L. REV. 1281 (1976) を見よ。消費者保護の分野における法律家の役割を論じた S. MacCaulay, *Lawyers and Consumer Protection Laws*, 14 LAW & SOC'Y REV. 115 (1979), 調停の有効性を主張した Mnookin & Kornhauser, *Bargaining in the Shadow of the Law: The Case of Divorce*, 88 YALE L. J. 950 (1976) も見よ。もっとも、伝統的な当事者主義のやり方を指示する論説も少なくない。例えば、伝統的な訴訟よりも「紳士的な仲裁や和解」の利用を唱道しているＡＤＲ（Alternative Dispute Resolution）のグループに反対して、「平和よりむしろ正義」の方が重要であると論述した O. M. Fiss, *Against Settlement*, 93 YALE L. J. 1073 (1984) を見よ。また、S. LANDSMAN, THE ADVERSARY SYSTEM: A DESCRIPTION AND DEFENSE (1984) は、当事者主義の伝統を改めて見直した著作である。いずれにしても、アメリカでも陪審の利用が減ったことは、裁判のイメージが変化しつつあることと無関係ではないと思われる。

35 第三者の公正な意見を裁判所に助言し、裁判所の判断のための資料を提供できる制度である。鑑定人とは全く異なる。この「裁判所の友（amicus curiae）」について詳しくは、E. Angell, *The Amicus Curiae: American Developments of English Institutions*, 16 INT'L & COM. L. Q. 1017 (1967). また、邦文の研究として、伊藤正己「Amicus Curiae について」『裁判と法（上）』(1967 年) 129 頁以下を見よ。

第2項　現在の陪審の問題点

1　イギリスの陪審

§216　これまでのべてきたことの基本的な部分（陪審が素人によって構成されることとか、対審的構造の裁判が行われることなど）は、将来も変わることはないであろうが、小さな部分の改革は、これまでもしばしば行われてきたし、これからも行われることであろう。現在の陪審についても、いくつかの重大な欠陥が指摘されているだけに、近い将来にも手直しされる可能性は少なくない。現在の陪審の説明を要約して、問題点を整理することにしよう。

§217　民事陪審については、1981年の最高法院法（Supreme Court Act）第69条が、次のように規定している。すなわち、訴訟当事者が陪審による裁判を望み、その訴訟の争点のなかに、詐欺、名誉毀損、悪意訴追または不法監禁の問題が含まれているときは、陪審を付して裁判が行われるということである。この規定は、1933年の司法実施（雑則）法第6条に由来する規定であるが、これら4つの類型の訴訟が陪審裁判に適していると考えられたのは、いずれも科学的な証明の不可能な人の内心の状態が判決の決定的な争点となるためであると思われる。先の第69条の但書は、科学的検査や複雑な計算が必要な事件では、裁判官は陪審による裁判を認めなくてもよいと定めているが、この規定はその考えを示している。

　実際に陪審が付されるのは全体の2パーセントないし3パーセント（年間約30件程度）であるといわれる。このように、民事事件において陪審が利用される事件が非常に少なくなっているのは、訴訟費用がかかりすぎるためであるといってよかろう[36]。また、このことと関連して、陪審による裁判は、

---

[36] Juries Act 1974, s.19は、旅費と日当以外に、裁判所へ出頭したためにこうむった逸出利益も補償すべきであると定めている。大法官ヘイルシャム卿は、民事陪審の利用が減ったことについて、次のようにのべている。「わたし自身は、陪審が過去のものになりつつあることを残念に思わない。民事裁判の1つの方法としてのその弱点は、それを利用した者ならば誰でも知っている。意見の不一致のため新しく審理をやり直す危険があり、ときにはそれが2回以上にもなり、訴訟当事者たちはあらためて不安をいだき、また訴訟費用を投げすてることにもなる。両方の当事者に必然的に多少の不公正をもたらす妥協的評決もある。陪審による民事の審理は、すべてとことんまで戦えば、裁判官だけの審理よりも（少なくとも）3分の1は余計に時間がかかる」（HAILSHAM, HAMLYN REVISITED: THE BRITISH LEGAL SYSTEM TODAY (1983) pp. 38-9）。

第2節　現在の陪審

結果の予測が困難であることも考慮に入れられるにちがいない。さらに、第1審の判決に不満があり、上訴しようとするとき、陪審裁判の判決では判決理由が示されないので、非常に不都合なのである。

§218　刑事訴訟については、先の1981年法は、従来通り正式起訴によるべき事件はクラウン・コートの専属管轄に属するものと定めており、被告人が希望する限り、陪審を付して裁判が行われる。しかし、刑事事件の場合には国が訴訟費用を支払うが、陪審裁判に多額の費用がかかることはかわりなく、検察側は略式手続によって裁判することを望むことが多いといわれる。また、被告人にしてみても、略式手続によることになれば刑が軽くなることは明白であるし、陪審と同じく素人ではあるが略式裁判を行う治安判事への信頼感が高まってきていることもあって、これを歓迎する者もいる。刑事裁判においても、陪審による裁判の比率が減少しているのは、これらのことを反映していると思われる[37]。しかし、とくに刑事裁判の場合には、いかなる犠牲を払っても身の潔白を証明したいと望む者もあり、陪審による裁判に対する伝統的な期待が、質的に変ったとみるのは誤りであろう[38]。

2　アメリカの陪審

§219　アメリカについては、陪審の問題についても、連邦の制度と州の制度との関係をみる必要がある。まず連邦の場合、合衆国憲法の中に陪審に関する諸規定があることが、イギリスの場合とちがった制度を生む原因となっている。例えば、大陪審はイギリスでは1933年に完全に廃止された（Administration of Justice Act, s.1 (1)）のであるが、合衆国憲法第5修正が、「何人も大陪審の告発または起訴によるのでなければ、死刑または破廉恥罪の責を負わされ

---

[37] 治安判事に対する人気はアメリカでも高まっている。Federal Magistrates Act, 1968〔18 U.S.C. §§3401-2 (1976) and 28 U.S.C. §§604, 631-9 (1976)〕およびその権限を拡大する1979年法案に関する（Note, *Dispute Resolution*, 88 YALE L.J.1023 (1979) 参照）。

[38] DEVLIN, *infra* p.160 (n.3) および前注に引用したヘイルシャム卿の著書が、それぞれ結論において陪審制を支持しているのは、この理由によるものと思われる。とくに後者は、土地の強制収用の手続や検死官裁判所（Coroners' Court）——変死体が発見されたときに刑事事件の有無を判断する——など多くの手続において、陪審がさかんに使われていることを指摘し、今日でもなお陪審制が衰退したとは言いがたい、とのべている（HAILSHAM, *supra* note 36, at 38）。

ることはない」と定めており、有名なウォーターゲート事件で知られるように、最近においても大陪審が開かれている。

　刑事裁判については、さらに第6修正が、「被告人は、犯罪が行われた州および、あらかじめ法律によって規定された地区の、公正な陪審によって行われる、迅速な公開の裁判を受け、かつ被告事件の性質と原因とについて告知を受ける権利を有する」と規定している。さらに、その後段で、被告人は、自己に不利な証人と対面し、反対尋問を行う権利を与えられている。その証人の出頭を強制し、また自己の弁護のために国選弁護人を付してもらうこともできる[39]。連邦犯罪は、麻薬取引や通貨偽造や脱税などに限られており、これらの刑事被告人の人権の保障は、第14修正のデュー・プロセス条項を通じて州の刑事裁判に適用されるときにより大きな意義をもっている[40]。このように、第6修正の陪審に関する規定は、連邦と州の権限の配分に関係する。

　死刑に関する事件における連邦裁判所の一連の判決は、このことを非常によく示している。1937年のパルコ対コネチカット判決では、カードウゾ裁判官は、第14修正のデュー・プロセス条項が州に対して要求するものは文明国家の秩序維持に必要な自由の保障であるという解釈を示し、陪審による裁判を受ける権利はこれに含まれないとしていたのであるが[41]、1970年代の

---

[39] 弁護人を付する権利が認められるのは、裁判には特別の説得技術がいるからである。実際上、弁護の仕方が裁判の結果に与える影響は大きいので、アメリカでは、陪審を説得する技術の研究が非常に進んでいる。ちなみに、国選弁護人を付する権利は、デュー・プロセス条項によって保障されるものと考えられるために、効果的な弁護をなしうる時点でその権利が認められると考え、起訴前にその権利が認められたことがある（Miranda v. Arizona, 384 U.S.436（1966）; Escobedo v. Illinois, 378 U.S.478（1964）参照）。しかし、最近では、対審的構造の司法手続に関して認められる権利であると考えられている（United States v. Gouveia, 104 S.Ct.2292（1982）参照）。

[40] 連邦裁判所の州法に対するかかわり方についてはいくつかの考え方がある。田島裕『アメリカ憲法（著作集1）』（信山社、2004年）130-32頁。のちに説明する連邦裁判所の陪審に関する考え方は、1965年以後にとられてきたものである。Dombrowski v. Pfister, 380 U.S.479（1965）以前には、州の法律の文言上明らかに憲法違反が見られる場合に限り連邦裁判所が干渉することができる（自己抑制の原則）とされていたが、この判決で、「自己抑制の原則は、連邦裁判所が州法の疑問のある争点にぶつかったとき、常に自動的に働く原則ではない。それはむしろ、裁判所のエクイティの権限の裁量的行使の問題なのである」とする考えを示した。

[41] Palko v. Connecticut, 302 U.S.319（1937）. このカードウゾ裁判官の第14修正の

第 2 節　現在の陪審

連邦最高裁判所は、死刑の事件は別であるという考えを示した[42]。1970 年代のはじめ頃、死刑廃止運動が 1 つの盛り上がりを見せたのであるが、連邦最高裁判所は、「死刑が残酷で異常な刑罰」であるから絶対に廃止されるべきであると断言するかわりに、事件の深刻さを十分認識して慎重な審理を要求したのである[43]。具体的には、有罪か無罪かを審理するときの弁護の方法と、有罪が確定してから情状を証明して死刑を免れるための弁護は、矛盾するものを含んでいるので、陪審による裁判を 2 回に分けて行うことを要求した[44]。

　デュー・プロセス条項の解釈は、選択的吸収 (selective incorporation) の原則と呼ばれるもので、現在でも最高裁判所が維持している解釈である。しかし、その選択を徐々にひろげ、現在では、権利章典の諸権利（第 1 修正ないし第 8 修正）のほとんどすべてを州に対しても保障してきた。なお、多少古い文献であるが、Frankfurter, *Memorandum on "Incorporation" of the Bill of Rights into the Dueprocess Clause of the Fourteenth Amendment*, 78 HARV. L. REV. 746 (1965) が、これに関する諸判例を分りやすく分析している。

[42] Furman v. Georgia, 408 U.S. 238 (1972). この判決は、2 つのジョージア州の死刑判決および 1 つのテキサス州の死刑判決を合わせて、裁量上訴による審理を行ったものであって、「死刑を科し、執行することは、第 8 修正および第 14 修正に違反する残酷で異常な刑罰であるか否か」が争点となっている。最高裁判所は違憲であることを認めたのであるが、死刑そのものを廃止すべきであるという意見をのべたのは、ブレナンおよびマーシャルだけであった。ダグラス、スチュアート、ホワイトは、陪審審理および執行方法が違憲であると判示した。バーガー、ブラックマン、パウエル、レンキストは合憲とした。このように、ファーマン判決では意見が 3 つに分かれたが、陪審審理の進め方の面から死刑の問題をとらえる考え方は、次注や注 14 に引用する諸判例によって定着した。なお、ファーマン判決以前の McGautha v. California, 402 U.S. 183 (1971) （死刑以外の刑の選択を許さない刑法の規定はデュー・プロセスに反する）、Witherspoon v. Illinois, 391 U.S. 510 (1968) （陪審員の選任のときに宗教上の理由等によって死刑そのものに反対している者を事前に排除する手続はデュー・プロセスに反する）も見よ。

[43] People v. Anderson, 493 P.2d 880 (1972) において、カリフォルニア州最高裁判所は、経験科学的なデータに基づいて、死刑は残酷または異常な刑罰であると判決した。この理論を連邦最高裁判所が採用するかどうか注目されていたのであるが、特別に慎重な手続による審理を要求するにとどめたのである。ちなみに、カリフォルニア州では、1972 年に州憲法の改正によって先の判決を否定し、1977 年の刑法改正によって死刑を復活させた。アメリカ法 1981-2 号 212 頁参照。連邦最高裁判所は、Pulley v. Harris, 52 U.S.L.W. 4141 (1984) において、その合憲法性を認めた。

[44] Roberts v. Louisiana, 431 U.S. 633 (1977) は、警察官が巡回中の職務質問のときに殺害され、州裁判所が死刑判決を下し、この判決を連邦最高裁判所が司法審査した事件である。この判決のなかで、連邦最高裁判所は、「ルイジアナの法律は具体的な減刑理由を考慮に入れることを許していないので、違憲である」と判決した。また、

第3章　陪審制度

これに従って、多くの州の刑法が改正された[45]。

§220　合衆国憲法はまた、第7修正の規定によって、コモン・ロー上の民事訴訟についても陪審についても陪審による裁判を受ける権利を保障している。すでに説明したように、連邦裁判所が処理する民事訴訟の多くは「州籍の相違 (diversity of citizenship)」に基づくものであるから、この規定が連邦と州の権限の調整のためにもつ意義は、刑事裁判のときに劣らず、大きなものであると言わなければならない。エリー判決（本書236頁で紹介した重要な判決）では、連邦のコモン・ロー形成を否定したのであるが、連邦最高裁判所は、裁判が陪審を付して行われるべきか否かはコモン・ローの実体法にはかかわりのない手続上の問題であると解釈して、連邦の一般政策に従うことを各州に対して要求してきた[46]。

しかし、第7修正の規定は「陪審による裁判」がいかなるものであるかについては全くふれておらず、6名の陪審員による陪審裁判は違憲であるか否かなど、そのために多くの議論を生んだ[47]。また、第7修正は、陪審裁判を

　　Godfrey v. Georgia, 446 U.S. 420 (1980) は、前掲注42で引用したファーマン判決後に改正されたジョージア州法に基づいて下された州の死刑判決を連邦最高裁判所が司法審査した事件である。この事件では、まず死刑を科しうる犯罪が犯されたか否かを陪審が審理し、その後に死刑に価するか否かの量刑の審理がなされ、死刑判決が下されたのであるが、連邦最高裁判所は、犯罪の性質が凶悪なものであったか否かの審理だけでは不十分であって、被告人が犯行後すぐに責任の重大さに気付いて反省の気持を表わした点を見落したのは違憲である、と判決した。

45　前注の判決後のジョージア州法は、死刑を科しうる犯罪として、殺人、営利誘拐または誘拐傷害、武装強盗、強姦、大逆罪、航空機乗っ取りの6つをあげ、陪審が有罪を決定したのちに、減刑または加重すべき情状の審理をしなければならないと定め、考慮すべき項目を列挙している。Ga. Code Ann. §27-2503. 他の州法も、減刑事由をあげるものと加重事由をあげるものとのちがいはあるが、これと類似したものが多い。どの州でも、死刑を科しうる犯罪は陪審審理によるものと定めているが、中にはさらに自動的に特別上告を認める州（例えばテキサス）もある（Cf. Jurek v. Texas, 428 U.S. 262 (1976). ちなみに、アラスカ（1957年）、ハワイ（1957年）、アイオワ（1965年）、メイン（1887年）、ミシガン（1963年）、ミネソタ（1911年）、オレゴン（1964年）、ウェスト・ヴァジニア（1965年）、ウィスコンシン（1853年）では死刑は廃止された）。

46　Textile Workers Union of America v. Lincoln Mills of Alabama, 353 U.S. 448 (1957); Banco National de Cuba v. Sabbatino, 376 U.S. 398 (1964); clearfield Trust Co. v. United States, 318 U.S. 363 (1943) を見よ。

47　Patton v. United States, 281 U.S. 276, 288 (1930) では、連邦最高裁判所は、刑事陪

コモン・ローの民事訴訟について保障しており、アメリカ法ではコモン・ローとエクイティとが截然と区別されていないために、イギリスではエクイティ争訟として扱われるであろうと想像できる場合でも、陪審による裁判がなされるべきか否かが問題になることがある[48]。さらに、アメリカの特殊な事例として、裁判所侮辱の事件にも陪審による裁判が保障されるか否かがしばしば問題になっている。裁判所侮辱には民事侮辱と刑事侮辱とがあるが、民事侮辱については、これはエクイティの裁判所が生んだ法であることがはっきりしているので、陪審審理は認められない。刑事侮辱についても、古

審は12名からなり、評決は全員一致でなされなければならない、と判決した。しかし、Duncan v. Louisiana, 391 U.S. 145 (1968) で、前注6 でのべた選択的吸収の原則を再確認したことから、Williams v. Florida, 399 U.S. 78 (1970) では6名（おそらくこれ以下でもよい）の州裁判所の刑事陪審を合憲と認めるに至った。現在のイギリスと同じようにオレゴン州は12名の陪審員のうちの10名の賛成で、またルイジアナ州は9名の賛成で評決できることとしているが、連邦最高裁判所は、これまでのところ5対4の僅差で合憲としている。さらに、Colgrove v. Battin, 413 U.S. 149 (1973) において、上訴人は、第7修正により12名の民事陪審による審理を求めたのであるが、連邦の裁判においてさえ6名の陪審を合憲と認めた。ただし、この判決も、意見が5対4に分れた不安定な判決である。ミシガン、ウィスコンシン、モンタナ、ニュー・ジャージ、サウス・キャロライナ、サウス・ダコウタおよびユタでは、陪審によらない裁判を受ける権利を憲法上認めている（Note, *The Right to Nonjury Trial*, 74 HARV. L. REV. 1176 (1961) 参照）。

48 例えば、特定目的の投資会社の株主がその取締役たちを相手に少数株主訴訟を起した事件である（Ross v. Bernhard, 396 U.S. 531 (1970) を見よ）。この判決は5対3に意見が分れた判決であるが、多数意見は、「訴訟はもはやコモン・ローの訴訟またはエクイティの訴訟として提起されない。訴訟規則によれば1つの訴訟だけ――《民事訴訟》――が存在するのみであり、その場合、すべての請求を合わせてかまわないし、すべての救済方法を利用できる」と判決した。しかし、スチュアート裁判官の反対意見は、「当裁判所が認めているように、少数株主訴訟はエクイティによってのみ提起されうるのであるから、最も初歩的な論理によって、当該訴訟においては陪審による裁判を受ける憲法上の権利は認められない、ということになると私には思われる」とのべている（Beacon Theatres, Inc. v. Westover, 359 U.S. 500 (1959)（独禁法違反に関する事件）も見よ）。ジョージア、ノース・キャロライナ、テネシーおよびテキサスの諸州では、エクイティの事件でも陪審裁判を認めている（Van Hecke, *Trial by Jury in Equity Cases*, 31 N.C. L. REV. 157 (1953)）。ニュー・ヨーク州では、民事訴訟法（1848年）により、コモン・ローとエクイティの区別を廃止し、金銭または具体的な財物の回復が求められていて事実について争いがある場合または裁判所がとくに認める場合に陪審裁判が行われることと規定した（Note, *The Right to Jury trial under Merged Procedures*, 65 HARV. L. REV. 453 (1952) 参照）。

い判例はこれを認めなかったのであるが、比較的最近の判例は、これに疑問を示している[49]。刑事侮辱に対し科されうる刑罰が、重罪のそれに相当するようなものであるときは、おそらく陪審による裁判が認められるものと思われる。

§221　最後に、アメリカにおける陪審制度に対する批判にも一言ふれておきたい。1940年代頃から大きな発展をみせたリアリズム法学は、陪審に対して常に厳しい批判をあびせてきた。たとえば、ジェローム・フランクは、すでに1930年の著書のなかで、「陪審は秩序ある司法の執行を実際上不可能にさせている」とのべている[50]。カルヴァンとザイツェルは、法社会学的な実態調査の結果として、陪審は事実判断のみでなく、価値判断も行っており、その価値判断のときに、被告人の印象によって左右されやすい、と指摘した[51]。

---

[49] Harris v. United States, 382 U.S. 162 (1965). しかし、United States v. Barnett, 376 U.S. 681 (1964) では、5対4で刑事侮辱についても陪審審理は不要とする立場をとっていた。

[50] J. FRANK, LAW AND THE MODERN MIND (1930) p.181. フランクは、その理由としてつぎのように言う。「陪審員は、事実認定者として絶対的に無能力である。訓練によって、われわれの裁判官が、もっと客観的に事実について判断を下す能力を高めることは可能である。しかし、共同社会全体が十分に教育を受けて、手当りしだいに選ばれた12名の群集が、苦労している裁判官たちが現在それをするのをむつかしいと思っているようなことを、かなりうまくやりこなせると本当に信じるような間抜けな者はだれもいないであろう」。Id. at 180. ちなみに、フランク裁判官の陪審に対する考えは、Paul, Jerome Frank's Views on Trial by Jury, 22 MOD. L. REV. 28 (1957) に明快に要約されている。本書160頁注3で引用したデヴリンの著書に説明されているように、定年退職者や時間をもてあましている主婦が陪審員になることが多いという現実を前提とした議論であるが、陪審の判断する事実は、必ずしもむつかしいものとは限らないし、映画「12人の怒れる男たち」にみられるように、英米では、むしろ陪審への信頼は強い。フランクは、陪審の機能に関して、「不法行為訴訟、とくにネグリジェンスの事件において、陪審は最もよく機能しているが、陪審が法律の多くの荒い刃を打ち落している。寄与過失の責任のある原告は、それがいかに小さなものであれ、救済を得られない、と法律はのべるかもしれないが、一般評決は、原告に救済を与えないままにほっておくことを拒否したことが何度かあった。連邦使用者責任法およびジョーンズ法の被告に対し、陪審は今日では傷害について絶対的に責任を負わせる、ということの多くの証拠がある。また、自動車事故の事件の被告についても、とくに被告が運送業者である場合には、おそらく同じく真実であるといえよう。理論上、これは寄与過失の法を正し、または絶対責任の法を拡張する残念なやり方ではあるが、実務上、いつも法理論の正しい発展をまっているというわけにはいかないのである」とのべている（FRANK, COURTS ON TRIAL (1914) pp.110-11）。

このような批判は、今日でも繰り返しなされている。しかし、アメリカでは、陪審による裁判が憲法によって保障されていることも手伝って、盛んに利用されている。

第3項　陪審制の再検討

§222　現在の陪審制に対する批判には厳しいものがある。たとえば、ペニー・ダービシャは、「陪審は、民主主義に反するもので、非合理的なものであり、でたらめの立法者であり、その不規則な秘密の決定は法の支配の精神に反する」と主張している[52]。このような批判は、陪審の法社会学的に観察にもとづくものであると思われる。陪審の法社会学的研究として、§221に紹介したカルヴァンとザイツェルの研究は定評があるが、リタ・ジェイムス・シモンの研究やボールドウィンの研究も重要な学術的業績である[53]。これらの研究は陪審制の廃止を唱えたものではないが、陪審裁判の客観性を疑わせるものを十分に示している。

§223　現職の裁判官たちの間でも、陪審に対する批判の声が起こっている。たとえば、国王対クロンリッド事件[54]では、インドネシアにホーク・ジェット戦闘機を引き渡すのを阻止するためにその飛行機に傷をつけた3人の抗議者が器物損壊罪 |その他1人が共謀罪| に問われた。被告人たちは、東チモール

---

[51] KALVAN & ZEISEL, THE AMERICAN JURY (1966) pp. 193-218. さらに、同じような法社会学的研究により、陪審は不当な法律の実施を拒否して実質的にその効力を失わせることがあるとも指摘されている (Scheflin, *Jury Nullification; The Right to Say No*, 45 So. CAL. L. REV. 168 (1972); Note, *Jury Nullification; The Forgotten Right*, 7 NEW ENG. L. REV. 105 (1971) 参照)。また、同じく法社会学的研究により、陪審による裁判は、裁判官だけの裁判よりも3倍の時間がかかることも指摘されている (Hazard, *Book Review*, 48 CAL. L. REV. 360, 369-70 (1960))。

[52] Penny Darbyshire, [1991] CRIM. L. REV. 740. Laura McGowan, *Trial by Jury: Still a Lamp in the Dark?*, 69 JoCL [no.6] 518 (2005) は、上訴審における陪審評決の事実認定に関する審理の在り方を論じた論文であるが、この中で Darbyshire を強く支持している。

[53] R. J. Simon, The Jury & the Defense of Insanity (Trans. Pub. [1967] 1999) (シカゴ大学の共同研究調査); J. Baldwin and M. McConville, July Trials (Oxford, 1979) and Baldwin and M. McConville, Negotiated Justice: A Closer Look at the Implications of Plea Bargaing (Martin Robertson, 1993).

[54] R. v. Kronlid, (1996) The Independent, 1 August 1996.

において国際犯罪（集団殺戮）が行われるのを阻止したにすぎず、正当防衛が認められるべきであると主張した。インドネシア政府は、そのような使用をしないと確約しており、その可能性はなかったにもかかわらず、陪審は無罪の評決を下した。政府の側からこの陪審裁判に対する批判がでている。このような政治性の高い事件でなくても、陪審制は濫用されているといわれる[55]。ロー・コミッションは、現在、これに関する立法を検討中である。

§224 　民事陪審に対する批判は主に損害賠償額を認定する評決に向けられている。サトクリフ対プレスドラム株式会社事件[56]では、陪審は60万ポンドの損害賠償額を認定した。アルディントン対ワッツ・アンド・トルストイ事件[57]では、150万ポンドを認定したが、ヨーロッパ人権裁判所に上訴され、同裁判所は、このような法外な賠償額の認定は表現の自由を侵害するものであると判示した。ランツェン対ミラー新聞グループ事件では、陪審は25万ポンドに損害賠償額を認定したが、裁判官は11万ポンドに減額した[58]。ジョン対ＭＧＮ株式会社事件では、陪審は35万ポンドを損害賠償額と認め、さらに27万5千ポンドを懲罰的損害賠償額と認定したが、裁判官はそれぞれ7万5千ポンドと5万ポンドに減額した[59]。1996年に名誉毀損法[60]が制定され、名誉毀損に関する事件については制定法による手直しが行われたのであるが、民事陪審の恣意性という一般的な問題は解決されないまま残されている。

§225 　これらの批判にもかかわらず、陪審制廃止論がでてこないのはなぜであろうか。ゴードン・タロックは、「陪審が最終的決定をくだすときに、合衆国は法による支配の国であって、人による支配の国ではない、とのべるのは嘘

55　R. v. Pitman, [1991] 1 All ER 468 (CA) では、不注意な自動車の運転で人を殺害した被告人は、有罪が明白であるにもかかわらず、最後まで無罪を主張した。その被告人は有名人であったため、陪審が同情してくれるものと思うと裁判官に打ち明け、裁判官はこれを厳しく批判した。R. v. Clive Ponting, [1985] Crim. L. R. 318 も批判の対象となっている。

56　Sutcliff v. Pressdram Ltd. [1990] 1 All ER 269.

57　Aldington v. Watts and Tolstoy [1989] 30 Nov. 1989; Tolstoy Miloslavsky v. United Kingdom [1995] 20 EHRR 442.

58　Rantzen v. Mirror Group Newspapers [1993] 3 WLR 953.

59　John v. MGN Ltd., [1996] 2 All ER 35, [1996] 3 WLR 593.

60　Defamation Act 1996. この法律は、主に害意 (malice) のある虚偽表示による名誉棄損に対する制裁を定めている。

である」と結論し、陪審制を批判してはいるが、陪審は真剣に事件を考え、正義を実現しようと努力していることも事実であり、民主主義が崩れたときのフィードバックの役割を果たすと結論づけている[61]。この説明は、英米人の現在の心境をよく表していると思われる。

---

61 G. Tullock, *Jury*, in THE NEW PALGRAVE DICTIONARY OF ECONOMICS AND THE LAW 395-400 (1998).

第4章 法律家

第1節 イギリス

第1項 法曹による法の形成

1 序　説

§226　英米法、とくにイギリス法について、それが法曹法（lawyers' law）であるとか、裁判官の作る法（judge-made law[1]）であるとか、いわれる。これは、法の基礎となる部分が、法曹すなわち実務法律家である裁判官と弁護士（正確には、のちに説明する法廷弁護士）によって、訴訟という基本的な場において、とくに裁判を通じて作り出されたことを表現するものである。もとより、英米法のすべての部分が法曹法であるわけではない[2]。のちに法源論と関連してのべるように、制定法の役割は無視することができないし（そこでふれるように、制定法についても法曹が参与することや、その解釈運用の仕方が重要である）、ことにその役割は時代とともに増大しているが、それでもなお法曹法が第一次的な法源として、法体系の基礎をなしていることは、のちに判例法主義をとくところで指摘するところである。そこで、本章では、英米における実務法律家について広く考察しておくことにしよう。それは、英米法の理解の前提になることであると思われる。

2　法曹法と法学者法

§227　ローマ法もすぐれて法曹法（Juristenrecht）の性格をもつといわれる[3]。そ

---

[1] judge-made law ということばは、いまでは広く英米法の特徴をあらわすものとして用いられている。これはベンサムの造語であり、彼は、裁判官によって創造されたコモン・ローを攻撃するための消極的評価を含む表現として用いた。

[2] 多少具体的に法領域に即していえば、わが国の民法にあたる部分、とくに物権法、契約法、不法行為法などが法曹法であるし、訴訟に関する法もまた法曹法である。

れの1つの意味は、ゲルマン法が古来の慣習に基礎をおく素朴な民衆法であるのに対し、専門家としての法曹の形成した技術的な法体系であるということである[4]。この点では、ゲルマン法の系統に立つイギリス法も、コモン・ローという法律専門家の手によって技術化された法を中心にするのであって、ローマ法と共通性をもっている。しかし、別の意味では、ローマ法を法曹法という場合、この法曹（Juristen）は、実務法律家ではなく、法学者（Gelehrte Juristen）であり、したがってここにいう法曹法は、法学者が中心となって形成した法ということを意味し、まさにイギリス法とは対蹠的である。われわれの表現を用いれば、むしろローマ法を「法学者法」ないし「学説法」と呼ぶのが適当と思われる。

§ 228　ローマ法は、まさにその主要部分が法学者によって作られた法体系である。法学者たちは、裁判政務官や立法者の活動のような媒介を必要とせず、法の解釈を中心とする実際的な活動やその著作を通じて法を形成していった。いわゆる「法学隆盛時代」において、特定の学者に元首から法律問題について解答を与える特別の地位を許与する「解答権（jus respondendi）」の制度が認められ、法学者の権威が元首の権威と結びついて、学説の実定法的な力への道を開き、やがて、解答権を与えられた法学者の解釈が一致するときには、それが法的効力をもつとされるにいたって、学説の法源としての地位が認められた。さらに、のちに、現在の解答権をもって活動する学者の見解をこえて、『解答録』という著作も対象とされることとなって、学説法としての性質をつよめ、それはさらに発展して、「引用法（lex citationum）」という形で制度化されて、学説は、勅法を通じて法的効力を与えられた[5]。このような

　3　以下の叙述について、ローマ法学について簡明に説明した、柴田光蔵「ローマ法学」碧海＝伊藤＝村上編『法学史』（1976年）54-64頁を参照。

　4　このような対比は、とくに19世紀のドイツにおいて、継承されたローマ法に対して、ゲルマン法の復権を主張する学者によって主張されている。

　5　累積する学説法とともに、援用すべき法が不明確になり、法的安定が害されるおそれを生ずる。「引用法」は、これに対処するために設けられた制度であり、426年の勅法によれば、パピニアーヌス、パウルス、ガイウス、ウルピアヌス、モデスティーヌスの5名の法学者の著書と、彼らの引用する他の法学者の学説で正しい引用と確認されたものに法的効力を与え、これらの解釈の一致しないときは多数に従うこと、同数のときにはパピニアーヌスの見解を優先させ、彼の見解を欠くときは裁判官の自由な採択にまかせることが定められている。これは、学説法の不明確さを矯正する制度であるとともに、ローマ法が学説を基礎にすることを示している。

学説法を集大成し後世の法と法学に最も大きい影響力を及ぼした「学説類纂 (Digesta)」が、ユスティニアヌスの編纂した『ローマ法大全 (Corpus Juris Civilis)』の中心的な地位を占めていることも知られるところである。なお、法学者がこのように直接に法の形成にあたったことのほかに、他の者たとえば法務官 (praetor) を媒介として間接的に法を作りあげることに寄与したことも重要である。その代表的なものが、英米法におけるエクイティとある面での同質性が指摘されるものとしてのちにふれる「名誉法 (jus honorarium)」であるが、この名誉法も、法学者の関与なしには発展しえなかったものである。

§ 229　このようなローマ法の伝統は、大陸法の世界にうけつがれた。ボロニア大学を中心に中世の法学を支えた註釈学派 (Glossatoren) の法学は、その実践的性格とともに裁判を支配した。「アゾ (Azo) をもたない者は法廷に赴くべからず (Che non ha Azo non vade ad palazzo)」という法諺は、註釈学派の頂点にあるアゾに代表される学説の優位を物語っていよう[6]。普通法としてローマ法を継受したドイツにおいても、「註釈の認めていないものは、裁判所もこれを認めない (Qudo non agnoscit glossa non agnoscit curia)」という法諺があった。そして、継受したローマ法を当時の現実と適合するよう修正する作業をして、近代ドイツ法の形成に寄与することになったのは法学者である。法学者は、著作を通じて活動したほか、裁判所での実務や鑑定書によって、法の発展に大きな影響を及ぼし、また大学の法学部が、裁判所のために法規または学説を教示するという慣行もまた、法学者法の伝統のなかに生きるものといえよう。このようにして、ローマ法以来の大陸法を法学者法、学説法として性格づけることは誤りではないであろう。

§ 230　これに反して、英米法とくにイギリス法において、法の形成者たる役割を担ったのは、もっぱら実務法律家たる法曹であったといえる。かりに法曹法という言葉を使った場合、ローマにあっては、法曹の名に値するのは学識法

---

[6] 法学者の役割を示す例として、シェクスピアの戯曲『ヴェニスの商人』があげられることがある（高柳賢三『英米法源理論』(1957 年) 94 頁）。ここでは、ポウシャは高名な法学者の代理として出廷する学者に仮装して意見を裁判所に陳述して判決を指導する状況が描かれている。なお、シェクスピアの作品は法的に興味ある論点を含むことが多いだけでなく、英米の判決文のなかでもしばしば引用され、法学者による本格的研究もみられる (O. HOOD PHILLIPS, SHAKESPEARE AND THE LAWYERS (1972))。

曹というべき法学者のみといわれるのと対照的に、イギリスでは、それは裁判官と弁護士という共同の意識と共通の専門職団体に結ばれた実務法曹に限られていたのである。イギリス法は、この実務法曹の活動を除外しては全く考えられない。そこに法学者が寄与したといえる面は存在しない。そもそも、ローマ法における意味での法学者がイギリスにあらわれるのは、はるか後代の18世紀後半のことである。それ以前のイギリスの大学の歴史はかなり古いし、そこでの法学教育の歴史も古いけれども、それはイギリス実定法の講義ではなく、ローマ法の講義であった。したがって、大学においてイギリス法の研究教育に当たる者はいなかったのである。

§231　もとより、イギリスにあっても、実定法に関する著書もあり、法律に関する文献に乏しいわけではない。しかし、そのほとんどすべてが、イギリス法を学問的に体系づけ、理論的に究明するものではなかった。1800年以前の大部分の法律書は、ほとんど例外なしに、実務家の利用に供するために実務家の手によって書かれたもので、主として裁判所で用いられる裁判の方式ないし手続に関するものであった[7]。このような実用的な書物は、当時の実務家にとって有用であったであろうが、その重要性を時とともに失って忘れ去られるものが多く、法の形成を行う役割を果たすものではありえなかった。イギリス法における学説の地位については、のちに改めて考察するところであるが、ともかく、英米法を形成した主役は、実務法曹であって、決して法学者ではなかったことは明らかである。イギリス法への批判も評価も、多くはこのような法曹法の性格につながっているといってよい。

§232　1つの例をあげるならば、しばしば、イギリスの判例法が保守的、現状維持的傾向がつよく、現代の社会立法の生成に対して好意的ではなく、社会法の領域に属する制定法について立法部の意図がきわめて明白な場合であっても、これとは異なる解釈をもちこむことも少なくなかったといわれる。このことが、社会法の分野において、争訟をできるだけ裁判所の手から離し、のちにのべる行政裁判所（administrative tribunals）にゆだねることにもなったのであるし、法改革の必要性が最もつよく主張される原因でもあった。このようなコモン・ローの保守性の最大の原因となったのは、それが法律実務家

---

[7] 実務法曹以外の者は、これを無視できるといわれている（BAKER, INTRODUCTION OF LEGAL HISTORY (1971) p.112 参照）。

の手によって形成され、そしてその形成を担当したのは、法廷弁護士とそこから選ばれた裁判官から成る法曹階層であったことである。このような閉鎖的な階層は、その手慣れた法理や実務の改変を歓迎することなく、その内部から現行の法制への批判や改革の主張は生れにくいのである。英米法が法曹法を主体とすることは、練達し成熟してはいるが、ともすれば保守的志向をもつ者の主導性によって法が作られることとなった。

　以上にのべたことは、英米法全体の特色を示す性格であるが、とくにイギリス法について妥当する。これに対して、アメリカ法については、しばしばそれが教授の作る法（professor-made law）といわれる。もしこれを表面的にうけとれば、教授すなわち大学の法学教授は学者といえるから、アメリカ法は法学者法の範疇にいれるべきであると考えられるかもしれない。しかし、その実質はまた、アメリカ法も法曹法としてイギリス法と共通性をもつとして差しつかえないであろう。これについては第2節で説明される。

3　英米法の継続性

§233　英米法が法曹法であることによってもたらされた諸特質については、第1章において大陸法と対比しつつ詳説したところである。そこでは、法的思考の特色に重点をおいて考察を試みた。ここでは、英米の実定法秩序にみられる特徴として、法曹法の影響である継続性（continuity）について指摘しておくこととしよう[8]。英米法制は、時間的にも、場所的にも、内容的にも、継続性をもっているところに特色があるが、これは主として実務法律家の手によって法が形成されたことに基因するといえる。もとより、法律家は一般に法体系の断絶を嫌う。たとえば先例の重視はそのあらわれである。しかし、とくに実務法律家にとって、時間、場所、内容のいずれにおいても、断絶のないことが重要である。以下にこのことについて多少ともたちいってみてみよう。

§234　第1が時間的継続性である。イギリス法がいわゆる法的革命を経験せず、中世法をそのまま近代法に接続させ、また法典編纂をもって1つの結節点を作ることのなかったことは前述したとおりである。ここにも、近代法の形成

---

[8]　これについて、LAWSON, THE RATIONAL STRENGTH OF ENGLISH LAW (1951) pp. 19-24 は示唆にとむ。

にあたって、クックなどの実務法律家が大きな役割を演じたこととつながりがある。そして、このような巨視的な継続性ではなく、微視的にみて、社会の新しい要求にこたえて法を発展させていく過程を考えるときも、法曹はつねに過去の法との連続性のうえにたって作業を行うのである。もとより数多くの立法によって、新たな法が作り出されることはある。しかし、そこでも、法曹は過去の判例などの集積を重視し、継続性の保持という角度からその制定法を解釈運用する。また立法のうちには、あくまでも過去の法と切断されずに、むしろそれを結合しつつ将来の法を構築していくものも多いのである。判例法にいたっては、判例拘束の原理にたちつつも判例の変更もありうるし、また判例の区別の技術を通じて、新しい法の創造も行われるけれども、その技術は、あくまでも過去の法との連続のうえに立つものであることはいうまでもない。このようにして、英米法の歴史は、マクロ的にみてもミクロ的にみても、時間的継続性を維持しつつ法曹の手によって柔軟な成長をした過程であるといえるのである。

§235　第2に場所的継続性がある。イギリス法は英米法系として世界に拡大している。この場合、法の継受をして同質性をもつ法体系が生まれてくるのは当然であるが、法曹法にあっては、論理的な体系をもつ学説法や法典法とは異なって、連続性をもって拡大していく傾向がある。成文法の場合には、ある法系を継受しても、そこにかなりの変容を加えることが可能であり、また事実上その変容が行われるが、法曹法は、訴訟や実務と密着しているだけに継続性が確保される。アメリカがイギリス法（とくにコモン・ロー）を、アメリカの実情に合致する限りで継受したのではあるが、そこに連続性が認められる。とくに現在のアメリカ合衆国では、各州が独立した法域を形成しながら、成文法についてはかなり独自な法が生まれたり、あるいは近似した成文法に異なる解釈がなされたりしているのに反して、法曹法であるコモン・ローに関していえば、1州と他州とのそれは緊密な関連をもち、その運用に継続性がみられるのは、法曹法の場所的連続性を示す好例であろう。

§236　第3に、興味のあるのは、内容上の継続性である。学説を基盤とし、法典を核心とする法体系にあっては、理論的な分析がすすめられ、法概念の精緻な構成とともに、異なる法理の支配する各法領域の枠づけが重視され、法の内容が体系的に区分される傾向がある。たとえば、民法における物権法と債

権法の対立、財産法と身分法の対立のごときもそれであり、それを分けることによって、それぞれの特有の法原則が追求される。民法と商法の区別、さらに公法と私法の区別もよく知られている。これに反して、法曹法においては、具体的な訴訟の場での法形成が注目されるために、このような法領域の明瞭な区別よりは、むしろできるだけ同じ考え方で貫くという態度がとられ、内容上の継続性、高い程度の共通性を生む傾向がつよいのである。物権と債権の峻別はみられず、その中間とみられる信託の受益権などの認容は、決して困難ではないし、契約法も、財産的契約も身分的契約もあわせて規制するし、民事契約にも商事契約にも共通に適用され、その間に連続性が確保されている。

 とくに英米法について指摘されるのは、公法と私法との混淆ないし融合である。公法と私法との分化は、ローマ法においてかなり古い時期に成立し、大陸法のもとでは、法の重要な区分として当然のこととされてきた。しかるに、英米法においては、公法、私法という言葉自体も近代法においても成熟をみず、その概念も未分化のままにおかれたのである。そこでは、いずれの分野も、通常裁判所の運用する通常法が支配するという観念があり、いわば共通の法であるコモン・ローは、公的私的の双方の法律関係を規律するものとされてきた[9]。その原因をどこに求めるかは議論があろう。封建制度のもとで、私法的といえる土地の領有関係が、主従の支配関係と密着しており、このような公私法の融合の法構造が近代法にもちこまれたことも重要である。しかし、何よりも、法曹の具体的思考において、公的関係も私的関係も同じ平面で考えられること[10]、そして法曹のギルドとしての力が、公法を育てる可能性をもった大権裁判所を廃止に追いやったことがあげられる。その意味では、公法と私法との未分化という英米法の特徴である内容上の継続性もま

---

[9] 19世紀において法観念の分析を行ったオースティン（Austin）は、公法と私法の区別を認めるが、彼にあっても、法の大きな分類は財産法と身分法の2分であって、公法は身分法の一部であるとされ、さらに公法と私法は法学から駆逐してよい名称であるとさえいう。AUSTIN, JURISPRUDENCE (5th ed. 1885) vol. 1, p. 68. しかし、20世紀の法学は、のちに説明するように公法の観念を認めるに至っている。

[10] イギリス法において、国家と国王とが同一視され、国王の公的資格を単独法人（corporation sole）の観念によって把握したことなどは、その典型的なあらわれといえよう。

た、それが法曹法であることと密接に関連するものといってよいであろう[11]。

第2項　法曹ギルドと法曹養成

1　序　説

§237　前述のように、イギリス法は主として法曹によって形成された法であるといってよいが、その形成の主動力となった実務法曹について、つぎに概説することにしよう[12]。ここでもイギリス特有の歴史的発展過程をたどっているので、はじめにその歴史を素描してから、現行の実態を眺めることとする。

　イギリスにおける弁護士の歴史は古い。中世に国王の中央裁判所が登場し、官廷の官吏が正規の裁判官として司法事務を行うようになると、おのずから訴訟手続も方式化して技術的な処理を必要とすることとなり、専門性をそなえた法律家なしにはこれを扱うことができなくなってきた[13]。そこで法律専門職業が生れてきた。しかし、イギリスに特徴的であるのは、この専門の法曹の果すべき機能が2つに分化し、それを担当する弁護士が当初から2つの種類に分れるという歴史的な現象がみられ、それが長く現代に及んでおり、この弁護士の二元性こそはイギリス法曹の特色をなすとともに、イギリス法に影響するところが少なくないのである。

2　バリスタ（barrister）

§238　1つは、現在バリスタないし法廷弁護士と呼ばれる法曹の階層につらなる系列の発展である。エドワード1世の頃、代弁人（pleader or narrator）と呼ばれ主として原告のために「法廷において」口頭でその主張をのべる職務をもつ法律家が成立していた。ヘンリ2世の改革によって訴訟が複雑な技術と知識なしには進行できなくなり、ここに職業的専門家としての代弁人の必要が生れた。そして、代弁人は華々しい展開をみせ、その法廷での弁論が訴訟

　11　伊藤正己『イギリス公法の原理』（1954年）3頁参照。
　12　弁護士についての邦語文献として、田中英夫「イギリスの弁護士制度」三ケ月章編『各国弁護士制度の研究』（1965年）、吉川精一「英国の弁護士制度」〔第2東京弁護士会編『諸外国の弁護士制度』（1976年）が詳しい。
　13　のちに詳しくみるように、ここには多少のローマ法の影響もみられるが、古い裁判所を温存させつつ新しい中央裁判所を形成していったそのやり方に、英米法固有の特色を生んだ原因がある。

第1節 イギリス

の成否をきめるようになるにしたがい、有為な人材がこの職業に集中し、それがまたコモン・ローの成熟に貢献することとなった[14]。

代弁人はやがて上級法廷弁護士（serjeant-at-law）と呼ばれるようになり、国王裁判所とくに民事訴訟の中心をなす民訴裁判所（Court of Common Pleas）での弁論権を独占し、14世紀には、裁判官も彼らのなかから任命するという慣行が成立した[15]。ここに国王から資格を与えられた特権的階層である上級法廷弁護士は、閉鎖的なギルドを形成し、新しい法曹養成も、裁判所の監督のもとに上級法廷弁護士の手にゆだねられた。このようにして将来の法曹として教育訓練をうけたのが、研修生（apprentice）である[16]。もともとは、研修生はその名称のとおり、上級法廷弁護士のもとで修業する者であったが、上級法廷弁護士は権威も高く、数も少なかったので、研修生はおのずから弁護士活動を許されるようになり、別個の法律家の集団として発展していった。その地位の確立とともに、共同生活の中心となり、法曹の養成と監督の機関となったのが、法曹学院（Inns of Court）である。

§239　いまもロンドンに残る、リンカンズ・イン（Lincoln's Inn）、グレイズ・イン（Gray's Inn）、ミドル・テンプル（Middle Temple）、インナ・テンプル（Inner Temple）の4つの大きな学院は、すでに15世紀に存在していた[17]。

14　これについての実態的で詳細な研究として、E. W. IVES, THE COMMON LAWYERS OF PRE-REFORMATION ENGLAND（1983）を見よ。

15　民訴裁判所は、のちに詳説されるように、ヘンリー2世の頃に王会（curia regis）の司法専門機関として分離された裁判所であり、コモン・ロー形成に重要な役割を果した。

16　フォーテスキュ（Sir John Fortescue）の『イギリス法讃美論（De Laudibus Legum Angliae）』（1468年）では、研修生たちは貴族の子息が主であって品行方正な青年たちとして描かれているが、前掲注14のアイヴスの研究によれば、地方出身の経済的ゆとりのある、必ずしも将来が保証されているのではない野心的青年たちが多かった。競争は激しく、かなり多くの者が脱落していった。

17　エドワード1世の頃に作られたものと推測されているが、最も古い記録はリンカンズ・インの1422年であり、15世紀にはすでに確立されていたこと以外には不明なことが多い。それぞれの学院が独立した歴史と伝統をもっている。リンカンズ・インは大法官府の裁判官たちを育ててきたことで知られる。グレイズ・インはリンカンズ・インと対照的な学院で、クロムウェル（Cromwell）やベーコン（Bacon）などがいた頃（主にテューダー朝）もっとも栄えた。ミドル・テンプルについては、1501年以降の歴史が残っている。クラレンドン（Clarendon）、エルドン（Eldon）などの大法官を生んだことのほか、ブラックストンもここに帰属していたことで知られる。建物

研修生たちは、ここで起居をともにしつつ、後進の法律家養成の教育とともに、一般的な高等教育をもちあわせて行ったのである。このように、大学ではなくて、実務法律家の団体が法学教育を行ったことが、理論よりも現実を重視するイギリス法の思考方法に影響を及ぼしたことは前述したとおりである。当時の法曹学院の主な構成員は、ベンチャ（bencher）、バリスタ、修習生であった。ベンチャは、最上層の構成員であって、学院の管理運営権をもち、教育にあたる講師（reader）に選ばれたバリスタが昇進してこれになる。バリスタは、学院の教育の中心をなす模擬裁判で弁論のため指名された者で、「裁判官席（bar）」に近い座を占めうるためにこの名があり、のちにそれが法廷弁護士全体の呼称となり、その資格付与もまた「バーに招かれる（called to the bar）」と表現されるのも、これに由来する。バリスタは、形式的には研修生であったが、1人前の弁護士である。16世紀には、バリスタ以上の者が国王裁判所で弁護権を独占する制度が確立している。

§240　16世紀の中頃以降、さきにのべた上級法廷弁護士は、その権威を減退していった。裁判官もそこから任命する慣行はすたれ、むしろバリスタ（正確には、そのうち国王のための法律事務を処理するため勅任された勅選弁護士）から選任されるようになった[18]。そして、最上級の弁護士として尊敬をうけた上級法廷弁護士の階級も、形式的には19世紀まで存続したが、裁判所法（Judicature Act, 1843）がこれを廃止したので、バリスタが通常裁判所の法廷弁論を独占する弁護士となった。19世紀には種々な法改革が行われ、法曹界はその大きな影響を受けたのであるが、むしろ伝統的な弁護士がその地位を維持できたことについては、ダイシー（Dicey）の努力によるところが大

　　はケンブリッジ大学のトリニティ・カレッジに似て落着きがあり、チャールズ・ディキンスの小説にも美しく描かれている。最後に、インナー・テンプルはクックの所属していた学院であり、コモン・ロー裁判官たちのもっとも活躍する場所であった。しかし、その歴史のなかには、しばしば大きな波乱がおきており、見方によってはもっとも進歩的な学院であるといえる。

[18]　勅選弁護士（Queen's Counsel）は、国王がコモン・ロー法曹と対立していたときに、国王を弁護する弁護士を確保するためにもうけられた制度であったが、現在では、10年ぐらいの経験をつんだバリスタに与えられる栄誉の称号にすぎない。絹のガウンを身につけることが許されるためにシルクと呼ばれることもある。国王を相手とする訴訟当事者を弁護してはならないことになっているが、許可をえればよいことになっており、実際上、普通の弁護士とほとんど変らない。

第1節　イギリス

きいといわれる[19]。なお、近代において、とくに17世紀以降、法曹学院はその活動の重点であった法学教育面を失っていったが、19世紀になると、大学とともに、4つの学院の共同で設けた法学教育評議会（Council of Legal Education）が講義をするに至ったことも付言しておこう[20]。

3　ソリシタ（solicitor）

§241　中世において、国王裁判所では訴訟当事者は必ず出廷することが要求されたが、漸次それが不合理であることが判明し、やがて当事者の身代りとして訴訟に出廷する者を選任できるようになった。はじめは、当事者の親族や知人がこの身代りになったが、次第に職業として当事者を代理し、その行為が当事者を拘束するような者が新しい階層として生まれてきた[21]。それはエドワード1世の頃であったといわれている。これが代訴人（attorney）であり、現在の事務弁護士（solicitor）の原型である。訴訟が増加するとともに、当事者の代りをつとめる者も、ある程度の法律知識やラテン語の読解力を要求されるところからみて、このような職業化は必然の傾向といえるであろう。

§242　代弁人の系列の法曹が華やかな発展をとげたのに反し、代訴人の方の展開はそれほどみるべきものはなかった。もっとも16世紀中葉まで、この両者は明瞭に分化せず、代訴人が法廷で弁護をすることも可能であった。ところが、このような両者の一体化の方向はとられず、事務的色彩の濃い法律実務を行う代訴人は、その資格授与の方法、監督、養成方法などでバリスタと区

---

[19] R. COCKS, FOUNDATIONS OF THE MODERN BAR (1983) pp. 199-209. これと関係する19世紀の法改革を簡潔に説明した著書として、FIFOOT, JUDGE AND JURIST IN THE REIGN OF QUEEN VICTORIA (1959) も見よ。

[20] イギリスの法学教育について、その近代の発展をみた、深田三徳「イギリス近代法学教育の形成」同志社法学114号30-55頁、同116号1-28頁を、また現代の問題として主としてオームロッド（Ormrod）の報告書を検討した、田中英夫「イギリスの法学教育」同『英米の司法』（1973年）457-83頁を参照。前注のコックス（Cocks）の著書にもこれについてふれられているし、その末尾には、関連文献の一覧表が付されている。

[21] Baker, *Counsellors and Barristers*, 27 CAMB. L. J. 214-18 (1969); ditto, *Solicitors and the Law of Maintenance*, 1590-1640, 32 CAMB. L. J. 56-80 (1973). ソリシタについての本格的な文献は余り多くはないが、その歴史について、ABEL-SMITH AND STEVENS, LAWYERS AND THE COURTS (1967) を、また現行の制度について、JACKSON, THE MACHINERY OF JUSTICE IN ENGLAND (6th ed., 1972) をあげておこう。

別され、16世紀中頃に法曹学院からしめだされることによって両者が分化され、二元主義が確定した。その頃に新しいソリシタ（solicitor）と呼ばれる法律家階層が生れてきた。これは当初、代訴人とは別であった。自己の所属する裁判所以外の裁判所での事務について、自己の依頼人のためにその裁判所所属の代訴人に依頼する代訴人をいうこともあるが、代訴人の補助者や衡平法裁判所や星室裁判所のようなコモン・ロー裁判所以外の新しい裁判所で業務を行う者をソリシタと呼んだ。しばらくソリシタは代訴人より地位が低いとみられたが、18世紀には両者は同じ職業集団となった。そして、それが組織する非公式の団体（Society of Gentlemen Practicers in the Court of Law and Equity）も、1831年に「ロー・ソサエティ（Law Society）」という自治組織となり、職業倫理の維持につとめ、代訴人とソリシタの社会的地位の向上を実現した。1873年の裁判所法以後、代訴人という名称はなくなり、両者は「ソリシタ」（事務弁護士）という統一した呼称をもつようになった。このようにして、現行の法廷弁護士と事務弁護士という二元的な実務法曹階級の制度が、中世以来の歴史的背景のうちに形成されてきたのであった。そして、従来は、ソリシタは裁判官による道がとざされており、バリスタより劣位にあるものとされがちであったが、最近ではこの傾向は緩和されている[22]。

第3項 裁 判 官

1 裁判官の歴史

§243 法曹法である英米法の主体的な担い手たちの中心となるのは裁判官である[23]。この裁判官が、17世紀末頃以降にはバリスタのなかから選任されると

---

[22] 1971年の裁判所法（Courts Act）は、一定期間ソリシタとして務めた有能な事務弁護士を、巡回裁判所および王座裁判所の裁判官に任命する道を開いた（第15条、第12条）。これは、保守的で硬直化した法曹界に新しい活力を導くものとして歓迎されている（Blom-Cooper, *The Judiciary in an Era of Law Reform*, 37 POL. Q. 378 (1966); Lord Gardiner, *Two Lawyers or One?* 23 Cur. L. PROB. 1 (1970) 参照）。

[23] イギリスの裁判官についての文献は最近多くなっている。主要な文献として、前掲注21に引用したジャクスン（Jackson）の著書の外、CECIL, THE ENGLISH JUDGE (1970); MEGARRY, LAWYER AND LITIGANT IN ENGLAND (1962); SHETREET, JUDGES ON TRAIL (1976); DEVLIN, THE JUDGE (1979); PATERSON, THE LAW LORDS (1982) などがある（なお、邦語文献としては、高柳賢三『英米法の基礎』（1954年）第3講、田中英夫『英米の司

第1節　イギリス

いういわゆる法曹一元の慣行が確立していることは前述した。しかし、裁判官の選任やその職務については、他の歴史的諸事情も影響を及ぼしており、ここでも多少歴史にさかのぼって、現在の慣行が確立するまでの経緯について説明をつけ加えておかなければならない。

§244　古くは、のちに考察する自治共同体（community）の裁判所も、封建領主の荘園裁判所も、専門の職業的裁判官をおかず、共同体の自由人がその資格において、あるいは領主に対する不動産保有条件にもとづく奉仕の1つの義務として、裁判所に出廷する裁判員（suitors）が裁判を行っていた[24]。しかし、国王裁判所においては、すでに12世紀末にはこれとは異なる慣行が生まれつつあった。その原因として考えられるものは少なくない。裁判官制度を採用して信頼をえていた教会裁判所の示唆もあったし、国王評議会（curia regis）がその職務に応じて専門家の構成する合議体をもち、行政的な機能を行ったが、その成功は、裁判においてもこの形態での専門家主義の採用を促したことも考えられる。しかし、最も重要なことは、奉仕義務として裁判員をつとめることは過大な負担として回避されるようになり、裁判事務が増大したこととあいまって、古式な素人裁判員制度は働くことができなくなったことである。コモン・ロー裁判所の1つである民訴裁判所（Court of Common Pleas）の設置とともに、専門の裁判官によって構成される裁判所制度が確立していったのである。

§245　この裁判官は、国王の官吏団を構成していた書記群のうちから選ばれることになったのは当然の推移であろう。これらの裁判官は、他の官吏の多くと同じように、13世紀ごろは「聖職者」であった[25]。これらは聖職者階層とし

　　法』（1973年）をあげておこう）。

24　のちに不動産についてのべるように、イギリス封建制においては、臣民が国王に対して忠誠をたて、国王がその臣民に対して一定の保有条件を付して封土するという形態で統治が行われたが、奉仕の一種（frankalmoin）として、臣民間の争いを解決する任にあたることをその条件とされることがあったのである。

25　神の名において裁判が行われていたし、ローマ法の文献を利用するにはラテン語が読めなければならなかったであろうし、本来の仕事で多忙である者にとっては裁判にさく時間的ゆとりがなかったであろうことなどの諸事情が、そうさせたものと思われる。たとえば、首席裁判官であり、『イギリスの法と慣習について』（1250年）〔⇨§387〕の著者として著明なブラクトン（Bracton）は、エクゼタ（Exeter）寺院の執事長もつとめていた。

第4章 法律家

ては下層に属するのが通常で、教会法に通じている法律家とはいえず、独自にコモン・ローを発展させていった[26]。そして、その世紀の末になると俗人である裁判官の比率は増大していった。これらの専門的な裁判官の登場は訴訟手続を技術化することになり、専門的な弁護士の階層を生み出したことは前述のとおりである。もしこの体制が続いたとすれば、現在の英米の司法制度の特色となっている法曹一元は成立せず、むしろ官僚制の裁判官が発展することとなったと思われる。そして、ヘンリ3世の治世の初期には、ペイツシャル (Martin de Pateshull) やローリイ (William de Raleigh) のようなすぐれた裁判官があらわれ、コモン・ローの育成に功績をあげた。しかるに、13世紀中葉以降になると、国王の官吏全体が無知で腐敗していくという事態が生じ、その一員である裁判官もまた厳しい攻撃にさらされるようになった。そのような官僚制一般への敵意から生まれた官僚裁判官制度への批判の結果、裁判所から官吏的性質をもつ要素を排除する運動が起り、そこで裁判官の供給源として当時漸く法律専門職の階層として成立をみつつあった弁護士が注目されたのは自然のなりゆきといってよいであろう。

もとより、裁判官を弁護士から登用する方法をとるとしても、常設の専任の裁判官をおくことなしに、特定の事件を審理するために事件ごとに特別の授権をうけた弁護士が裁判を担当する仕組みをとることも可能であった。刑事事件について、特別の授権によって審判する刑事巡回裁判[27] (oyer and terminer) はその例である。しかし、すでに裁判所としての組織を確立し、多くの事件を処理したコモン・ローの裁判所は、国王から永久的に裁判権を授与されたと考えられ、このような事件のごとの授権をうける裁判官の方式はなじむことができず、一般化することがなかった。したがって、常任の裁判官制度と法曹を結びつけるものとして残された唯一の方法は、すでにのべ

---

26 ここにいう「コモン・ロー」とは、地方のさまざまな慣習法に対し、どの地域のだれに対しても共通に適用される普遍的な法という意味で使われている。

27 ロンドンの高等法院（主に王座部）の裁判官が、自己の担当する地方を巡回し、民事事件の審理に当ったが、かかる裁判は assize と呼ばれた。この assize に対し、年4回開かれる quarter sessions から重大な犯罪に関する裁判が移送されることがあったが、この場合には、特別の審判を命じる辞令が個別的に出された。ちなみに、oyer は審理する (hear) ことを意味し、terminer は判決する (determine) ことを意味する。この刑事巡回裁判は、Courts Act 1971, s.1 (2) によって廃止された。

第1節　イギリス

た、優秀で権威の高い法律家の集団である上級法廷弁護士のなかから裁判官を選任することであった。このような法曹一元の制度は、すでにのべたように、のちに上級法廷弁護士ではなくバリスタのうちから登用することとなったが、本質的には修正をうけることなく、イギリスおよびコモン・ローを継受した地域に今日まで継続している重要な制度である。

§246　この制度は、英米の司法制度の伝統として多くの長所を生みだしたものとして評価される。それは裁判官と弁護士の一体感を育てる。とくに中世において、裁判官と上級法廷弁護士は、開廷期間中は共同生活をいとなみ、事件を格式ばらずに論議できた。この共同生活の慣行は、やがてなくなったが、このような親密な関係はバリスタから裁判官が選任されるに至っても存続せしめられた。法廷弁護士として長い実務経験をもち、その識見において優秀な者が裁判官に任用されることは、裁判官の法の観念や法の理解が弁護士と共通のものとなる結果をもたらし、判例法の形成は、いわば共同の経験をもつ者の協力によってなされるのであり、裁判の運営もまた、共通の意識をもつ実務法曹の共同作業によって行われたのである。そして、このことは、法廷弁護士が依頼人と直接に接触する事務弁護士と区別され、法廷活動に専念することとあいまって、すぐれたイギリス判例法を生みです基盤となったといえよう。

2　現行の制度
(1)　大法官（Lord Chancellor）

§247　以上のような歴史的背景をもって形成されてきたイギリス法曹の現行制度の概要をのべておこう。第一に、現行制度の頂点にたつ裁判官は大法官である。現在、大法官は最高位の裁判官であるだけでなく、貴族院議長およびいわゆる法務大臣の地位も兼ねているが、もともとは、国璽（Great Seal）の保管者という必ずしも身分の高くない一種の行政官であった[28]。公文書を適

---

[28] 大法官は国璽保管の義務を負うことは、5 Eliz. c. 18 の法律が明文で定めているが、キャンベルはさらに古くさかのぼって、国王の文書を管理する秘書役にその起源を求めている（LORD CAMPBELL, LIVES OF THE LORD CHANCELLORS AND KEEPERS OF THE GREAT SEAL (4th ed., 1874)）。この著作には歴代の大法官が詳しく紹介されているが、なかには聖職者でもなければ法律家でもない、エレノア女王のような者も含まれている。

第4章　法律家

法に発行することについて責任を負い、また国王の良心の代理人として宗教的儀式を行うこともあり、古くは聖職者がこれに当ることも少なくなかった。しかし、のちに説明される歴史的事情のために大法官府も自ら裁判を行うようになり、法律家が大法官に任命されるようになった。さらに18世紀のはじめ頃から大法官の権限はいっそう強化され、現在に至っている[29]。

大法官は法律家として最もすぐれた資質をもつものとみなされ、それゆえに、第3章に説明するイギリスの裁判所のいずれにおいても、自ら裁判することに何の支障もない[30]（ただし、高等法院大法官部の裁判は、副大法官（Vice-Chancellor）が代理する慣行がいまではできている）。また、大法官は、理論上、最高裁長官、法務大臣、貴族院議長の3役を自ら執行することになっているが、実際には、それぞれの職務についての代理がそれを行うことも少なくない。このようにして種々の職務を行う大法官は、以下の裁判官たちに比べて政治的色彩が濃く、内閣と進退をともにするのが普通となっている[31]。それぞれの大法官の個性にも関係すると思われるが、マッケイ裁判官卿は、余り

---

[29] たとえば、大法官の行政的職務には、閣議に出席するだけでなく、裁判官を選任すること、インズ・オブ・コートおよびロー・ソサエティにおける法曹教育に当ること、治安判事を任命しかつ訓練することなども含まれる。現在における大法官の役割について、GARDINER, THE TRIALS OF A LORD CHANCELLOR (1968); HAILSHAM, THE PROBLEMS OF A LORD CHANCELLOR (1972) を見よ。なお、その官職の正式名称（The Lord High Chancellor of Great Britain）は、スコットランドとの合併法第24条に由来する。

[30] エルドン卿（Lord Eldon）はかつて自分の下した大法官府の判決を控訴院で自ら破棄し、さらに貴族院でそれを審理したといわれるが、この裁判はディキンスの小説（The Break House）のモデルとされた。エルドン卿は裁判ずきであり、10年以上かかるのは稀でなかった。

[31] 田島裕『議会主権と法の支配』（1979年）36-9頁参照。現在の大法官の役割について、大法官ヘイルシャム卿（Lord Hailsham）は次のようにのべている。「大法官が存在するのは権力分立の原則が無視されてもかまわないからではなく、それが無視されてはならないからである。とくに、司法部の政治的干渉からの独立は、その他の点では自由が存在する国においてさえ、ほとんど必ず危険にさらされており、不断の警戒をして、必要があればあらゆる代価を払ってでも守らなければならない自由の基本原理である。若干の国では、成功度の差はあるけれども、権力分立を紙の上の憲法の保障によって維持しようと努めている。〔イギリスでは〕紙に書かれた憲法はないので、権力分立を確保することが大法官の主要な職務となっている。この職務は、いずれの方角から狡猾漢が襲撃してきても、それを追払うことのできる長い舟棹を手にした大法官が憲法のピラミッドの頂点近くのどこかに占める場所を与えられていてこそ、はじめて果されうる職務である」と（HAILSHAM, supra note 29, at 4.）。

第1節　イギリス

にも政府の代弁者となりすぎて、司法府の中立性を疑わせる事態を招いたという批判を受けたことがある[32]。

(2) 英国首席裁判官 (Lord Chief Justice of England)

§248　この地位は王座裁判所（現在では高等法院の女王座部）の長に当るものであるが、裁判官制度のうえでは、大法官に次ぐ高位の裁判官である[33]。この裁判官は実際に法律家として最もすぐれた資質をそなえていると考えられ、この裁判官が上級の裁判所で裁判をすることに何ら支障はない。このような地位が存在するのは、つぎのような歴史的事情による。第1に、古い時代に、国王評議会のなかから裁判を担当する官吏として選ばれたのがこの首席裁判官であり、その伝統をうけついでいることである[34]。第2に、王座裁判所ないし女王座部には最も多くの裁判官が所属しており、その人事について決定権をもっていることもあって、大きな力をもってきたことである。さらに、かつてその職にあったクック、ヘイル、ホウルト、マンスフィールドなどの著明な裁判官が、かがやかしい業績を残したこともあげられるであろう。

(3) 常任上訴裁判官 (Lords of Appeal in Ordinary)

§249　つぎに高位の裁判官は常任上訴裁判官（または簡単に法卿 (Law Lords) と呼ばれることもある）である。この地位は、最高裁判所として貴族院が活動する場合に、法に通じていない素人の貴族が裁判に関与して弊害が生じた[35]

---

[32] CHRISTOPHER CAMPBELL-HOLT (ed.), LORD WOOLF — THE PURSUIT OF JUSTICE (2008) p. 139. また、Lorf Woolf, 114 L. Q. REV. 579-585 (1999) も見よ。

[33] この裁判官の歴史について、詳しくは CAMPBELL, THE LIVES OF THE CHIEF JUSTICES OF ENGLAND (4th ed., 1874) の第1巻を見よ。これに続く歴代の主席裁判官の伝記の部分には、グランヴィル (Glanville) やブラクトン (Bracton) などの著明な裁判官の名前がつらなっている。この地位は、コモン・ローの法律家の最高の地位であったが、刑事事件を扱うことが多く、経済的にはめぐまれない地位であった。かつてベーコンが、個人的な競争相手である先輩のクックをこの地位につけるよう国王に推挙し、財政的に苦しめようとしたことはよく知られる話である。

[34] 王会 (curia regis) は立法・行政・司法の統治全般に関与した国王の機関であって、アングロ・サクソン期の賢人会 (witena gemote) に由来するといわれる。第3章で説明するイギリスの裁判所はこれから分かれ出たものである。

[35] O'Connell v. Queen (1844) 5 S. T. (N.S.) 1; 11 C. & F. 155; 8 Eng. Rep. 1061 において、枢密院議長ウォーンクリフ (Wharncliffe) が非法律家たる貴族が判決に介入してはならないと警告したが、たとえば、Bradlaugh v. Clarke (1883) 8 App. Cas. 354 におけるデンマン卿の例に見られるように、その警告はときに無視された。

第4章 法律家

ことがあり、制定法によってそれを排除した結果、裁判にあたる一定数の専門家貴族を貴族院に維持する必要が生じ、新たにもうけられた地位である（Appellate Jurisdiction Act, 1876 による）。はじめ2人、ついで4人、7人と増加され、1946年の法律は、これを9人にした。ただし、7人をこえて任命する場合には、仕事の量がそれを必要とする大法官および大蔵大臣が認めることが前提となる。

§250　この裁判官の職務は、毎年貴族院に上告される100件あまりの事件を処理することにあるが、一般的にいえば、将来法制度全体に影響を及ぼす重要な問題を審議するということである[36]。法卿の任命の資格は、法廷弁護士として15年以上実務についていたこと、または2年以上高位の裁判官として在職していたことであり、学識も高く、個性のある有能な法律家がこれに任命されることが多い。のちに判例拘束の原理にふれるが、そこで最も重要なものとされる貴族院の指導的先例を生み出すのも、これらの裁判官であるといってよかろう。

§251　常任上訴裁判官たちは、最近、奇妙な事件に巻き込まれて、世間の批判をあび、貴族院改革を目的としてロイヤル・コミッションがその役割を再検討している。奇妙な事件というのは、元チリ共和国元首ピノチエ・ウガリテの国外退去命令に関する事件を意味するが、その大統領の政府は軍事政権であり、在任中、さまざまな残酷行為を行った。イギリスの女性英語教師が、理由もなく拷問（レイプを含む）にかけられ、命からがら母国に逃げ帰ったということもあった。老齢になり、病気治療のためにロンドンに滞在中、スペイン政府はイギリス政府に対し、国際犯罪者としてピノチエ・ウガリテの身柄の引渡しを要求した。イギリス政府は、これに応じてピノチエ・ウガリテを逮捕し、その準備をはじめていたときに、アムネスティ・インターナショナルが、人道主義の立場からその引渡しの差止命令を求める訴訟を起こした。そして、最終的に貴族院がこの問題についての判断を迫られ、申立てを棄却した。しかし、5人の貴族院裁判官のち1人はアムネスティ・インターナショナルのロンドン支部長であることが分かり、公正な裁判ではなかったと

36　法卿（law lords）（正式には Lords of Appeal in Ordinary と呼ばれる）についての法社会学的研究である、A. PATERSON, THE LAW LORDS（1982）がその職務の実態を明らかにしている。

いう再審理の申立てを受け、貴族院は2名を追加した7名の裁判官で審理をやり直した。結果は同じであった[37]。この裁判の進め方は、憲法史のなかではじめて見るものであり、議論を呼んでいるのである。とくに、問題の裁判官は7名の中に残っており、そもそもこれが許されるかが論議の焦点となっている。

　(4)　記録長官（Master of the Rolls）

§252　この裁判官は控訴院の首席裁判官であるが、判決などの公文書を保管する責任を負わされていることから記録長官と呼ばれる。大法官、英国首席裁判官とともに貴族に叙勲されることになっており（したがって呼称としては、My Lord――ミー・ロードと発音する――と呼ばれる）、貴族院の裁判に加わることもできる。日本にもよく知られるデニング裁判官は、1983年に退官するまで、その地位にあった。この裁判官は、事件を貴族院へ上告できるかどうか決定することについて大きな力をもっているし、判例集の編纂やインズ・オブ・コートでの法曹教育の責任者でもあることから、非常に有力な裁判官であるといえる。

　(5)　上訴裁判官卿（Lord Justices of Appeal）

§253　この地位はJudicature Act 1877, s.4によって創設されたものであるが、その起源は14 & 15 Vic. c. 83にある。1877年には2名の裁判官が大法官府に配属されており、vice-chancellor判決からの上訴を審理していた。現在では、35人までこの資格をもつ裁判官が任命されうるが、これらの裁判官は主として控訴院において裁判を行う。この35名の定員は枢密院令によるものであり、この枢密院令の改正により定員数を変更することはできる。1981年の最高法院法には、Lord Justices of Appealという用語が用いられており、女性がこの職に着くことを考えていなかったと思われるが、Butler-Sloss女史がこの職に任命され、Lady Justice Butler-Slossと呼ぶことが許されるようになった。上訴裁判官卿は、名前の後ろにLJと付して他の裁判官とは区別される。

　(6)　控訴院裁判官（High Court judges）

　この裁判官は第一審の裁判を担当する裁判官であり、通称としてpuisne

---

[37] R. v. Bow Street Metropolitan Magistratem ex parte Pinochet Ugarte, *sub nom* R. v. Evans, R. v. Bartle, [1998] 3 WLR 1456.

（ピューニーと発音する）（平裁判官）と呼ばれる。98名の定員となっているが、高等法院の大法官部（会社法等）、家族部（離婚、少年問題等）、女王座部（契約、不法行為、刑事事件）のいずれかに配属させられる。高等法院に提起される事件の数が増えており、大法官は臨時の deputy judges を任命しており、これが政治問題となっている。

　巡回裁判所判事は、裁判官としては番下位の裁判官である（これらの裁判官は your honour と呼ばれる）。以上が国王の通常裁判所の裁判官たちであるが、広い意味では、さらに簡易裁判所の記録官（recorders）や治安判事などもこれに含めることもできる[38]。しかし、これらは原則として職業裁判官ではないので、本書では次項で説明することにしよう。

3　裁判官の身分保障と司法権の独立

§254　英米法体系の基礎は判例法からなり、その判例法体系を形成する主体は以上のような裁判官たちである。この判例法形成が裁判官の良心にしたがって正しく行われるためには、裁判官の身分が保障され、裁判所が他のいかなる者によっても干渉されないということが必要である。「法の支配」の国であるといわれるイギリスにおいても、これが確立されるまでに紆余曲折があり、長い年月を要した。つぎにこれについて少しくわしくふれておくことにしよう。

§255　司法権の独立が最も危機にさらされたのはステュアート朝であった。チューダー朝の頃には、前述したようにすでに有力な自治団体として法曹集団ができあがっており、しかもその集団の指導的立場にある裁判官たちは王権に対して批判的であったので、国王はしばしば裁判に干渉しようとした[39]。王権神授説そのものは認められないにせよ、裁判権は国王ないし国王評議会に属するものであることは当時一般に理解されていたことであり、国王の主張にも一理はあった。その主張は、フランシス・ベーコンの比喩的な言葉を借りれば、「裁判官たちはライオンではあるけれども、王座にひざまずくラ

---

[38] これらの裁判官には、つぎに説明する身分保障は及ばない。したがって、第4項の中で説明することにした。

[39] Havinghurst, *The Judiciary and Politics in the Reign of Charles II*, 66 L. Q. REV. 62 (1950); ditto, *James II and the Twelve Men in Scarlet*, 69 L. Q. REV. 522 (1953) 参照。

第1節　イギリス

イオンであるべきであって、彼らは主権のいかなる点も、抑制したり、反対したりしない」ということである[40]。これに対し、クックは、国王といえども神と法のもとにあるべきであり、ここにいう「法」は長年の経験と研究とによって初めて知りうる技術であり、事件は「自然の理性」によって決められるべきでなく、かかる「技巧的理性」によって決められるべきである、という論理によって立ちむかおうとした[41]。しかし、1616年のコメンダムズ事件で罷免に追いやられた[42]。

§ 256　17世紀の激しい変動ののちに最終的に行き着いた光栄革命は、コモン・ロー法曹にとってきわめて有利なものであった。その革命は、コモン・ロー法曹が国会の支持をえて国王の支配を排除したものであった。事実、1701年には、国会は、制定法によってお伺いの継受を定めると同時に、「裁判官は罪過なき限り (during good behaviour) その地位を失わない」ことおよび「その報酬は在任中減額されない」ことを規定した (Act of Settlement, s. 3.)。しかし、この法律には罰則の定めはないし、裁判官の報酬がいくらであるべきかも規定しておらず、しかも「罪過の有無」は相変らず国王によって決められるということになれば、この法律によって裁判官の身分保障が完全なものになったとはいいがたい。また、国王が死亡したときは、その後6カ月は身分を保障されるが、その後裁判官として再任されるかどうかは新しい国王にかかっており、1714年と1727年には多くの裁判官が再任を拒否された[43]。1760年になって、やっと裁判官の俸給額が一定額に定められるようになり (1 Geo. 3, c. 23)、19世紀後半になって、「罪過の有無」の決定は国会の両院の

---

[40] Francis Bacon, *Essays: Of Judicature*, WORKS OF FRANCIS BACON (rep. 1861) vol. 6, p. 510 を見よ。

[41] Case of Prohibitions, (1607) 12 Co. Rep. 63-4 でのべた考え方である。またよく知られているように Dr. Bonham's Case (1608) 8 Co. Rep. 107a, 77 Eng. Rep. 638 では、合理的理性を内容とするコモン・ローに反する国会の法律の効力を否定する考えを示している。

[42] Case of Commendams (1616) Hobart 140, 80 Eng. Rep. 290. 司法権の独立性を守るために国王ジェームズ1世（エルズミアおよびベーコンが理論的支持者であった）と争い続けたクックの生涯は、C. D. BOWEN, THE LION AND THE THRONE: THE LIFE AND TIME OF SIR EDWARD COKE 1552-1634 (1957) に詳しく描写されている。

[43] ジョージ1世およびジョージ2世のときのことである（これについて、McIlwain, *The Tenure of English Judges*, 7 AM. POL. SCI. REV. 217, at 224 (1913) を見よ)。

決議によるものとされた。そして、少なくとも今世紀に入ってからは、75歳の定年に達するまでに、かかる決議によって罷免された裁判官は1人もいない[44]。このような裁判官の身分保障があってこそ、次章以下でみるような判例法による法形成を可能にしたといっても過言ではない。

§257 もっとも、「法の支配」という観点からみれば、かかる身分保障があるというだけでは十分ではなく、司法権の独立が確立されなければならない[45]。これについては、先にものべたように、光栄革命はある意味でコモン・ロー法曹の勝利を意味するものであり、それほど深刻な問題は起らなかった。しかし、比較的最近になって、行政権を拡大し、それに対する司法権の干渉を排除する立法がなされるようになった。この問題は裁判官の問題というよりは、司法制度全体にかかわりをもつ問題であるので、のちに改めて検討することとしたい。

第4項 治安判事、検察官、その他

1 治安判事

§258 英米の判例法体系が、主としてこれまでに紹介したような法律家によって形成されてきたことは事実である。しかし、量的にみれば、かかる法律家によって解決される事件よりも、国王の通常裁判所以外の場所で処理される事件の方がはるかに多いことも注目しなければならない。このことは、治安判事や特別裁判所の審判官たちの活躍を意味するのであるが、彼らの活躍する分だけ、通常裁判所の裁判官たちは、判例法形成に専念することができたといえなくもない。この項では、通常裁判所を晴れの舞台であるとすれば、前項でのべた身分保障のない、いわば裏方ともいうべき人たちにも少しくスポット・ライトを当てておきたい。

§259 治安判事の原語はジャスティス・オブ・ザ・ピース（justice of the peace）であるが、マジストレート（magistrate）とも呼ばれる[46]。治安判事は家族関

---

[44] SHETREET, *supra* p.90 (n.23), at 122参照。ちなみに、この著書は、現在の裁判官の任免、身分保障などの諸問題を詳細に論じた学術論文である。

[45] DICEY, LAW OF THE CONSTITUTION (10th ed. 1959) pp.337-9 (また、HANBURY & YARDLEY, ENGLISH COURTS OF LAW (1979) pp.126-42 も見よ)。

[46] 古い時代に magistrate と呼ばれて、地方の代官職に当っていた者に起源がある。地方で信頼をえていた者を国王の臣下として登用した（歴史について詳しくは、小山貞

係事件および軽罪の刑事事件の第 1 審裁判に当っているが、処理事件数は家族関係事件が毎年 1 万件をこえ、刑事事件は全体数の 95 パーセントをこえるという。治安判事は、地方の信望の厚い有力者のなかから大法官によって選ばれ、国王が任命する。大法官が開く講習会に出席し、裁判について一般的な知識はえているが、原則として非法律家である。これはパート・タイムの名誉職であり、報酬は名目的なもの（旅費および宿泊費）にすぎない。これに対しては、警察の提出する証拠を信頼しすぎるとか、情に流されやすく恣意的な裁判が行われやすいという批判もあるが、一般的にはよい制度とされており、司法に対する国民の信頼を高めるのに役立っているといえよう[47]。それは、法律に通じた書記官が行きすぎをおさえていることのほか、素人を積極的に裁判に参加させることによって裁判への親近感を生ませているためであろう。

ところで、契約法または不法行為法の事件について訴訟の価額が 2000 ポンド以下の事件は簡易裁判所で審理され、通常は巡回裁判官がその裁判をするが、しばしば記録官（recorder、ときには registrar）が裁判に当ることもある[48]。これは治安判事と同じくパート・タイムの職であり、原則としてその地域の弁護士がこれになる。

2 検 察 官

イギリスには日本のような意味での検察組織は存在しない[49]。私人が訴追をするのを原則としている。刑事事件では公益の保護も目的となっており、

夫『イギリスの地方自治』（1966 年） 3 -139 頁参照）。

[47] この制度の意義について、Royal Commission Report, Cmd. 7463 (1948) および Training of Justices of the Peace in England and Wales, Cmd. 2856 (1965) を見よ。

[48] 記録官は、地方で活躍している 10 年以上の経験を有するバリスタまたはソリシタから任命される。5 年以上その職にあった者が、正式の裁判官が来るまでの間に、比較的軽微な事件を処理することを委任される。Courts Act, 1971, ss. 16 (3), 21. 大法官が決める一定の報酬が支払われるが、その職を引受けて金銭的に得をすることはないといわれる（CECIL, THE ENGLISH JUDGE (1970) pp. 21-5）。ただし、ロンドン、マンチェスタ、リヴァプールの記録官は、普通の記録官よりも一段うえの身分の者として扱われ、それだけで生活できるよう配慮されている。

[49] DEVLIN, THE CRIMINAL PROSECUTION IN ENGLAND (1960) は現行の検察制度を分りやすく説明している。

利害関係のない私人でも訴追できる[50]。しかし、1879年の法律により、死刑を科しうる犯罪、特別に重要であると思われる事件については、新設された検事局長（Director of Public Prosecutions）が訴追を行うことになっている[51]。警察は地方自治の領域に属する問題であり、自治体にとっては、警察組織をもうけるほか、有能な弁護士（ソリシタであることが多い）と契約して訴追に当らせているところもある[52]。

3 その他

§260 イギリスの司法制度を支える者は、以上の者たち以外にもいろいろな者がいる。第1に、今世紀になってから著しく増大した特別裁判所の審判官たちがいる[53]。種類も人数もぼう大なものになっており、注目しなければならない。第2に、不動産取引に関しては、譲渡取引専門家（conveyancer）と呼ばれる者がいる。これは、不動産法が余にも複雑で、普通の弁護士が関与す

---

[50] ただし、私人による訴追がなされた場合、もし無罪判決が下されるときは、訴追者が悪意訴追（malicious prosecution）の不法行為責任を問われるかもしれないし、1982年の時点で42の法律が、私人の訴追には法務総裁（Attorney General）の同意を必要とすると定めており、実際には私人による訴追の事例は非常に少なくなっている。また、法務総裁は、係属中の訴訟について、それが公益に反すると判断するときは、訴訟中止（nolle prosequi）を命ずることができる。ちなみに、法務総裁は、15世紀頃から国王が最高法律顧問として弁護士をやとい、自分の訴訟事件を処理させたことから生まれた職であり、その権限は慣行によるものであるため、不明瞭な部分もある。現在では、内閣によって任命され、貴族院議員の資格も同時に与えられる。EDWARDS, THE ATTORNEY GENERAL, POLITICS AND THE PUBLIC INTEREST (1984) は、現在の法務総裁の役割と問題点を詳しく説明している。

[51] Prosecution of Offences Act, 1879〔現行法は1979年の同名の法律〕による。この職について、JACKSON, supra p.86 (n.1), at 161-5 を見よ。

[52] 警察については、DE SMITH, CONSTITUTIONAL AND ADMINISTRATIVE LAW (2 nd ed. 1973) pp. 380-9.

[53] のちにみるように特別裁判所が多種多様であるのと同じように、審判官の資格要件、選任方法など区々である。一般的には、大法官が候補者のリストを作り、関連官庁の大臣が任命するという形がとられている。Tribunals and Inquiries Act 1971, s.7 (1). 審判官は、非法律家で特定分野の専門家であることが少なくない。審判所委員会（Council on Tribunals）の一般的監督下におかれているが、この委員会には任命権はない。今日のイギリス司法制度において重要な意義をもちながら、これについてはまだ十分な研究がなされていない。ここではとりあえず、WRAITH AND HUTCHESSON, ADMINISTRATIVE TRIBUNAL (1973); FARMER, TRIBUNALS AND GOVERNMENT (1974) を参考文献としてあげるのみにとどめよう。

るのを避けたために起った職業である（ただし、現在ではバリスタまたはソリシタの資格が必要である）。第3に、公証人と呼ばれる職業がある。この職業は1801年の公証人法（Public Notaries Act）によって作られた職業であるが、複雑な歴史的変遷を経て今日のようなものになっている。これについては、本著作集第7巻第5章で説明する。さらに、たとえば職業安全検査官のように、本来はただ単に職場の安全基準を満たしているか否かを確認してまわる行政官にすぎなかったものが、いつの間にか準司法的な機能を果すようになった事例も少なくない[54]。

第2節　イギリスの法曹改革

第1項　序

§261　イギリスでは事務弁護士（Solicitor）は長年にわたって法廷弁護士（barrister）と区別されてきた[55]。法廷で弁論できるのは法廷弁護士だけであり、事務弁護士はそもそも法廷の仕切り（bar）の中へ入ることさえ許されていなかった。イギリスは法曹一元の国であり、法廷弁護士から裁判官が選任される慣行になっているが、事務弁護士には裁判官になる可能性はなかった[56]。これに対し、§265で述べるように、法廷弁護士が依頼人と会うためには事務弁護士を介さなければならないとされてきた。この歴史的・伝統的区別が取り払われようとしている。裁判所および法律実務に関する法律、貴族院で現在審議中であり、この法案が国会を通過することになれば、イギリスの法曹に関する諸制度が大きく変わることになろう（この法律は1990年11月1日に成立した）。これはヨーロッパ共同体が1992年に単一の政治組織体（単一ヨーロッパ連合[57]）に向かって変貌することと関連した立法であるが、

---

[54] これについて、SCARMAN, ENGLISH LAW- THE NEW DIMENSION (1974) pp.53-5 参照。
[55] 本節は Aubrey L. Diamond ロンドン大学名誉教授が、日英文化交流の目的で1990年6月に来日され、1990年6月11日に中央大学日本比較法研究所の主催でなされた特別講演を参考にした。
[56] R・E・メガリ（金子文六他訳）「イギリスの弁護士・裁判官」（中央大学出版部・1967年）がこれについて詳しく説明している。後掲注65も見よ。
[57] ヨーロッパ共同体は1986年2月17日に単一ヨーロッパに関する条約を作り、イ

第4章　法律家

この法曹改革は将来の法曹教育にも大きな影響を与えるものと思われる（但し、現在の法廷弁護士と事務弁護士の資格は廃止されないので、この影響が顕在化するのはかなり先のことであろう）。

§262　この改革がなされることになったのは、現在のイギリスの法曹の在り方に大きな問題があるためでもある。国内に改革を求める声も大きかった[58]。とくにサッチャー首相の政権に移ってから、弁護士の職域の独占状態に対する批判が続いていた。現在では、事務弁護士が約55,000人、法廷弁護士が約5,000人いる[59]。これらの弁護士の大部分がロンドンに住んでおり、地方へ行くほど数が少なくなる。法廷弁護士が全くいない地方都市も少なくない。地方で活躍している事務弁護士は、伝統的にはあらゆる事件について、なんでも気軽に相談にのってくれた。しかし、最近では、都市銀行や大会社の仕事が継続して持ち込まれるようになり、事務弁護士でさえ、しばしば一般の客と会うことを嫌うようになっている。何でも屋でかつ便利屋であった事務弁護士が、現在では、一般人が利用しにくい、敷居の高い専門家に変わってしまっている。一般的には、今日では、弁護士の相談を受けるのには、高額の報酬を出すか、個人的な知人に頼って紹介してもらわなければならないと言われる。

第2項　弁護士の役割

§263　1990年の裁判所および法律実務に関する法律の説明にはいる前に、まず

　　　リスは国内法である1972年のヨーロッパ共同体に関する法律を修正して、これを批准した（European Community（Amendment）Act 1986）。1992年以降には、少なくとも4月に1回は大臣会議が開かれ、ヨーロッパ全体の単一外交政策がとられることになる。

[58] 法曹改革を目的としてベンソン委員会が設置されたが、この王立委員会は、一般の期待に反して、1979年にほとんど従来どおりでよいという結論を出した（Report of the Royal Commission on Legal Services（Benson Report），Cmnd.7648, 1974）。しかし、その後も改革の要望は強く、法廷弁護士と事務弁護士の合同の一般評議会により同じ問題について検討する委員会が1986年に設置され、この委員会が1988年に報告書を作成した（Report of the Committee on the Future of the Legal Profession（Marre Report），July 1988）。本文で言及した法案は、これに従うものである。

[59] これは人口約900人に対して1人の比率であり、アメリカに比べればはるかに低い比率である。ちなみに、日本の場合、現在、14,431人の弁護士がおり、人口約8,000人に対して1人という比率になっている。

第2節　イギリスの法曹改革

　最初に法廷弁護士と事務弁護士がどのような人たちであり、それぞれ伝統的にどのような役割を果たしてきたか、ということから説明を始めたい。そして、現在のイギリス社会が求めている役割との間にどのような食い違いが生じているかを説明することにしたい。

　(1)　法廷弁護士——従来、法廷弁護士は、いわゆる通常裁判所での口頭弁論権（right of audience）を持つ人たちである。これは独占的・排他的な権利であるから、訴訟の当事者が法廷で自ら発言することを許される場合がある点は別として、法廷弁護士の資格を有しないものが口頭弁論を行うことは禁止されている[60]。イギリスの司法制度では、貴族院が裁判所の頂点にあるが、この裁判所は最高法院（Supreme Court）の中に入っておらず、ここで裁判を受けることは、権利ではなく、裁判所の上訴許可の裁量にかかっている[61]。法廷での弁論の仕方についても厳しいしきたりがあり、貴族院の指名を受けた勅撰弁護人、（QCと呼ばれる。これについては後述）が、見習い弁護士を1人引き連れて、口頭弁論を行うのが慣習になっている[62]。裁判所では、それぞれの弁護士がどの資格を持っているか分かるようにするために、定まった形のガウン、かつら、リボン、飾りなどを付けることを義務づけており、これが1つのステイタス・シンボルとされてきた。

§264　法廷弁護士はそれぞれ自分の得意とする専門領域をもつことが多い。例えば、大法官府で弁論をすることを好む弁護士は、エクイティの判例を読んで精通しており、そのチェンバーと呼ばれる事務所は大学の研究室に似た雰囲気を持っている[63]。事務弁護士が法廷弁護士を選ぶとき、事件に関連する法

60　Abse v. Smith, [1986] 1 Q.B. 536参照。しかし、Practice Direction, [1986] 1 W.L.R. 545は、公開の裁判で、訴訟当事者に異論がなく、裁判所が緊急を要すると考えるような場合には、事務弁護士が例外的に口頭弁論をおこなうことができることを宣明している。

61　Administration of Justice (Appeals) Act 1934, s. 1; Appellate Jurisdiction Act 1876, s. 3（民事事件）、Criminal Appeal Act 1968, s. 33（刑事事件）。また、事件が一般的重要性をもつもの（原審の証明が必要）は、Administration of Justice Act 1969, s. 12により、高等法院から直接貴族院へ跳躍的上訴（leapfrog appeal）ができる。貴族院へ上訴される事件は1年に60件程度である。

62　このため訴訟当事者は、常に少なくとも2人分の弁護士報酬を用意しなければならず、訴訟の費用が相対的に高くなっている。

63　もっとも、高等法院の女王座部の裁判官およびこの部に出入りする法廷弁護士たちは比較的ジェネラリストであることが多い。

第4章　法律家

領域で専門化した法廷弁護士に依頼することが多い。そしてまた、裁判官に空席が生じたとき、得意とする法領域を考慮に入れて勅撰弁護人の中から継承者が選任される。法廷弁護士はパートナーシップを作ることはできなかった。しかし、最近では事情がかなり変わってきている。一方では、法律が作られればそれと合わせてしばしば専門の裁判所が作られ、その結果、現在ではイギリスには何万という特別裁判所が存在している[64]。こういう状況の下では、通常裁判所が裁判に当たる事件は、契約違反や不動産取引に関する事件とか、不法行為法の一般的な事件などの普通の事件だけに限られがちで、非常に専門化した優れた弁護士の必要性は相対的に減少している。

§265　(2)　事務弁護士——事務弁護士は、法律上、裁判所の職員として扱われており、直接裁判所の監督に服することになっている[65]。法廷弁護士は、常に事務弁護士を介して法律実務を行うことになっており、直接依頼人に会ってはならないことになっている。これはエチケットの問題とされているが、これに違反すると弁護士の資格を剥奪されうる。この慣行があるため、事務弁護士が一定の職域を独占する結果になっている。その職域の主要なものの1つは、遺言証書などの作成である。第2は、不動産取引の法律実務を行うことである。第3は、比較的大規模な取引に必要な契約書などを準備する仕事である。これらの仕事は、法廷での弁論とは関係のない仕事であり、高度に商業化・工業化された現在のイギリス社会では、極めて重要な領域になっている。とくに金融に関する業界での事務弁護士の仕事は著しく増えている。

　事務弁護士の仕事には会社の設立のために法的手続きを行うことも入っている。しかし、会社の設立を手助けしているうちに、最近の事務弁護士の中には、自ら事業をしたいと望む者も現れた。事務弁護士は、会社の経営政策について相談を受けることは稀ではなく、自分でも事業をするだけの能力を持つようになっている。とくにこの傾向は、ロンドンの事務弁護士に見られる。そこで、1988年にはロー・ソサィエティ（以下、法律協会という）の規則が作られ、事務弁護士が投資事業を行うことができるようになった[66]。事

---

[64] 伊藤・田島『英米法（現代法学全集48）』（筑摩書房、1985年）196-201頁参照。1990年の法律も、新たにAuthorised Conveyancing Board および Conveyancing Appeal Tribunals を設置した。

[65] Solicitors Act 1974, s.50.

第2節　イギリスの法曹改革

務弁護士が兼業として事業を行うときは、法律協会の審査を受けることになっているが、実際上、審査基準はほとんどないに等しく、単なる届出によって兼業ができる状態に近いと言われる。

　とくに法廷弁護士はロンドンに集中する傾向があり、地方での事務弁護士の役割は相対的に高くなっている。事務弁護士は地方の名士として色々なことにかかわる。地方では裁判官のなりてが少なく、1971年の裁判所法によって事務弁護士が下級の裁判官になる道が開かれた[67]。1984年の簡易裁判所に関する法律では、事務弁護士にその裁判所での口頭弁論権が認められた[68]。地方の弁護士は、19世紀の良き時代の法律家の面影を残しており、色々な意味でロンドンの弁護士とは異なる特質を示している。これに対し、ロンドンの事務弁護士は、ニュー・ヨーク（おそらく東京もそうであろう）の弁護士のように、大きなロー・ファームで高度に専門化する傾向を持つ。

§266　(3)　新しい法律実務——ヨーロッパ共同体への積極的な参加によって、新しい種類の法律実務が増えている。第1に、ルクセンブルグのヨーロッパ裁判所に関係する法律実務として、関税の問題、自由取引競争、国際金融、商品・役務の自由な流通などに関する仕事がある。第2に、ストラスブールのヨーロッパ裁判所に関係する法律実務に関する仕事がある。これに関しては、国際人権の保護との関連で刑事事件の弁護も含まれる。これらの法律実務を扱う弁護士は、現在では極めて限られているが、いわゆるEECロー・ヤーへの需要は大きい[69]。さらにまた、コンピューターの利用などのために、会

---

[66] Solicitors Practice Rules 1988参照。但し、投資証券の売買を主たる義務とすることは禁止されている。Solicitors' Investment Business Rules 1988, r.2. なお、Administration of Justice Act 1985 (incorporated practices) s.9は、事務弁護士が銀行や大会社に雇われて働く場合の諸条件について定めている。

[67] Courts Act 1971, s.21 (2)により、10年の経験を積んだ事務弁護士が記録裁判官 (recorder) になることができるようになった。さらに3年間、記録裁判官を勤めれば、巡回裁判官 (circuit judge) になれる。Id. s.16 (3). そして、County Courts Act 1984, s.5 (3)は、その巡回裁判官が簡易裁判所で裁判を行うことができる旨を定めている。但し、実際にはその数は極めて少ない。特別裁判所の審判官は事務弁護士から選任されることが多い。

[68] County Courts Act 1984, s.60 (1). Supreme Court Act 1981, s.83は、事務弁護士にも国王裁判所での口頭弁論権を与え、1990年法によって修正されたSupreme court Act 1981, s.10 (3)は、その他の者にも裁判官に任命される資格を認めている。これについては、後掲注72を見よ。

社形態も取引のやり方も大きく変わり、法律面でも新しい問題が増加している。このような激しい社会の変化に弁護士はついていかなければならない。

第3項 望まれる法律実務の在り方

1 序 説

§267　1990年の裁判所および法律実務に関する法律を制定した結果、イギリスの法曹はどのようなものに変わろうとしているのであろうか。同法第17条（法案第15条）は、「一方では適切で効果的な司法行政を維持しながら、イングランド及びウェイルズにおける法律実務（特に口頭弁論、訴訟の進行、不動産取引および遺言検認）を新しい方法またはより良い方法で提供し、そしてその提供を行う者の選択肢をより広げるための規定を定めて、かかる法律実務を発展させること」という当該法律の目的を規定している[70]。法律実務の主要な領域として、口頭弁論、訴訟の進行、不動産取引、遺言検認を例示しているが、今度の改革で最も注目すべき点の1つは、法廷弁護士以外の者にも口頭弁論権を与えたということである。事務弁護士以外の専門家（例えば、公認会計士や建築士）も法廷で後に述べるような限度で弁護活動を行うことが許される[71]。

2 法廷での口頭弁論

§268　まず第1に、口頭弁論について規定した1990年の裁判所および法律実務に関する法律第27条（法案第25条）を見てみよう。この条文は、「認可団体（authorised body）」が口頭弁論権を誰に与えるかを決めることとしており、この「認可団体」として、(a) 法廷弁護士の全体評議会、(b) 法律協会、(c) その他の枢密院規則で決める専門家団体を挙げている。実際には、裁判所規則によって、それぞれの職業に関連した領域での口頭弁論が定められる

---

[69] J. R. SPENCER, JACKSON'S MACHINERY OF JUSTICE 429-40 (7th ed. 1989) 参照。

[70] 1990年の法律は本文で述べたことを主要な目的としているが、これと関連して法律実務に関する苦情処理機関としてオンブズマンの制度を導入することも定めている。また、高等法院とその他の裁判所との職務分担を決める大法官の権限や、1950年の仲裁法を改正して高等法院が仲裁を行うことに関する規定なども定めている。

[71] 各専門職の自治団体ができていて、懲戒処分などの制裁によって、一定の職業倫理を維持できる団体に限られる。

第2節　イギリスの法曹改革

ことになるであろうが、法廷弁護士については口頭弁論権が当然付与されたものと見做される（同法第31条［法案第29条］参照）。とくに事務弁護士の口頭弁論権について、同法第67条（法案第54条）が、大法官が指定する一定の国王裁判所（Crown Court）において、口頭弁論権を付与されることを定めている[72]。弁護士以外の専門家が弁護活動を行うためには、その前にまずその所属団体が、同法付則4に定める手続きに従って、弁護活動の必要を説明した書類を提出して大法官から認可団体の認可を受けなければならない[73]。（1990年10月に貴族院裁判官グリフィス卿を委員長とする専門委員会がこれに関する規則の起草を開始した。）そして、認可団体の内部規則に従って、限られた限度での弁護活動を行うことができる。ちなみに、実際上はともかく理論上は、同法第71条（法案第57条）が裁判官となる資格を口頭弁論権を持つ者と規定しており、将来、非法律家が裁判官に任命される可能性がでてきた[74]。

3　訴訟の進行

§269　1990年の法律第28条（法案第26条）は、訴訟の進行について規定している。この場合にも、認可団体が法定内での実務活動をコントロールすることになっているが、先の認可団体の中で(a)法廷弁護士会の全体評議会は除外されており、法廷弁護士は当然自己の判断で自由に訴訟を進行する権利をもっていると思われる。その他の者については、法律によって特別に定められる限度でのみ活動が許されるということになる[75]。この領域では、実際上

---

[72] これは議論の多い問題であるが、ここでは次のことを指摘するのみに留めたい。Prosecution of Offences Act 1985により公訴局（Crown Prosecution Service）が設置され、事務弁護士がこの公訴官として刑事訴追を行うことができるようになったが、大法官は事務弁護士にこの権限を実際上付与しないことを約束して、今日に至っている。しかし、この立法は事務弁護士が弁論を行う能力を有することを認めたものという論拠になっている。

[73] 自治団体が認可を求めるとき、その会員の規律について定める規則および懲戒規則を提出しなければならない。

[74] 第71条(3)（法案第57条(3)）は、例えば簡易裁判所の裁判官について、当該裁判所のすべての手続きに関して口頭弁論権をもつ者はその裁判官となる資格を有するものと定めている。

[75] P. M. K. Bird & J. B. Weir, The Law, Practice and Conduct of Solicitors (1989) はこれについて詳細に説明している。

法廷弁護士が中心になり、従来の慣行が維持されることになろう。しかし、法廷弁護士は、1990年の法律により、依頼人と直接会って法律実務に対する報酬を定める契約を締結できるようになった[76]。

このような改正にともない、訴訟の在り方がどのように変わるであろうか。これまでは、法廷弁護士が事件を引き受けてから、途中で訴訟を止めて、和解をするということは困難であった。そもそもイギリス法では和解が良いことであるとは必ずしも考えられていないし、依頼人と直接報酬契約を結ぶということになれば、緊密で微妙な交渉が下手な法廷弁護士は、最後まで訴訟で争うことになりがちである。しかし、新しい制度のもとでは、和解を勧めたり、訴訟を途中で止めて仲裁に移行することが考えられる[77]。

4 不動産取引

§270　不動産取引に関しては、銀行、保険会社、建築協会などが、今後の改正の利益を受けることになるだろう。その本来の事業を行うに当たり、これまでは不動産取引の実務を弁護士に依頼しなければならなかったが、これを自分で行うことができるようになる。もっとも、実際には、経済学や会計学を学んで法律学を学んでいない銀行家が法律実務を行うのには不安が伴われるので、法律の資格をもった者を社員として雇うことになるだろう。事務弁護士がこの特別の職につく可能性も大きい。既に本書204頁注53で一言ふれたように、この領域の諸事件は、新しく設置される準司法機関によって処理されることになろう[78]。

---

[76] 1990年の法律第61条（法案第51条）。

[77] この傾向は一般的にも顕著になりつつある。制定法上、とくに高等法院は、仲裁人を選任して、仲裁による紛争の解決を助言したりできるが、1990年の法律は仲裁契約が存在しているときは、自ら仲裁人となり、それに従って仲裁を行うことができる、と規定した。（第100条［法案第78条］）。とくに消費者に関する事件では、消費者利益に反しないと認定されるときは、仲裁による解決が計られる（Consumer Arbitration Agreements Act 1988）。なお、UNCITRAL モデル仲裁法の国内法化の検討が行われ、若干の法改正が勧告されている（Department of Trade and Industry, A New Arbitration Act? (The Report of Lord Justice Mustill's Committee), 1989）。

[78] 不動産取引に関する法律実務の監督機関は公認不動産取引実務家機関（Authorised Conveyancing Practitioners Board）であり、法律に関する事件は不動産取引上訴裁判所（Conveyancing Appeal Tribunals）で審判され、その他の事件ないし苦情はオンブズマンによって処理される。

5 遺言検認

イギリスの探偵小説を読む人はよく知っているように、遺言書の作成などの仕事は事務弁護士に独占されてきた。しかし、今度の立法により、法廷弁護士も、公認の司法書士も、公的信託団体、その他銀行協会、保険協会、建築協会なども、これを行うことができるようになった。

第4項 法学教育への影響

1 インズ・オブ・コート（Inns of Courts）

§271 法廷弁護士および事務弁護士の資格そのものが当分は廃止されないので、急激な変化は起こらないであろうが、法学教育の改革は、将来、法曹界の大きな変革をもたらすものと思われる。これまで法廷弁護士の教育はインズ・オブ・コート（Inns of Courts）で行われてきた。これに対し、事務弁護士の教育は、法律協会で行われてきた。法学教育の内容は、両者の間に大きな違いがある。前者は、訴訟の手続きとか、訴訟の書面の書き方とか、陪審の説得、裁判所での駆け引きなどが教えられるのに対し、後者では、契約書の作成とか、意見書の書き方とかを学ぶだけでなく、会社の決算書の作り方や読み方までも学ぶ。イギリスの大学でも法学教育が行われているが、これまでは法曹教育とは直接関係がなかった。しかし、新しい理念に基づき、法廷弁護士の仕事にも事務弁護士の仕事にも役立つ実務教育を大学が担うことになれば、大学における法学教育の重要性は高まる。

§272 この組織は、リンカンズ・イン、インナー・テンプル、ミドル・テンプルおよびグレーズ・インの四つの自治団体からなる。この自治団体は、自然発生的な法人格なき社団であって、全く制定法上の根拠を持たない。13世紀から15世紀にかけて、数多くの同種の自治団体が作られたが、そのうち4つだけが残り、今日に至っている。インズ・オブ・コートでは、いわゆる法律家が共同生活をし、生涯を通じて親睦がはかられる。弁護士になることを志望する者は、4つのうちの1つを選び、そこで3年を過ごさなければならない（これを keeping terms という[79]）。

---

[79] 自分が所属するインの食堂で先輩の法廷弁護士たちと6期間（1期間は23日）（大学に在学する者は3期間）夕食を共にすることが唯一の資格要件であったが、1872年からは試験が行われるようになった。現在では、Council of Legal Education が契

このインには、ここを卒業した弁護士だけでなく、裁判官たちも所属しており、自分のインの裁判官たち（benchers）の推薦により、4つのインの合同評議委員会の専門委員会の審査を受け、法廷弁護士の資格をもらう（これを call to the Bar という）。その後、上級弁護士について法廷へでかけて見学し、事件に関係する法律をその事務所で読んで準備書面を書き、様々な法律実務の熟練を積む（これを deviling という）。およそ10年ぐらいたつと、再び推薦による審査により勅撰弁護人（Queen's Council; QC）に選任され、上級弁護士として自分の責任で法廷弁論を行うようになる。そして、裁判官になる時が近づくと、自分の所属するインでいわゆるリーダー（講師）として、後進たちの実際の指導に当たる。このような過程全体を通じて、常に各弁護士が自分のインとの繋がりを持っており、同じインに所属する先輩と後輩の結びつきは強い。

2 法律協会（Law Society）

§273　この組織は1845年に国王の勅許状によって創設された法廷弁護士以外の法律家のための団体である。1877年の事務弁護士に関する法律は、この団体に、資格審査を行い、資格を得た者の監視を行う義務を負わせた。この法律は何度か修正され、現行法は1974年の事務弁護士に関する法律となっているが、この法律の下でも、法律協会が資格審査をし、法学教育を行い、法律実務を監視することを義務づけている[80]。事務弁護士は法律協会に所属する権利は持っているが、所属の義務はない。インズ・オブ・コートのような人的な繋がりはない。

　法律協会が事務弁護士の資格試験を行うが、大法官、英国首席裁判官、記録長官の同意を得ることになっている。資格審査は、2段階の試験と、いわゆる Article と呼ばれる実地研修によって行われる。第1段階の試験は、一般教養のある者であって、法律協会が指定する一定の科目を勉強したことを

　　　約法、不法行為法、憲法、会社法、国際法、租税法などの試験を行っている。
[80]　Solicitors Act 1974. s.3 (1)は、法律協会が行う法学教育および修習を終えて試験に合格した者で、その協会に登録した者でなければ事務弁護士となることができない旨を定めている。法律協会は Training Regulations 1987 を作成し、(a) 法律協会から登録証明書を取得し、(b) 教科と（第2段階の）実務の修習を終了し、(c) articles による一定期間の実務訓練を受けることを要件として定めている。

証明できる者が受けるもので、これに合格すると、法律協会が主催する法学教育（1年）を受けることができる[81]。この法学教育の終了試験を受け、大学で提供される一定の科目を学んだ（またはその学力がある）という証明のできる者は、第2段階の試験を受けることができる[82]。これに合格すると、5年以上の実務経験を持つ事務弁護士の事務所に配属され、法律文書の作成などの手助けをしながら、事務弁護士の実務を学ぶ。この指導に当たった弁護士が推薦状を書いてくれると、法律協会は、事務弁護士資格証書をその者に発行する。ちなみに、法律協会は、事務弁護士の資質の向上をはかるために上級者向けの講義も提供しているが、事務弁護士の資格を得た者は、それを聴く権利をもっているが、聴く義務はない。

3　大学における法学教育

§274　比較的最近まで、大学は実際の法曹界とはほとんど無関係な存在であった。1967年に設置されたいわゆるオムロッド委員会（Royal Commission on Legal Education）が1971年に提出した報告書の中で、大学が法曹教育の基礎的な部分を行うべきであると勧告した[83]。これに従って大学も法学教育に本格的に取り組むようになったが、イギリスの大学は、他の国よりも多様性がある。法学教育で強調するところが大学ごとに異なる。オックスフォード大学およびケンブリッジ大学は、教会法上の法人であり、優れた人格の形成を目的として、純粋に理論的な法学を追求している。ロンドン大学を始めとする多くのブリック大学（レンガ作りの建物の大学）は、一般的に比較法的な視野を重要視している。ポリテクニックスと呼ばれる法律専門学校は、社会的教養として実際に役立つ実務法学を教えようとしている。このように大きな多様性

---

[81] 不法行為法、契約法、刑法、土地法、憲法・行政法、信託法などの試験である。大学を卒業している必要はないが、大学でその科目の単位を取っていれば、その免除が認められる。

[82] (1) 会計学、(2) 不動産取引、(3) 家族法および消費者保護法、(4) 訴訟法、(5) 遺言検認および遺産管理、(6) 事務弁護士法、(7) 法曹実務の論文試験を受け、100点満点で50点以上取らなければならない。

[83] Report of the Committee on Legal Education (Ormrod Report), March 1971, Cmnd. 4595（この報告書は、田中英夫『英米の司法』（東京大学出版会、1973年）457-88頁に詳しく紹介されている）。

があり、一般化は困難であるけれども、先に述べた法律協会が要求する必修科目は、どの大学でも習得できるようになり、現在では、法曹教育の1つの重要な役割を担っていると言ってよかろう。次に述べる専門委員会が設置され、新しい理念に基づく法学教育が行われるようになれば、大学の果たす役割はいっそう大きくなると思われる。

4　法学教育に関する専門委員会の設置

§275　1990年の法律は、法学教育と実務活動に関する諮問委員会を大法官の下に設置することにしている。この諮問委員会の委員長は貴族院または最高法院の裁判官の中から選任されることになっている。この諮問委員会は、委員長の他14名の委員からなる。2名は法廷弁護士、2名は事務弁護士、2名は大学教授から選出され、その他の8名は、法律相談サービス、裁判所事務官、消費者保護団体、法曹倫理の専門委員、商事取引界の代表者、職業倫理委員会の委員、社会の実情を良く知る有識者から選ばれる。現時点では、法廷代議士および事務弁護士の名称は残されているが、前述の諮問委員会が新しい教育制度を導入することを決定すれば、将来にはイギリス法曹界が大きく変貌することが考えられる。

§276　新しく形成される法曹団体は、法廷弁護士や事務弁護士の他、大学関係の法律家、不動産その他の専門領域の法律家も参加する。もし民主主義の原理に従ってこの団体が自治組織として運営されるならば、事務弁護士の集団が事実上大きな発言力を持ち、法律協会の組織に近いものになるであろう。前述の試験制度が改良され、1年程度の実務研修を受けることを義務づけることになろう。そして、人数の関係からもインズ・オブ・コートは、法曹養成機関としては廃止されざるをえない。しかし、インズ・オブ・コートは、ロンドンの指定観光地になっているほど文化的に、また情緒的に深くイギリス人の生活の中に根を下ろしており、一種の博物館のような存在として残ることになろう。

　この諮問委員会が最初に取り組まなければならない問題は、イギリスでいかにして「EECローヤー」を育てていくかという問題である。1977年のヨーロッパ共同体評議会指令第249号は、各加盟国がEECローヤーの法律実務活動を許す国内法を作成することを要請している。これに従って、1978

年12月20日に実施命令が出され、1979年3月1日からこの命令が実施されている[84]。これに役立つ法律家は、必ずしも技術的な面ですぐれている必要はないが、ただ単に高度で広い知識をもつだけでなく、広い国際的な視野にたってバランス感覚の優れた人物が必要とされる。

第5項　小　括

§277　1990年に裁判所および法律事務に関する法律が制定されてから10年がたったけれども、法曹界の実体はそれほど大きく変わってはいない。しかし、非常に徐々にではあるが、大きな改革が起こっていることは否定できない事実である。これまで狭く閉ざされていた法曹の門が、大きく開かれ、自由競争が始まるものと思われる。フランスの弁護士がイギリスでも法律実務を行うことができるようになれば、もはやスコットランドやウェイルズの法律家をロンドンから排除することは、意味のないことになるであろう[85]。特にヨーロッパ裁判所での法律実務という点を考えると、フランス法やベルギー法の重要性は無視できないのであり、イングランドの法律家は比較法の特別の教育を受けたスコットランドの法律家の力を借りる以外になくなっている。

　イギリスの法学教育の中で比較法学の重要性が高まっている。第1に、ヨーロッパには同じことを書いた法律が少なからずあるのに、実際にその利用の仕方を見てみると、大きな違いがあることがある。法律の解釈の仕方が問題なのである。比較法の役割は、大きくなっており、日本のようにヨーロッパ共同体に加盟していない国の法律についてさえ、これを学ぼうとする法律家が急激に増えている[86]。イギリス法上、法律相談を行うことについては、たとえ有償のサービスであっても、禁止されていない。そこで、既に日本人の法律事務所がロンドンに設立されているが、このような傾向は一層強くなるであろう。イギリスの法律家はこれを歓迎している。

---

[84]　European Communities (Services of Lawyers) Order 1978, S. I. no. 1910.
[85]　1990年の法律第60条（法案第50条）は、スコットランドおよび北アイルランドの法実務家（practitioner）も大法官の規則に定めるところにより、イングランドやウェイルズでも法律実務を行うことができる、と定めている。
[86]　ちなみに、ロンドン大学ユニヴァーシティ・カレッジに日本法の講座が今年設置された。

第4章 法律家

第3節 アメリカ

第1項 法学教育

1 序説

§278 アメリカの場合には制定法の数が非常に多くなっているとはいえ、基本的にはアメリカ法も判例法を基礎としてなっており、法形成の主体はやはり法曹である。この点に関して、アメリカ法はしばしば教授の作る法であるといわれる。たしかに、アメリカ法の形成期においては、コモン・ローを継受しつつも、アメリカの諸事情に適合すべく修正がなされたのであり、その修正の過程で、ストーリ（Story）やケント（Kent）のような法学教授の果した役割はきわめて大きかったのである。その意味で、法学者と法律実務家が明瞭に切断されているイギリスと比較して、アメリカ法を教授の作る法という表現をとることは、アメリカ法形成の1つの特色をあらわしているということができる。しかし、法学教授の役割を承認しつつも、なおアメリカ法もまた法曹法としてイギリス法との共通法をもつことにも注目しなければならない。

§279 第1に、アメリカ法は、法曹法としてのコモン・ローを継受して、それを基本的な法構造としているのであり、先にのべたとおり、教授の活動もそれの修正過程に働いたというべきであり、継受ののちの法発展も、主としては実務法曹の手になったとみるのが適当である。第2に、アメリカの大学の法学教授の研究の重点は、イギリスと同じく、法の創造や形成にあるというよりも、実務法曹の作り出す法の理論的体系づけにあるとみてよい。そして第3に、大学教授も、実務経験をもち、実務法曹たる性格を併せもつ。彼らは、法曹法とはなれて、学説法を作り出していこうとする意欲をもたない点で、大陸法のような法学者法が法体系の中心を占めることは、全く予想できないのである。したがって、アメリカ法を法曹法と言明することには多少の躊躇はあるとしても、決して間違いであるとはいえない。

2 ロー・スクール

§280 イギリスにおいてはインズ・オブ・コートが法曹の集まる拠点であり、こ

こで法学教育が行われているが、アメリカにはこれに当たるものはない。アメリカではロー・スクールが法学教育を行っている[87]。これは、日本の大学制度と比べるならば、大学院に相当するものである。全国的に知られた主要なロー・スクールでは、さらにより高度の法学教育のために、そのうえに大学院コース（マスター・コースおよびドクター・コース）が設置されている。

いわゆる一流のロー・スクールの間では、ことにアイビー・リーグに属する大学では、それぞれの個性を育てようとする意識がみられはするが、大きな格差はない。これは、1つには、ロー・スクール間で種々な交流が行われており、教授も一定の大学にとどまることなく、いくつかの大学で講義をすることが多いためであろう[88]。また、アメリカ法律家協会（American Bar Association）の要望も聞きいれつつ、ロー・スクール連絡会でカリキュラムなどについても話し合われ、それぞれのロー・スクールが一定の水準を維持しようと努力しているためでもあろう[89]。たとえば、契約法、不法行為法、財産法、訴訟法、憲法（また多くのロー・スクールでは、代理法、信託法、商法、会社法、租税法、国際私法も）という諸科目が必修科目となっており、その講義のために同じようなケース・ブックが使われている[90]。

---

[87] アメリカのロー・スクールについて、多少古い資料にもとづいて書かれた論説ではあるが、田中英夫「アメリカの法学教育」法協 79 巻 4 号（1962 年）439-508 頁が詳しい。

[88] イギリスにおける裁判官の身分保障と同じように、信望の厚い大学教授に対してはテニュア（tenure）が与えられることがある。しかし、3 年とか 5 年とかの一定期間に限って講義を契約する教授も少なくない。

[89] 本文で言及されている連絡会の正式名称は Association of American Law Schools であり、1900 年の設立以来、毎年総会を開き、法学教育の問題をめぐって多くの討議をつくし、その改善に努力している。これに加盟しているロー・スクールは約 100 である。また、アメリカ法律家協会は、1921 年の決議によって、(1) ロー・スクールが入学資格として少なくとも 2 年のカレッジの課程修了を要求すること（ナショナル・スクールの多くは 4 年を要求している）、(2) 原則として 3 年間の教育をさずけること、(3) 学生の必要を満たす図書をそなえること、(4) 教授の相当数がフル・タイムの教授として学生と接触すること、の 4 条件を満たすことを勧告し、これらの条件を満たしているロー・スクールを承認校（approved schools）として指定している。

[90] わが国の法学部と比べて特徴的であるといえることは、ロー・スクールは、法学教育だけに専念しうるということである。カリキュラムについていえば、選択科目として非常に種々なものが提供されることがある。たとえば、立法学、リーガル・プロセス、リーガル・ライティングなども含まれている。さらに、ロー・リヴェーの制度が、ロー・スクールの質を向上させるのに役立っていることも指摘しておきたい。これは、

第4章 法律家

§281　大学教育は連邦の権限には含まれておらず、公立大学といえば、アメリカでは州立大学を指すのであるが、州のロー・スクールでも、キャリフォーニア大学（バークレー）、ミシガン大学、シカゴ大学などは、ハーヴァード、イェール、コロンビア、スタンフォードなどの私立大学と大きなちがいはない。これらはナショナル・スクールと呼ばれ、その数は日本の大学の法学部の数をはるかに上まわるものと思われる[91]。

3　ケース・メソッド

§282　ロー・スクールでは、イギリスの大学とは全く異なる教育方法で、法学教育が行われている[92]。これは通常、ケース・メソッドと呼ばれる。ハーヴァード大学のラングデル（Langdell）学長によって創始されたといわれるが、その主な特徴は、判例そのものの分析を中心とし、学生と対話しながら講義が進められるということである[93]。これは医学における人体解剖をまねたものであるという。実定法の教育のみならず、法哲学や法制史のような科目にまで、この方法は及んでいる。

　ロー・スクールでケース・メソッドが採用されるのは、アメリカ法は判例法であるという理由からだけでなく、この方法はもっと深い法律家のものの考え方についてのアメリカ的理解と結びついているからであろう。第1に、法律家の仕事は、弁護士であれ裁判官であれ、具体的な事件を実際に解決することにある。もとよりそこでは理論的な側面を無視しえない。しかし、実際の仕事が具体性のある問題の解決に集中される以上、実務教育を目的としたロー・スクールの法学教育も具体的な問題をどう処理するかに中心をおか

　　ロー・スクールの法学専門誌の企画や編集を優秀な学生にまかせるものであって、この雑誌の質によってロー・スクールの格づけがなされる面があるため、その内部で特別のエリート教育が行われる。

[91]　営利的な質の低い学校もかなり多いが、小さなロー・スクールであっても、特色のあるすぐれた学校がないわけではない。たとえば、由緒ある Williams & Mary や田舎町にありながら全国の俊秀を集めた Ritchfield Law School はその例である。

[92]　アメリカの法学教育については、田中英夫教授が、『英米の司法』（1973年）第10章および第11章で、いろいろな統計的データを示しながら詳説している。そこで使われているデータは多少古くなっているが、一般的傾向は今日でも大きく変っていないと思われる。

[93]　加藤一郎「ケイス・メソッド論」ジュリスト287号46-51頁、288号42-8頁参照。

ざるをえないことになろう[94]。第2に、事実関係の分析が重要視される。法的な問題を事実とはなれて抽象的に論じえないというアメリカ的な考え方に基礎づけられ、法律家を養成するためには、まず事実を正確に把握する能力を育てる必要があるとされるのである。のちに詳説されるように、判決のうちで拘束性をもつレイシオ・デシデンダイは、その事件の事実との関係において決定されると考えられているから、かかる事実把握力の習熟に便利なケース・メソッドが正規の教育方法になるのも当然であろう。

§283　ケース・メソッドで使われる教科書はケース・ブックと呼ばれる。この本の何十ページかが予習のために毎回指定され、教室で学生はそこに取りあげられた諸判例を分析して討論することが期待されている。ケース・ブックの内容は各科目に関連する主要判例のさわりの部分を集めたものであることには変りはないが、その編纂の仕方にはさまざまな工夫がこらされている。たとえば、定評のあるコービン（Corbin）の『契約法』は、定義につづいて、契約の成立、詐欺防止法、解釈・口頭証拠・錯誤、契約の実行・適法な条件、第3者の権利・債権譲渡・多数当事者契約、契約違反、免除と不能、違法取引について、諸判例の要旨を著者の言葉に書き換えて、全体としてまとまりのある1つのモノグラフにまとめられている[95]。これに対し、同じく契約法のケース・ブックであっても、フラー（L.Fuller）とアイゼンバーグ（Eisenberg）の著作は、諸問題についてそれぞれまず重要判例の判決文がそのまま引用され、それと関連のある論文やリステイトメントなどの条文が付加され、読者に対する設問がもうけられる、という形をとっている[96]。さらに、メリンコフ（Mellinkoff）の著作に至っては、法曹倫理という科目の特殊性もあってか、全体の基調となる判例はイギリスの殺人事件1つだけという

94　前掲注90でのべたように、リーガル・ライティングが強調されたり、模擬裁判（moot court）が行われるのも、そのあらわれであろう。

95　この本は、項目ごとにセクション番号が付され、この番号は8巻本でも共通して使われており、より詳しく書かれた本を参考にしながら学習できるように編纂されている。有名なデイヴィス（Davis）の『行政法』、プロッサー（Prosser）の『不法行為』もこの方式にならっている。

96　フラー（Fuller）のケース・ブックをアイゼンバーグ（Eisenberg）が改訂したその第4版（1981年）である。最近、契約法のケース・ブックとして定評をえている。この方式で書かれたケース・ブックが一般的であると思われる。

非常に異色なケース・ブックもある[97]。

§ 284 厳密にはケース・ブックとはいえないが、ハート（Hart）とサックス（Sax）の『リーガル・プロセス』にも少しくふれておきたい[98]。この教科書は、特定の立法の背後にあった諸事情とか、ある事業を行うのにどのような法律問題が生まれるかとか、具体的な法律の目的を実現するのに何が障碍になっていてそれを取り除くにはどうしたらよいかなどについて問題ごとに検討させ、政治、経済、歴史などを含む幅広い社会学的視野にたって生きた法を学ばせようとしたものである。これを本として出版すると古くから公約されていたのに、いまだに謄写刷りのままである。このような使いにくい教科書でありながら、これを使うロー・スクールが増えつつあるということは、最近になって、これまでのようなケース・メソッド1点ばりのやり方に反省がなされつつあることを示しているのかもしれない。

第2項　実務法律家

1　弁護士

§ 285 アメリカでは、弁護士、裁判官、大学教授という職業の区別は、イギリスほど厳格ではない。第1に、弁護士はバリスタとソリシタに分れてはいない（通常、attorney at law と呼ばれる）。裁判官も、任命制より公選制を採用する州が多いということもあってか、それが終身的身分であるという意識は希薄である。大学教授も、同時に実務を行っている人が少なくないが、適度の実務経験は、法学教育に役立つと考えられている。このように、アメリカの法律家の職業はきわめて流動的である。本項において実務法律家と総称したのはそのためである。少なくとも最近においては、ほとんどすべての法律家がロー・スクールの卒業生であり、他の諸国に比べれば、法律家のそれぞれの職業的個性は余りないといってよい。

§ 286 アメリカの法律家の主体をなすのは、いうまでもなく弁護士であり、法律

---

[97] MELLINKOFF, THE CONSCIENCE OF A LAWYER (1973). この本で基調として使われている判例は、イギリスの中央刑事裁判所の Regina v. Courvoisier, [1841] 9 Car. & P. 362, 173 Eng. Rep. 869 である。

[98] この教科書は、田中英夫＝谷川久「Legal Process——アメリカにおける立法学の1つのかたち」ジュリスト 225号6-13頁、227号15-25頁に詳しく紹介されている。

家（lawyer）といえば普通には弁護士を意味するといってよい。弁護士になるために、かつては、先輩の法律事務所に入り、3年から5年にわたって実務を習得し、その徒弟制的訓練をおえてから独立して開業した。現在では、このような過程をへて弁護士になった者が絶無ではないが、ロー・スクールを卒業してから各州が行う弁護士資格試験をうけて合格し、ロー・ファーム（law firm）のアソシエイト（associate）として（ロー・リヴューの企画編集にあたった学生は、著名な裁判官の law clerk を経験することが多い）多少の実務経験をつんでから独立していく。このような弁護士は、資格をえた州以外の州で活動することは許されない（ただし、州によっては要件をゆるめているところもある。たとえば、アイダホ、サウス・ダコウタ）が、3年以上州の最高裁判所で活動する資格をもっておれば、一定の保証書を提出したうえで連邦裁判所で活動することができる。各州の弁護士資格試験は、州ごとにまちまちであり、ここで詳しく説明する余裕はない。

(1) ロー・ファーム（law firm）

§ 287 先にロー・ファームに言及したが、これは大都市にみられる大規模な弁護士事務所である[99]。大きなものになると、200人ぐらいの弁護士をかかえているものがある。このような事務所では、充実した図書室とすぐれた事務機構を有しており、弁護士は多くの部局に分かれて専門化し、チームを作って事件の解決、処理に当ることができるので、大きな事件であっても水準の高い仕事をする能力をもちうる。アメリカの弁護士のイメージは、ロー・ファームと結びつきやすいが、個人経営の弁護士も決して少なくない。また、活動領域についても、会社法、税法、経済法の領域で、その事務の多くは、むしろ法定外の問題、訴訟よりも訴訟にならないよう予防するための法律事務にむけられる[100]傾向が強く、その他の領域の問題は、個人経営の弁護士に任される。

---

[99] ロー・ファームについて詳しく説明した邦語文献として、長島安治「アメリカの大ロー・ファームの成功と分業、専門化及び法律家の流動性」アメリカ法1965年78-90頁参照。

[100] 具体的には、会社のために税について助言したり、契約書を作成したり、その他事業上の重要な決定に参画したり、労働組合との交渉に会社を代表したりといったことである。W. J. CARNEY, THE CHANGING ROLE OF THE CORPORATE ATTORNEY (1982) は、具体的なデータを示しながら、かかる仕事をする弁護士（通常 corporate lawyers と

第4章　法律家

(2)　アメリカ法律家協会（American Bar Association）

§288　全国的規模をもつ弁護士団体（その多くは裁判官や大学教授らを含む）が、アメリカでは大きな力をもっていることにも注目しなければならない。進歩的傾向をもつ全国法曹会（National Lawyers Guild）（1936年に設立された）も知られた団体の1つであるが、最も著名で、その活躍も広範囲で、影響力の大きいのは、アメリカ法律家協会である[101]。この法曹団体は、1878年に発足し、任意加入の団体ではあるが、すぐれた法律家はほとんどすべて会員となっているため、大きな力をもっている。

その活動のうち注目されるものを列挙しておこう。第1に、前述したように、質のよい法曹の養成のため、法学教育や弁護士試験のやり方の改善に意を用いたことである。第2に、弁護士の水準の維持、とくに弁護士道徳の強調である。これについては、協会の起草した弁護士倫理典範（Canons of Professinal Ethics）が有名であり、多くの州の法曹協会もこれを採択している[102]。第3に、ともすれば司法権に侵入してくる政治的圧力を排除することによって、能率ある司法部を実現することもまた、法律家協会の力によるところが多い。さらにまた、統一法運動（これについては法源の章で説明する）にもみられるような新しい立法の促進によるアメリカ法の改革についても、協会の活動を無視するわけにゆかないであろう。

　呼ばれる）の役割を説明しているが、最近この役割が変りつつあるという。証券取引法や独占禁止法などに関連して、弁護士は内部告発するかもしれず（弁護士倫理規則1・13条参照）、会社と弁護士との間の信頼関係をいっそう強めるために、雇用契約が結ばれることが増えつつあるという。数百人の弁護士をかかえ、イラン石油、IBM、チェイズ・マンハッタン銀行、コダックなどの事件を扱う大ロー・ファームの実態は、STEWART, THE PARTNERS: INSIDE AMERICA'S MOST POWERFUL LAW FIRMS (1983) に具体的に描かれている。この本は、弁護士としての成功の秘訣は相談者の秘密を絶対に守り、いわば黒子としての役割を果すプロフェショナルな精神を忘れないことであるとのべている。

[101]　この協会については、田中耕太郎「アメリカン・バー・アソシエーションの歴史と活動」法曹時報6巻8号41-72頁、9号65-95頁、7巻12号14-47頁、8巻2号41-60頁を見よ。

[102]　弁護士の懲戒、とくに資格剥奪は、裁判所に専属する権限である。しかし、実際上は地方の法曹協会に委任されている部分が多く、協会が審査を行ったのち、懲戒処分について裁判所に勧告することによって、弁護士倫理が維持されているように思われる。

第3節　アメリカ

2　検察官

§289　アメリカは、イギリスの私的訴追を伝統とするたてまえをとらず、建国当初からフランス式の検察官制度を採用していた。しかし、検察官を弁護士と同じくアターニ（attorney）と呼ぶ言葉にも示されているように、官僚的色彩よりもむしろ弁護士たる性格が強調され、両者に本質的差異はないと考えられる。検察官は、単に刑事事件において原告となるにとどまらず、州（もとより県などの地方自治体を含む）が当事者となる民事事件でも代理人になるし、また行政府のための法律的助言者としても活動するのであって、この点からみても、わが国の検察官と異なって、州のための弁護士としての色彩が濃いのである。もちろん、その職務のうちで刑事訴追の任務が最も重要なものであることはとくまでもない。

(1)　州の検察官

§290　検察官とは、州により名称はまちまちであるが、地区検事（district attorney）とか県検事（county attorney）とか呼ばれる官職にある者をいい、弁護士のように一定の資格さえもっておれば連邦裁判所でも活動できる、というわけではない。コネチカット州などの例外を除いて、これは公選される官吏であり、任期は2年とか4年とかきわめて短い。資格要件として弁護士資格をそなえることが求められるのは、その性質からして当然であろう。

このような検察官は、起訴不起訴の決定、公訴取消その他の職務の執行について広範囲にわたる自由裁量権をもっている。この職は、「不誠実、野心、強欲、放縦または偏執」が入りこみやすい職であると同時に、「有能で誠実な公務員が、これほど能力を発揮しうる官職は存在しない」のである。検察官に誠実で能力のある人材を集めることが、アメリカ司法制度の大きな課題となっている。実際には、ニュー・ヨークのような大都会では、政界へすすんでゆくのに非常に好都合な地位であり、相当に経験を重ねた野心家の弁護士が選出されることが多い[103]。これに対し農村では、ロー・ファームのような組織化された事務所に入って訓練をうけ、経験をつむ機会をつかめなかった、ロー・スクールを卒業したばかりの若い弁護士がなることが多い。

103　デューイ（Dewey）が検察官として、ニュー・ヨークに巣くった組織的犯罪集団を一掃するという業績をあげたことが、彼のために政治的な栄進の道をひらいたことは著名である。

わずかながらも定収入をともない、しかも民衆との接触を通じて将来の依頼人を開拓できるからであろう。

(2) 連邦の検察官

§291　アメリカ刑事法の主体は州法にあるが、麻薬取引、通貨偽造、郵便局強盗（銀行ギャングは含まれない）、密輸入などは連邦犯罪である。これらの犯罪は、有名な犯罪捜査局（FBI）が捜査にあたり、アメリカ各地に駐在する合衆国地区検事（U.S. district attorney）によって訴追される。連邦の検察制度は、はるかに統一され合理化されており、実際上、相当の実務の経験をもつ弁護士から任命されている。任期は4年で、兼職は禁止され、かなり高額の俸給（1967年には年25,890ドルであった）をもらっている。このような連邦検察官のほかに、法務総裁（Attorney General）の職がおかれている。これは、4年の任期で、上院の同意をえて大統領が任命し、内閣の一員として扱われる。法務省の長官であり、政府の最高の法律顧問として多岐な仕事を行っている。

3　裁判官

(1) 法律家としての裁判官

§292　アメリカの法律家として、最後に裁判官のことについてもふれておきたい。もっとも、裁判官といっても、連邦と州、上級裁判所と下級裁判所で差異があるし、州ごとにその偏差が大きく、概括的に記述することは困難である。しかし、アメリカの裁判官の身分は裁判所制度と結びついており、イギリスほど複雑ではないので、われわれの興味をひく点を中心にしてのべてみることにしたい。

全体としてまず最初に指摘しておくべきことは、イギリスの場合と同じように、法曹一元のたてまえから、治安判事（justice of the peace）とか勾留判事（magistrate）に素人が任用されうることを除いて、専門家たる裁判官はすべて、熟達した法律家のうちから登用され、決して大陸のように、法律家としての生涯のはじめに裁判官の職につき、次第に上級の地位に昇進してゆくという制度がとられていないことである。このようなアメリカの考え方の背後には、いくつかの理由があるように思われる。第1に、裁判官が低い地位からその経歴をはじめて、高い地位に昇進してゆく制度が、司法権の独立に有害であるという伝統的な考え方がある。大陸のような制度のもとにおい

第3節 アメリカ

ては、裁判官がその将来の栄進を上級者の意思にかけているのであり、無意識のうちに独立した判断が妨げられるというのがアメリカ的信念である。これに反して、成熟した法律家、とくに弁護士の豊かな経験をもつ裁判官は、それより高い地位にそれほどの魅力を感じないし、必要とあればいつでも弁護士に復帰しうるのであり、それによってすべての外部からの圧力から独立して職権を行うことが可能になると考えられている。第2に、裁判が民衆の納得のゆくものであるためには、単なる法の知識や訴訟指揮の技術でなく、それが豊富な人生経験によってうらづけられていなければならないと考えられている。その意味で、練達した法律家が多年の市民生活との接触を通じてえた人生や人間に対する直接的な経験が裁判のなかにもちこまれることは、司法活動をして民衆の感覚から遊離せしめない効果をもたらす。このことが知らず知らずのうちに、司法部の地位を高めるものと考えられているのである。

(2) 州の裁判官

§293 アメリカ法の主体をなすのは州法であり、州法は州裁判所であつかわれることが多く、しかも次章で詳説するように、管轄権からみても州の裁判所の権限が一般的で、連邦裁判所の権限は例外的といえる。したがって、ここでもまず州の裁判官のことからやや詳しくふれることにしよう。

§294 **裁判官の選任方法** アメリカで認められる方法は、細部の差異は別として4種類に分けられる[104]。第1の方法は議会の同意をえて知事が任命する方法である。これはかつては一般的方法であったが、いまではニュー・イングランド地方を中心とするデラウェア、メーン、メアリランド、マサチューセッツ、ニュー・ハンプシャー、ニュー・ジャージにキャリフォーニアを加えた7州にすぎない[105]。第2の方法は、立法部による選定であり、これを採用する州も、サウス・キャロライナとヴァモントの2州にすぎない。第3の方法は、選挙による選任であり、さらにこの方法による場合は、政党によ

---

[104] (1) The Council of State Governments, The Book of the States: 1996-97 (1996) 参照。なお、以下の分類において、いくつかの州は複数の選任方法を採用しているので、重複する州がある。

[105] メイン、マサチューセッツ、ニュー・ハンプシャでは評議会（Council）の承認が必要であり、その他の州では上院の承認が要求される。

る推薦を受けた候補者の中から選ぶものと完全な普通選挙によるものとに分類される[106]。前者に属する州は、アラバマ、ニューヨーク、ペンシルヴァニアなどの12州である。後者に属する州は、アリゾナ、キャリフォーニア、フロリダ、ジョージア、ワシントンなどの19州である。残りの大部分の州は、第4の方法（いわゆるミズーリ方式）を採用している。

ミズーリ方式によって裁判官の選任が行われる州は、アラスカ、アリゾナ、コロラド、ミズーリなどの20州である。この方法によれば、まず民主的な方法で裁判官選任委員会の委員を公選し、この委員会が裁判官を選任することになる。この方法によれば、その委員の多くは法律家（現職裁判官もときには含まれる）がなるので、選任において専門家の評価が大きな影響を及ぼす。この制度を支持する最も重要な基盤は、ジェファスンの時代に芽生えた民主制の理念に対する徹底した信頼と、裁判官も他の公職と質的な相違がなく、国民の意思と直結すべきであるという考え方にあると思われる。さらにまた、田中英夫がしばしばのべているように、ジャクスニアン・デモクラシーの経験がアメリカ法に大きな影響を与え、アメリカ以外にはみられない新しい制度を生んでいるのであるが、これもまたその一例であるとみることもできる[107]。

裁判として任命される前提となる資格要件については、全く規定を置かない州もあるが、5年間の弁護士実務を要件としたり、居住要件を定める州もある[108]。アメリカでも法曹一元の原則はつらぬかれているので、弁護士経験のある者が選ばれることは間違いない。しかし、アメリカでは一流の弁護士は法廷活動をほとんどしないため、弁護士として成功している者が必ずしも事実審裁判官としてすぐれているといえない点で、イギリスのやり方に劣ることがありうる。また、裁判官の選任には、選任方法のいかんを問わず、

---

[106] 選挙のやり方については、過半数の州が採用している、用紙のうえでも他の公職の候補者と同じく所属を明らかにする方法、用紙のうえでは政党が示されていないが、予選の指名からみて明らかに政党の候補者である方法もあり、他方で投票用紙も指名も政党と無関係にするところもある。裁判官の選挙を普通の総選挙と同時に行わないようにしている州もみられる。

[107] 田中英夫『英米の司法』（1973年）372-80頁。また、ジャクスニアン・デモクラシーの意義について、田中英夫『アメリカ法の歴史（上）』（1968年）307-61頁参照。

[108] たとえば、キャリフォーニア（5年間の弁護士実務）、ニュー・ヨーク（弁護士資格）、ミズーリ（居住要件および最低年齢）。

第3節　アメリカ

　政治的考慮が働く可能性が強いので、不当な政治的介入を防ぐために、中立の指名委員会をおいて、候補者のリストを提出させるやり方をとっている州もある（アラスカ、キャリフォーニア、コロラド、アイオワ、ネブラスカなど）。

　州の上訴審裁判官（多くの州は2審制を採用しているので、これが州の最高裁裁判官にあたる場合もある）についても、第1審裁判官と共通する点が多いが、若干のことを付記しておかなければならない。昇進制をとらないから、すべての上訴審裁判官について、それまでに裁判官の経験をもつことが要求されることなく、実際にもはじめから上訴審裁判官に選挙または任命されることが少なくない。最高裁判所については、構成員がある特定の政党的立場に偏らないようにする明文の規定もしくは慣行が存在している。

§295　**州民審査制、任期、弾劾**　大部分の州でとられている公選制には多くの欠点がある[109]が、それを改めることを目的とした案がいくつか提案された。そのなかで最も注目されるのがミズーリ方式といわれるものである[110]。これは、知事が非政治的な委員会の同意をえて任命し、定期に行われる州民審査で罷免に賛成する投票が過半数をこえない限り引き続きその地位に留まることとするものである。いうまでもなく、わが国の憲法の認める最高裁判所裁判官の国民審査制度の母型になったものである。この案は、1934年のキャリフォーニア州の憲法改正によって最初に実現された[111]。その後、アメリカ法律家協会がその案を多少修正する決議を出し、これに近い制度をミズーリ、アラスカなど10州が採用した[112]。

109　政治的影響が強すぎること、裁判官の質が劣ること、裁判官の職務の独立が損なわれること、法の運用が公正を欠くおそれがあることなどの批判がある。

110　ミズーリ・プランの詳細については、VANDERBILT (ed.), MINIMUM STANDARDS OF JUDICLAL ADMINISTRATION (1949) pp.5-6を見よ。

111　Cal. Const. art 6, §26 (para. 4). キャリフォーニア州では、知事が裁判官を任命する前に、最高裁判所の首席裁判官、法務総裁およびもう1人の裁判官からなる裁判官資格審査委員会の承認をえなければならない。その承認をえて任命が行われると、任命後最初の総選挙および最初の任期が満了した後の総選挙において、yes, no いずれかを選ぶ方式の州民投票を受けることになる。ちなみに、キャリフォーニア州では、リコールの制度も維持されている。

112　ミズーリ州の憲法によれば、知事が任命した裁判官の最初の任期は、任命後12カ月経過した後の総選挙後の12月31日までであり、再任を希望する場合には、その総選挙のときに州民審査を受けなければならない。Mo. Const. art. 5, §29. アラスカ、キャンザス、イリノイ、アイオワ、ネブラスカ、コロラド、オクラホマ、ユタ、ペン

第4章　法律家

§296　裁判官の任期についての各州法の定めは、きわめて種々に分かれているが、イギリスでは裁判官は終身的身分であると考えがちであるのに対し、比較的短い任期を定める州が多い（マサチューセッツ、ロード・アイランドには任期の定めがない。終身制である）。最短の任期はヴァモントの2年である。ペンシルヴァニアのように10年（最高裁判所の裁判官は15年）を越える任期を定める州もあるが、多くは4年ないし6年である。このような任期の定めの背後には、無能ないし有害な裁判官を排除すべしとする要請と、身分保障の要請との調整がみられる。

§297　州の裁判官について、最後に、罷免の問題にもふれておこう。一般に罷免の手段として認められるのは弾劾制度（impeachment）であり、3分の1以上の州では、それが唯一の罷免方法である。その他、議会の両院の共同決議、リコールなどもある[113]。実際には、裁判官がこれらの手段によって罷免された例はなく、裁判官の身分は任期中安定したものといってよい。

(2) 連邦の裁判官

§298　連邦裁判官の選任方法および身分保障の問題は、合衆国建国のとき以来、つねに重要な政治問題であった[114]。連邦派（Federalists）と共和派（Republicans）との激しい論争のうえ制定された合衆国憲法は、その第2条2節2項に連邦裁判官の任命についての規定を置き、「大統領は上院の助言と同意をえて任命する」ことと定めた[115]。また、その第3条1節1項は、イギリスの王位継承法の規定にならって、任命された裁判官は、「罪過のないかぎり」罷免されないし、俸給も減額されないことを定めている[116]。そし

シルヴァニアが類似の制度を採用している。

[113] 議会の両院の決議によるのはむしろ伝統的なやり方（イギリスの王位継承法第3条8項参照）であり、ニュー・ヨークなどにみられる。リコール制は、キャリフォーニアにみられる。Cal. Const. art. 23.

[114] (10) 違憲立法審査制を確立したといわれる Marbury v. Madison, 1 Cranch 137 (1803) はよい例である。この事件は、1800年の大統領選挙で共和党のジェファスンが勝利をえたので、連邦派（Federalists）たちが、lame-duck session を利用して自分たちに有利な裁判官を任命しようとしたことから起った事件である。のちに言及するニュー・ディールの司法革命も、もう1つの好例である。

[115] 上院の承認は一般案件として扱われる。憲法上の定めはないが、法務総裁の意見を聞くことが慣行となっている。

[116] 連邦裁判官の罷免は弾劾による以外にないということを意味する。連邦最高裁判所の裁判官の弾劾の例は、1803年のチェース（Chase）事件一件のみであるが、これ

て、任期については何も定めていないので、連邦裁判官の任期は終身制であると考えられる。ただし、任命後10年以上たち、年齢が70歳以上の裁判官、または任命後15年以上たち、年齢が65歳以上の裁判官は、自己の自由意思によって引退し、引き続き俸給を受けうるものとされている[117]。

§299　(イ)　**連邦地方裁判所と連邦控訴裁判所の裁判官**　ほとんどの場合、弁護士から選ばれる。政府の法律関係事務にあたる弁護士は裁判官を選ぶための有力な母体であり、州裁判所の裁判官から連邦裁判官をひきぬくことはきわめて稀である。大統領が上院の同意をえて任命するが、これについて有名な「上院の礼譲」という慣例がある。これは、連邦の地方的官職については、その州選出の上院議員で大統領と同じ政党に属する者が反対するときは、上院は同意を与えないというものであり、したがって、上院議員が欠員補充について推薦することが多く、結局は政党の力が大きくなる。そのため地方の政党組織の質によって、その連邦地方裁判所の裁判官の質が定まるともいわれている。先にのべた法務総裁や法曹団体も、この任命について発言することが多いといわれる[118]。

　首府の所在地であるコロンビア地区（District of Columbia）の裁判所の裁判官については、連邦議会に議員を選出できないから上院の礼譲は存在せず、政党組織も弱いから、大統領は比較的自由な任命権をもつことになり、連邦政府の法律職としての功労にむくいる任命が行われる。政府に好意をもつ判決があらわれやすく、アメリカで最も官僚的色彩の強い構造をもつといわれるが、有能な裁判官が比較的多い。

§300　ところで、連邦の控訴裁判所の裁判官は、地方裁判所の裁判官の経験をもつ者のなかから選ばれることがしばしばある。控訴審をあつかう裁判官には、事実審裁判官としての経験が有益であると考えられているためであるが、一般的には地方裁判所の裁判官についてのべたことが当てはまる。ただし、控訴裁判所のなかには、特別の目的をもって設置されたもの（たとえば、緊急

　　も有罪とはならなかった。ただし、この第3条による身分保障は、憲法が予定しておらず、のちに普通の法律によって設置されたいわゆる legislative court の裁判官には及ばないとされている。この裁判所については、

117　これはルーズベルト大統領の司法改革の妥協的産物である。
118　Exec. Ord. No. 12, 097, 43 F. R. 52, 455 (1978) 参照。

時控訴裁判所）もあり、この裁判所の裁判官の任命についてその点がとくに考慮にいれられるのは当然のことである。

§301 (ロ) 最高裁判所の裁判官　最後に残っているのは連邦最高裁判所の裁判官の選任の問題である。この選任は著しく高度の政治問題であり、つねに大きな論議を呼んでいる[119]。選任された裁判官も、現在のバーガー（Burger）首席裁判官のように連邦裁判官の出身であるとは限らず、州裁判官からも、学識経験者や行政官からも、広い職域から選ばれている。ウォレン（Warren）前首席裁判官のように、州知事から移ることもある。また、弁護士会や学界から最も有能な法律家であると評価される候補者がありながら、能力も劣るとみられる別人が選ばれた例が少なくない。これらのことは、高度の政治的考慮がそこに働いていることを示している[120]。

　もっとも、政党の考慮が必ずしも強く働くものではない。トルーマン大統領がバートン（Burton）を、アイゼンハウア大統領がブレナン（Brennan）を任命したように、反対党支持者を任命することもある。最高裁判所の裁判官の選任は、地理的考慮、人種的考慮など、いろいろな面からの考慮をしたうえで、全体的なバランスを保ちつつ行われているように思われる。連邦最高裁判所の裁判官については、本書末尾に「歴代裁判官チャート図」をつけ、「アメリカの法律家」の中で主要な裁判官の略歴等を説明した。

§302　アメリカの最高裁判所の裁判官たちも、イギリスの偉大なコモン・ロー裁判官たちと同じように、新しい法というものの考え方を創生する意味において、業績を残した裁判官が少なくない。まず第一に、そのような裁判官の一人として、ジョン・マーシャル（John Marshall）をあげることができる。この裁判官は1755年9月24日にヴァジニア州に生まれ、1801年から1835年まで合衆国最高裁判所の首席裁判官であった。本書111頁（§137）に紹介

119　これをテーマとして書かれた著作は枚挙にいとまないが、ジャーナリストによって書かれた最近の興味深い読みものとして、WOODWARD & ARMSTRONG, THE BRETHREN: INSIDE THE SUPREME COURT (1979) をあげておこう。歴代の最高裁判所裁判官の伝記としては、HISTORY OF THE SUPREME COURT OF THE UNITED STATES (series) (1971-) は定評がある。

120　この観点に立ってなされた法社会学的研究としては、早川武夫「司法的行動のブロック分析――司法過程の実証的研究」『英米私法論集（末延三次先生還暦記念）』(1963年) 389-410頁がある。

第3節　アメリカ

したマーベリ対マディソン判決を書いたほか、アメリカ法の黎明期における重要な判例法の形成に貢献した。この裁判官は、2年しか学校教育を受けていないといわれるが、父親から直接教育を受け、その中にはブラックストーンのコンメンタリーズが含まれていた。すでに述べたように、アメリカ的自然法論をアメリカ法の基礎に置いたのは、この裁判官であった[121]。

ホームズもマーシャル裁判官に匹敵する偉大な裁判官であった[122]。この裁判官は、1841年にボストンに生まれ、1902年から1932年まで合衆国最高裁判所裁判官であった。この裁判官は、医師の子供として生まれ、思想的には進化論とドイツ・ローマン主義の影響を受けており、ハーバード大学で教育を受けたにもかかわらず、経験主義ないし法学における科学的方法論を導入した。裁判所においては少数意見意とどまることが多かったけれども、アメリカの固有の法思想（プラグマティズム）を生み出した点において大きな業績を残した。ホームズを信奉する法学者がそのあとを継いで最高裁判所の裁判官となり、それ以後の多数意見は、ホームズの考えに従うものが圧倒的に多い。

もっとも、ホームズが歴史に残る人物となったのは、タフト裁判所やヒューズ裁判所が、余りにも世論から離れすぎたものとなり、大きな批判を受けるものであったという歴史的事実に起因する[123]。そして、リアリズムの裁判官として、ラーニッド・ハンドやカードウゾなどの進歩派の裁判官がホームズを絶賛したことも、ホームズのイメージ作りに大きく貢献している。このプラグマティズム＝リアリズムの思想は、ブランダイス、ブラック、ダグラス、フランクファータなどの後継者によって受け継がれ、現在のアメリカ法の主流となっている[124]。

第二次世界大戦後の裁判官としてウォレンも偉大な裁判官の一人としてあげることが許されよう[125]。この裁判官はロス・アンジェルスに生まれ、西

121　C. F. HOBSON, THE GREAT CHIEF JUSTICE : MARSHALL AND RULF OF LAW (1996) 参照。
122　ホームズの伝記など、同裁判官について書かれた著作は多数ある。ここでは、G. E. WHITE, JUSTICE OLIVER WENDELL HOLMES ― LAW AND THE INNER SELF (1993) および R. A. Posner (ed.), The Essential Holmes (1992) を引用するのみにとどめよう。Whiteの著作には、末尾に関連文献が詳説されている。
123　田島裕・前掲107頁注1、248頁以下参照。
124　M. J. HORWIT, THE WARREN COURT AND THE PORUIT OF JUSTICE (1988) 参照。

第4章 法律家

部の文化を匂わせている。キャリフォーニア州の最高裁判所長官であったトレーナー裁判官と同じく、リアリズムの思想家であったが、ブラウン対教育委員会判決（実質的平等）、ベーカ対カール判決（選挙権の平等）、ミランダ対アリゾナ判決（黙秘権告知）、グリズウォルド対コネティカット判決（プライヴァシー権）は保守派から激しく攻撃された。ブレナン裁判官は、ウォレン裁判所の一メンバーであり、余り目立たない存在であったが、ウォレン裁判所後の保守主義の巻き返しに対する防波堤として重要な役割を果たし、注目される裁判官となった[126]。

　ウォレン裁判官以後に就任した裁判官については、『法の支配』（日本法律家協会機関誌）139号（2005年）に紹介した。巻末の「歴代裁判官チャート図」に示しておいたように、ウォレン裁判官の後継者としてバーガー裁判官が首席裁判官となり、さらに1986年からレンキスト裁判官へと引き継がれた。リーガン大統領は、**スカーリア**（1986年）、**ケネディ**（1988年）、を任命した。ブッシュ大統領は、スータ（1990年）、**トマス**（1991年）、**ギンズバーグ**（1993年）、ブレヤー（1994年）を任命した。息子のブッシュ大統領は、レンキスト裁判官が死亡したため**ローバーツ**（2005年）を首席裁判官に任命した。さらに**アリト**（2006年）に任命した。オバマ大統領は、2009年5月26日にソトメイヤを任命した[126]。現在、合衆国最高裁判所は上記8名の裁判官の他、**スティーヴンス**（1975年にフォード裁判官により任命された）を加え、9名により構成されている。

125　前掲注124の文献の外、L. A. Powe, Jr, THE WAAFER COURT AND AMERICAN POLITICS (2000), B. SCHWARTZ (ed), THE WARREN COURT : A RETROSPECTIVE (1996) を見よ。

126　ソトメイヤ（Sonia Sotomayor）は1954年6月25日にニューヨークのブロンクスに生まれた。プリンストン大学を総代として卒業した後、イエール・ロー・スクールで法学を学ぶ。卒業後ニューヨークで国際取引の事件についての経験を積んだ。1991年には連邦地方裁判所の判事に任命された。

第5章　弾劾制度

第1節　イギリスにおける弾劾制度の確立とその後の展開

第1項　概　観

§303　裁判官の弾劾は、「司法権の独立」の問題と直接深く関わりをもっている。日本では実際上、「義務違反、職務怠慢、非行」などを理由として、裁判官を罷免することは明治憲法下ではむしろ容易であったと思われるし、罷免の歴史はさらに古くまで歴史を遡ることができる。しかし、新憲法のもとでの裁判官弾劾制度は、「司法権の独立」という重要な憲法原理に支えられたものであり、新しい制度である。これはアメリカ法に倣って、新憲法のもとで作られたものである[1]。

　もっとも、現在の我が国の弾劾制度をアメリカ法のそれと比較検討してみると、本章で詳しく説明するように、その間には大きな隔たりがあると言わなければならない。そこで、いかなる意味においてアメリカ法を母法とするか、また現在存在する両者間の相違が、無視してよいほどのものであるかどうか、改めて再考察する必要に迫られている。さらにまた、「司法権の独立」という抽象レベルの高いところで問題をとらえるとすれば、日本の弾劾制度の起源は、むしろアメリカ法というよりはイギリス法にあると言わざるを得ないのではないか、という疑問も湧いてくる[2]。

1　伊藤正己「裁判官弾劾法及び最高裁判所裁判官国民審査法」国家学会雑誌62巻5号（1948年）45-62頁。「座談会・裁判官弾劾制度の20年」ジュリスト384号（1967年）24頁（佐藤立夫発言）は、「弁護士になれない、検察官になれない、そういう形で、罷免のほかに、もう1つの処罰が付随的につくわけです。まさしく日本の弾劾制度はアメリカ型を採用している」という。また、高柳＝大友＝田中編著『日本国憲法制定の過程』（有斐閣、1972年）2巻208-9頁、236-7頁参照。

2　佐々木高雄・裁判官弾劾制度論（日本評論社、1988年）は、新憲法制定当時の論議を仔細に分析し、日本の弾劾制度を評価しながら、「現在、わが国の制度を考察する

第5章　弾劾制度

　日本国憲法は、国民の権利として「公務員を選定・罷免する権利」を規定し、「罷免の訴追を受けた裁判官を裁判するため」、両議院の議員で組織される弾劾裁判所を設置することとしている。そして、同憲法第78条は、「裁判官は、裁判により、心身の故障のために職務を執ることができないと決定された場合を除いては、公の弾劾によらなければ罷免されない」とも規定している。これらの規定は、イギリスの基本法に見られる諸慣行について説明されてきたことである。イギリスの王位継承法は「裁判官の任命は、罪過なき限り続くものとなされるべきであり、その俸給は定額とし不動のものとする[3]」という規定を置いている。これもまた、わが国の憲法学者が弾劾制度についてよく引用する文句である。

第2項　弾劾制度の基礎を作った諸先例

§304　(1)　イギリスには成文憲法はなく、この原理も憲法習律の存在を確認したものであると理解できる。プラクネットは弾劾制度を本格的に研究した法制史家であるが、その研究によれば、弾劾裁判は1376年のラティマー事件に始まる[4]。この事例は、ホールズワース、メイトランドなど、他の法制史研究家の『英国法制史』にも言及されているが、ほぼ同じようなことが説明されている。事件の正確な記録は残っていないが、どのような性質の裁判であったかは一応の推定ができる。

　中世においては、国王の財政を支えるための課税について承認を得るために庶民院が開かれていたが、ラティマー事件は、ラティマー卿が英国商館と

上で、イギリスの制度が手本としてもつ役割は限定してかからなければならない」と言い、さらにアメリカの制度についても、「同国の制度は模倣すべきほどのものはない」と述べている（140頁）。しかし、弾劾制度の核心は、裁判官の非行（misconduct）をどのように扱うかということであり、世界の法制度の中でこれだけ多くのサンプルを示してくれる教材はない。

3　第3条8項。この条文は、さらに「しかし、国会の両院の奏上にもとづいて罷免することは合法である」と規定している。

4　T. F. T. Plucknett, *The Impeachments of* 1376, 1 TRANSACTIONS OF THE ROYAL HISTORICAL SOCIETY (5th Ser.) 153, 161-62 (1951); 森岡敬一郎「中世イングランドの『下院の弾劾裁判』(impeachment) の起源」法学研究41巻4号（1968年）34頁参照。なお、裁判官の弾劾制度は、古代ギリシャの都市国家にその起源があると指摘する研究があるが、議会制との関連で弾劾制度をとらえる限り、イギリスにその起源があると考えるべきであろう。

関係して背任・詐欺の事件の共謀者であると庶民院が告発（課税に対する苦情）したことから始まった。このような事件は、貴族院の前身である王会（curia regis）にかけられ、審理された[5]。弾劾は裁判官だけを対象とするものではなく、国王の高官が法に従うことを強制するものでもあった[6]。裁判官の弾劾の事例は、スチュアート王朝の時代および18世紀に数多く見られる。佐藤立夫氏は、上述の法制史の基本書を丹念に当たり、言及されている弾劾事件を丁寧に調べあげている[7]。モンペソン（Sir Giles Mompeson）事件、ジョン・ベネット（Sir John Bennet）事件、ミドルセックス伯爵（Earl of Middlesex）事件、クラレンドン伯爵（Earl of Clarendon）事件などがその著名な事例である。

　これらの事例は、いわゆる請願の手続によるものであり、庶民院で問題になった事件に貴族院が判断を下すという形がとられている[8]。通常は、庶民院が裁判官の罷免を申し立て、最終審理に当たるのが貴族院（貴族院の一部は最高裁判所）であったが、それはイギリス議会の歴史的発展の経緯による[9]。この慣行がアメリカ合衆国憲法の規定の基礎になっている。イギリスでは、1805年のメルヴィル卿の事件以来、19世紀になって現在の司法制度が確立されてからは、弾劾事件は一例もない[10]。

§305　(2)　「司法権の独立」の憲法原理につながるのは、上述の諸事件よりもむしろ、コーク裁判官の罷免事件などである[11]。この事件は、コークとベーコンとの権力闘争に端を発していると思われる。コークは、いわゆる中産階級

5　田島裕『議会主権と法の支配（有斐閣、1979年）』10-11頁。
6　国王は、もともと外国からの侵略者であり、裁判の公正を維持することには格別の注意を払った。ちなみに、エドワード1世の法律 Ordinacio de Conspiratoribus は、腐敗した奉行ないし高官を懲らしめるための法律である。
7　これらの諸事件は、佐藤立夫・弾劾制度の比較研究（上）（原書房、1996年）248-308頁に詳細に紹介されている。
8　庶民院によって課税に対する不服申立の形で決議がだされ、これに対し貴族院が処理の仕方を検討するという形をとっている。
9　イギリスにおける議会制の意味について、田島裕前掲注5、43-47頁。
10　The Viscount Melville Case, 29 State Tr.550 (1806). この事件も、基本的には本文で述べた性質の事件である。
11　当時、裁判官は国王の思し召しとしてその職が与えられ、国王はいつでも免職できた。内田力蔵「イギリスにおける裁判官の身分保障について」社会科学研究18巻5号（1976年）1-46頁。

第5章　弾劾制度

出身の有能な裁判官であるが、国王の信頼の厚かった上流貴族ベーコンとの権力闘争に巻き込まれ、1616年にはついに国王ジェームズによって罷免された[12]。しかし、コークは庶民院の議長に迎えられ、権利請願を起草し、これが権利章典に大きな影響を与えた。さらに、王位継承法の制定へと繋がり、司法権の独立という憲法原理が確立されるに至るのである[13]。

第2節　イギリスの弾劾制度と裁判官の身分保障

第1項　弾劾制度の現状

§306　(1)　今日でも「裁判官を弾劾する」権限は国会の特権（privilege）の1つであると考えられている。しかし、19世紀後半に新しい司法制度が作られて以来、裁判官が弾劾された事例は一例もなく、議会制度の改革を検討する特別委員会は、国会による弾劾制度の廃止を助言したほどである。しかし、アスキー・メイの著書によれば、国会による弾劾は、今日でも重要な憲法原理として存続している[14]。

現在の最高法院法（Supreme Court Act 1981）は、貴族院以外の裁判官について、「国会の両院が女王に対し罷免を申し述べて罷免される場合は除き、善良な行いをしている間はその職を保持し続けるものとする」と規定している[15]。イギリスは歴史的形式を重んじる国であり、今日でも、弾劾手続は議会の国王への奏上（address）によると言われているのはこのことである[16]。

12　この両者の運命的な対立関係について、詳しくは、C. D. Bowen, The Lion and the Throne (Little, Brown & Co. 1957) pp. 370-390 を見よ。

13　The case of Prohibitions del Roy, 12 Co. Rep. 63 (1607), 77 E. R. 1343 (190) の判決の中で、コーク裁判官は先に説明した憲法習律・原理を説明している。

14　Erskine May, A Treatise upon the Law, Privilege and Usage of Parliament (Irish U. P. 1971) pp. 38-39, 63, 374-382. 国会の憲法習律に関する権威的書籍とされている。

15　Supreme Court Act 1981, s. 11 (3). なお、Supreme Court of Judicature (Consolidation) Act 1925 [15 & 16 Geo. 5, c. 49], s. 12 も見よ。

16　王位継承法が述べているように、国会の両院の奏上に基づいて裁判官を罷免することは合法であるが、その罷免は立法に類似した手続によらなければならない。Keir & Lawson, Cases in Constitutional Law (5th ed. 1967) 338. ここでいう立法は個別法律（Private Act）を意味し、この手続は私権剥奪法（bill of attainder）の性質をもつと理解されている。

貴族院裁判官の弾劾裁判が行われるならば、マグナ・カルタ39条が問題となり、同輩（貴族）による裁判が行われることになる。もし弾劾事件が起こるとすれば、まず庶民院で弾劾の決議が行われ、その後に貴族院において、重要案件の審議の場合のように、3分の2の多数決によって弾劾の決定がなされるであろうと思われる。

§307　(2)　この100年余りの間、裁判官の弾劾事件が皆無であることには、2つの理由が考えられる。その1つは、その選任制度にある。ほとんどすべての裁判官が、オックスフォードかケンブリッジの出身で、インズ・オブ・コートの共同生活を終えたうえでバリスターになり、相当期間の経験を経てから裁判官になる。裁判官たちは同質の専門家集団であり、長い共同生活の中で、強い連帯意識をもっている。他の諸外国に比べて、イギリスの裁判官は、高年齢であるだけでなく、優れた人格者でなければ、裁判官になれない仕組みになっている[17]。他のもう1つの理由は、弾劾事件は、司法府に対する威信を大きく傷つけることであり、よほど重要な事件でない限り、弾劾は行われるべきでないと考えられていることにある。後に説明するように、実際には裁判官の不祥事が存在しているけれども、現実的な解決が図られ、正式な罷免手続はとられていない。

第2項　裁判官の身分保障

(1)　弾劾の事件がないということは、イギリスの裁判官の素行が常に良いことを保証するものではない。書籍や漫画などを読むと、非常に悪い裁判官がしばしば登場する[18]。極めてよく知られているように、シェクスピアは、第1になすべきことは「法律家をみんな殺してしまうことだ」と叫び、このせりふが論文の中でしばしば引用されてきた[19]。また、実際にも、裁判官は、

---

[17]　国王と裁判所は対立していたが、国会と裁判所はむしろ協力関係にあり、国会主権が19世紀に実質的に確立されてからも、厳しい対立はない。伊藤・前節注1の研究はこの点を主たる論拠としている。法曹一元、インズ・オブ・コートの制度などにも関係している。但し、この制度は、徐々に近代化されつつある。

[18]　Simon Lee, Judging Judges (Faber & Faber, 1988) は、風刺を込めて様々な裁判官を批判している。

[19]　シェクスピア・ヘンリー4世第2章ii, 86-87。例えば、David Pannick, Judges (Oxford U.P., 1987) p.142; F・ローデル（清水＝西訳）『禍いなるかな、法律家よ！』

数多く問題を起こしている。しかし、デニング裁判官が述べているように、裁判官の資格において行ったことについて、いかなる法的責任も問われることはない[20]。裁判に関する批判は「法廷侮辱罪」を構成しうる[21]。実際上、『エコノミスト』が裁判官の任命について具体的に批判し、名誉毀損に問われたことがある[22]。裁判官が行う職務行為（司法行為）については、完全な免責が認められている[23]。

このようなことから、イギリスには、個性的な裁判官が多く生まれている。そしてまた、イギリス法の主要な著作は裁判官によって書かれることがしばしばあるが、かように学界でも重要な役割を果たす裁判官が多い。伊藤正己元裁判官が書いているように、日本の裁判官には顔がないが、英米の裁判官には個性的な顔がある[24]。その反面、ヘイルシャム卿は、裁判官にも「固有な裁判官病」があることを率直に認めている[25]。裁判中に居眠りをする裁判官は決して少なくない。審理中におばあさんのように編み物に熱中する裁判官もいて、弁護人が悩まされたことも記録に残っている。ことばの悪い裁判官もいる。しかし、これらのことが弾劾の問題になるとはイギリスでは考えられない。

先に言及したデニング裁判官は、わが国の最高裁判所に相当する貴族院判決（先例法）に従わず、独自な判決をしばしば下したことで良く知られている。このような裁判官ですら、実質的な意味で罷免が試みられたにもかかわらず、裁判官の身分が完全に保障された。その結果、貴族院としてなしえたことは、その判決において、「デニング裁判官の判決は無視すべきだ」など

（岩波書店、1964年）206頁。
20　Sirros v. Moore [1975] Q. B. 118.
21　M. BRAZIER, JUDICIAL IMMUNITY AND THE INDEPENDENCE OF THE JUDICIARY [1976] Pub. L. 397. 裁判所侮辱について、C. J. MILLER, CONTEMPT OF COURT (2d ed. 1989); G. J. BORRIE AND N. V. LOWE, THE LAW OF CONTEMPT (1973) 参照。
22　The Times, 1 July and 9 Dec. 1980.
23　Anderson v. Gorrie and Others, [1895] 1 Q. B. 668（悪意かつ腐敗して（maliciously and corruptly）なされた判決の担当裁判官に対する損害賠償責任を否定した判決）。裁判官の免責について、A. OLSWOFOYEKU, SUING JUDGES-A STUDY OF JUDICIAL IMMUNITY (Clarendon Press, 1993)、とくに第2章（33-78頁）参照。
24　伊藤正己『裁判官と学者の間』（有斐閣、1993年）91-96頁。
25　LORD HAILSHAM, THE DOOR WHEREIN I WENT (1978) p. 255.

の個人批判を傍論で述べることのみであった[26]。

§308　(2)　貴族院裁判官以外の裁判官が罷免された実例を紹介しておこう。「司法府の政治」と題するグリフィスの著書には、裁判官の任免の問題について具体的な事例をあげて実態を説明している。それによれば、1977年には、スコットランドの裁判官が政治活動に参加し、首席裁判官から注意を受けたにもかかわらずその活動を続けたことを理由に、大法官によって罷免された事例を紹介している[27]。また、1983年12月に、ロンドンの刑事裁判官がウイスキーとタバコを窃取したことを理由に大法官によって罷免された事例を紹介している[28]。これらの事件は、大法官による分限処分であって、弾劾ではない。治安判事や記録裁判官のような下位の裁判官の場合には、法律が罷免について明文で規定しており、事件の数ももっと多くなる[29]。

§309　(3)　イギリスの裁判官は終身とされていたのに、1959年に定年制が導入された[30]。最高法院に関する法律第11条(2)は、「裁判官はその75歳の誕生日の日に退官するものとする」と規定している[31]。先のデニング裁判官もこの法律に従って退官することが期待されたのであるが、同裁判官は、マグナ・カルタの私権剥奪法の規定を引用し、その法律の自分への適用を拒絶した[32]。そして、病気のため裁判ができなくなるまで（83才まで）控訴院の長官の地位に留まった。高齢まで裁判官を務める者も少なくないが、年若くして退官した裁判官の場合、何か問題があったために自ら辞任したものと思われる。例えば、多くの期待を寄せられて42才で貴族院裁判官になったデヴリン卿の場合、自動車事故を起こしたことが辞任の理由であったと聞いてい

26　例えば、Pettitt v. Pettitt, [1970] A.C. 777, at 815（アプジョン裁判官）、*id*. at 391（リード裁判官）。

27　J. A. G. GRIFFITH, THE POLITICS OF THE JUDICIARY (4th ed. 1991) pp. 23-24; 940 H. C. Ded. cols. 1288-1332.

28　*Id*. at p. 24.

29　Courts Act 1971, ss. 17 (4), 21 (6).

30　75歳になった後、裁判官は裁判を行わなくても給与を受け取ることができ、実質的に退官が期待されるようになった。

31　注17の規定とは違って、現在では、年金をもらって当然退官することになっている。

32　IRIS FREEMAN, LORD DENNING: A LIFE (Arrow Books, 1994) は、デニング裁判官の生涯の伝記であるが、この裁判官はイギリス人の理想的裁判官の1人である。

る。

第3項　最高裁判所の裁判官の罷免

§310　(1) 既に述べたように、司法制度が近代化されてからは、貴族院の裁判官が罷免された事例はまったくない。しかし、「司法権の独立性」の原理の重要性は、現在でも厳然と生きている。最近のマレーシアの最高裁判所の長官の罷免の事件で、イギリス憲法の理論が展開され、この事件をめぐってイギリスの主要な憲法学者が意見を述べている[33]。この事件では、国王は自分の身内を国立大学の総長に任命しようとした。しかし、最高裁判所は、その任命は法規に従って民主的に決められるべきものであり、その任命は学内法規に違反しており、無効であると宣言した。そこで、国王は、その裁判長を罷免し、憲法史に残る重大な事件へと発展した。

§311　国王はこの事件で次のように申し立てた。すなわち、自分は国王であり、自分が創設した王立大学の総長を自分が任命したとしても、法律に抵触するところはないはずであると。そして、問題の裁判長は、国王が任命した者であり、国王の命令に背くならば、罷免は当然である、と主張した。刑事的制裁も民事的責任も当該裁判官は課されておらず、国王の裁量によってかかる反逆者を罷免できることは当然である、というのである。

　これに対し、罷免された裁判長は、この事件は、フットボールを観戦中の国王が、身内のプレーヤーの側が負けているのに腹を立て、ルールをその場で勝手に作り、審判官までも自分の言いなりになる者と代えてしまったようなものであるという。イギリス憲法（マレーシアにも適用される）は、司法の適正な維持を国の最重要な職務の1つとしており、かかる国王の行為は、著しくその職務を傷つけるだけでなく、憲法上、許されないはずであると主張した。この弁明はマレーシアでは通らなかったけれども、イギリスの憲法学者は、それを違憲であると認めている[34]。

---

[33] TUN SALLEH ABAS, THE ROLE OF THE INDEPENDENT JUDICIARY (Percetakan A-Z Sdn. Bhd. Malaysia, 1989). ちなみに、「司法権の独立」の原理はコーク裁判官の罷免が1つのきっかけになっていると思われるのであるが、この事件はそれと類似している。

[34] 今日では「司法権の独立」は国際的な規範となっている。国連決議 A/Res/40J 146, 13 Dec. 1985.

第3節　アメリカ合衆国のイギリス法継受と弾劾制度の発展

第1項　序　　説

§312　アメリカの弾劾制度は、基本的にはイギリス法を継受したものであるが、アメリカ合衆国には憲法典が存在し、憲法の規定によってその制度が定められている。しかも、連邦法と州法という二元的な法制度を採用しており、州憲法の場合には、しばしばイギリス法とは異なった考えを採っている。日本国憲法が採用した最高裁判所の裁判官の「国民審査による弾劾」の制度は、連邦憲法によるものではなく、若干の州憲法を参考にした新しい制度である。諸州の憲法が規定する裁判官の国民審査制は、アメリカの民主主義の考えに基づくもので、イギリス法の伝統にはみられない[35]。新しい考えに基づく制度改革は、比較的最近にも別の形で行われているが、これらについても後に詳しく説明する。

第2項　連邦憲法の弾劾制度

§313　まず第1に、合衆国憲法の弾劾制度を説明しよう。同憲法第3条1節は、裁判官の身分保障について、「非行がない限り」終身とすることを規定し、その報酬は在任中減額されることはないと述べている[36]。これはイギリス憲法を継受したものである。この憲法の起草者たちは、思想的にも王位継承法の起草者たちと一致しており、この点に関しては、イギリス法をそのまま継受したものと言ってよい[37]。合衆国憲法制定当時、この規定を含めることに

---

[35] 芹澤斎「弾劾制度の変遷─最高裁判所裁判官国民審査（特集：裁判制度100年）」月刊法学教室121号（1990年）21-22頁、小林孝輔「最高裁判所裁判官国民審査制度論」現代の裁判と裁判官（ぺりかん社、1976年）210頁を見よ。

[36] 憲法の規定は、treason, bribery or other high crimes and misdemeanors と述べているが、これらは「非行（misconduct）」の例示であると理解されている。

[37] B. F. MELTON, JR., THE FIRST IMPEACHMENT: THE CONSTITUTION'S FRAMERS AND THE CASE OF SENATOR WILLIAM BLOUNT (Duke Univ. 1990) は、本稿でも後に分析することになるニクソン事件およびヘースティング事件を問題にしながら、アメリカにおける最初の弾劾事件を詳細に調べ、憲法の諸文言の解釈をイギリス法の Heydon's Case, 3 Co. Rep. 7a, 76 Eng. Rep. 637 (1584) に照らしながら、アメリカ憲法起草者たちの

ついて反論は1つも出されていない。しかし、弾劾については、合衆国憲法第1条2節5項は、「下院は弾劾を行う権限を専有する」と規定し、また、同3節6項は、「上院はすべての弾劾を裁判する権限を専有する」と規定している。イギリス憲法の場合とは異なり、上院は司法（裁判）機能を付与されていないので、この憲法の規定は、後に説明するように、多くの問題を起こす原因になっている。これについて、かつてアメリカの権威的憲法学者ストーリは、「イギリス議会のような万能の権限を［アメリカの］議会に付与することは意図されていない」と述べている[38]。

§314　とはいえ、合衆国憲法第1条3節7項が規定する弾劾制度は、形式的にはイギリス法のそれと変わるところはない。国会（下院）が弾劾によってなしうることは、「免官および名誉、信任もしくは報酬を伴う合衆国の公務に就任、在職する資格を剥奪する」こと以上におよぶことはできない。これと関連して注意すべき第1の点は、弾劾の対象となるのは裁判官だけでなく、他のすべての政府高官が含まれるということである[39]。第2に、例えば裁判官が魔法瓶1個を窃盗した事例があるとすれば、その裁判官は刑事裁判を受けることとなる。もし有罪判決が下されれば、その時点で改めて裁判官の資格の有無が問われることになる[40]。このことについて、上述の7項は、「このように［弾劾裁判で］有罪の判決を受けた者でも、なお法律の規定によって、起訴、審理、判決、処罰を受けることをまぬかれない」と規定している[41]。

意図を説明している。

[38] J. STORY, COMMENTARIES ON THE CONSTITUTION OF THE UNITED STATES (5th ed. 1891) pp. 253-58. また、アメリカ弾劾制度について、RAOUL BERGER, IMPEACHMENT: THE CONSTITUTIONAL PROBLEMS (Yale U.P., 1973) が詳しい。ちなみに、バーガーは、弾劾裁判は司法府の機能であると主張しているが、これに対しては後述のように強力な反対論がある。この著者は、弾劾制度を本格的に研究した裁判官・大学教授であり、この意見は有力である。

[39] Joseph Isenbergh, *The Scope of the Power to Impeach*, 84 YALE L. J. 1316 (1975); John Feerick, *Impeaching Federal Judges: A Study of Constitutional Provisions*, 39 FORDHAM L. REV. 1 (1970).

[40] 通常は、弾劾と全く関係のない通常の内部的懲戒のことがらであり、犯罪事実が明白であれば、裁判官は通常の公務員と同じように、判決前に非行（misconduct）を理由に罷免される。

[41] 実際の司法慣行ではまず刑事裁判が進められ、それが確定してから弾劾に移るのが通常である。例えば、ニクソン大統領のいわゆるウオーター・ゲート事件では、上院

第3に、ウォーター・ゲート事件に見られたように、弾劾が破廉恥罪の性質をもつ場合、合衆国憲法第5修正により大陪審付きの審理を請求する権利が認められている。

§315 　合衆国憲法第1条8節9号に基づく裁判官は、特殊な立場に置かれている。この裁判官には、第3条（身分保障など）の適用はなく、従って、立法の仕方によっては、裁判官の身分保障は制限されうると理解されている。例えば、破産裁判所、合衆国請求訴訟裁判所、合衆国租税裁判所などが、かかる立法裁判所［憲法裁判所と対比される］の例である。これらの裁判所の裁判官は、法律の範囲内でしか権限が付与されておらず、通常、その身分保障も制定法に定められた限度にとどまる[42]。しかし、裁判官であることには変わりはなく、基本的には第3条の裁判官と同程度の手続的保護（デュー・プロセス）を受けているように思われる。

第3項　州憲法による裁判官の罷免

§316 　次に、主要な州憲法の諸規定を見ておきたい。多くの州憲法は、合衆国憲法にならってイギリス法に類似した弾劾制度を導入している[43]。これとは別に、1850年頃になると、いわゆるジャクスニアン・デモクラシーの影響を受けて、裁判官の公選制を導入した州がいくつか見られるようになった。田中英夫の研究によれば、日本国憲法による最高裁判所裁判官の国民審査制は、アメリカの若干の州憲法にならうものである[44]。かかる諸州の立法の論議を

　は大陪審（専門家集団）に正式起訴をするべきか否かを判断させ、その大陪審が起訴を決定したので、弾劾裁判が行われることになった。しかし、大統領が辞任したので、特赦が認められ、実際には弾劾裁判は行われなかった（P. B. Kurland, *Watergate, Impeachment, and the Constitution*, 45 MISS. L. J. 531, 535（1974））。

[42] 28 U.S.C.A. §176（1982）（大統領は「無能（incompetency, misconduct, neglect of duty, engaging in the practice of law）」を理由として、請求裁判所の裁判官を罷免できる）、*id.* §177（罷免された裁判官は請求裁判所で弁護活動をできない）、*id.* §178(*b*)（罷免された裁判官は復職できる）; 25 *U. S. C. A.* §7443（*f*）（租税裁判所の裁判官は、*inefficiency, neglect of duty, or malfeasance in office* を理由としてのみ、公正な通知と聴聞の後に罷免されうる）。行政裁判官について、P. R. Verkuil, *Reflections Upon the Federal Administrative Judiciary*, 39 U. C. L. A. L. REV. 1341（1992）を見よ。

[43] ノース・キャロライナ、オレゴン、ハワイ、インディアナ、D. C. 地区以外の諸州は、弾劾裁判を規定している。

調べてみると、アメリカでの司法権の独立の観念は、イギリスと同じ言葉が用いられていても、全然その意味を異にするという議論がだされ、また、イギリスでは国王（行政府）からの独立を意味するが、アメリカでは「公務の公正な遂行を確保」することが重要であるという。このような観点に立って、裁判官を国民の直接の監視下に置いた州が10州余りある。これらの州では、当然、裁判官の任期も比較的短く制限されている[45]。この面は極めてアメリカ的な発展である。いわゆる「草の根」の民主主義の思想によるものである。次節で説明する最近の弾劾制度に関連した司法制度改革にも、このようなアメリカ的民主主義の思想が見られる。

第4節　アメリカの弾劾制度と裁判官の身分保障の現状

第1項　現行制度の概観

§317　アメリカの法制度は、連邦法と州法という二元的な制度になっており、それぞれについて別個に説明する必要があるが、一般的に言って、弾劾制度は基本的にはイギリス法を継受したものであり、弾劾は国会の権限に属することである。アメリカ憲法では、「三権分立」が憲法原理として確立されており、行政手続や司法手続による裁判官の非行（misconduct）に対する制裁とは区別される。また、公務員（裁判官）の任命権者（大統領）は、「非行[46]」

44　田中英夫「アメリカにおける裁判官の選任方法」法学協会雑誌78巻（1961年）2号135-167頁、3号277-307頁。通常、ミズーリ憲法をモデルとしたと言われているが、前掲第1節注2に引用した佐々木の研究は、ミズーリ憲法にはそれに該当する規定はなく、田中の理解は誤りであるという。高柳他編著・第1節注1、239頁によれば、当時、ミズーリ州とカリフォーニア州で採用されていたが、日本国憲法のモデルは、むしろアメリカ弁護士会の勧告であるという。1945年のミズーリ州憲法（とくに、art.7 (2); art.5 (29)）の他、キャリフォーニア、キャンザス、アラバマの州憲法の関連規定参照。

45　任期を6年とする州は、アラバマ州の他17州ある。8年とする州は8州ある。日本と同じように10年とする州は10州ある。古いイギリスのように終身とする州はロード・アイランドのみであるが、マサチューセッツ州など3州は70歳を定年としており、現在のイギリスの制度に似ている。キャリフォーニアは12年であるが、これについては、本書254頁第4節6項で詳しく説明する。

46　「非行（misconduct）」は犯罪より広い概念であり、「不祥事（misbehavior）」（オン

の存在を条件としてはいるが、当然に公務員（裁判官）を罷免する権利をもっていると理解されている。この司法府内部の自己規律の形で行われる裁判官に対する制裁は、国会による弾劾とは別個のものである。そして、裁判官が個人として刑事・民事責任を訴追される場合、裁判官としての特権を抗弁とすることはできない[47]。州によっては裁判官が国民審査に服する場合もある。裁判官の罷免の事件は、他の諸国には見られないほど非常に多くあり、現在、法制度改革の重要な論点となっている。

第2項　主要な弾劾事件とその手続

§318　(1)　アメリカは多民族国家であり、価値観も多様であるだけに、弾劾事件の申立て件数は非常に多くある。実際上、弾劾事件の多くは人種差別とかかわりあいをもっている。現在、レキシスという優れたデータベースを利用できるようになり、正確な調査を行うことができるようになったが、同じような事例をここに多く並べてみても意味がないので、その全てを紹介することはしない。佐藤立夫の研究は、アメリカの諸事件を詳細に紹介しているので、どのような事例が過去にあったかを知るためには、その研究で十分であると思う[48]。ここでは、むしろその研究に敬意を払いながら、そこに示される問題点を整理することにしたい。

§319　(2)　クレイボーン事件（H.6/3/86-7/16/86; S.6/3/86-8/6/86）では、ネヴァダ地方裁判所の裁判官が収賄、脱税、虚偽申告の嫌疑をかけられ、その刑事裁判で有罪の判決がくだされた[49]。同裁判官は、刑務所に入れられても、辞

　　ブズマンの管轄）よりは狭い概念である。憲法の規定は、treason, bribery or other high crimes and misdemeanors と表現しているが、実務上は、それはほぼ非行と同義であると理解されている。また、州憲法によっては、訴因（cause）その他の存在を要件と規定している場合もあるが、表現の仕方は余り問題とされず、一般的に非行の存在が裁判官の弾劾ないし罷免の前提条件とされている。

[47]　裁判官が借金をして返還しないとき、または窃盗の犯罪を犯したとき、普通の民事・刑事裁判に服することになるのは言うまでもない。裁判に服している間、裁判の担当をはずされ、もし有罪を認めている場合には、給与も停止される慣行になっている。

[48]　佐藤立夫『弾劾制度の比較研究（下）』（原書房、1996年）663-1014頁。

[49]　正確に言えば、最初の裁判は陪審審理のやり直しとなり、次の審理のときには、収賄の訴因は外された。

職を拒否し、裁判官としての報酬を受理し続けた。そこで、合衆国議会は1936年以来久しぶりに弾劾裁判を開始した[50]。そして、議会では専門の弾劾証拠調査委員会を設置し、その調査報告に基づいて同裁判官は弾劾された[51]。

§320　(3)　もう1つの事例として1988年のヘースティング（Alcee Hastings）事件（H.3/17/87-8/1/88; S.3/17/87-8/0/88）を説明しておこう。この事件では、フロリダ地方裁判所裁判官が、贈収賄事件の共謀者であるとする訴追を受け、無罪判決を受けた[52]。しかし、他の共犯者は有罪判決を受け、2人の同僚裁判官は、本節4項で説明する372条の手続を開始した。苦情を受理した第11巡回区上訴裁判所首席裁判官は、専門調査委員会を設置し、その調査に基づいて、司法会議は、弾劾の手続を進めるべきであると下院に勧告した[53]。当該裁判官は、調査手続を争い、また一事不再理の原則の違反を主張したが、その主張は認められなかった[54]。

§321　(4)　ニクソン（Walter L. Nixon, Jr.）事件（H.3/15/88-4/25/88; S.3/15/88-5/11/89.）では、ミシシッピ連邦地方裁判所首席裁判官（大統領のニクソンではない）が弾劾裁判にかけられた。この事件は刑事事件（友人の息子の犯罪の訴追を妨害し、収賄罪に問われたことと、その後の大陪審での証言に偽証があったこと）が発覚した後、連邦議会が刑事裁判と並行して弾劾手続を進めたものである。刑務所に収監された後にも給与の支払いが続けられたので、停止する必要があったと思われる。そこで、下院は弾劾手続を開始したが、そのRule XIの手続が適正手続ではないとして当該裁判官が訴えを起こした。しかし、合衆国最高裁判所は、いかなる手続によるかは上院の裁量

---

[50]　Ritter v. United States, 84 Ct. Cl. 293 (1936); 300 U.S. 668 (1936). 連邦裁判官が弾劾された事件は、これ以外に3件ある。Grimes, *Hundred-Ton-Gun Control: Preserving Impeachment as the Exclusive Removal Mechanism for Federal Judges*, 38 UCLA L. REV. 1209, 1214 n. 32 (1991).

[51]　United States v. Claiborne, 870 F. 2d 1463 (9th Cir. 1989). この裁判は、弾劾された裁判官が、専門委員会の利用はデュー・プロセスに反すると訴えたものである。

[52]　Hastings v. Judicial Conference, 593 F. Supp. 1371 (D.D.C. 1984), *aff'd in part and vacated in part*, 770 F. 2d 1261 (D.C. Cir. 1985), *cert. den'd*, 447 U.S. 904 (1986)

[53]　この手続は、本節4で説明する手続である。

[54]　Hastings v. Judicial Conference of the United States, 657 F. Supp. 672 (D.D.C. 1986), 783 F. 2d 1488 (11th Cir. 1986), *cert. den'd*, Hastings v. Godbold. 477 U.S. 904 (1986); Hastings v. Judicial Conference of the United States, 829 F. 2d 91 (D.C. Cir. 1987), *cert. den'd*, 485 U.S. 1014 (1988).

の問題であり、司法判断不適格な（non-justiciable）事件であるとして却下した[55]。

§322　(5)　裁判官の訴追は下院によって開始される。この議会の審理の慣行はジェファスン・マニュアルによる[56]。下院が通常の投票により、訴追の検討に入ることが決められると、下院司法委員会が調査を担当し、証拠を集める。この手続は国政調査権に基づくものである。弾劾訴追の決定は下院の過半数決議によりなされる。事件は上院に移され、上院の弾劾裁判が開始される。上院は、下院の弾劾決議を受理したとき、上院全体で弾劾裁判を行うことを決めることができるが、通常は、専門委員会を設置し、その委員会が実際に弾劾裁判に当たる。これをルール委員会と呼び、その手続をルール手続と呼んでいる[57]。この委員会の決定の報告を受けてから、上院は投票により最終的決定を行う。この場合には3分の2以上の賛成投票が必要である。

　(6)　アメリカの罷免事例は相当数にのぼるので全部を紹介することはできないが、類型別で主要なものは贈収賄に関する事件であるといってよい[58]。これらの事件を分析して注目すべき点は、すべて *quo warranto*（または、information in the nature of a *quo warranto*）の手続に従って弾劾の審理が進められていることである[59]。この *quo warranto* とは、by what authority を意味し、office, franchise, liberties（諸特権）なしに職権濫用が行われたことを問う訴訟であるが、公職にいる者に対する訴訟において使われる。

第3項　裁判官の罷免と市民からの苦情処理

§323　(1)　裁判官を罷免する主体が国会であれ、任命権者（大統領）であれ、その罷免のためには「非行（misconduct）」があったことを証明するか、また

55　Nixon v. United States, 506 U.S. 224 (1993).
56　現在の慣行は、Samuel Chase 事件でジェファスンが示した先例によっている。弾劾手続は政治手続であって、司法手続ではない。J. J. MARKE, VIGNETTES OF LEGAL HISTORY (Rothman & Co., 1965) 281-298.
57　この委員会は、裁判に類似した手続によって、証拠を集め、予備的な判断を下すことになっている。委員の人数には制約はないし、国会議員の資格をもつ必要もない。
58　上記に紹介した弾劾事件のすべてが贈収賄にかかわっている。
59　*Ex parte* Levitt, 302 U.S. 633 (1937). J. E. Frankel, *Removal of Judges: California Tackles on Old Problem*, 49 A.B.A.J. 166-171 (1963).

は心身の故障のために職務を執ることができない場合でなければならない[60]。アメリカには豊富な事例があり、いくつかのモデルとなる事件だけを取り上げて説明することになるが、一般的に言って、弾劾や罷免は刑事裁判ではなく、立証の程度は刑事裁判ほど厳格なものではない。「合理的な疑いを超える」有罪の証明は要求されず、有罪の確信が得られれば、弾劾ないし罷免が認められる[61]。裁判官の職は、古い時代のフランスなどでは一種の利権であると考えられ、その売買がなされたというが、英米法では、それが権利であると考えられたことはないので、裁判官が罷免によって家族の生活が困窮するとしても、この点は何ら考慮されない[62]。日本の弾劾制度では、資格回復のための再審理が認められているが、英米にはこのような制度はない[63]。

§324　(2)　第2次世界大戦前後から裁判官の不祥事（misbehavior）が非常に増えている。1948年にこの問題に対処する立法がなされてから、数度の改正を経て、現在の制度に至っている。現在、1980年に司法委員会改革および司法行為・職務不能に関する法律（Judicial Councils Reform and Judicial Conduct and Disability Act of 1980）に基づいて、不祥事の事件を検討する専門委員会が作られた[64]。この委員会の助言に従って、1991年に法律によって設置された司法規律および罷免に関する全国諮問委員会（National Commission on Judicial Discipline and Removal）が、裁判官の弾劾、罷免などの問題を本格的に検討した[65]。この諮問委員会は、上院議長が3名、下院議長が3名、大統領が3名、合衆国最高裁判所裁判官が3名、諸州首席裁判官会議が各々1名を任命し、調査研究報告を義務づけられた特別専門家会議である。

60　国会の手続は政治的であり、司法手続ほど厳密なものではない。J.R. THYSELL, THE IMPEACHMENT AND REMOVAL OF GOVERNOR OF EVAN MECHAM (N. Arizona U., 1993)

61　Clear and convincing evidence の原則。裁判官の職は「特権（privilege）」であって「財産（property）」ではない。従って、適正手続の保護が長い間否定されてきた。

62　W. Brown, *The Impeachment of the Federal Judiciary*, 26 HARV. L. REV. 684 (1912-3).

63　合衆国憲法法第2編2節1項（恩赦はない）。

64　28 U.S.C. §372 (1980).

65　1993年8月2日に Report of the National Commission on Judicial Discipline and Removal と題する報告書が大統領および両院の議長に提出された。その基礎となる調査研究は Research Papers of the National Commission on Judicial Discipline & Removal（以下、Research Papers として引用する）という表題の書籍として、2巻に分けて刊行されている。

この専門家会議の一番の関心事は、裁判官倫理である。これについて7つの倫理綱要を作っているが、この綱要に違反する行為が不祥事である。その7つの規律の内、問題となるのは、綱要2(c)、綱要3(a)(6)、綱要4(a)、および綱要7である。綱要2(c)は、「裁判官は、人種、性別、宗教、国籍に基づいて不公平な差別を行う団体に参加する」ことを禁止している。綱要3(a)(6)は、「裁判官が係争中の事件についてコメントすること」を禁止している。綱要4(a)は、「裁判官は司法制度ないし裁判に関する学会活動を行ってもよいが、判決の公正性に疑いをもたせるようなこと」をしてはならない、と規定する。綱要7は、政治的団体の活動に加わったり、寄付をしたりする行為を禁止している。これら以外の綱要は、弁護士倫理綱要と同じように、利益相反行為の禁止などであって、ほとんど当然のことと受けとめられている[66]。

具体的に問題になった一例を紹介しておこう[67]。かつてハーバード・ロー・スクールの教授であって、弁護士実務を行っていたダショヴィッツ (Dershawvitz) 氏は、マサチューセッツ州の裁判官を論文の中で批判した。批判された裁判官は、同氏が弁護活動をするのを許さないと公言した。同裁判官はその後に連邦裁判官に昇格し、その裁判所に同教授の法律事務所の弁護士が弁論のために出かけた。その公開の法廷での審理中に同裁判官は、その弁護士を個人的に攻撃した。そこで罷免請求手続を開始した。しかし、弾劾裁判にかけるほど重要な事件ではないので、専門家会議は、和解の勧告をし、裁判官の謝罪によって解決された。

第4項　合衆国法典集第28巻372条(c)による罷免手続

§325　(1)　司法府諮問委員会の助言により、合衆国法典集第28巻372条の規定が改正され、連邦裁判官（憲法第3条による裁判官）は、これによって規律されている。その条文の規定によれば、何人も、(1) 裁判官が、効率よく (effective) なく、かつ、都合の良く (expeditious) ない裁判事務処理を行ったこと、または(2) 精神的もしくは身体的に無能であることを理由として、苦

---

[66] これらの綱要は、A. Krash, J.S Porthoy, E.F. Plave and S.K. Saunders によって「合憲法性 (constitutionality)」の観点から検討され、すべて合憲であると結論している。Research Papers (vol. 2), *supra* note 65, at 935-58.

[67] *See* Research Papers (vol. 1), *supra* note 65, at 878.

情を関連する巡回区上訴裁判所に提出することができる。書記官によって受理された苦情申請書は、直ちに同裁判所の首席裁判官（首席裁判官が対象となった場合、次席裁判官）に渡され、(1)そのいずれにも該当しない、(2)判決の内容に関する苦情である、または(3)取るに足りない（frivolous）と思料するならば、その申立を却下する[68]。

調査を行う場合には、調査委員会を作り、調査を進めさせることができる。適切な措置がすでにとられていると判断するならば、手続を終結させることもできる。正式な調査手続が行われる場合には、各委員に対し当該苦情申立書および関連資料が配布される。各委員は、途中で身分が変わっても、担当事件が終結するまでその委員の職に留まる。そして、問題の裁判官には事前の通知を与え、聴聞を開いて反対尋問などが行われる。「裁判所の友（amicus curiae）」などの制度は使えないことになっている。調査資料等、事件に関係する証拠はすべて原則として秘密扱いとされる。この調査報告は、当該上訴裁判所の裁判官会議に出され、過半数の賛成票によって、適切な措置が決定される。この措置の中には、任意退職の勧告も含まれる。また、弾劾裁判が適切であると判断する場合には、事件は合衆国議会に移付される。

§326　(2)　前述のシステムは実態的には弾劾裁判を国会から司法府に戻すことを意味している。この新制度に対する批判には非常に厳しいものがある。その批判のほとんどが、デュー・プロセス論である[69]。第1に、司法府諮問委員会が弾劾を議会に対して勧告するとき、議会は「ゴム印」を押すかのごとくその勧告を追認している。裁判官の財産権（主に給与）が奪われるときに適正手続の保障が欠けているという。公務員の罷免について、実体的な権利は否定されても手続的権利は否定されないというのが憲法判例の支持するところであり、この原理は裁判官にも適用される[70]。第2に、この手続による場

---

[68]　ほとんどの訴追請求は「根拠不十分（frivolous）」として事務的に処理される。残り約10％余りが事務局で検討され、妥当な解決が図られるので、実際に弾劾手続が開始されるのはそのうちの一部である。ヨーロッパのオンブズマンの制度に類似した機能を果している。

[69]　わが国では、衆議院と参議院が同数の委員を選出するのは不適切であるという議論があったが、この議論と類似した面をもつ。しかし、真実を確認することが重要であって、調査に当たる者の人数は、デュー・プロセスとは無関係である。

[70]　田島裕「公務員の罷免と司法審査」[1972] アメリカ法44-71頁。

合には、証拠法則の適用などに問題が生じうるという。先のヘースティング事件がその例である。しかし、当事者も審判者も専門家どうしであり、問題は、むしろ専門家の偏見にあると思われる[71]。

第5項　州憲法による司法改革

§327　キャリフォーニアやニュー・ヨークなどの法律実務上重要な州でも、深刻な裁判官の罷免問題を抱えており、何度も制度的改革が試みられている。ここでは、一応の整備を完了したキャリフォーニア州法を一例として説明することにしよう。キャリフォーニアの法律も基本的には先の連邦法の規定（第372条）と類似の発想によるものであると思われる。しかし、行政府は参加しておらず、立法府、司法府（各種の裁判所）が推薦する者からなる司法諮問委員会（Judicial Council）が裁判官の不祥事に対処する。しかも、裁判官の人数が多く、弁護士も参加している[72]。連邦法の場合と比べると2点で違いが見られる。

　第1は、先の委員会に事件がかけられる前に、州首席裁判官に事件が回付され、その首席裁判官が、関連する裁判所の裁判長および数名の他の裁判官を任命し、事件の円満な処理が図られるということである[73]。第2に、「非行（misconduct）」が立証できない場合で、かつ、裁判官の能力が欠如する（disability）と思われる場合、裁判官自ら「自分は裁判官の職を続ける能力がない」という趣旨の書面を提出することになっている。これに関して、ヘースティング裁判官事件と呼ばれるものが有名である。この裁判官を診察した医師は老人ぼけを認め、多少の精神異常があると診断していたにもかか

71　審判官は通常噂を聞いており、当事者に厳しすぎると言われる。
72　最高裁判所首席裁判官と1名の裁判官、上訴裁判所の3名の裁判官、首席裁判官により2年の任期で任命される10名の下級裁判官、2年の任期で弁護士会が選任する4名の弁護士、および州議会の各院が選出する1名ずつの議員からなる。Cal. Const. art. 6 §6.
73　この委員会は Commission on Judicial Performance と呼ばれ、強大な権限を付与されている。ちなみに、裁判官の任命には、Commission on Judicial Appointment が関与するが、先の委員会とは全く別個のものである。先の委員会は、(1) 最高裁首席裁判官が任命する2名（2年任期）1回再選可、(2) 州知事が任命する弁護士および市民代表（2年任期）1回再選可、(3) 議会の両院がそれぞれ選任する1名の議員（2年任期）1回再選可、(4) その他の裁判官および弁護士（4年任期）からなる。

第5章　弾劾制度

わらず、本人は自分が正常であると信じて辞職申請書を提出しなかった。同裁判官が死亡するまで、裁判所の同僚・職員、弁護士、当事者、その他の者が非常に迷惑を被ったにもかかわらず、いかなる措置もとりえなかったという[74]。

第6項　裁判官の国民審査とリコール

§ 328　(1)　日本国憲法と同じように、いくつかの州憲法は、最高裁判所の裁判官は、任命後の普通選挙のときに、国民審査を受けることを規定している。例えば、キャリフォーニア州憲法第6条16節によれば、州知事によって任命された後の最初の普通選挙のときに最初の審査を受け、その後12年（下級審裁判官は6年）経過してから、同じような再審査を受ける[75]。そして、投票権者の過半数が罷免を可とする投票をしない限り、その職に留まることができる。国民審査を規定する者の州の憲法も、同じような制度を採用しているが、州によっては、再審査の期間が10年であったり、6年であったりと、小さな相違は見られる。

　州民審査によって最高裁判所の裁判官が罷免された事例はほとんどない。しかし、キャリフォーニア州ではバード裁判官が罷免され、この事例は多くの教訓を残した。バード裁判官は、州知事によって1973年に最高裁判所の長官に任命されたが、1986年の普通選挙のときに、国民投票によって罷免された。この手続による罷免の場合、罷免の理由は確認しようがない。しかし、一般的には、同裁判官が「死刑廃止論者」であったことが、その主たる理由であったと理解されている。キャリフォーニア州最高裁判所は、アンダースン事件において「死刑は残虐で異常な刑罰」であると判決し、バード裁判官は、この先例を忠実に守ろうとした。そして、死刑を復活させる政治運動の中でバード裁判官は、その攻撃の矢面に立たされた。もっとも鋭い矢

---

[74] これはキャリフォーニア州では有名な話であるが、これと類似した事件は、前掲注65の資料にも示されている。

[75] このような国民審査またはリコール制が採用されているのは、一般的には州知事がその裁量によって裁判官を任命する場合である。マサチューセッツおよびニュー・ヨークは知事が選出するが、国民審査制は採用しておらず、イギリスの制度に類似している。アラバマ州は、選挙によって裁判官が選出されるが、国民投票に服する他、弾劾裁判、市民苦情の制度も採用している。

を放ったのは、キャリフォーニア大学（バークレー）ロー・スクールの教授であったシュトルツであった[76]。バード裁判官は、マスコミに対する対応を誤り、上述のように再審査のときに国民投票によって罷免された。

§329 (2) 一部の州では「草の根」の民主主義により一定の裁判官を州民の直接選挙によって選ばせているが[77]、若干の州では、リコールは直接民主制を実現する重要な方法の1つであり、この制度を採用している。キャリフォーニア州憲法第2条14節は、リコールについて規定している。このリコールは、一種の州民の請願権の行使であるが、実際には、リコールによって罷免された最高裁判所裁判官はいない。この手続は、申請者が、前回の裁判官の承認手続に投票を行った者の20％以上の罷免請求の署名を付し、州の事務総長宛にリコール申請書を提出すると、改めて州民審査の手続が開始されることになる。同条15節は、その申請書を受理した後、60日から80日の間に州知事は州民投票による賛否を問わなければならないと規定している。裁判官の罷免の場合には、上述の司法委員会の手続の方が遙かに簡便であり、このリコールの手続をとることは実際上ないだろうと思われる。

第5節　日本の制度との比較

§330 (1) 本章では、裁判官の弾劾について、英米法を概観し、問題点を検討してきた。その結果、次のようなことが言えると思う。裁判官の弾劾は、特定の裁判官が「裁判官」にふさわしくないという決定を意味し、その決定により当該裁判官は職を失うことをいう。英米では、裁判官の犯罪の事件については、通常の裁判手続に任せられ、別途行われる弾劾裁判においては、少なくとも「軽罪（misdemeanor）」が存在することが要件とされるが、司法府に対する国民の信頼が傷つけられたか否かのみが問題となる。その弾劾が客観的なものであるためには、基準が客観的でなければならない[78]。

---

[76] PREBLE STOLZ, JUDGING JUDGES (Calif. U.P., 1978).
[77] 最高裁判所の裁判官を選挙によって選出する州は、アラバマ、アーカンソー、ミシガン、モンタナ、ノース・キャロライナ、オハイオ、テキサス（政党制）、ユタ（政党制）の諸州である。多くの州では、裁判所自身が裁判官を任命する。
[78] この基準は「非行（misconduct）」である。英米法にはサンプルとなる膨大な事例の記録があり、類型別に基準を整理することが可能であるが、紙面および時間の制約

裁判官の弾劾は基本的に政治的なものである。裁判官は、国民の選挙によって選任されたものではないので、弾劾の制度は民主的なコントロールを国会に委ねたものである。従って、司法府内部の自己規律としての懲戒手続とは異なった性質のものである。しかし、「司法権の独立」が現代憲法の横綱級の重要原理であり、外部からの司法府に対する介入・干渉を排除しなければならない。裁判官の弾劾の問題は、まさにこのバランスの取り方にあるといってよい。

§331　(2)　本章で紹介した裁判官たちは「裁判官モデル」を想定するために著者が選んだ人たちである。改めて整理してみると、弾劾が問題になる一方の端には、コーク裁判官のように、非常に有能ではあるが仲間から煙たがられている裁判官がある。デニング裁判官もこの類型の裁判官であるが、立法者のイメージが強く、伝統的な裁判官たちからも批判された。他方、バード首席裁判官のように、必ずしも有能ではないが、余りにも人情による情緒的な面が目立ちすぎて、国民がもっと毅然たる法の運用を望んだという場合が考えられる。

　　もちろん、ウィスキーの窃盗を行うような人物が裁判官にふさわしくないことは、どの国においても認められるのであり、そもそも弾劾にまで至らずに罷免されるのが通常である。第4節で弾劾の実例として取り上げた諸事件は、いずれも贈収賄に関連するものであったが、「職権」の判断がかかわっており、複雑なものになる。しかし、このような事件は、ただ単に裁判所内部で処理されるべきものではなく、国民の審判にかける意味で弾劾の手続がとられるべきであろう。

§332　(3)　裁判官の犯罪や不法行為などは、通常の裁判手続で処理される。証明は普通の裁判と変わりない。通常は、その判決をまって弾劾裁判が開始されるので、これが一事不再理の原則に抵触するのではないかという議論がある。本稿では、ヘースティング事件と関連してこの点にふれたが、その原則に抵触するものではない。しかし、判決で確定した事実については、公知の事実

　　のため、将来の課題として残さざるを得なくなった。その研究のために必要な資料は、第3節注37、38および法律の関連条文の参照欄にリストされている。但し、研究資料の数は膨大なものであり、1人の研究者がほとんど完全な研究をなしとげるのは不可能であろう。

第5節　日本の制度との比較

として扱うべきであって、改めて審理をしなおす必要はない。罷免を求められた裁判官は、その事実にもかかわらず、裁判に対する信頼を傷つけてはいないと主張するための弁明の機会は、与えられる。デュー・プロセス法理が要求するところである。

　特別の場合には、通常の裁判と並行して弾劾裁判が行われることも考えられる。この場合、弾劾裁判も裁判である以上、その裁判には専門的な知識が必要であり、国会は専門委員会に委託して、その助言を求めるのがアメリカの慣行となっている。この専門委員会は、信頼の厚い、身分の高い裁判官が中心となるが、公正さを担保する意味において、大学教授もしばしば登用される。実際上、裁判官が裁判官を裁く場合、厳しすぎるか、仲間意識を持ちすぎるか、極端な決定が出されやすいという。

　また、弾劾裁判と分限処分は分離されるとはいえ、当事者の利益のためにも、同じ手続は繰り返すべきではない。相互に補完的に手続が進められるべきであり、次項で言及する新システムは、その調整役も果たしている。

§333　(4)　裁判官が職務として行う行為について、弾劾が問題になることはありえない。たとえ誤審があってもそうである。司法府内での懲戒は問題にはなりうるが、これについて一般市民が訴追する道はない。不祥事（misbehavior）と呼ばれるたぐいの国民からの苦情は、いわゆるオンブズマンの機能に関する事例であって、アメリカでは、第4節4項で紹介した新システムが、この役割を果たしている。この場合、国民からの苦情は一種の請願であると考えられている。

§334　(5)　弾劾裁判の手続は次のようなものであった。下院（庶民院）が弾劾手続の開始を決定する。この決定のために調査が行われるが、その権限は国会の国政調査権である。上院（貴族院）の手続は、裁判に類似した手続であるが、通常、専門家委員会を構成して行われる。厳格な証拠法則に従うものであるが、刑事事件ほど厳格ではない。委員の人数、選任等は上院（貴族院）の裁量により決定される。その判決はいわば予備的なものであって、上院（貴族院）の3分の2以上の賛成投票が得られなければ確定しない。その賛成投票が得られれば、裁判官はその職を失う。弾劾による場合、復権はない。

§335　(6)　さて、以上のように英米の弾劾制度を理解すると、わが国の制度との違いが明白になってくるはずである。かつて最高裁判所第2小法廷の誤判事

257

件を弾劾裁判にかけた事例があるが、そもそもこのような事件は弾劾訴訟の管轄には含まれない。わが国の弾劾裁判の制度では、懲戒の意味での罷免と区別がないが、弾劾は裁判官に適さないという判断に過ぎず、司法慣行をむしろ複雑にさせる原因になっているように思われる。法律の制度上も、弾劾と分限は別の問題である。

§336　(7)　右の5項で言及した司法諮問委員会は、最高裁判所の裁判官を退いた信頼の厚い人が中心となり、弾劾・罷免という重要で複雑な問題の処理の仕方について、解決の道筋を示す役割を果たしている。この制度の導入は、わが国でも検討に値する。イギリス憲法原理である「司法権の独立」は、わが国でもしっかり根を下ろしているが、その諮問委員会には、国会議員数名の他、その原理を守ることのできる学識研究者、国民代表となる良識のある有識者なども委員として加えられるべきであろう。

§337　(8)　最後に、最高裁判所の国民審査の制度は、アメリカの若干の州憲法をモデルにした制度であるが、アメリカでも問題点が指摘されている。国民投票が政治的キャンペーンに使われたとき、悪い効果が表れることはバード裁判官再任拒否の事件に見られたところである。とはいえ、裁判官に対する国民の関心を高め、民主的な国民のコントロールに役立っていることも事実である。

第1節 序　説

第6章 法　源

第1節 序　説

§338　本書は英米の司法制度全体を鳥瞰することを主たる目的として編纂されているが、本章では視点を大きく変えて裁判を行う前提条件となる法規範（法源)[1]の存在を説明する。英米法を説明する書籍は、これについて、英米法の法源は主に判例法からなると述べている。しかし、厳密にはこれは正確ではない。というのは、少なくとも今日では、イギリスでもアメリカでも、数量のうえでは制定法[2]が非常に多くなっているし、国際法や学説などもときには引用されているからである。そしてまた、判決のなかで裁判の根拠として引かれている文献は、既存の法の存在していることの証拠ではあるが、法そのものではなく、ホームズがのべたように、真の法源は、経験的には把握しえない無形の実体[3]（brooming omnipresence）であるというのが正確な表現

---

[1]　法源（sources of law）は、ローマ法にいう fons juris またはドイツ法にいう Rechtsquellen に相当する言葉であるが、それが何を意味するかについては、考えが大きく分れうるところである。その主要なものについては、第7章の英米法思想の説明のなかでもふれるが、本書では、本文でのべた定義にしたがって、叙述を進めることとする。

[2]　制定法（statutes）は、文書に記録された法を意味し、成文法（written law）とも呼ばれる。これには、国会が制定した法律以外のものも含まれるが、ここでは国会制定法を指している。ロンドン大学のダイヤモンド（Diamond）教授は、「契約法の法典化」と題する論文のなかで、今日では、伝統的にコモン・ローの領域に属すると考えられてきた契約に関する判例も、ほとんどのものが法律の解釈に関するものであることを示して、法律の高揚と重要性を説いている。Diamond, *Codification of the Law of Contract*, 31 MOD. L. REV. 361-89 (1968).　アメリカにおいては、一つには連邦制の国家であるから法律により権限を明確に定めておく必要性が高いこと、また種々な文化をもつ者からなる国であるために一般的慣習法は育ちにくく、法を明瞭な文書に書きしるしておく必要があることなどの理由により、イギリスの量を何倍もこえる法律が存在している。

[3]　Holmes, *The Path of the Law*, in COLLECTED LEGAL PAPERS (1920) p.173.　またグレー（Gray）は、裁判官の判決以外の制定法その他の法源は裁判所の解釈をへてはじ

第6章 法　源

であるかもしれない。

　このことは先例法と呼ばれるものに当てはめてみると非常によく分る。先例法とは、多少厳密さに欠ける定義ではあるが、過去の判決のなかで説明された法規範のうち、その事件で重要な争点となった事実に関連する部分であるということができる。しかし、先の判決が下されたときには、さらに過去の判決に遡って法源をさがさなければならなかったはずであり、このようにどんどん過去に遡れば、最後には、「国王が正義の源泉である」とか、「法は人間の記憶を超越した古い時代から存在していた慣習である」と言わざるをえなくなる[4]。あるいは、はじめて裁判になった事件（first impression case）であると認めて、本章の後の方で説明する補助的法源から推論によって新しい先例方を創造しなければならない[5]。しかも、先例法を利用できる場合であっても、歴史的継続性が保たれてはいるものの実際上の裁判所の歴史には大きな変遷がみられるのであるし、古い時代の裁判の記録が十分に残されていないということも手伝って、裁判官が自己の判決の根拠としてどの法源を

　めて法となるのであって、かかる法源には制限はない、とのべている。GRAY, THE NATURE AND SOURCES OF THE LAW (1921) p.93. 法源としての先例法についてさえ、カードウゾ（Cardozo）は、「イギリス法」というスタンプを押しうるものでさえあれば、それがいかなるメッセージを伝える書簡であってもかまわない、とのべている。CARDOZO, THE GROWTH OF THE LAW (1924) p.32. これらの言葉は、一定の文脈（第7章で詳説する）のなかでのべられた言葉なので、その点を考慮に入れて読まれるべきであるが、若干の例は容易に示しうる。例えば、厳密にはアメリカの判例はイギリス法には全く無関係であるはずであるが、コモン・ローの枠のなかにそれを含めて、イギリスの判決のなかでそれを利用している。Corocraft, Ltd. v. Pan American Airways, Inc. [1969] 1 Q.B. 616; [1969] 1 All E.R. 82, S. Montagu & Co., Ltd. v. Swiss Air Transport Co., Ltd. [1966] 2 Q.B. 306. イギリス法の場合には、直ちにアメリカのリアリストたちの考えに同調する法律家は少ないが、何が法であるかの選択に関しては、イギリスの法律家も裁判官に広い裁量を認めることにやぶさかでない。デヴリン卿は「法とは裁判官が法であると言うところのものである」とのべている。DEVLIN, SAMPLES OF LAWMAKING (1962) p.2. また、London Transport Executive v. Belts [1959] A.C. 213, at 232 において、リード卿も同じことをのべている。

4　ヘンリ二世の頃の諸文献には、実際に本文で引用したような説明が使われている。これについては、⇨§389 参照。

5　「補助的法源」という用語は、制定法および判例法以外の法源をすべて総称して便宜上ここでそのように呼んだものであって、専門用語ではない。注3でのべたような考え方によれば、かかる補助的法源は無制限であり、実際上、裁判官は法を作っていることになる。

利用するかについては、広い解釈の余地がある。換言すれば、法源論はフィクション論である。

§339　法解釈またはフィクションの技術については次章で論じることになるので、本章ではその前提として必要になる形式的意味での法源（裁判所が実際に法源と称して使っているもの）の説明をすることが主な目的となっている。故高柳賢三教授の『英米法源理論』は、今日でもこの目的のために役立つ優れた著作であるが、これは1938年に出版されたもので、本章においてかなりそれを補足することになる[6]。説明の仕方についても、その著書では、非制定法として判例法、学説および慣習法がまず説明され、それに続いて制定法が説明されている。しかし、本書では、まず最初に制定法を説明することにしたい。というのは、制定法が判例法に効力において優先することは、英米法上確立された原則であるし、最初に一言したように、今日では制定法の量は膨大なものになっていて大部分の判例が制定法の解釈を問題とするものになっているからである[7]。次に、慣習法や学説はのちにふれることにして、判例法だけを説明することにしたい。これは、判例法それ自体が一次的法源であるのに対し、慣習法や学説は、一定の条件を満たしたときにのみ法源となりうるものだからである。本書ではまた、わが国における英米法を研究しようとする人たちの便宜のために、法源の引用の仕方について若干の説明を付け加えておくことにしたい。

　6　本文で言及した著書は、故高柳賢三教授の最も主要な業績といってよく、法源の所在などについても、詳細な説明がなされている。1956年に、田中英夫教授による改訂がなされている。本書でも、一次的資料を調べるための文献はできる限りすべて引用して読者の参考に資するように心がけたが、とくに古い文献については、同書を参照されたい。

　7　本文でのべたことは、今日では自明なことではあるが、注2に引用したダイヤモンド教授の論説は、契約法の判決を詳細に分析し、本文でのべたことに関連していくつかの興味深い点を指摘している。

第6章 法　源

第2節　制　定　法

第1項　憲　　法

1　憲法とは何か

§340　わが国の場合であれば、制定法として、憲法がまず最初に取り上げられ、しかもそれが当然のこととしてなされるのであるが、英米法については、そもそも憲法とは何かについて説明を要する。憲法という用語は、イギリスで用いられる場合、国家における主権の配分と行使に直接または間接に影響するすべての規範を含むのであって、その多くの部分は憲法習律からなっている[8]。たしかに、そのなかには、マグナ・カルタ（1215年）、権利請願（1628年）、人身保護法（1679年）、権利章典（1689年）、王位継承法（1701年）など

---

[8]　「憲法習律（convention of constitution）」は、単なる慣例であって、通常裁判所の裁判によって強行されることを必ずしも予定されたものではないが、これを守らないと国家にとって重大な結果が生まれ、この結果に対し通常裁判所による法的制裁が科されうるので、実際上守られているものを指す。これについて、DICEY, supra p.32 (n.7) の第14章および第15章に詳説されている。かかる憲法習律として、第1に、内閣制度に関する諸習律がある。この類型に属するものは多彩であるが、そのなものをあげると、首相には、庶民院の多数を支配する政党の最有力の指導者で、庶民院議員である者が任命されること、首相と他の大臣との関係、首相が大蔵大臣を兼任すること、内閣の構成とその機能に関するすべての規範、内閣は国政について連帯責任を負うこと、内閣は庶民院の信任を失ったときは、総辞職をするか、庶民院の解散を国王に助言しなければならず、もし総選挙に訴えた場合、その結果、与党が敗れたことが判明したときは直ちに総辞職することなどである。これらの多くは、議院内閣制をとる国に憲法の明文で定められる規範であるが、イギリスでは、一切が習律にゆだねられている。第2の類型の憲法習律として、国王の大権をめぐる諸慣例（例えば、首相の任命や法案の裁可など）がある。第3の類型の憲法習律として、国会をめぐる諸慣例（例えば、予算関係議案についての庶民院の先議権や庶民院の議事については首相と反対党の党首との間の非公式の協議によって決定されることなど）がある。さらに、第4の類型の憲法習律として、イギリス本国と自治領との関係を規制する諸習律がある。このうちの重要なものは、すでに言及した1931年のStatute of Westminster (1931) 22 & 23 Geo.5c.4 などの法律によって明文化されている。国会に関しては、D. LIDDERDALE, LRSKINE MAY'S TREATISE OF THE LAW, PRIVILEGES, PROCEEDINGS, AND USAGE OF PARLIAMENT (19th ed. 1976) （この著書は、しばしば単にメイ『国会の慣行』として引用される）が、非常に詳細に説明している。

基本法と呼ばれる法律を含んでいるが、これらの法律も形式的には普通の法律と変るところはなく、後の法律によって廃止することができる[9]。これに対して、アメリカでは、連邦および各州が憲法典をもっており、普通の制定法とはなかりちがった性質をもっている。アメリカ憲法も、国家統治の基本的体制ないし根本の秩序を定める法規範からなっていることは間違いないが、連邦制度に関するものが含まれており、この部分が、イギリス憲法とちがった大きな特色を示している。

2 議会主権と法の支配

§341 議会主権と法の支配が第1の憲法原理であることは、少なくともイギリスに関しては全く疑いのないところである[10]。議会主権は1688年の光栄革命のときに確立されたものとされているが、これを定めた明文はない[11]。ただし、権利章典の第11文は、法律は国会に召集された聖職および俗界の貴族並びに庶民の助言と同意とをもって、至尊なる国王陛下により、かつ国会の権威により、制定されるもの[12]と規定しており、このようにして法律を制定する議会の権限は、「きわめて超越的であり、かつ絶対的なものであるから」

---

9 例えば、本文で言及した基本法の1つであるマグナ・カルタも、のちに§357でみるように、その多くの条文は修正または廃止されている。

10 わが国では、議会主権と法の支配とを別個の相対立する憲法原理であると理解されることが多い。その面が全くないわけではないが、両者は互いに補いつつ働いている原理であるから、両方を合わせて1つの憲法原理と理解するのが正しいと思われる。この点について、詳しくは、田島裕『議会主権と法の支配』(1979年) を見よ。

11 栄光革命の後に国会が国王を決め、また国会制定法である1701年の Act of Settlement によって王位継承の問題を解決したことから、国家の主権は国王から国会へ移転されたとされる。また、光栄革命のときに、国王が国会制定法の執行停止権 (suspending or dispensing power) を失ったということも、国会主権の原則の存在を示す証拠としてあげられる。田中英夫『英米法総論 (上)』(1980年) 137-8頁参照。しかし、光栄革命は、Dr. Bonham's Case, (1610) 8 Rep. 113, 77 Eng. Rep. 646 においてクック裁判官ののべた傍論を否定したか否かについては、この出来事とは無関係であったとみるべきであろう。

12 この憲法慣行は、1450年頃にはすげにはっきりと確立されていたと思われる。PLUCKENETT, supra p. 26 (n. 7), at 323-4. しかし、1539年のヘンリ8世の法律により、国王は勅令 (proclamation) の形式で立法することができると確認されたことがあり、この法律は星室裁判所の廃棄のときに同時に廃止されはしたが、この歴史的事情から立法の形式を再確認したものと思われる。

第6章 法　源

(COKE, INSTITUTES [1644] vol. 4, p. 36)、「男を女にし、女を男にすること以外は、何事をもなしうる」(DE LOLME, THE CONSTITUTION OF ENGLAND [1834] p. 117) 万能の力であると考えられてきたのである[13]。1832年に選挙法が制定され、庶民院議員が普通選挙制によって選ばれるようになり（さらに、その後の数度の改正ののち、1918年には女子にも選挙権が与えられた）、1911年および1949年の国会法が制定されてからは、庶民院が立法の主役をになうようになった[14]。しかし、これまでの部分で説明してきたとおり、この議会主権は、

---

[13] これについて、ブラックストンは、本文で引用したクックの言葉を引用し、さらに次のようにのべている。「……それは、宗教的、世俗的、民事的、軍事的、海事的、刑事的の何であれ、およそあらゆる考えうる種目の事柄に関して、法を作り、確認し、拡大し、縮減し、廃棄し、廃止し、再生し、解釈する、主権的で規制をうけない権威をもっている。というのは、議会こそ、あらゆる政府においてどこかにおかれなければならない絶対的、専断的権力がわが王国の憲法によって委ねられている場所であるからである。……要するに、それは、自然のうえで不可能でないことはすべてなしうるのである。そこで、ある人びとは、むしろ大胆すぎる形であるが、その権能を議会の万能と呼ぶことをためらわなかった。実際に地上のいかなる権威も、議会のなすことをくつがえすことはできないのである。サー・マシュ・ヘイル（Sir Mathew Hale）がいっているように、それは最高にして最強の法廷であり、王国において、それのうえに権限をもつ他のものは存在しない。もしどうかして誤った政治がそこに生じたときにも、王国の臣民はあらゆる形式の救済手段なしに放任されることになる」。BLACKSTONE, supra p. 143 (n. 25), vol. 1, pp. 160-1.

　しかし、クックは、国会を裁判所の1つ（High Court of Parliament が正式の名称である）と考えていたのであるし、ブラックストンも、国会の法律が自然法によって制約されると考えていたことに注意する必要がある。今日において理解されている万能な議会という考えが生まれたのは、19世紀になってからであろう。DICEY, supra p. 41 (n. 101), at 61-8 および、British Railways Board v. Pickin [1974] A. C. 765, 790 (per Lord Simon) 参照。

[14] 現在では、庶民院が実質的に立法権を行使している。具体的には、本文で引用した法律は、次のように定めている。財政上の措置が必要でない法案が稀れに貴族院で先議されることはあるが、その他すべての法案は、まず庶民院で審議される。庶民院を通過した法案が貴族院で可決されるか、貴族院がそれを修正し、その修正に庶民院の了承が得られないときは、その法案は原則として廃案となる。しかし、庶民院を法案が通過するときに庶民院議長が金銭法案の裏書をし、貴族院の閉会日より1カ月以上前に同院に回付する場合には、貴族院の同意が得られなくても、国王の署名を得て有効に法律を成立させることができる。また、その他の法案についても、(1) 庶民院が2会期続けて当該の法案を可決し、(2) 貴族院の各会期の閉会日より1カ月以上前に同院に回付して、そこで可決され、(3) 庶民院の最初の会期における第2読会の日から最後の会期の第3読会までの間に1年の期間が経過しており、(4) 庶民院議長が以上の国会法の諸要件が満たされたことの証明を付する場合には、同様に貴族院の同意

「法の支配」の憲法原理（本著作集第2巻参照）を承認したうえで認容されているのであって、国会が作る法律といえども、通常裁判所による解釈に服せしめられるのである[15]。

3 権力分立の原理

§342 三権分立の原理について、モンテスキューはこれをイギリスの憲法原理として説明している（MONTESQUIEU, DE L'ESPRITDES DROIT [Derathé intro. 1973] vol.1, pp.168-79）のであるが、しばしば指摘されているとおり、これは誤りである。むしろ、この原理は、アメリカ憲法の中ではっきり確立された憲法原理である[16]。たしかに、権力を適切に配分して互いに抑制させながら統治を行うというやり方は、イギリス人の一般的な考え方のなかにも見られはするが、立法、行政、司法の関係は、アメリカ憲法の場合のように、抑制と均衡の原則によるものではない。例えば、すでにのべたように、大法官は最高位の裁判官であると同時に、貴族院議長であり、また、いわば法務大臣として閣議にも出席するのである。また、憲法習律を説明した注の中でのべたように、イギリスでは議院内閣制がとられており、立法と行政の関係も別の原理で働いているのである。

§343 これに対してアメリカにおいては、まず合衆国憲法第1条は立法部について定めている。立法部が上院と下院からなること、各議院の議員の選出に関すること、連邦議会の立法できる18項目（これについては、すでに§135に言及した）、連邦議会が立法を禁止されるいくつかの項目などに関する諸規定からなっている。つぎに合衆国憲法第2条は、行政権がアメリカ合衆国大統

　がなくても法律を成立させることができる。
15　例えば、国会の制定法が通常裁判所の関与を禁止していたにもかかわらず、この法律の解釈権は通常裁判所にあるという法理を確立したものと思われる Anisminic Ltd. v. Foreign Compensation Commission [1969] 2 A.C.147 ⇨ §102 注202を見よ。なお、本文の論点については、次章で改めて補説しなければならない。
16　ただし、州憲法のなかにはこの原理に従っていないものがいくつかある。本書§195頁注89に紹介したマサチューセッツ州の勧告的意見（advisory opinion）の制度をその一例としてあげることができる。ちなみに、運用の仕方に多少のちがいは見られるが、この制度を採用している州として、コロラド、フロリダ、メイン、ニュー・ハンプシャ、アラバマ、デラウェア、オクラホマ（ただし、死刑判決についてのみ）、ノース・キャロライナなどをあげることができる。

第6章 法　源

領に属することと定め、任期（4年）、選挙[17]、権限などに関する諸規定を置いている。大統領は、連邦議会が制定した法律案を承認しないときは、拒否理由を付して、これを発議した議院に還付することができる（第1条七節1項。これを大統領の拒否権という）。合衆国憲法第3条は、司法権について定めている。この規定については、すでに連邦裁判所の説明と関連してのべたとおりであるが、裁判官は非行なき限り身分が保障されると同時に、憲法の番人として違憲立法審査に当ることになっている。

§344　このように三権分立が憲法によって定められた結果、憲法によって配分された権限を他の機関に委任することは許されない[18]。これと関連してとくに注目すべき点は議会の課税立法権である。マグナ・カルタ第14条は、援助金（国王から封土を受ける付帯条件の1つとして要求された一種の租税）が必要な場合、その評議のために「すべての大僧正、僧正、僧院長、伯および権勢あるバロン達には直接、またこれと並んで、国王から直接封土を受けている他のすべての者は、州長および代官により総括的に、40日の告知によって招集される」ことと定めている。議会が強力な権限をもつようになった光栄革命の頃には、その規定は租税法律主義を定めたものと理解されるようになり[19]、アメリカの独立戦争のときには、「代表なければ課税なし」という政

---

[17] 大統領の選挙は、まず各州の上院議員および下院議員の総定足数と同数の選挙人を選任し、その選挙人が、それぞれの州で集まって、無記名投票により2名（うち少なくとも1名は選挙人と同じ州の住民でないこと）に投票する方法によって行われる。各州ごとに得票が集計され、上院議長に送られ、上院議員おおび下院議員の臨席のもとで、投票が計算される。最多数の票を得た者が過半数に達しておれば、その者が大統領となる。達していないときには、上院が上位五名のなかから大統領を選出する。合衆国憲法第2条は、この選挙手続について詳しい規定を置いているが、第12修正（選挙方法の改正）、第15修正（黒人の選挙権）、第20修正（大統領選出についての補充規定）、第22修正（大統領の3選禁止）、第23修正（コロンビア地区からの大統領選挙人）、第24修正（予備選挙などで人頭税を要件とすることの禁止）に関連規定がある。

　ちなみに、大統領の選出と同時に副大統領も選出される。副大統領は、上院議長の職を兼ねるが、大統領が免職されたか、死亡したか、または辞職したとき、その地位を承継する。第25修正参照。

[18] この考えについて詳しくは、LOCKE, ON CIVIL GOVERNMENT (1690) §141 を参照せよ。

[19] この考えは、Bate's Case (1606) 2 St. Tr. 371; Darnel's, or the Five Knights' Case (1627) 3 St. Tr. 1; R. v. Hampden (The Case of Ship-Money) (1637) 3 St. Tr. 825 でとられた。

治的原理にまで高められ[20]、合衆国憲法が制定されたときにも、課税権が連邦議会の権限として最初にあげられているのである（第1条8節1項参照）。合衆国憲法第16修正は、租税のなかで最も重要な所得税について、「連邦議会は、いかなる原因に基づく所得に対しても、各州に比例的にではなく、また人口調査もしくは算定に関係なく、所得税を賦課徴収する権限を有する」と定めている[21]。この連邦議会の課税権は、他の機関に委任することの許されない権限である。

4 憲法的法源としての国際法

§345　イギリス法では、条約は、それを結んだ政府の政治的責任を生ぜしめることはあっても、原則として、議会がそれを国内法化する立法をしない限り法的効力を持たない[22]。つまり、通常裁判所は、裁判においてそれを適用する

---

[20] アメリカの独立戦争は、植民地に対する課税が重すぎることに原因があった。茶税に反対するボストン一揆も、「代表なければ課税なし」ということを政治的スローガンとしており、当時の13の邦（States）の住民は、それを自然権として主張した。独立当時のいきさつについて、詳しくは、田中英夫『英米法総論（上）』（1980年）199-204頁参照。

[21] この憲法修正を成立させた直接の契機は、連邦最高裁判所の Pollock v. Farmer's Loan and Trust Co., 157 U.S. 429 (1894); Hyde v. The Continental Trust Company of N.Y., 157 U.S. 654 (1894) などであったといわれる。Cf. Pledger v. C.I.R., 641 F.2d 287 (1981), cert. den'd, 454 U.S. 964 (1981). 所得税は、4つの原則に従って課される。その1は、公平課税の原則であり、その2は、誰にでも容易に税が確定できるものでなければならないとする原則であり、その3は、納税方法が簡便なものでなければならないとする原則であり、その4は、課税のシステムを維持するための経費が最小になるようにすべきであるとする原則である。第16修正の制定後にアメリカ憲法上問題になっているのは、州には所得税を課税する権限があるかどうかであり、もし一方の限度でそれが認められるとすれば、実際に課された課税が、第14修正の適正手続条項または平等保護条項に反するものか否かである。この点に関連して、Maguire v. Trefry, 253 U.S. 12 (1920) 参照。ついでに、ここでイギリス租税法についても簡単にふれておこう。これに関する主要な法律は、個人所得税および法人税を規定する Income and Corporation Taxes Act 1970、大きな資産を処分したときに課せられるキャピタル・ゲイン税（この税金は1965年に導入された）を規定する Capital Gains Tax Act 1979、1973年に選択的雇用税および購入税を廃止してその代りに導入された付加価値税（value added tax）を規定する Finance Act 1972（この税金に関する現行法は Value Added Tax Act 1983）などである。これらの法律の信頼できる注釈書として、PINSON, REVENUE LAW (15th ed. 1982) をあげておこう。

[22] BRIERLY, THE LAW OF NATIONS (6th ed. 1963) p. 89; OPPENHEIM, INTERNATIONAL LAW

第6章 法　源

ことを義務づけられない。このことは、議会主権の原則の1つの論理的帰結である。また、たとえ立法の目的が国際法に反するものであっても、裁判所は、それを無効であると判示することはできない。アンゴード・トマス（Ungoed-Thomas）裁判官は、チェニー対コン判決（Cheney v. Conn [1968] 1 All E. R. 779）の中でかかる事例について次のようにのべている「制定法それ自体がのべていることが違法なものではありえない。なぜならば、制定法が我国で知られる最高の形式の法だからである。それは、他のあらゆる形式の法に優先するものであって、裁判所は、議会の立法が違法であるとは言えないのである」と。これは、イギリス法の国際法に対する伝統的な見解をのべたものである[23]。

§346　しかし、問題の条約が、古くからイギリスで認められてきた自然法を法文化したものであると理解される場合には、議会による国内法化の手続がとれていないときであっても、それに対し議会の法律に優先する効力が例外的に認められることがある。古い例では、ヒースフィールド対チルトン判決[24]の中で、マンスフィールド卿は、「議会は確立された国際法原理に反する法律を立法する権限を持たない」とのべている。この見解が、自然法論が著しく後退し、19世紀後半に議会主権の理論が有力になった後においても、通用するものであるかどうか検討の余地はあるが、判例法によって明示的に否定されてはいない[25]。

§347　国際関係が益々緊密になりつつある今日の世界では、議会が直接国際法によって拘束されることはないとしても、それを全く無視できない状況がイギ

（8th ed. 1955）pp. 37-47 参照。

23　この見解は、その判決で説明されているように、「国会における女王」が主権をもつのであって、女王が独自になした行為は、後に国会の同意をえない限り完全なものとはならない、という考えい基づいている。

24　Heathfield v. Chilton (1767) 4 Burr. 2015, 2016。フィルモア裁判官やケリー裁判官もまた、フランコニア事件で同趣旨の見解をのべているし（R. v. Keyn [The Franconia] (1876) 2 Ex. D. 63.）ブラックストンもまた、その見解に支持を与えているように思われる（BLACKSTONE, COMMENTARIES [1675] vol. 1, p. 50)。

25　Riverstone Meat Co. v. Lancashire Shipping Co. [1961] A. C. 807; Commercial and Estates Co. of Egypt v. Board of Trade [1925] 1 K. B. 271 は、事実上国際法に従った判決を示してはいるが、国際法に法的拘束力があるからではなく、司法裁量によってそうしたにすぎないとのべている。なお一般的に、McILWAIN, THE HIGH COURT OF PARLIAMENT AND ITS SUPREMACY (1962) pp. 329-30 参照。

第 2 節 制 定 法

リスにもある。最近、イギリスは、一方ではコモンウェルス諸国に対する支配力を弱め、他方、ヨーロッパ諸国との協力関係を強めた。これと関連する国際法上の問題は複雑であるから、かなり説明を要するところであるが、一般論としても、議会主権の原則は国際法による一定の制約を受けるとする説が、むしろ強まりつつあるのではないかと思われる[26]。例えば、ヨーロッパ共同体が制定する指令などは、1972年法によって、国内法化の手続なしにイギリス法の一部となり、執行力をもつ[27]。さらに、重要な一般的慣習法を明文化したと思われるような国際法は、たとえ先の1972年の法律の適用のないようなものであっても、直接執行力をもつとする有力な見解さえ見られるようになった[28]。

---

[26] 例えば、Shields v. E. Coomes Holdings Ltd., [1978] 1 W. L. R. 1408, at 1415 (per Lord Denning).「加盟国の1つの国内法に含まれる法律が共同体に加盟する前に制定されたか後に制定されたかに関係なく、条約の1条文に含まれる法律とその法律とが牴触することが起りうる。そのような場合には、共同体の法律が加盟国の国内法の法律に優先するといわれている」。

[27] 1972年のEuropean Community Act, s. 2 (1)は、次のように規定している。「条約によって、または条約に基づいて、随時制定される、または生じるすべての権利、権能、責任、義務、制約、および条約によって、または条約に基づいて、随時規定されるすべての救済並びに手続は、改めて立法手続をとらなくても、条約によって法的効力を付与され、連合王国において使用されるものとなり、また、イギリス法上、承認されたものであり、利用されうるものであり、かようなものとして強制され、容認され、かつ、従われるものとする」。実際にヨーロッパ共同体の法がどの程度までイギリスの国内法に同化しているかについては、COLLINS, EUROPEAN COMMUNITY LAW IN THE UNITED KINGDOM (3rd ed. 1984) が詳しい。

この点について、デニング裁判官は、Bulmer v. Bollinger Co. Ltd. [1974] 3 W. L. 202; [1974] 2 All E. R. 1226 において、「この条約は、差し潮のようなものである。それは河口の中へ流れ込み、川上へと押し上げてゆく。それを阻止することはできない」と。また、のちに次のようにものべている。「われわれはもはやイギリス法を固有な何ものかであると語ったり、あるいはそのようなものと考えてはならない。われわれは共同体の法、つまり共同体の権利義務について語り、かつ、考えなければならず、そしてわれわれはそれらを実施しなければならない。これは、法律家にとっては大変な努力が要ることを意味する。われわれは新しい制度を学ばなければならないのである」と。ただし、Macarthy Ltd. v. Smith [1979] I. C. R. 785, at 789 (per Lord Denning) も見よ。

[28] スカーマン裁判官は、有名なハムリン講演の中で、「議会の外で生まれた万民法 (jus gentium) に譲歩しなければならなくなるかもしれない」とのべている。スカーマン〔本書164頁注24〕31頁。国際慣習法についての比較的最近の研究である THIRLWAY, INTERNATIONAL CUSTOMARY LAW AND CODIFICATION (1972) も、一般的にこ

第6章 法　源

§348　アメリカ法の場合には、1823年以降第2次世界大戦に至るまで、外交政策についてモンロー主義（アメリカも諸外国に干渉することはしない代りに、アメリカに対する干渉も許さない主義）をとってきたこともあって、ヨーロッパに比べ、アメリカでは国際法が必ずしも十分に発展しておらず、憲法上の国際法の扱い方についてはっきりしない部分が残されている。第1に、大統領は、上院の助言と承認を必要とするが、条約を締結する権限をもち（合衆国憲法第2条2節2項第1文）、大使その他の外交使節を接受する（同条3節第3文）こととなっており、イギリスの国王に相当する国家元首であることは明白であるが、大統領に戦争を宣言する権限は明文では与えられてはおらず、黙示的解釈としても否定的意見が強い[29]。第2に、合衆国憲法第6条は、条約を憲法と同じような最高法規であると定めてはいるが、そのいずれが優先するかについては定めてはおらず、事例ごとにこの点を判断することになっている（Whitney v. Robertson, 124 U.S. 190 [1888]; Chae Chan Ping v. United States, 130 U.S. 581 [1889] 参照）。第3に、連邦裁判所の司法権は条約のもとで発生する事件にも及ぶものとされている（合衆国憲法第3条2節1項）が、連邦裁判所はこの裁判権を行使する際に、大統領が締結した条約のうち国内での執行を必要とするものは議会がそれについての法律を制定してからはじめて実施されるとする準則を生んだ[30]。しかし、連邦裁判所は、特別の国内

の考えを支持していると思われる。

[29]　大統領が元首であることから当然にこのように考えられるのであるが、憲法学者の見解は、その実質的権限は議会にあるとしている。一般的に、Note, *Congress, the President, and the Power to Commit Forces to Combat*, 81 Harv. L. Rev. 1771 (1968) を見よ。これはイギリス法の憲法習律に従う考えである。

[30]　Foster v. Neilson, 27 U.S. (2 Pet.) 253 (1829). また、Whitney v. Robertson, 124 U.S. 190, 194 (1888) では、国内での何らかの措置を必要とする条約は、そのための立法がなされるまで効力を生じない、と判示された。Missouri v. Holland, 252 U.S. 416 (1920) も、この立法措置に関連する興味深い判例なので、ここで簡単に紹介しておこう。1913年にわたり鳥を保護するための連邦法が制定されたが、United States v. Shauver, 214 F. 154 (1914); United States v. McCullagh, 221 F. 288 (1915) において、かかる立法をする権限は連邦政府には与えられておらず、第10修正によって州に留保されているという理由によって、この法律は無効とされた。しかし、イギリスとの間に結ばれた2国間条約によってわたり鳥が保護されることになり、これを国内で実施するための法律が新たに制定された。この法律の効力が争われたのであるが、連邦最高裁判所は、連邦政府にはかかる条約を締結する権限があり、その執行のためには法律が必要であるから、合衆国憲法第1条8節18項（必要かつ適切条

法上の措置をとらなくても直接適用しうる条約（self-executory treaty）が存在しうることは否定していない[31]。

5 人権の保障

§ 349　イギリスにおいても人権の保障が憲法原理の1つであることは疑いないが、アメリカの場合ほど強調されてはいない。イギリスでは、「法の支配」の原則が「正式の法による支配」を要求することから、「すべてのイギリス人は、専断的な権力の支配を受けず、通常の裁判所の運用する通常法の禁止していないことは、いかなることでも制約なしになしうる自由」をもつとされた結果なのである[32]。たとえば、ネイグル対フィールデン事件（Nagle v. Feilden, [1966] 2 Q.B.633, at 693-94）において、女調教師が乗馬クラブから聴聞を受けないで除外されたことが、自然的正義に反するか否かが問題となった。この判決のなかで、デニング裁判官は次のようにのべている。「我々は社交クラブのことを問題にしているのではない。我々が問題としているのは、人間の活動の1つの重要な領域において、実質的に独占している1団体のことである。……裁判権の真実の根拠は、人間の働く権利である。……その者が仕

項）によって合憲とされる、と判示したのである。
　　いかなる場合に立法措置が必要とされるかは、必ずしも明らかにされてはいないが、Fujii v.State, 242 P. 2d 617, 38 Cal. 2 d 718（1952）では、「条約の文言に表われた締約国の意思」を判断基準とするとのべて、キャリフォーニア州最高裁判所は、国際連合憲章の前文や第55条（人権および基本的自由の尊重および遵守等を定めている）の直接適用を否定した。Cf. Fujii v.State, 217 P. 2d 481（1950）（直接適用を認めた上訴裁判所判決）。この問題を詳しく論じた、伊藤正己「国際的人権保障とアメリカ法」〔『現代国際法の課題（横田先生還暦祝賀）』（1958年）所収〕439頁以下も見よ。
31　前注で引用したフォスタ判決におけるマーシャル（Marshall）首席裁判官の意見のほか、Head Money Cases, 112 U.S.580, 598-9（1884）参照。
32　これは、イギリスの憲法学者の通説的な見解をのべたものであるが、ここではこの点に関して必ず引用されるダイシーを引用しておこう。DICEY, supra p. 32（n.7）, at 303-4. ダイシーは、フランスやベルギーの憲法による人権の保障と比較しながら、イギリス憲法には人身保護法のように、実際に救済手段があることが利点であると誇らしげに強調している。その著書の中に引用してはいないが、フランスの人権宣言に対してベンサムが「美辞麗句をもてあそんだ無意味な言葉」「竹馬に乗ったように（いつ倒れるかも知れない）無意味な言葉」と評したのと類似した考えが、そこにみられる。このような通説的な考えに対して、ジェニングズによる批判をはじめとするいくつかの批判が出されている。これについて、先のダイシーの著書の訳書であるダイシー『憲法序説』（1983年）473頁以下の訳者解題を見よ。

事を行うまたは専門職につく権利はその者の財産権である。裁判所は、財産権を保護するために干渉するように、その者の労働の権利を保護するためにも干渉する」と。この判決は、いわば日本国憲法第22条にいう職業選択の自由を女調教師について認めた判例であるといってよいが、憲法典をもたないイギリスにあっては、人権の体系は、同種の判例の集積によってできている[33]。

§350　イギリスのコモン・ロー裁判所は、「法の支配」の伝統を尊重し、個人の自由を守ってきたことは、本書第3章の説明からも明らかである。しかし、20世紀になってから、行政権に広い裁量が認められるようになったこと、陪審制の退潮の傾向がみられること、国際的な緊急事態のもとで個人の犠牲を必要としたことなどの諸理由から、コモン・ローによる人権保障の体系は、しばしば動揺した[34]。もちろん、このような状況のもとでマグナ・カルタなどの基本法の存在の意義は大きい。しかし、国会主権が確立された今日において、そのコモン・ローによる人権保障の体系は無力さを露呈し、最近になって、憲法典（1998年人権法）が制定された[35]。

---

[33] BLACKSTONE, supra p.143 (n.25), vol.1, pp.125-34 によれば、この人権の体系は、3種類の絶対的な権利からなる。第1に、生命または身体に危害を受けない権利であり、第2に、いわゆる行動の自由（不当な逮捕、監禁を受けない権利）など国家から干渉を受けない自由の権利であり、第3に、私的財産を奪われない権利である。

[34] これについては、伊藤正己『イギリス公法の原理』（1954年）142-67頁参照。このなかで、主要な諸判例が分析され、問題点が整理されている。

[35] 本書164頁注24に紹介したスカーマン裁判官のハムリン講演の中で、ヨーロッパ人権規約を国内法化し、アメリカ法に見られる違憲立法審査制を早急に採用することの必要性を説いている。スカーマン裁判官は、その後、この主張を多少ゆるめる意見をもつようになったといわれるが、先の主張をのべるきっかけとなった直接の事件は、アイルランド問題に関する Northern Ireland (Emergency Provisions) Act 1973 の立法であったと思われる。この立法は、緊急時の必要にそなえるための1年限りの立法としてなされたものであるが、法案が出されてから立法まで24時間程度の時間しかかかっておらず、その間に実質的審議はなされていない。そして、その法律には、「世論に影響を与えることを目的としてテロ行為を防止するのに便利であると国務大臣が思料する」ときは、権限（これには司法令状なしの捜査、逮捕を含む）を自由に行使できる旨を定める規定、単独裁判官による非公開の弁護人なしの裁判を定める規定などが含まれている。

今日のイギリスにおいてスカーマン裁判官をはじめとして憲法典の制定を求める声は、このような情況を背景として起っているが、制定される可能性は少ない。スカーマン〔本書164頁注24〕125頁以下の訳者解題を見よ。デニング裁判官は、ヨーロッ

第2節 制定法

§351 これに対し、アメリカでは、合衆国憲法の権利章典が明確に基本的人権を保障しており、裁判所はこれを守るために違憲立法審査権を与えられている、と考えられてきた。しかも、人権のリストの中で一番最初にあげている信教の自由や言論出版の自由などのいわゆる「精神的自由権」と呼ばれるものは、無制約の権利として定められている[36]。「財産権」と呼ばれるものについても、法の適正な手続によるのでなければ、奪われないと定められている[37]。これらの合衆国憲法の諸規定は、元来は、連邦政府に対してのみ保障されるものと考えられていた。しかし、連邦裁判所の裁判権が拡大される傾向を示すために若干の判例を説明したときにのべたように（本書218-20頁参照）、1868年に第14修正が追加され、州に対してもデュー・プロセス条項および平等保護条項の適用が及ぶようになってから、これを通じて精神的自由権なども、連邦裁判所の裁判によって保護されるようになった。また、人権は州の行為（state action）による侵害から守られるものとされているが、この用語も緩やかに解釈されるようになり、保護がひろがっている[38]。

パ人権規約の運用には熱心であるが、憲法典の制定には反対している。DENNING, WHAT NEXT IN THE LAW (1982) pp. 291-2.

[36] 第1修正から第10修正までを権利章典と呼ぶことが多い。第1修正は、「連邦議会は、国教を樹立し、または自由に宗教上の礼拝を行うことを禁止する法律、言論または出版の自由を制限する法律……を制定してはならない」と規定している。このように、明瞭な文言によって権利が保障されてはいるが、現実の事件にこれを適用するには憲法解釈が必要である。言論の自由に関する「明白にして現在の危険」の原則〔本書356頁参照〕は、判例法によって確立されたかかる憲法解釈のための基準の一例である。信教の自由については、Lemon v. Kurtzman, 403 U.S. 602 (1971) が3つの判断基準（目的、効果、過度のかかわり）を示している。ちなみに、信教の自由が権利章典で第1にあげられているのは、アメリカの独立戦争が清教徒たちによって行われたためであることはいうまでもない。

[37] 財産権に関する憲法の規定は、適正手続条項と第5修正の「正当な補償なしに私有財産を公共の用のために徴収してはならない」旨を定める規定しかない。適正な手続によって、または正当な補償を払って、「財産」を奪うことができると解釈しうるので、財産権に対する合理的な制限は、憲法上許されると考えられてきた。この点をめぐる種々な見解について、田中英夫「私有財産権の保障規定としての Due Process Clause の成立」国家学会雑誌72号1頁以下、8号1頁以下参照。

[38] 第14修正は、第13修正および第15修正と共に、南北戦争後にリンカーン大統領の主張した奴隷制の廃止および平等権の保障を実現するために制定された。デュー・プロセス条項が第14修正にも入れられたのは、有名な Dred Scott v. Sandford, 19 How. 393 (U.S. 1857) において、第5修正のデュー・プロセス条項だけでは黒人の市

§352 人権の保障は、人 (person) に対してなされる。人権に関しては、自然人が保護の客体であることは疑いないが、「人」という法律用語は法人を含むものであり、法人もまたそれを享受できる[39]。しかし、1つの主権国家による人権の保障が、外国人にまで及ぶかどうかは疑問である。イギリスでもアメリカでも奴隷制は廃止されており、人であれば、最小限の基本的な権利の保障は認められるのであろうが、外国人に対して憲法上認められる権利は、適正手続の保障以外のものは、少なくとも現在では条件付きのものであると思われる[40]。

6 憲法改正

§353 イギリス法には憲法典がないので、実質的意味での憲法改正の問題しか起こりえない。これは、基本的には政治の問題であるし（英米法では法と政治の問題は区別されるのが通常である）、国会の通常法によってそれをなしうるということ以外にのべることはない。これに対し、アメリカ法では、憲法それ自体が改正手続を定めている。合衆国憲法第5条は、「連邦議会は、両議院」の3分の2が必要と認めるときは、この憲法に対する修正を発議し、または各州中3分の2の立法部の申請があれば、修正発議を目的とする憲法会議を召集しなければならない」と定めている。この規定に従って憲法改正が発議され、連邦議会の定めるところにより、4分の3の州の立法部によって

民権を守れないことが判明したためであると思われる。田中英夫『アメリカ法の歴史（上）』(1968年) 459-67頁参照。第14修正は1868年7月9日に成立して以来、さまざまな論理を利用して、最初に予期しなかった形でさかんに利用された。その主要なものについては、本書でもあちこちで紹介した。とくに、次注と本書223頁注17の州の行為 (state action) に関する諸判例の説明は、本文と関連して重要である。

[39] Connecticut General Insurance Co. v. Johnson, 303 U.S. 77 (1938) 参照。ただし、ブラック裁判官は、人権はその性質上、個人に対してのみ保障されるとする反対意見を書いている。法人にも適用されるとする理論は、第14修正の制定当時にあったコンスピラシーによるとする意見があるが、これについて、Corwin, *Doctrine of Due Process of Law Before the Civil War*, 24 HARV. L. REV. 366, 460 (1911) 参照。

[40] Re H.K. (an infant) [1967] 2 Q.B. 617 (自然的正義); R.v. Home Office, ex parte Phansopkar, [1975] 3 All E.R. 497 (ヨーロッパ人権規約) 参照。また、アメリカ法における外国人の法的地位について、Nyquist v. Mauclet, 432 U.S. 1, 7 n.8 (1977) を見よ。ちなみに、イギリス法の場合には、コモンウェルス諸国の国民、EC諸国の国民、敵国人、これら以外の外国人との間に法律上区別をもうけている。

承認されるか、または4分の3の州における憲法会議によって承認されたときに、修正は憲法の一部として効力を有することとなる。英米法系に属する諸国のなかにも「硬性憲法（entrenched constitiution）」を採用している国は少なくないが、このアメリカ憲法の規定ほど厳しい改正手続を定めいるものはなく、このことが、本章第3節でみるようなアメリカ憲法判例の特殊性（例えば、厳格な先例拘束性は認められないこと）を生む遠因となっている。

第2項　法　律

1　序　説

§354　国会が制定する法律が、今日では、イギリスでもアメリカでも重要な法源であることは疑いない。しかし、わが国の法律とはちがって、判例法の欠陥を補うために作られることが多く、また、裁判所によってその解釈が示されると、この解釈に拘束されるという点に注意しなければならない。この意味において、法律は、完全に判例法から独立した法源であるとはいえないのである。

しかし、国会の法律が判例法に優先する法源であることは、今日では確立された原則となっているし、法律はますますその重要性を増しつつある。ことにアメリカにおいては、連邦制の国家であり諸機関の権限が複雑に交錯するのでその調整が必要とされること、多民族国家であるから社会のきまりを明文で定めておくことが望まれること、判例の数が多くなりすぎて法規集のような形にまとめられたものが存在することの意義は大きく、この傾向は、いっそう強く見られるといってよい。そこで、法源としての法律について、イギリスとアメリカの場合に分けて、その形式と効力などについてつぎに説明することとしたい。

2　イギリスの法律
(1)　古い法律

§355　イギリスの法律については、議会主権の原則が確立される以前の法律とそれ以後の法律とを区別しなければならない。古い法律は、形式が定まっていないし、ラテン語やフランス語で書かれたものも少なくなく、その効力についても多少の説明を要するものだからである。

第6章 法 源

§356 　クックの少し後に現われた有能なコモン・ロー裁判官であったヘイルによれば、1189年7月6日以前の法律は「記憶を超えた時代」の法律と呼ばれ、現行法としては全く意味をもたない[41]。現在でもしばしば言及される古い法律としては、マグナ・カルタやその他のいわゆる基本法[42]のほか、マートン法、マールボロ法、ウェストミンスタ第1法律、ウェストミンスタ第2法律、グロウスタ法、ド・ドウニス法、救貧法、詐欺防止法などをあげることができる[43]。これらの法律は、『王国の制定法 (Statutes of the Realm)』や『制定法全集 (Statutes at Large)』に収められている[44]。これらの古い法律には定まった形式はなく、その表題も、制定法 (statute)、憲章 (charter)、勅令 (proclamation)、条令 (ordinance)、法律 (Act) など種々な名称がつかわれ

---

[41] SIR MATTHEW HALE, THE HISTORY OF THE COMMON LAW OF ENGLAND (Grayed. & intro. 1971) pp.3-4.「記憶を超えた時代」の法律として、イヌ、アルフレッド、エドワード、アセルスタン、エドモンド、エドガー、エセルレッド、カヌート、エドワード（ざんげ王）の法律をあげている。ちなみに、この著書は、わが国では余り読まれていないが、1713年に出版され、HALE, HISTORIA PLACITORUM CORONAE (1736) とともに、ヘイルが歴史法学者としての地位を築いた主要な業績であり、光栄革命期における陪審制の意義を知るうえでも、重要な文献である。

[42] 「基本法」という用語は、本書では便宜上、実質的意味の憲法の存在を示すのに役立つ法律に対して用いているが、具体的には本書270頁に言及した法律などをさしている。

[43] 本文で言及した法律のうち救貧法および詐欺防止法以外のものは、COKE, INSTITUTES (1642) の第2編で詳説されているし、本書でもそれぞれの関連部分で説明した。救貧法は、1601年にエリザベス女王によって最初に作られた法律であるが、この法律により教区（parish）は貧困者の世話を義務づけられた。詐欺防止法は、1677年に制定された法律であるが、一定の種類の契約について訴訟で強制するためには書面によることを必要とすることとした。特に第4条および第17条は重要な規定であり、現在の契約法にも大きな影響を与えている。

[44] STATUTES OF THE REALM は、1800年に庶民院の命令を受けて Cavendish 等10名の専門家が編纂をはじめ、1810年に管制した法律集であり、1713年までの法律が収められている。1811年から1828年まで、年代順に少しずつ出版されたが、そこに収められている法律は主にラテン語で書かれたものであるので、英語の対訳および訳注が付されている。Statute at Large は、公式記録を使って Keble が1676年に編纂した法律集であり、チャールズ2世治世第27年までの法律が収められている。この法律集は、原文通り載録したものではなく、省略された部分や、要約された形で載せられていることがある。Pickering 版などの後の版では、1800年頃までの法律が追加されている。本文では言及しなかったが Statutes Revised も利用できる。この法律集は、現行法だけを載せており、廃止された法律の原文は見ることはできないが、法律の歴史的な関連や参照条文が示されている点で便利な文献である。

第2節　制定法

ているし、全く表題のないものさえある[45]。これらの古い法律の原典（正式の記録は Rolls と呼ばれる）は、普通ラテン語で書かれている。1278年のグロウスタ法のように、フランス語で書かれたものもある[46]。1660年から1690年までのいわゆる王政復古の時代の法律のうち12の法律も、フランス語で書かれている。

§357　これらの古い法律が、法源としていかなる効力をもつかについては、いろいろ議論する余地がある。有名なマグナ・カルタについてさえ、それがいかなる法的効力をもつか、議論がいろいろなされている。ことに1215年の最初のマグナ・カルタは、国会が制定した法律でもなければ裁判所が発見した法でもない[47]。中世封建社会においては、国家というものが成立しておらず、外敵侵入の危険が常にあり、農民たちは領主に忠誠を誓って保護を求め、さらに領主たちが国王との基本契約を結ぶことによって秩序が維持されていた。しかし、十字軍などの歴史的諸事情のため国王が法外な負担を求めたので、国王から直接封土を受けている封建貴族たち（通常バロンと呼ばれる）が、先のいわゆる基本契約を文書で再確認させたのがマグナ・カルタであり、こ

---

[45] 表題のない法律は、最初の2文字がその代りに使われる。例えば、法人以外の者への一定の土地譲渡を許した Quia Emptores がその例である。ただし、Statutes of the Realm では、公式記録の余白に筆記されていたという「国王陛下の土地売買に関する制定法」という表題が付されている。

[46] 高柳教授の研究によれば、ヘンリ1世が1166年に不動産占有回復の訴えを許した Assize of Novel Disseisin によって、これ以後フランス語が使われるようになった。たしかに、次節で説明するイヤー・ブックも、のちに権威的書籍として紹介する LITTLETON ON TENURES (1470) も、フランス語で書かれている。もっとも、このフランス語はロー・フレンチと呼ばれるもので、これを正確に読むためには辞書が必要である。そのための辞書としては、BAKER, DICTIONARY OF LAW FRENCH (1979) が便利であろう。なお、本文で言及した Statute of Gloucester については、後掲注53を見よ。

[47] ジョン王が、教会に対しても、封建貴族たちに対しても、王権を著しく拡大しようとしたので、それらの者の反抗にあい、テムズ河畔のラニミードに呼び出され、彼らの要求を認めた文書である。制定のいきさつは、RICHARDSON & SAYLES, THE GOVERNANCE OF MEDIEVAL ENGLAND (1963) が詳しい。また、かつてはスタッブズの見方が通説的見解とされていたが、それ以後の新しい研究をもりこんで現在のマグナ・カルタの解釈を説明した邦語文献として、城戸毅『マグナ・カルタの世紀』（1980年）がある。ちなみに、マグナ・カルタの諸規定のうち、現行法として残っているのは、第1条、第9条、第13条、第20条ないし第23条、第33条、第39条ないし第41条および第47条である。

第6章 法源

れを国王の詫び状とみることもできる。ところが、それが作成された年の翌年には、国王は、自らそれを追認し、さらに、その後も歴代の国王によって確認された[48]。そして議会もそれを認め、またクックの判決の中には疑いのない法源として引用されている[49]。いったいどの文書の文言のいかなる解釈が、正しいマグナ・カルタの意味であるかについて、議論がいろいろ分れうるのは、このような歴史的変遷のためである。

§358 古い法律のうち特に重要なものは、エドワード1世の時代に制定されたものが多い[50]。その第1の特色は、すでにヘンリ2世の頃から事実上行われていた、地方における国王の裁判を中央集権的な司法制度として立法により確立したこと、とくに国王の裁判令状が封建領主の領内でも送達できるようにしたことである[51]。裁判における正義が強調され、現代人の裁判の公正感にもつながるものも含まれており[52]、この特色に注目する研究者は、エドワー

---

[48] 38回再確認されている。よく引用されるのは、ヘンリ3世治世第9年（1297年）のマグナ・カルタである。エドワード1世治世第25年のStatute confirmatio Cartarum の文書とほとんど完全に一致しているが、このなかで、森林憲章も合わせて確認されている点に注目されたい。これに関する規定は、最初のマグナ・カルタ第44条、第47条および第48条にもおかれていたが、1217年には分離され、Charter of the Forest として制定されたものである。国王は、御料林からの収益に財政的に頼っており、これに対するバロンたちの支配（裁判権を含む）を取り除こうとしたのである。悪評が高くなって、また実際に管理をすることが困難になり、1640年に廃止されるまで、森林憲章は重要な意味をもっていた。

[49] もっとも、マグナ・カルタが最初に制定されたときには、基本的人権とは無関係な法律であると考えられていたようであるが、クックは、それに近代的な解釈を加え、自由と人権を保障する法律であるとする考えを示した。彼の偉大さと名声のゆえに、今日でも、マグナ・カルタは、世界最初の人権憲章であると考えられている。マグナ・カルタの解釈の変遷について、W. S. MCKECHNIE, MAGNA CARTA (2nd ed. 1914) 参照。クックがとくに重要視したのは、有名なマグナ・カルタ第39条である。この条文のクックによる解釈が、COKE, INSTITUTES (1642) 第2部1-78頁に示されている。

[50] PLUCKNETT, LEGISLATION OF EDWARD I (1949) が詳細な研究を示している。

[51] 1275年のStatute of Westminster I は、領主が国王の令状の送達を拒む場合には、国王の州長が領主の特権領においても、直接執行できることを定めている。また、1285年に制定されたStatute of Westminster II は、その第24章の規定で大法官府が類似の事件について新しい令状を発給する権限を認めた。本書131頁に言及した場合訴訟は、これによる訴訟であると考えられていた（例えば、メイトランド）が、最近では疑いがもたれている。このウェストミンスタ第2法律はその第30章で巡回陪審裁判について定めている。

[52] 例えば、エドワード1世治世第33年の Deffinitio de Conspiratoribus は、「共謀者

ド1世の立法を高く評価する傾向がある。第2の特色は、国王の裁判にかかわりのある土地法のなかに、イギリス法に固有な考えを生んだことである[53]。エドワード1世の時代をイギリス封建制の完成期とみる研究者は、この側面を重視するものといってよかろう。

§359　古い法律に関してもう1つの注目すべき点は、国王と教会の関係である。この関係は法文上必ずしも明瞭に規定されていないが、古い法律を正しく解釈するために、その関係を理解しておかなければならない。たとえば、マグナ・カルタ第一条は、「イングランド教会が自由であり」、とくに当該の教会にとって必須不可欠のものと考えられている選挙の自由を「朕が純粋かつ自発的な意志にもとづいて付与する」ことを特許状をもって確認し、このことについて教皇イノケンティウス3世の確認をえたことを定めている。この規定は、マグナ・カルタの作成に当っても、国王と教会との関係が重要な意味をもっていたことを示している[54]。時代は下って17世紀になると、国王と議会との間の抗争が続き、1688年には光栄革命が起り、その翌年には権利章典が作成されるが、これもまた、国王と教会との関係と大きなかかわりをもっている[55]。

とは悪意をもって虚偽の正式告訴をしたり、させたり、あるいは虚偽の訴訟を提起したり、援助することを、宣誓や捺印契約やその他の盟約によって同盟し、結合する者をいう」とのべ、かかる共謀者を3年の懲役または罰金に処すると定めている。この法律は、領主裁判所ないし封建裁判所において不正な裁判が行われるのを防止するために用いられた。

53　まず第1に、1278年の Statute of Gloucester は、寡婦産（dower）や荒廃地（waste）などの土地法に関する重要な改革を行った。第2に、1279年の Statute of Mortmain により、法人に対する土地譲渡を禁止して、土地が教会などに譲渡されることによる封建的利益の喪失を防いだ。さらに、1285年のウェストミンスタ第2法律は、不動産権の相続や贈与などについて定めた第50章（De Donis 法と呼ばれる）の諸規定を含んでいる。

54　ジョン王は、カンタベリ大司教の選任をめぐって教皇イノケンティウス3世と争っていたのであるが、マグナ・カルタは、この紛争に関しても1つの決着をつけている。これに関するいきさつについて、城戸〔前掲注47〕37-43頁参照。他のヨーロッパ諸国の場合には、教会が国民をその下におき、国王の存在を別個に認めるという形がとられているが、イギリスの場合には、教皇の総代理人として国王があり、国王の恩寵としてイギリス国内の教会に特権が与えられている。したがって、ヘンリ八世が教皇との関係をたち切ったとき、国王がイギリス国教の頂点に立つことになった。

55　ジェームズ2世のローマ・カトリックおよび国王大権の復活の企てを阻止するのが光栄革命の直接の意義であり、権利章典をどのようにみるかについて種々の議論があ

第6章 法　源

(2) 現 行 法

§360　国会の制定法は、一般法律（public law）と個別法律（private law）（私法律とも呼ばれる）とに区別することができる。個別法律は、鉄道会社や水道事業体の設置のための法律や特定の者の帰化や離婚を認める身分的法律などであるが、審議方法、公示手続などの点で一般法律とは異なるところがあるし、訴訟において当事者が積極的に援用しない限り、裁判所はこれを適用する義務を負わない[56]。今日では個別法律はほとんど廃止に近い状態にあり（ただし、アメリカではまだ使われている）、ここでは一般法律について説明することとしたい。

　一般法律の冒頭には、その正式の表題につづき、「本国会に召集された聖職および俗界の貴族並びに庶民の助言と同意とをもって、至尊なる国王陛下により、かつ国会の権威により、次のように制定する」という決まり文句が付されている。これは、前節で言及した憲法習律にしたがい「国会における国王」が制定した法律であることを示している。具体的には、法律がウェストミンスタに集まった僧侶、貴族および庶民院議員によって議会の権限で作られ、国王がそれを形式的に発布するものであることを示している。議会は、貴族院と庶民院からなるが、貴族院は、カンタベリおよびヨークの大司教をはじめとする 26 名の僧侶と約 250 名前後の世襲貴族、一代限りの貴族と一定の法律貴族（法卿）によって構成される。そして、大法官が貴族院議長となる。これに対し、庶民院は、各選挙区から国民によって選出された 635 名（71 名はスコットランド）の議員によって構成される。

§361　法案の審議は次のように行われる[57]。予算措置を必要とする法案は、庶民

りうるとしても、これに宗教問題の処理という側面があることは否定できない。PLUCKNETT, *supra* p.11 (n.17), at 59. なお、権利章典のいろいろな見方を整理した研究として、RICHARDSON, THE DEBATE ON THE ENGLISH REVOLUTION (1977) も見よ。

[56]　実際に個別法律の解釈が争われた実例として、Attorney General v. Prince Ernest Augustus of Hanover, [1957] A.C. 436 を見よ。この事件で問題になったのは、Princess Sophia Naturalization Act, 1704 (4 & 5 Anne c.16) である。なお、イギリスおよびアメリカの個別法律に関する研究として、田中英夫「英米における Private Act（個別法律）──英米の立法権の観念に関する一考察」『法学協会百周年記念論文集』2 巻 95-134 頁が詳しい。

[57]　議会における憲法習律、議員特権（例えば言論の自由）、審議手続などについて、詳しくは、本書 262 頁注 8 に引用したメイ（May）の著書を見よ。

院が先議権をもっている。まず最初に、国会の一院に対しある法律を制定する提案が行われ、これについて審議するか否かの決定がなされる。この過程を第1読会という。法案が印刷されると内容の検討が開始されるのであるが、多くの場合、委員会で実質的な審議が行われ、議会では、その委員会の報告に基づいて採否を決議することが多い。この過程を第2読会という。採用が決議されると、第3読会に移り、他に関連のある法令などを考慮に入れながら、最終的条文の形式に法案が整理され、最終的決議が行われる。通常、この第3読会は、第2読会の報告終了後の決議に引続き、直ちに行われるが、稀に語句等の修正の動議がその間に出されることがある。1院で第3読会後の決議を終えた法案は、直ちに他院に回付されるが、他院における立法過程も大体先にのべたことと同じである。

　法案は、政府提案によるものと議員提案によるものとがあり、そのいずれかによって審議手続に多少のちがいがある[58]。しかし、重要な法案は、いずれの場合であっても、専門委員会で十分検討したうえで提案されることが多く、形式的な相違は余り大きな意味をもっていない。かかる専門委員会として、ロイヤル・コミッション、ロー・コミッションズのほか、立法の事例ごとに設置される各種の特別委員会をあげることができる[59]。

---

[58] 例えば、政府提案の場合には、説明のための時間はほとんど無制約であるのに対し、議員提案の場合には「10分間の原則」がある。相違について、田島〔本書94頁注4〕50-1頁を見よ。

[59] 第1に、ロイヤル・コミッションは、その名の示す通り、内閣の助言に従って女王により任命される委員会である。この委員会は、国の重要問題の審議のために、そのつど設置されるが、その委員は、他に職業を持った有識者や専門家からなる。問題によっては、いくつかの行政官庁間の利害が対立することがあり、その調整を目的としてそれが設置されることもなくはないが、通常は、審議事項が重要なものであるだけに、各関連分野の権威者が1つの社会問題に解決を与えるための方策をさぐるアカデミックな色彩の強い集りである。予算や調査方法の点などでの拘束は比較的緩かであり、この委員会の利点はその点にもあるといわれている。

　法律委員会（law commissions）は、1965年の法律によって設置された立法委員会であって、「全部の法律の組織的な発展および改革のために、特に、法の法典化、変則の除去、古くなった不要な法律の廃止、個別的な法律の数の減少、並びに法の単純化および近代化」を目的としている。この機関は、1965年の同名の法律に基づいて設立されたロンドンとエディンバラに置かれている2つの立法専門機関である。ロンドンの委員会は、5名の経験をつんだ法律家（裁判官や大学教授を含む）からなるが、この5名の委員は、フルタイムで立法作業に当る。この作業は、最初に作業が開始さ

第6章 法　源

§362　法律が制定されると官報によって公布される。法律の末尾に記された制定日の翌日から発効するのが普通であるが、特段の施行日を定めることもできる。また、のちに説明する委任立法の形をとり、規則に定める日から実施することとすることもできる。いずれにせよ、法律はすべて『法律公報（Law Reports)』または『一般法律集（Public General Acts)』に収録される[60]。

　国会は万能であるとされ、いかなる法律でも制定できるのであるが、イギリスの法律は、判例法との関連では、次のいずれかに分類できるといわれる。その1は、修正的法律（remedial statutes）である。この立法の実例は、1965年の戦争損害法（War Damage Act）にみることができる。有名なビルマ石油会社事件（Burmah Oil Co. v. Lord Advocate [1965] A.C.75）において、貴族院は原告の「正当な補償」の請求権を認めたのであるが、国会はこれを不都合と考え、次の2条だけからなる短い法律を直ちに制定した。第1条は、第2次世界大戦中に生じた損害に関しては補償をうける権利を認めないことを定め、第2条は、すでに訴訟が行われた事件にもこの法律が適用されることを定めている。この立法の妥当性については、当然多くの議論の余地はあるが、これは判例法の不都合を修正した法律の1つの実例である[61]。

　　れることが計画表によって一般に告知され、初期の段階では委員の手足となる約50名の職員（弁護士や立法の対象となる分野の専門家が多い）のイニシャティヴによって情報が集められ、その結果に基づいてグリーン・ペーパーが作られる。このグリーン・ペーパーは、義務教育を受けただけの人たちにも理解できるやさしい英文で書かれ、しかもできる限り短時間で読みこなしうるように心掛けて作られているが、これは書店で市販されている外、その内容に関係のある者には直接送付され、それについて意見が求められる。一定の期間をおいて意見が集約され、また、特定の論点について科学的調査が必要とされる場合には大学等の専門機関の協力を得た上で、法案が作られ、各条項ごとに詳細な説明を付して大法官に報告される。この報告書も市販されている。この立法準備過程は、最近では、他の機関によって作業が進められる場合にも、モデルとなっているようである。

　60　Law Reports は1866年以降、また Public General Acts は1831年以降、成立順に公刊されている。これらの法律集以外に HALSBURY'S STATUTES OF ENGLAND（現在は第4版の刊行中である）があるが、これは事項別に分類されていて、注釈も付されており、現行の法律を知るには非常に便利である。ただ、これを使う場合、これに収められた法律の成立後の新しい修正について、毎年刊行される追加版（cumulative volume）を調べる必要がある。

　61　本文で言及した1965年の立法には、多くの憲法上の諸問題が含まれている。伊藤正己「民事遡及法について――イギリス法の示唆するもの」同『イギリス法研究』（1978年）88-129頁は、この諸問題を詳細に論じている。特に重要な点は、立法の効

第2節　制定法

§363　第2の種類の法律として、宣明的法律（declaratory statutes）と呼ばれるものがある。1893年の物品売買法（Sale of Goods Act）がその例としてしばしば引用される[62]。これは、判例法の法理が不明瞭であるときに、法を宣明して明瞭にするための立法であるが、現実には、創造的作用を営むことも少なくない。宣明的法律は、法典化法律（codifying statute）と呼ばれることもある（先の1893年法の正式の名称も物品の売買に関する法を法典化するための法律となっている）。

§364　最後に、統合法律（consolidating statute）と呼ばれる法律についても、少しく説明しておくことにしよう。この法律の実例として1925年の財産法（Law of Property Act）をあげることができる[63]。この法律は、長いイギリス法の歴史のなかで創造されてきた物権に関する判例法や個別的な法律を集めて1つの法律に整理して、法程度の混乱を取り除くことを目的とした法律である。立法のたてまえとしては、複雑になりすぎた法を形式的に整理して単純化することにあるが、実際上は、この立法によって大きな内容の変化がもたらされた。その主なものをあげれば、第1に、不動産と動産の関係に理論点な整合性をもたせたことをあげえよう。第2に、コモン・ロー上の不動産権を単純不動産権と期間賃借権だけに整理し、単純化したことである。第3に、いわゆる将来権は、すべて信託法によって創設されるエクイティ上の権利としたことである。

　ここでは統合法律の実例として1925年の財産法だけしか取りあげなかっ

力は遡及しないのが原則であるのに当該の立法はこの原則に反している点にある。この立法は、この点で違憲なものであることはかなり明らかであり（枢密院は類似のスリランカの事件でその旨を判決している）、正当性を欠くものであるようにも思われるのであるが、裁判では表われなかった諸般の事実を総合して判断してみると、結果は国民の望むものと合致しており、議会民主制の意義をよく示している。

[62]　この法律は非常に注目された法典化立法であり、本書§367で言及するアメリカの統一商事法典でもその第2編として採用されている。この立法の意義およびその後の改正について、田島裕「諸外国における消費者（保護）法(2)イギリス」『消費者法講座』1巻（1984年）152頁参照。

[63]　このときの物権法に関する法改革は本格的なものであり、本文で言及した主たる法律のほか、Land Charges Act 1925; Settled Land Act 1925; Trustee Act 1925; Administration of Estates Act 1925; Land Regestration Act 1925 も合わせて制定された。これらの法律の諸規定の若干のものは、その後にさらに改正されている。例えば、Land Registration and Land Charges Act 1971.

たが、より小規模の立法であるとはいえ、この種の立法が最近になってしばしばなされている[64]。これは、法律委員会などの立法委員会による法改革の作業が、1つの行きづまりを見せているためではあるまいか[65]。

3 アメリカの法律

§365　アメリカの法律については、連邦の法律と州の法律とに分けて説明しなければならない。

　(1) 連邦の法律　連邦議会が制定した法律は、イギリスの場合と同じように、制定された順序にしたがって『制定法全集（Statutes at Large）』に収録されている[66]。一般法律以外に個別法律および条約（ただし、1950年以降の条約は収録されていない[67]）も含まれている。さらに、法律の内容によって項目ごとに分類し、章、節、条の番号を付して連邦議会の特別委員会が編纂した法律集があり、ウェスト出版社が出版した版（United States Code Annotated, 普通 U.S.C.A. と略される）には、各条文の立法経過、参照条文、参照文献、関連判例などについての注釈が付されており、大変便利である。

---

[64] 最近のもう1つの実例として Limitation Act 1980 をあげておこう。この法律は、出訴期限に関する諸法を統合した立法であるが、不法行為または単純契約に基づく訴えは訴訟の原因の発生時から6年以内に（第2条、第5条）、また過失（negligence）による人身傷害に対する訴えは訴訟の原因の発生時または被害者がその事実を知ったときから3年以内に（第2条4項）、さらにまた不動産回復訴訟は訴権の発生時から12年以内に（第15条）、提訴しなければならないことなど、訴えの種類にしたがって訴訟を提起するときの種々な条件を定めている。

[65] ARCHER & MARTIN (ed.), MORE LAW REFORM NOW (1983) は、本文でのべたことを認めて、司法行政、会社法、憲法、行政法、契約法、刑法など各々の法領域における法改革の今後の進め方について新しい提言をしている。

[66] 1789年から1873年までの分は Little, Brown & Co. が出版したものであるが、それ以降は政府刊行物として出版されている。後掲注70に引用する情報公開法（5 U.S.C.A. §552）の末尾に、Pub. L. 89-554, Sept. 6, 1966, 80 Stat. 383 と付記されているが、これは、1966年9月6日に一般法律第89-554号として成立し、制定法全集第80巻383頁以下に法律の全文が載せられていることを示している。1941年以降には、ウェスト出版社（West Publishing Co.）から U.S. Code Congressional and Administrative News（但し、1951年以前には U.S. Code Congressional Services という表題が使われている）が速報版として出版されるようになり、立法の経過や専門委員会の審議内容を知るにはこれが便利である。

[67] 1950年以後は、条約は Treaties and Other International Agreements に収録されている。

第 2 節　制　定　法

§366　1966 年 9 月 6 日に制定された情報公開法を実例として説明しよう[68]。この法律は、一般法律第 89-554 号として名付けられ、制定法全集第 80 巻 383 頁以下に収められている。しかし、その内容は行政手続に関するものであるので、1946 年の行政手続法[69]が収められている合衆国法典集第 5 巻 551 条の定義に続く一般規定として第 552 条に収められている。ここへ収められるときには、法律の名称や形式的な文言は省略され、法律として効力のある第 1 条ないし第 5 条の本文だけが、それぞれ(a)項ないし(e)項として収録されている[70]。

　この合衆国法典集は、便利な文献ではあるが、利用するとき次の点に注意する必要がある。第 1 に、1 つの法律が、いわば手足を切り離して 50 巻全体[71]の関連部分に収められているので、参照条文に十分注意を払い、全体の構成をしっかり把握していなければならない。第 2 に、各冊の末尾にポケッ

---

[68]　5 U.S.C.A. §552（注釈合衆国法典集第 5 巻 552 条）参照。この法律は、1967 年、1974 年、1975 年に多少改正された。

[69]　5 U.S.C. §§551-9; §§701-6. イギリスでは、ダイシーが行政法に対し否定的であったこともあって、行政法はごく最近になって少しずつ行政判例法の形で形成されるようになったにすぎないが、この立法は、アメリカ行政法の核心をなすものであり、きわめてアメリカ的な特色を示している。この立法を支える基本的な考えは、行政手続における公正な通知と聴聞、証拠に基づく決定、司法審査の原則にみられる。行政手続法第 10 条の司法審査に関する規定はとくに重要であるが、その解釈をめぐってはげしい論争が続いている。行政法の権威であるといわれるディヴィスとバーガとの論争について、研究ノート「行政行為の恣意性についての司法審査」アメリカ法 1970-2 号 205 頁以下参照。ちなみに、本文で取りあげた情報公開法、行政不服の申立てまたは行政訴訟の便宜をはかることが主たる目的となっている。

[70]　この法律は、わが国で強い関心のもたれている法律であるので、ここでその内容を簡単に紹介しておこう。(a)項では、大衆による情報の利用方法についての説明を官報に載せることを義務づけている。そして、いつでも利用できるようにすることを義務づけられる情報として、事件の審判で下された最終意見（決定部分だけでなく補足意見および反対意見を含む）、行政政策の説明、大衆に関係する職務要領などをあげている。個人のプライヴァシーを不当に侵害することが明瞭である部分の削除を許している。(b)項では、一号から九号までの適用除外の項目（軍事および外交に関する情報、機関内部の人事に関する情報、企業秘密に関係のある情報など）をあげている。(c)項は公開の原則を定め、(d)項は各行政機関が本法に関する年次報告書を各議院の議長に提出することを義務づけ、(e)項は「行政機関」という用語を定義している。

[71]　50 巻の内容はつぎのとおりである。1 総則、2 連邦議会、3 大統領、4 国旗、国璽、首都、各州、5 行政組織と公務員、6 国債、7 農業、8 外国人と国籍、9 仲裁手続、10 軍隊、11 破産、12 銀行と銀行業務、13 国勢調査、14 沿岸警備、15 通商と取引、

第6章 法　源

トが付いており、法律が改正されたり、当該の条文を解釈した判決が下されたとき、それを説明した追録が入れられる（これが余り厚くなりすぎると別冊となる）ので、これに目をとおさなければならない。第三に、条文の番号には、ときには空番が作られているということである。例えば、市民権法（Civil Rights Act）は、合衆国法典集では第42巻21章に収められているが、その第1節（総則）の諸規定は第1981条から第1995条までであり、第2節（公共の利便）の諸規定は第2000a条から第2000a-6条までであり、第3節（公共施設）の諸規定は第2000b条から第2000b-3条までであり、以下同様の方式によって番号が付され、第9節の第2000h-6条で終っている。このような番号の付け方がなされるのは、将来立法がなされることが予想でき、その空番を使うことが考えられるためである。

　イギリスの法律と比較して、アメリカの法律の規定は非常に長い。例えば、シャーマン法第1条は、つぎのように規定している[72]。

　　「数州間のまたは外国との取引ないし通商を制限するすべての契約、トラストまたはその他の形態による結合または共謀は、違法とする。但し、本編第1条ないし第7条〔シャーマン法〕のいかなる規定も、商品の製造者もしくは販売者の商号、商標または名称が付されている商品、またはそれが付されたレベルもしくは容器を使った商品の再販売のための最低価格を定める契約または合意が、再販売が行われるか、再販売のために当該の商品が移送される州、属領もしくはコロンビア地区において、現在または今後実施される法律、判例法または公序により、州内の取引に適用するとき適法とされる場合には、それを違法とするものでは

---

　　16 資源保護、17 著作権、18 犯罪と刑事手続、19 関税、20 教育、21 食品と薬品、22 国際関係と交流、23 高速道路、24 病院、保護施設、墓地、25 インディアン、26 租税法、27 酒類、28 司法部と裁判手続、29 労働、30 鉱山と鉱業、31 金融、32 民兵、33 航海と水路、34 海軍、35 特許、36 愛国団体と祭典、37 制服職員の給与、38 退役軍人の恩給、39 郵便業務、40 官庁の建物、財産、事業、41 公共契約、42 国民の健康と福祉、43 国有地、44 印刷と刊行物、45 鉄道、46 海上輸送、47 電報、電話、電信、48 領域と属領である孤島、49 運送、50 戦争と防衛。これらは、本書§243に言及した18項目のいずれかに基づく立法であることはいうまでもない。
[72] 15 U.S.C.§1.(1890). 1890年に「通商条項」により制定された法律であるが、本書§142の本文に対応する注の中で紹介した諸判例からも分るように、連邦の権限を拡大させるのに大きな役割を果してきた。

なく、また、そのような契約もしくは合意をすることは、本編第45条[73]による不公正な競争方法とはならない。さらにまた、……（以下、略）」

このように長い規定がずっと続くので、これを分りやすく説明するための公正取引委員会の規則が作られている。しかし、イギリス法の場合とちがって、制定法それ自体が規則の制定を義務づけていないときでも規則が作られており、これが実施規則であるか、単なる解釈を示したものにすぎないのか、不明瞭であることが少なくない。さらにまた、行政機関が個人的な質問に答えた回答も、一般性をもったものは公表されることがあり、この解釈が正しいかどうか裁判で争われることもある。アメリカの法律の解釈については、裁判所の判決によってはじめて確定的なものになるという場合が少なくない[74]。

§367　(2)　州の法律　　州の法律については、若干の特徴的なことをのべるのみにとどめたい。第1に、アメリカでは古くから法典が必要であったので、しばしば法典編纂が試みられたニュー・ヨーク州やキャリフォーニア州においては、膨大な数量の法律が存在していることである[75]。第2に、50州が全く異なる法律をもっているのは、合衆国憲法の中に相互の十分な信頼と尊重を定める規定があってもなお不便なことであり、主にアメリカ法律家協会がスポンサーとなって、統一法典作りが進められてきたということである。統一商事法典や統一消費者信用法などは、わが国でもよく知られているが、これら以外にも多くの統一法典がすでにできている[76]。もっとも、この統一法典は、各州が法律として採用することを期待して作成されたモデル法案である

---

[73] 1914年に制定された連邦取引委員会法第5条の規定。不公正または詐欺的行為を禁止した規定で、前注の規定と同じく連邦の権限の拡大に重要な役割を果した。ちなみに、故意の違反に対しては3倍額の損害賠償を認めている。

[74] 一例として、前注の規定に基づいて作られた連邦取引委員会の規則の効力が争われた訴訟について、田島裕「訪問販売法——イギリス・アメリカ」ジュリスト808号22頁を参照。

[75] 各州における法典編纂の例として、本書243頁を見よ。

[76] アメリカ法律家協会が州法の統一法を作ることを目的として1889年に統一州法委員会を設立した。この委員会が原案を作成し、毎年開かれる全国会議にそれを提案して証人をえることになっている。統一法典のなかで最も成功した例は、統一商事法典であろう。起草作業は、1943年にはじめられ、1951年に最初の原案が完成した。

第6章 法　源

にすぎず、法源ではない。模範法典とかリステイトメントと呼ばれるものも、これと同じ意味の補助資料であるにすぎない[77]。

　さらに、州法に一般的に見られるもう1つの特色をあげるとすれば、イニシァティヴやレファレンダムが利用されているということをあげうる。これらはスイスなどの直接民主制の国で使われている立法の方法であるが、州法または地方条例の制定のときに、しばしば利用されている[78]。

第3項　委任立法

1　序　説

§368　国会の法律には一般的な政策または方針をかかげ、それを実施する方法等については規則で定めることと規定している法律が、最近にはよく見られる。例えば、1974年の消費者信用法は、事業所以外の場所で行われる訪問販売を規制契約と定め、また主務大臣は、この契約書の方式および内容について、消費者の権利などを確実に本人に知らせるため規則を定めることと規定している[79]。このような規定によって定められた規則は、委任立法（または従位的立法）と呼ばれることがある。1958年の農業市場法のように、牛乳の市場

　　1956年に改訂され、その翌年にマサチューセッツ州がこれを州法として採用した。多くの州がこれにならった。1962年にさらに改訂され、ルイジアナ州を除く残りのすべての州がこれを採用し、現在に至っている。統一消費者信用法典など、ほかにも多くの統一法典が作られているが、州法の統一にはまだ十分な成果をあげていない。

[77]　ホウフェルド（Hohfeld）の提案によりアメリカ法律協会（American Law Institute）が1923年に設立された。この協会が準備したいくつかのモデル法典およびリステイトメントがある。モデル法典としてはモーガンが中心になって作った模範証拠法典（Model Evidence Code）が有名である。リステイトメントには、契約法、不法行為法、信託法、代理法、国際私法などがあり、いずれもかなりの権威を認められていて、判決でもしばしば引用される。

[78]　ちなみに、イギリスでは、間接民主制が憲法の原則となっており、イニシャティヴやレファレンダムは認められていない。しかし、国会での討論の参考に資するため、イギリスはヨーロッパ共同体にとどまるべきか否かについて、1975年6月にレファレンダムが行われた。

[79]　1974年の消費者信用法第60条は、「(1)主務大臣は、規制契約を内容とする文書の方式および内容について規則を定めるものとし、その規則には、債務者または賃借人に以下のことを確実に知らせるため主務大臣が適切と認める規定を含めるものとする」と定め、つぎに4つの事項をあげている。この規定は、立法を委任する場合の典型的な実例である。

委員会がミルクの「公正価格」を決定し、大臣の承認を受けることと定めていて、その判断基準を示していない法律にあっては、法律の実体的内容そのものが、議会以外の者に任されることになり、その決定をどのようにして公正に行わせるかが、今日の問題になっている[80]。

2 委任立法の種類

§369 (1) 枢密院令、省令等　1946年の委任立法の権限の行使方法を定めた法律によれば、国王がその権限を行使するときは、枢密院令 (Order in Council) の形式によることになっている。古い時代には、国王大権による立法が認められていたことがあったが、今日では、この形式は植民地の立法のような場合とか法律の施行令などにしか使われず、しかも実質的には関係官庁がそれを作っている。先の法律は大臣が委任立法を行う場合についても定めているが、現在ではこの場合の方が圧倒的に多く、その形式も命令、規則、省令など多様である（これらは全部分類して番号を付し、Statutory Instruments と呼ばれる法規集の中に収められている）。これらの委任立法のなかには、実体的な内容にふれるものも少なくないので、その場合には、法律の定めに従って、その制定前に国会に草案を提出して提出後40日以内にその一院が禁止の決議をしなければ制定できるものとするか、あるいは制定後国会の両院にその原文を提出し、一院が40日以内に異議を唱えなければ実施してよいとするか、いずれかのやり方がとられている。さらに、大蔵省は、大法官と庶民院議長の同意をえて、委任立法に一定の条件を付けることができる (Statutory Instruments Act 1946, s.8 参照)。

§370 (2) 自治的立法　地方条例 (bye-laws) も委任立法の一種である。約30

---

[80] Padfield v. Minister of Agriculture, Fisheries and Food, [1968] A.C.997 で解釈が問題となった1958年の農業市場法19条3項は、「調査委員会は、……(b) 大臣が命じる場合には、……計画の実施について、大臣に提出されている不服申立について調査し、大臣に報告する義務を有する」ことを定め、また、同条6項は、「調査委員会が、基準の中の規定または基準を実施する牛乳市場委員会の作為・不作為が……その計画に利害関係を有する人々の利益に反し、かつ公益を害すると大臣に報告したときは、大臣は、……命令によって、(a) 事態を改善するために必要または適切と思料するように基準を変更し……事態を改善する措置をとるよう指示することができる」と定めていた。ドノモア委員会の報告書にも指摘されている通り、この種の委任立法もかなり多くある。

第6章 法　源

年前に本書を執筆するとすれば、憲法の主要な原則の1つとして地方自治をあげなければならなかったであろう。また、地方自治体の作る法律のもつ意味もかなり違っていたと思われる。しかし、1972年の地方自治法（Local Government Act）が制定され、全国的統治組織のなかに地方自治体が整然とくみいれられるに至り、中央集権化がますます進んでいる。従来、国民の健康、住宅問題、都市計画、道路管理、河川管理、警察、社会保障、教育、公益事業、職業免許の諸領域は、地方自治に属する事項であると考えられてきたが、これらの諸領域においてさえ、固有の地方自治は徐々に見られなくなってきている[81]。しかし、イギリスでは、公法と私法の区別は厳格ではなく、教会、大学、会社なども地方自治団体に類似する法人であり、地方条例制定権に似た一定の自治的立法権をもっていると考えられており、これは現在でも残っている[82]。実際に、つぎに説明する権限踰越（ultra vires）の法理は、むしろこれらの法人に関して形成された判例法理といってよいほどである[83]。

---

[81] 主な原因は、各地方のあいだの取り扱いのちがいは不便なので統一的な基準を定める傾向がみられるようになったこと、および財政的に中央政府の援助に頼らざるをえない情況になっていることにある、と考えられる。このような地方自治の歴史的変遷および現在の地方自治法の詳細は、HART & GARNER, LOCAL GOVERNMENT AND ADMINISTRATION (9th ed. 1973) に説明されている。

[82] このような自治的立法の性質をもつものとして、さらに裁判所規則をあげることができるが、この裁判所の規則制定権について、伊藤正己「裁判所規則の形式的効力」〔同『憲法の研究』（1965年）所収〕270-303頁参照。多少性質の異なることがらであるが、国会特権（Parliamentary privilege）も自治的立法権として働くことがある。例えば、R. v. Graham Campbell, ex parte Herbert [1935] 1 K.B. 594 では、院内で酒類を売ることについて、Licensing (Consolidation) Act 1910 による免許規制を行うことはその特権を侵すことになると判決された。このように一般法の適用を排除する「固有の自治（home rule）」という考え方は、のちにのべるように、むしろアメリカ法のなかに残っている。

[83] したがって、地方自治団体のなした行為は、違法であるとする訴訟が認められている。また、法人の不法行為責任の理論も、地方自治団体に適用される。ちなみに、19世紀以前には、権限の正当性を問う quo warranto が使われていた。ちなみに、quo warranto とは「それを正当とするものは何か」という意味であり、国王特権を行使しようとする者がそれを誤用または濫用していると思われるときに、国王に対して訴えを起すことを許したエドワード一世の時代に起源を有する令状から発展した1つの訴訟方式である。本書149頁§322参照。

3 委任立法の限界

§371 委任立法は、問題の迅速で適切な処理のため、または専門知識をできる限り利用できるようにするため、法律の内容をわざと確定せず、その確定を一定の者または専門機関に任せるものである。したがって、法律により委任された範囲がその境界を画することになり、この枠をこえた立法がなされても効力は認められない。先にのべた権限踰越の原理に基づいて、その立法は司法審査に服することになる。

§372 委任立法の限界を明らかにするために、ここで権限踰越の原則に関する諸判例を少しく説明しておこう。この原則は、19世紀中頃の会社法に起源を持つ判例法上の原則であるが、20世紀になって行政法の分野で盛んに使われるようになった[84]。裁判所は、権限内（intra vires）の間違いには干渉できないが、その枠をはみ出た行政行為については、その無効を確認し、それを排除できるものとする原則であると理解されている。権限踰越の原則による司法審査の基準は、「合理性（reasonableness）」である（Roberts v. Hopwood [1925] A.C. 578; Kruse v. johnson [1898] 2 Q.B. 91 参照）。この原則による司法審査は、都市計画法や住宅法に基づいて制定された規則、その他種々の地方条例などの効力を争う場合に多く利用されてきた。免許条件の効力を審査するためにも同じ合理性の基準が使われたが、この場合、その具体的な判断のために法律との関連性（relevancy）や牴触（repugnancy）がしばしば検討された[85]。これらの諸判例に示されているように、委任立法の内容が合理的なものであり、法律と明瞭な関連性をもち、法律の規定と牴触しないというこ

---

[84] 現在では、会社の取締役や合弁事業のパートナーの権限について、内部的な責任を問われるような場合を除き、会社法では使われなくなった。竹内昭夫「会社法における ultra vires の原則はどのようにして廃棄すべきか」アメリカ法1965号112頁参照。

[85] 例えば、Chertsey Urban District Council v. Mixnam's Properties Ltd. [1964] 1 Q.B. 214; Fawcett Properties Ltd. v. Buckingham County Council [1961] A.C. 636 参照。Commissioners of Customs and Excise v. Cure & Deeley Ltd. [1962] 1 Q.B. 340 では、牴触の有無を判断するために、法律全体の性質、目的および構成を明確に分析しているが、これはイギリス法の法解釈（特に租税法解釈）に関し重要な意味を持っている。故ド・スミス教授は、この点に注目して、本判決を実体的権限踰越の原則（substantive ultra vires）の判例と読んでいる（S. A. DE SMITH, JUDICIAL REVIEW OF ADMINISTRATIVE ACTION (2nd ed. 1973) p.84.『ジュリスト別冊・英米判例百戦Ⅰ公法』(1978年) 24頁参照)。

とが、それが有効であるための必要条件となっている。

4 アメリカにおける委任立法

§373 憲法と関連してすでに説明したように、アメリカでは三権分立の原理が守られており、この原理から当然導き出されることとして、立法の権限は人民からの委任によるのであるから、この権限をもつ者は他者にこれを移転しえない」と考えられてきた。しかし、アメリカでは、積極的行政を行うために行政法の存在が早くから認められ、多くの行政規則が作られてきた。連邦取引委員会、証券取引委員会、連邦準備理事会などの作成した規則は、膨大なものである。理論上は、これらの規則は、法律の不明瞭な規定の具体的な使い方を示したものであって、新しい政策を定めたものではないので禁止された委任立法にはあたらない（「準立法」という用語がしばしば使われる）と説明されるのであろうが、実質的には先に説明したイギリスの委任立法と変るところはない。ただ、アメリカの場合には、権限踰越の原則以外にも種々の制約原理があるので、イギリスの場合よりもはるかに複雑な司法審査に服しているように思われる[86]。1935年以降、法律によって、一般的効力を有する連邦の規則等は官報（Federal Register）に毎日公刊されることと定められており、さらに、公刊された規則は、その内容によって項目ごとに細かく分類され、連邦規則集（Code of Federal Regulations）（普通CFRと略される）として毎年出版されている。

ところで、イギリスの委任立法に関連して地方自治法のことにも言及したが、アメリカでは、もっぱら州法の問題であるといってよい。そして、アメリカの地方には、いわゆる「草の根の民主主義」がまだ残っており、固有の地方自治のための立法を今日でもしばしば見ることができる[87]。

---

[86] 最も重要な制約は、本書285頁注69に言及した行政手続法の規則制定に関する諸規定に従わなければならないことであろう。制定手続に関しては、司法審査が及ぶ。

[87] 一般的に、SATO & VAN ALSTYNE, STATE AND LOCAL GOVERNMENT LAW (2d 1977) を見よ。また、「固有の地方自治（home rule）」の意味について、ショウ・サトウ「キャリフォーニアにおける市の自治」アメリカ法 1966-2号 215-35頁も見よ。

第3節 判例法

第1項 序　説

§374　判例法が重要な法源であることは、繰りかえしのべてきたとおりであるが、いかなる時代のどの裁判所の判決が、法源としていかなる拘束力をもつかを厳密に問うてみると、その答えは決して明瞭ではない。たとえば、コモン・ロー裁判所の判決が先例法として後の判決を拘束することを認めるとしても、本来、具体的妥当性を重んずるエクイティ裁判所の判決がそれと同様の拘束力をもつか否か、十分に議論の余地がありうるのである。また、裁判所の制度自体が、すでに第3章でのべたように、歴史的継続性を維持するという外観を保ちつつも、実際には大きく変遷しているのである。裁判所の起源を古く遡れば、エドワード1世の国王評議会、あるいはもっと古い原始的な姿の裁判所にたどりつくのであるが、これらの判決が現代の裁判所の判決と同じ効力をもつと考えることは、むしろ不合理なことに思える。こう考えてみると、英米は判例法の国であるということが必ずしも自明なことではなさそうなのである。

§375　ブラクトンは、法源としての判例法についてつぎのように説明している[88]。「ほとんどあらゆる国において、法律（leges）および成文法（jus scriptum）が使われているが、イギリスだけは不文法および慣習を使っている。ここでは、法であるところのものは、記述されたものに由来するのではなく、慣例で承認されたものに由来する。しかし、イギリス法が不文法であるとして、それを法律と呼ぶことは不合理なことではない。というのは、その不文法は、正当に判決されたものであり、法律の専門家と有力者の同意をえて、これに対し一般国民の一般的な合意によって承認されたものであり、これに国王の

---

[88] BRACTON, ON THE LAWS AND CUSTOMS OF ENGLAND (Thone ed. 1968), vol. 2, p. 19. シュタイン（Peter Stein）は、引用文に言及されている法源としての成文法と不文法の区別がどのような意義をもっていたか、ローマ法、大陸法、イギリス法について、比較研究を行っている。STEIN, LEGAL INSTITUTIONS: THE DEVELOPMENT OF DISPUTE SETTLEMENT (1984) pp. 69-103.

権威が付加されて、はじめて法の力を有するものだからである」と。ヘンリ２世の頃には、「国王は正義の泉である」といわれたが、これは、先の引用文にも示されているように、国王の代理人である裁判官が、慣習のなかからあたかも泉の水を汲みあげるように（判決という形で）清らかな水に承認を与えたときに法となる、ということを比喩的に表現したものと思われる[89]。

もし判決というものが、このようなものであるならば、判決そのものが法であるのではなく、判決のなかで法として承認されたものが法である、ということになる。次章で詳しく説明する先例拘束性の原理は、これを前提としており、それだからこそ先例の読み方が重要な意味をもつのである。しかし、ここでは法解釈の技術的な問題にはこれ以上立ちいることはせず、先例法を発見するための泉（判例の記録）がどこにあるかという形式的な問題だけを説明するにとどめたい。判例法をこの観点だけからみるならば、それがコモン・ロー裁判所の判決であるか、エクイティ裁判所の判決であるかは、重要なことではない。

第２項　イギリスの判例法

１　古い判例法

§376　制定法の場合と同じように、古い時代の判例法と現代の判例法とは区別して説明することとする。それは、古い判例が法源として意味をもたないからというのではなく（実際上、いまでも稀に現行法の証明のために[90]次に説明するイヤー・ブックが引用される）、むしろそれを登載した判例集が、全く異なった方式にしたがって編纂されているからである。

§377　まず第１に、古い判例法を記録した判例集として最初に取りあげるべきも

---

[89] BLACKSTONE, *infra* p.302 (n.106), vol.1, pp.69, 266. この部分は、オースティンが厳しく攻撃した部分である。AUSTIN, JURISPRUDENCE (1885), lec.28 参照。

[90] 先例法の扱い方について、ブラクトンは次のようにのべている。「これまで当王国には前例のない新しい、見慣れない情況が起ったときは、以前に何か類似のことがあれば、同じような方法でその事件を審判させるのがよい。なぜならば、それはa similibus ad similia の手続に都合のよい事例だからである」。⇨ § 387, BRACTON, *supra* vol.2, p.21 [f 1 b]．また、イヤー・ブックの判例自身も、「いま裁判官によって下される判決は、今後、イギリスにおけるすべての quare non admisit において一法源となる」とのべている。Y.B.32 Ed.1 (R.S.) p.32.

第3節 判例法

のはイヤー・ブックである。これは、法廷における弁護士と裁判官との間の問答を、それを傍聴した弁護士が法廷で筆記したものを編纂したものである。したがって、当時、高貴な者のあいだで使われていた公用語であるノルマン・フレンチで書かれている。これに筆記者の注釈（その大部分は関連判例）がときどき付されている。1307年から1536年までほとんど継続して年代順に編纂されているので、イヤー・ブックと呼ばれている。

§378　イヤー・ブック以降19世紀の前半までは、個々の法律家が編纂した判例集（普通、Reportsと呼ばれる。編纂者の名前を付さないで、Reports［またはRep.］とだけいうときは、クックのそれを意味している）しかなく、編纂者の個性がよくあらわれている[91]。しかし、19世紀頃になると、記述の方法が徐々に標準化されてくる。すなわち、まず判決の要約（判例集によっては、関連項目が頭注として付されているものもある）がなされ、次に事実の陳述、弁護士の弁論、裁判所の判決という順に記録されている。このような判例の記述の方式は、『バロウ判例集（Burrow's Reports）』で採用され、それ以後の判例集もこれにならっている。刊行も定期的になり、「公認判例集（authorized reports）」と呼ばれるようになるが、これらの判例集は営利事業として刊行された私的な性質のものであって、判決を下した裁判官が自ら書いたものではなく、それに責任を負うようなものではなかった[92]。ちなみに、これらの判例集に収められた諸判例は、『イギリス判例集（English Reports）』にその

---

[91] 特に有名なものとしては、本文で言及したクックの判例集（全11巻、1572-1616）〔補遺2巻〕のほか、ダイヤーの判例集（1550-80）、クロウクの判例集（1582-16471、これには、エリザベス女王時代の Cro-Eliz.、ジェームス1世時代の Cro-Jac.、チャールズ1世時代の Cro-Car. がある）、ソンダーの判例集（1666-73）をあげることができる。憲法判例は、国事犯判例集（State Trials）のなかに収められることが多いが、ハワードの判例集はとくに有名である。その他の判例集およびその略語の一覧表は、簡便な英米法辞典である BLACK'S LAW DICTIONARY (5th ed. 1979) や WALKER (ed.) THE OXFORD COMPANION TO LAW (1980) の末尾に付されている。また、とくにこれを1つの小冊子にしたものとして、イギリス法については、RAISTRICK, INDEX TO LEGAL CITATIONS AND ABBREVIATIONS (1981)、アメリカ法については、321頁の UNIFORM SYSTEM のほか、BIEBER, DICTIONARY OF CURRENT AMERICAN LEGAL CITATIONS (1981)、さらにカナダ法について、GUIDE TO LEGAL CITATION (1984) がある。

[92] カウパーの判例集（Cowper or Cowp. 1774-78）やダグラスの判例集（Douglas or Doug. 1778-85）もこれにならっている。この時代には刊行が独占されるようになり、高価になった。その結果、判例集の質が低下したといわれる。

まま収録されており、古い時代の判例をさがすときには、まずこの判例集の索引に当ってみるのが便利であると思われる[93]。

2 現代の判例法

§379 裁判所の制度を説明した章で、1875年の現在の裁判所組織の大枠が固められたことをのべたが、現代の判例集が刊行されはじめたのも、ほぼその頃である。正確にいえば、インズ・オブ・コート、ロー・ソサイエティおよびバー・カウンシルの代表者からなる判例集委員会が設立され、その委嘱を受けた法律家によって『ロー・リポーツ』と呼ばれる公式の判例集が、1865年以降定期的に刊行されるようになった。しかし、この判例集は実費で配布されることとなった点および判決を下した裁判官がその筆記された記録を自ら読んで助言するようになった点で、公式の判例集の性質をもつようにはなったが、その他の点では従来と変るところはなく、半官的 (semi-official) 判例集というべきかもしれない[94]。現在、このような判例集として、上訴判例集 (Appeal Cases. 普通、A.C. と略される。これには貴族院判決だけでなく、枢密院の判決も収められている)、高等法院の女王座部の判例集 (Queen's Bench. 普通、Q.B. と略される)、大法官部判例集 (Chancery Division. 普通、Ch. と略される)、家族部判例集 (Family Division. 普通、Fam. と略される) が刊行されている[95]。控訴院の判決は、原審の部の判例集に記録される。

§380 これ以外に私的な判例集も、いろいろなものが刊行されるようになった。

---

[93] 1378年以降のほとんど全部の判例が収録されている。なお、この利用方法について、G.L. Williams, *Addendum to the Table of English Reports*, 7 CAMB. L. J. 261 (1941) 参照。

[94] アメリカの裁判では、裁判官が判決文を書くが、イギリスの裁判では、各々の裁判官は法廷でスピーチをするのみであって、判決文を書かない。ちなみに、書記官の助けをかりて判例集を開きながら即席で行うイギリスの裁判官のスピーチは、イギリスの裁判制度の1つの重要なみせ場となっている。

[95] 大法官部の判例集は、1865年から1875年まではエクイティ判例集 (Eq. と略される) となっている。家族部という名称は1972年以降のものであり、それ以前には検認部判例集 (P.D. または P. & D. と略される) となっている。ちなみに、ここでは、イングランドの判例だけを紹介したが、スコットランドおよび北アイルランドについても、類似の判例集が刊行されている。ただし、スコットランドの最高裁判所は、Court of Session と呼ばれており、その判例集は、Session Cases (S.C. と略される) となっている。

特によく使われているのは、『全英判例集（All England Law Reports）』（普通、All E.R. または All ER と略される）である。この判例集は、特定の裁判所の判決ではなく、重要と思われる判決の速報を目的としており、判例の要旨などは付いていない。1936 年に発刊されて以来、非常に多くの判例が収録されていて、項目索引によって判例を探すこともできるようになっており、便利な判例集である。さらに、速報を目的とした一般的判例集として、『週刊判例集（Weekly Law Reports）』があるが、この判例集には、先の公式判例集に収録されていない諸判例も含まれている。判例を引用する場合、公式判例集に記録されているときは、この判例集は使わない[96]。

限定された種類の判例だけを収録した判例集も、20 種類近くのものが刊行されており、保険法など商事判例を編纂したロイドの判例集、刑事判例を編纂したコックスの判例集は特に定評がある。その他、労働、租税、特許、社会保険など、各々の領域の判例集が出されており、これらは、各々の領域における便宜を考慮して編纂されているので、専門家には使いやすい判例集である[97]。

第3項　アメリカの判例法

1　序　説

§381　アメリカの判例法は、制定法の場合と同じように、連邦と州に分けて説明しなければならない。判例集は、公式なものは連邦最高裁判所判例集のほか、各州の最高裁判所の判例集（これを刊行していない州もかなり多くある）があるのみで、非常に不完全である。しかし、ウェスト出版社が営利を目的として刊行している判例集（普通、National Reporter System と呼ばれる）は、連

---

[96] 判決速報として1884年以来刊行されていた Times Law Reports が 1953 年に廃刊になったので、これに代るものとして発刊された判例集であるが、裁判官はこれに目を通していないので、筆記者による誤記がありうる。なお、重要な判決は、日刊紙 The Times に判決の全文が掲載されることが多い。

[97] 本文で言及した Lloyd's List Law Reports (1919-) や Cox's Crimrnal Case (C.C.C. と略される。1843-) のほか、Annotated Tax Cases (1922-), De-Rating Appeals (1930-), Industrial Court Awards (1919-), Justice of the Peace (1837-), Local Government Reports (1903-), Planning and Compensation Reports (1949-), Reports of Patent, Design, and Trade Mark Cases (1884-), Solicitor's Journal (1856-), Tax Cases (1875-), Taxation Reports (1939-) などがある。

第6章 法　源

邦の下級審判裁判所の判決や公式判例集を刊行していない州の判決も収録していているだけでなく、いろいろな注釈が付されていて便利な判例集である[98]ので、本書では主にこの判例集を中心として説明することにしたい。

2　連邦の判例法

§382　連邦の判例法として最も重要なものは、連邦最高裁判所の判例である。この判例が連邦の下級裁判所を拘束することはいうまでもない。しかし、イギリスの貴族院判決とはちがって、自分自身を拘束することはない、とされて

---

[98] この判例集は、次のような形式によって編纂されている。まず(a) 判例の事件名が「原告対被告（人）」という書き方で示され、次に事件番号が付されている。公式の判例集にも同じ判決が収録されているときは、その引用が判例の事件名の上に示されている。その次に審判日と判決日が記されている。(b) これに続いて判決の要約があり、それに含まれる論点が説明されている。各論点には番号が付され、判決文の該当部分と対照できるようになっている。論点の番号の次に、項目見出しがあり、カギの記号が印され、別の番号が付されている。これは、キー・システムと呼ばれるもので、ウェスト出版社の他のキー・システム出版物（例えば、ダイジェストなど）を参照するときに使うためのものである。この(b)でのべた部分は出版社が付けた注記であって、判決とは無関係である。(c) 次に判決の全文が記録されている。判決文の途中に挿入されているゴチック体の小さな数字は、公式判例集のページ数を示している。判決文の頭に裁判所が作成した要約が付されていることがしばしばあるが、これは判決の一部とはみなされない。この点について、United States v. Detroit Lumber Co., 200 U.S. 321, 337 (1905) 参照。

　ブルー・ブック（National Reporter Blue Book）とシェパード（Shepard's Citations）のことにもここでふれておこう。ブルー・ブックは、ウェスト出版社の判例集と公式判例集との関連を示した一覧表である。シェパード（ときには、その表紙が赤いことからレッド・ブックと呼ばれる）は、判例の引用の一覧表で、その経歴書とでもいうべき働きもしている。例えば、合衆国判例集第298巻587頁（298 U.S. 587）に該当する部分を見ると、その下に o 300 U.S 379 などの数字が並んでいる。これは、その数字の部分で当該判例が引用されていることを示していると同時に、頭の記号（左記の例では o、すなわち overruled）により、当該判例がどのようになったかを説明している。つまり、労働賃金の規制を違憲と判示した Morehead v. New York, ex rel. Tipaldo 判決が、有名な West Coast Hotel Co. v. Parrish 判決によって明示的に否定されたことを示している。また、最近、主要なロー・リヴューに発表された論文の引用についてもシェパードが刊行されるようになった。

　この判例集に収録されているのは、連邦最高裁判例については1882年以降（その他の判例は数年遅れている）の判例であり、古い判例は公式の判例集などに頼る以外にない。植民地時代の判例が問題になることはほとんどないが、その重要なものは、HOWE, READINGS IN AMERICAN LEGAL HISTORY (1971) に見ることができる。

いる（憲法改正はアメリカでは非常に困難であり、憲法判例の変遷によって実質的な憲法改正が行われているからである）。したがって、連邦最高裁判所の判例は、重要な法源であることは否定できないとしても、1つの判例が変更される可能性は常にあり、他の関連諸判例も合わせて読み、当該の判例がどの程度の確実性をもつかを評価しつつ読まなければならない。

§ 383　連邦最高裁判所の判決は、すでにのべたとおり、ウェスト出版社の最高裁判例集（Supreme Court Reporter）に収録されている。これ以外に、公式判例集である合衆国判例集を利用できることも、すでにのべた。1882年以前の判決を読むためには、これを見る以外にない[99]。さらに、実務法律家版判例集（Lawyer's Edition［L. Ed.］と呼ばれる）および合衆国法律週報（United States Law Week［USLW］）も利用できる[100]。

　下級審裁判所の判決のうち上訴裁判所の判決は、すべてウェスト出版社の連邦判例集（Federal Reporter）に収録されている。連邦地裁の判決は、重要なものだけが連邦補足判例集（Federal Supplement）に収録されている。これらの判例集以外に、一定の法領域だけに限って編纂された判例集にも収録されていることがある[101]。

---

[99] 古い時代の判例は、イギリスにならって個人の編纂した判例集に記録されていたが、のちにこれらも合衆国判例集の中に吸収された。したがって、McCulloch v. Maryland, 17 U.S. (4 Wheat.) 316 (1819) のように表記される。つまり、これは、ホイートンの判例集によれば、第4巻であることを示している。ちなみに、古い判例集は、ダラス（Dallas or Dall. 1790-1800）、クランチ（Cranch 1801-15）、ホイートン（Wheaton or Wheat. 1816-27）、ピータース（Peters or Pet. 1828-42）、ハワード（Howard or How. 1843-60）、ブラック（Black 1861-62）およびウォレス（Wallace or Wall. 1863-74）である。

[100] Lawyer's Edition は、現在、第2シリーズ（L. 2 Ed として引用される）になっているが、これは州の重要判例を収録した American Law Reports と同じ編集方針によって編纂された判例集であって、比較的小規模の法律事務所におかれている。これらは、そのときどきに特に問題になっている項目について、詳しい解説や参考文献をのせており、使い方によっては便利である。合衆国法律週報（U.S.L.W. として引用される）は、文字通り速報であり、最高裁判決および連邦法の原文を早く読むことができる。事件番号によって、連邦の事件が上告されたか否か、また上訴裁判所の判決はどのような内容のものであったかなど、多くの関連記事ものせており、役立つ文献である。

[101] とくに連邦の民事訴訟および刑事訴訟の手続規則を解釈した判例を収録した連邦規則判決集（Federal Rules Decisions）は、連邦地裁の判決を多く載せている。

第6章　法　源

3　州の判例法

§384　先にのべたウェスト出版社の判例集では、50の州を7つのブロックに分けて各ブロックごとに編纂している。

まず第1に、コネチカット（Conn.）、デラウエア（Del.）、メーン（Me.）、メアリランド（Md.）、ニュー・ハンプシャー（N.H.）、ニュー・ジャージ（N.J.）、ペンシルヴァニア（Pa.）、ロード・アイランド（R.I.）、ヴァモント（Vt.）は、大西洋岸諸州判例集（Atlantic Reporter）に収録されている（首都ワシントン地区の判例も便宜上これに含まれている）。

第2に、イリノイ（Ill.）、インディアナ（Ind.）、マサチューセッツ（Mass.）、ニュー・ヨーク（N.Y.）、オハイオ（Ohio）は、北東部諸州判例集（Northeastern Reporter）に収録されている。

第3に、アイオワ（Iowa）、ミシガン（Mich.）、ミネソタ（Minn.）、ネブラスカ（Neb.）、ノース・ダコウタ（N.D.）、サウス・ダコウタ（S.D.）、ウィスコンシン（Wis.）は、北西部諸州判例集（Northwestern Reporter）に収録されている。

第4に、アラスカ（Alaska）、アリゾナ（Ariz.）、キャリフォーニア（Cal.）、コロラド（Colo.）、ハワイ（Hawaii）、アイダホ（Idaho）、カンザス（Kan.）、モンタナ（Mont.）、ネヴァダ（Nev.）、ニュー・メキシコ（N.M.）、オクラホマ（Okla.）、オレゴン（Ore.）、ユタ（Utah）、ワシントン（Wash.）、ワイオミング（Wyo.）は、太平洋岸諸州判例集（Pacific Reporter）に収録されている。

第5に、ジョージア（Ca.）、ノース・キャロライナ（N.C.）、サウス・キャロライナ（S.C.）、ヴァジニア（Va.）、ウェスト・ヴァジニア（W.Va.）は、南東部諸州判例集（Southeastern Reporter）に収録されている。第6に、アラバマ（Ala.）、フロリダ（Fla.）、ルイジアナ（La.）、ミシシッピ（Miss.）は、南部諸州判例集（Southern Reporter）に収録されている。最後に、アーカンソー（Ark.）、ケンタッキー（Ky.）、ミズーリ（Mo.）、テネシー（Tenn.）、テキサス（Tex.）および属州（territories）は、南西部諸州判例集（Southweastern Reporter）に収録されている。

これらの判例集以外に、各州が刊行する公式判例集がある[102]。キャリ

---

[102] いくつかの州は刊行していない。各州の法源について概略を知るためには、MARTINDALE-HUBBEL LAW DICTIONARY が便利である。ちなみに、この本は元来弁護士

フォーニア州とニュー・ヨーク州については、ウェスト出版社が特別の判例集を編纂していて、キー・システムの中に組入れているので、これを利用するのが便利である。

第4節 補助的法源——学説、慣習法、その他の法的資料

第1項 学 説

§385 英米における主たる法源が制定法および判例法であることは、以上に説明した通りである。しかし、たいていの法律は、判例法の体系のなかにどこか不都合な部分があって、それを補正するために制定されるものである[103]し、判例法も、各々の時代の風潮を反映した法源であり、新しい法律問題に対して明確な答えを与えてくれるか否かは、明らかでない。「裁判官は、オウムのように法を語る口」ではなく、経験を積んで法を発見することが要求されるのである[104]。その際、いかなる資料を利用してそれを行うかが、本章で最後に残された問題である。

§386 先の資料をここでは、「補助的法源」と呼んだのであるが、かかる法源として、まず第1に、「学説」をあげることができる。もっとも、学説と言っても、たいていの場合には、判例などを解説した権威的書籍を意味している。たとえば、古い時代の法律についてしばしば引用されるグランヴィルの『イギリス王国の法と慣習についての論述（Tractus de Legibus et Consuetudinibus Regni Angliae）』は、長くイギリス法の典型的な法律書とされ、来るべき数世紀の法律書の方法を確定したといわれるのであるが、この書籍は、裁判管轄、訴訟令状、訴訟方式の説明など、司法実務に役立つことがらだけを記述している[105]。アブリッジメント（abridgements）とかダイジェスト（di-

---

　　名簿として作られたものである。
[103] 例えば、本書282頁§362で紹介した戦争損害法を見よ。また、アメリカの消費者信用保護法第895条の証人の免除特権に関する規定のように、連邦最高裁判所の判決の間接的な影響をあらかじめ予測して改正されることもある。
[104] しかし、裁判官は、実際にはこの事実を認めないのが普通であるという（DIAS, JURISPRUDENCE (3rd ed. 1970) p.163）。
[105] イギリス法史からみて、グランヴィルの著書はつぎのような意味をもっている。

第6章 法　源

gests）と呼ばれる書籍になると、いっそう判例集に近い性質のものになる[106]。しかし、反面、クックやブラックストンの書籍のように、本来の意味での学説に近い性質のものもある[107]。そして、第2章でのべたように法学が大学教育のカリキュラムに組み入れられてからは、いっそうその傾向が強くなっている[108]。

§387　先に言及したもののほか、権威的書籍として、次のものをあげることができるであろう。第1に、ブラクトンの『イギリスの法と慣習について（De Legibus et Consuetudinbus Angliae Libri Quinque)』をあげなければならない[109]。この著作は未完に終っているとはいえ、コモン・ローを全体として

第1に、コモン・ローの形成期において、国王の裁判所の管轄権が、令状、それと結びつく訴訟方式および手続を通じて明らかにされ、学問的に分析されている。スコットランドにも13世紀の初めに Regiam Majestem と書名で紹介されている。第2に、ローマ法と教会法の影響がみられる。ちなみに、グランヴィル（Ranulf de Granville, 1130-90）は、コモン・ローの基礎を定めたヘンリ2世のもとにあって、州長（sheriff）、巡察裁判官（justice in eyre）、司法長官（justicer）を歴任して、法律家として活動したし、その治世の法改革のいくつかを実現させたほか、軍人として戦争を指導し、また政治家としても国王を補佐した。本文で引用した著作は、彼の甥でその秘書をつとめた Hubert Walter が彼の監修のもとに書いたものと推測する説もある。

106　アブリッジメントのうち特に有名なのは、Anthony Fitzherbert (1516); Mathew Bacon (1736); Charles Viner (1742-94) のものである。ダイジェストとしては、John Mews (2nd ed. 1925-28) やバターワース社（Butterworths）の刊行したものがある。Halsbury's Laws of England（1973年から第4版が刊行されつつある）は、エンサイクロペディアであるが、判例法の概要を知るのは便利な書籍である。American Jurisprudence は、アメリカ法についてのこれに相当する書籍である。

107　COKE, INSTITUTES OF THE LAWS OF ENGLAND (1628-44)（全4部）、BLACKSTONE, COMMENTARIES (1765-68). これらの著作については、第7章で英米法思想と関連して詳説する。

108　POLLOCK, PRINCIPLES OF CONTRACT (1876); ANSON, PRINCIPLES OF THE ENGLISH LAW OF CONTRACT (1879); DICEY, CONFLICT OF LAWS (1896); SALMOND, THE LAW OF TORTS (1907); WINFIELD, THE LAW OF TORT (1937); CHESHIRE, THE MODERN LAW OF REAL PROPERTY (1925); HANBURY, MODERN EQUITY (1935); CROSS, EVIDENCE (1958); MAXWELL, THE INTERPRETATION OF STATUTES (1875) などは、何度も改訂され、各分野における実定法解説書として権威をもっており、裁判にもしばしば利用された。なお、Diplock, *Administrative Law: Judicial Review Reviewed*, [1974] CAMB L. J. 233-45 は、ド・スミス教授の学説の行政判例法に与えた影響を説明している。

109　この著書は、人の法、物の法、訴権の分類などを説明した序説の部分と、残りの大部分を占める、種々の訴訟方式に関する一連の独立した論文からなる部分とに分たれる。叙述の仕方は、グランヴィルにならっているが、それをはるかに超えて発展さ

第4節 補助的法源——学説、慣習法、その他の法的資料

体系的に扱ったものとして最初の著作であり、しかもこれに対比しうる著書は、約500年のちのブラックストンになるまで、あらわれなかったのである。第2に、リトルトンの『土地法論 (Tenures)』をあげるべきであろう[110]。この著書は、ロー・フレンチで書かれたもので、ローマ法の影響をうけないイギリスの法律書として最初の力作である。その他、フォーテスキュ、ヘイル、スティヴンなどの著書も、権威的書籍のなかに加えてよかろう[111]。

§388　アメリカでは、ブラクトンの『イギリス法釈義 (Commentaries on the Laws of England)』がよく読まれたことは知られている。しかし、判決のなかで引用される文献は、書籍より論文の方が多い。アメリカの法学教授がもっとも力をいれるのはロー・リヴューの論文であるし、論文はテーマに関係のある諸判例を分析し、それを前提として理論をのべているので、便利であるからであろう。もっとも、コービンの『契約法』、プロッサの『不法行為法』などの定評あるテキスト・ブックやリステイトメントなどの書物は、しばしば利用されている[112]。

せており、イギリス法学史上最も巨大な足跡を残した作品である。現在では、ソーン (Thorne) 教授の英訳を付した版が、ハーヴァード大学出版会から出ている。著者については不明な点が多いが、当時の裁判官がそうであったように、聖職者でもあった。なお、ブラクトンは、自分の私的利用のために、先例の訴答書面を写しとる仕事を残していたが、これはメイトランドにより NOTE BOOKS (全3巻) という形で出版されている。

110　リトルトン (Thomas de Littleton, 1407-81) は、1450年頃にインナー・テンプルの講師をしていたときからこの著書の準備をはじめ、1466年に民訴裁判所の裁判官になってからも執筆を続けた。第1部で当時成立可能であった不動産権を整序して論述し、第2部で土地保有にともなう付随負担 (incidents) を扱い、第3部で共同所有と不動産に関する種々の特殊な法則を論じている。前掲注106に引用したクックの著書の第1部は、この本の注釈であるが、そのなかで、本書を「コモン・ローの栄誉であり、およそ人間科学の分野でかつて書かれた書物のうち最も完全無欠の作品」と呼んでいる。この著書の内容は、本書374頁で詳しく紹介される。

111　FORTESCUE, DE LAUDIBUS LEGUM ANGLIAE (1468); HALE, HISTORIA PRACTTORUM CORONAE (1736); STEPHEN A HISTORY OF THE CRIMINAL LAW OF ENGLAND (1883). ブラックストンは、権威的学説としてさらにブリットン (Britton) およびフレタ (Fleta) をあげている。また、匿名の筆者 (Andrew Horn の作とする説もある) による Mirror of Justices と呼ばれる書籍も引用されることが稀れにある。これは、法曹に対する批判的な叙述が多く含まれており、興味のある本ではあるが、信憑性は低いといわれる。

112　行政法の DAVIS, TREATISE (1965) (全4巻)、証拠法の MOORE, FEDERAL PRACTICE (2nd ser. 1964-) もこれに加えてよかろう。

第6章 法　源

第2項　慣　習　法

§389　議会民主制が実質的に確立されてからは、慣習法の法源としての意義は、著しく低下してきているように思われるが、訴訟事件に適用できる法律や判例がみつけられないときに、慣習法が使われることは今日でも稀れではない。そもそも、コモン・ローそれ自身が慣習法であると考えられてきたのである[113]。しかし、慣習法（コモン・ローを一般慣習法と呼ぶときには、地域的慣習法と呼ばれる）が存在するか否かについては、その性質上不明確な部分があり、その存在を主張する当事者は、一定のことを証明することを要求される。

第1に証明しなければならないことは、問題の慣習が超記憶的時代から (from time immemorial) 存在していることである。人の記憶のとどく時はリチャード1世治世第1年までであると定められている（Statute of Westminster I, s.8 の類推解釈による）ので、1189年以前にそれが行われていたことを証明しなければならない。しかし、実際には、時効期間 (prescription) を超えたことについて証明を要求することは不合理なことであると考えられており、その期間のあいだ継続して存在していたことが証明されれば、1189年から存続していたものと推定されることになっている[114]。しかし、この証

---

[113] St. Germain, Doctor and Student (1532) ch.7 は、まさに本文でのべた見解をとっている。また、Greer, *Custom in the Common Law*, 9 L.Q. Rev. 57-60 (1893) も見よ。ブラックストンは、慣習を一般的慣習 (general customs)、特定的慣習 (particular customs)（特定の地域だけに通用するもの）、一定の特定的〔慣習〕法 (certain particular laws)（特定の裁判所においてのみ認められるもの）の3種類に分け、第1のものについて、次のようにのべている。「一般的慣習、すなわち、厳密にはコモン・ローと呼ばれるものに関していえば、これは法であって、国王の通常司法裁判所における手続および決定の基準を示し、命令するものである」とのべている。Blackstone, *supra* p.143 (n.25), vol.1, p.68. さらに、有名なウルピニアスの Quod principi placuit legis habet vigorem という法格言はイギリス法とは無関係であるとのべたのち、「われわれのコモン・ローが慣習に頼っているということは、イギリスの自由のきわだった特色の1つとなっている。その慣習はおそらく国民の自発的な同意によって創り出されたものであるということから、それによって自由の内的証拠を示している」とのべている。第7章でのべるように、オースティンの定義による主権者は絶対的な命令を出しうる者であるが、慣習法を承認することは、これに対する抑制的な機能を果たすものである。

[114] Angus v. Dalton (1877) 3 Q.B.D. 85, at 104 参照。たとえ、何らかの形で古い慣習

第4節　補助的法源——学説、慣習法、その他の法的資料

明がなされた場合であっても、慣習の内容が明確であり、合理的なものであり、それには規範意識が付着しており、かつ公序に反しないものであることについて、裁判所が納得できないならば、それを慣習法として裁判に使うことは拒否される[115]。

§390　今日においては、慣習法は、一般的には二次的法源であるといってよい[116]のであるが、法領域によっては、いまでも主要な法源であることがありうることに注意しなければならない。たとえば、イギリスにおいては、憲法習律が重要な意義をもっているのであるが、これは一種の慣習法である。また、商法、相続法、土地法などの領域では、今日でも重要な意味をもちうる[117]。

第3項　その他の法的資料

§391　本節では、当該事件の裁判に関係する法律または判例法が存在しないと思われるときに、裁判所が補助的法源として利用する学説および慣習法を説明

の立証が可能であったとしても、これのもつ意味は時代とともに異なりうるのである。常に司法的評価が必要である。例えば、本書31頁§46に説明したユースの慣習は、古く遡ればサリカ法典第46条にその起源と思われるものの叙述がある。POLLOCK & MAITLAND, *supra* p.143 (n.24), vol.2, at 230. しかし、これは現代の信託とは異質なものであり、古き良き慣習を認めるか否かは、むしろ現時点における政策的考慮によって動かされる。

115　Wigglesworth v. Dallison (1778) 1 Sm. L. C. [11th ed.] 545 では、借地人は賃借権 (clease) の消滅後であっても、その前に播種した場合には、成熟をまって刈取ることができるとする慣習法が存在することを認めた判決であるが、マンスフィールド卿は、「われわれ全部がその慣習は合理的（good）なものであるとの意見である。種を播いた者が収穫をするのは当然であるからその慣習は正当であり、しかも農業のためにもなり、農業の奨励にもなるものである」と判示した。

116　ハートも、「慣習は現代社会においては非常に重要な≪法源≫ではない」とのべている。HART, THE CONCEPT OF LAW (1861) p.44. ただし、ハートは、強盗にピストルをつきつけられ、「金を出せ」と命令されたとき、この命令に従うのはそれが「法」だからではないのであって、ある命令が法であるためにはそれに対する慣習的服従が要件となる、とのべており、このように「慣習」の概念を使ってオースティンの法令令説を修正している。Id. at 18-20, 97-101.

117　ニュー・ウィンザー市の住民が広場をスポーツに利用する入会権を認めた New Windsor Corporation v. Mellor [1974] 2 All E. R. 510参照。また、一般的に E. K. Braybrooke, *Custom as a Source of English Law*, 50 MECH. L. REV. 71, 74 (1951). 商事契約の解釈や不法行為における過失の有無の決定のために、事実たる慣習が参照されることがあるが、これらはたとえ判決のなかで言及されていても、後の事件において裁判所を拘束することはなく、慣習法とは区別されるべき性質のものである。

した。すべての学説や慣習が法源であると認められるわけではなく、きびしい選択が行われるので、そこに裁判官による法形成とも呼びうる積極的な役割をみることができた。そこでもし、英米においては、裁判官は判決に名を借りて当然に法創造をするものと認めるならば、論理的にも法源をこれまで言及したものだけに限定しなければならない理由はないのである[118]が、この点については本書では判例による法創造を説明する部分で改めて論じることにしたい。

§392　最後に、次章に移るまえに、法源とは直接は関係ないけれども、法源をさがすのに役立つ便利な参考資料を2、3紹介して本章の叙述を終えることにしよう。まず第1に、イギリスの古い文献については、ウィンフィールドの『イギリス法史の主要な法源（The Chief Sources of English Legal History）』が参考になる。現代の文献をさがすのには、ダイアスの文献目録やロンドン大学編（ローソン）の文献目録が便利である。第2に、アメリカに関しては、『法律関係定期刊行物目録（Index to Legal Periodicals）』や『最新法律文献目録（Current Law Index）』（1980年から刊行されており、これにはイギリス法などの文献も含まれている）をまず調べてみるのがよい。これは、ロー・リヴューなど法律関係の専門誌に発表されたすべての論説や研究ノートの索引であり、執筆者名で引くこともできるようになっている。また、判例や著書も、評釈されたものが取り上げられており、注目されたものは全部含まれている。最後に、直接法源に関係する書籍ではないが、『統一的引用方法（A Uniform System of Citation）[119]』と呼ばれる本が刊行されており、アメリカの

118　実際にもその例はある。1652年のR. v. Love（1653）5 St. Tr. 43（近親相姦の事件）において、Keble 裁判官は、「聖書に書かれている神の法以外に、本当に、真のイギリス法であるといえるものはない」とのべている。さらに、「聖書中の神の法、あるいは聖書中にのべられている正しい理性（right reason）に合致しないものは何であれ、……それが議会の法律であろうが、慣習であろうが、または裁判所のいかなる司法的決定であろうが、それはイギリス法ではない」とものべている。また、租税に関する事件では、不当な困難（unjust hardship）を納税者に強いるのをさけるために、「正義（justice）」を行うことは今日でも稀ではない（Bates v. IRC [1968] A.C. 483, at 516 (per Lord Upjohn); IRC v. Frere [1965] A.C. 402, at 429 (per Lord Radcliffe) 参照）。

119　通称、The Bluebook。現在利用されているのは第18版（2005年）である。これはコロンビア・ロー・リヴュー、ハーヴァード・ロー・リヴュー、ペンシルヴァニア・ロー・リヴュー、イエール・ロー・リヴューの協議のうえで作られたものである

第4節　補助的法源――学説、慣習法、その他の法的資料

雑誌論文では、これに従って法源の引用方法が統一されていることも付言しておこう。

が、The Harvard Law Review Association, Gannett House, Cambridge, Mass, 021038, U.S.A. が出版・販売元となっている。ちなみに、本書の引用方法も、日本語にしたときの読み易さを考慮して多少の修正を加えたが、できるかぎりこれに従っている。

第7章 法律解釈

第1節　裁判所による法律の解釈

第1項　序　　説

§393　制定法がコモン・ローに優先するという原則は、今日では確立された原則となっている。アメリカの場合には、裁判所に違憲立法審査権を認めているので多少違った事情があるが、議会は主権者を代弁する機関[1]であり、これは当然のことといってよかろう。議会は裁判所のうえにあり、判例法を否定できるし、実際にそうした例もしばしばみられる[2]。クック、ホウルト、マンスフィールドなどの偉大な法改者たちの時代は終り、今日の裁判官は、判例による法創造には消極的な姿勢を示す者が多くなっている[3]。しかし、既に紹介した有名なアニスミニック判決（Anisminic Ltd. v. Foreign Compensation Commission [1969] 2 A.C. 147）にも示されているように、法律の解釈および適用は、窮極的には通常裁判所の裁判官によってなされるのであり、この意味において、英米の判例法主義の伝統は失なわれてはいない[4]。

---

1 政治的には国民が主権者であるが、憲法上は何の制約を受けることもなく、ド・ロルムの言葉を借りれば、「議会は男を女にし、女を男にすること以外は、何ごとでもなしうる」（DE LOLME, THE CONSTITUTION OF ENGLAND (1834) p.117. 英米法における国民と議会との関係について、DICEY, supra p.41 (n.101), at 71-9 を見よ）。

2 本書282頁に引用した1965年の戦争損害法がそのよい例である。ただし、この立法の効力に関しては、多くの憲法学者が疑問を呈している。もっとも、この立法に対する国民の支持は大きなものである。というのは、この立法がなされないときは、貴族院判決によって、イギリスの資金が原告の背後にある外国資本に移ることを意味していたからである。

3 Cheney v. Conn [1968] 1 W.L.R. 242 参照。今日では、デヴリン卿が、「コモン・ローは先例の発展によって完全に成熟しつくしていて、もはや新芽を出せない老大木になってしまった」とのべているように、判例法よりも議会の法律の方が、法改革について重要な役割を果たしはじめているといってよいかもしれない（DEVLIN, supra p.160 (n.3), at 113, 115, 119 参照）。ただし、のちにみるように、デニング裁判官は、

§394 アメリカの先例法主義については第3節で多少説明を補足しなければならないが、判例法主義の前提となることがらについて、まず一般的にのべておこう。第1に、ゲルダートがのべているように（GELDART, ELEMENTS OF ENGLISH LAW [Yardley ed. 1974] p.9参照）、英米法の中から判例法を取り除いたとすると、残るものは相互に脈絡のない穴だらけの法の網である。したがって、今日においてさえ、英米法は、判例法によってその基本的な骨組が形成されているといってよい[5]。第2に、英米法における法律解釈は、法的安定性（certainty）に特別の考慮を払って行われる。そして、とくにイギリス法に関していえば、憲法典が存在しないので、先例法の体系のなかから一般理論を帰納的に見つけだし、それを演繹的に当面の具体的事件に当てはめるという法律解釈のやり方がとられることになる。

第2項　法律解釈の主要原理

1 「明白な意味」（plain meaning）」の原理

§395 法律解釈の原理は、裁判所が自ら確立した慣行であるにすぎず、明文で定められてはいないので、いかなる原理があるかについて、見解は分かれる[6]（とくにイギリスでは、最近にはヨーロッパ法の影響により、動揺がみられる）。しかし、判例法体系の法的安定性を維持するために、英米の裁判所が長いあいだ守ってきた法律解釈の主要原理が、少なくとも2つある[7]。その

はっきりこれを反対の意見をのべているし、この考えを支持する有力な法学者もなくはない。

[4] 「法は裁判官が法であると呼んだところのものである」（London Executive v. Betts [1959] A.C. 213, at 232. (per Lord Reid)）。また、一般的に、本書164頁注24に引用したスカーマン裁判官の著書も、考慮すべき新しい諸情況があらわれていることを認めつつも、本文でのべたことを結論として支持している。

[5] たとえば、ロー・コミッションズの最初の計画では契約法を法典化することを予定していたが、1973年には貴族院がこの計画の廃止を発表した（344 Hansard (9 July 1973) cols. 624-25）。

[6] イギリス法における法律の解釈の諸問題については、BENNION, STATUTORY INTERPRETATION (1984) および MAXWELL, THE INTERPRETATION OF STATUTES (Langan ed. 1969) が詳しい。また、アメリカ法を中心に書かれた著書としては、DICKERSON, THE INTERPRETATION AND APPLICATION OF STATUTES (1975) がすぐれている。ヨーロッパ法における法律の解釈の問題については、1969年の条約に関する条約（ウィーン条約とも呼ばれる）が重要であるが、その第31条は目的論的解釈の原則を定めている。

第1節　裁判所による法律の解釈

1つは、明白な意味の原理と呼ばれるものである。まずこれについて説明することとしよう。

§396　これは国語的解釈とも呼ぶべきもので、法文の言葉は、通常、一般に使われている意味に厳密に解釈すべきものとするものである[8]。印刷された言葉が第一次的重要性をもつとされ、文理解釈（literal or grammatical interpretation）が原則である。法文の字句から明瞭な意味が理解できるときは、裁判官はこれに従わねばならないことになっている[9]。裁判官は、立法過程での議論を参考にすることは許されておらず、議会の公式の記録に記録された法文を文字通り解釈することが許されるのみである[10]。法律の標題は、法律の一部分とは考えられておらず、法律解釈の第二原理である目的論的解釈が行われるときに、参考にされる程度の意味しかもたない。前文、傍注、見出しも、あくまで参考資料であって、法文そのものではない[11]。同じ言葉であっ

7　ブラックストンは10原則をあげている（BLACKSTONE, *supra* p.143 (n.25), vol.1, pp.87-91)。原則の数は文献によってかわっているが、議論の内容は、本書でふれることとほぼ一致する。CROSS, STATUTORY INTERPRETATION (1976) は、5つの基本原則を説明したのち、ロー・コミッションズの法律案を検討している。

8　この原則は、Abley v. Dale, (1851) 11 C.B. 378, at 391 におけるジャーヴィス (Jervis) 首席裁判官の意見に簡潔に説明されている。「われわれの判断により、当該の使用された文言が明白で、あいまいなものでない場合、たとえそれが、その事件のわれわれの見解によれば、ばかげた、または明らかに不正な結果になるときでも、われわれは、その通常の意味に従ってそれを解釈する義務を負う」。また、Vacher & Sons, Ltd. v. London Society of Compositors, [1913] A.C. 107, at 121-22（アトキン卿）、R. v. City of London Court Judge, [1892] 1 Q.B. 273, at 290（エシャ卿）、Hill v. East and West India Dock Co. (1884) 9 App. Cas. 448, at 464-65（ブラムウェル卿）も見よ。

9　デニング裁判官は、Magor & St. Mellons R.D.C. v. Newport Corporation [1952] 2 All E.R. 1226, at 1236 において、立法府の意思をみつけ、行政府にその目的を実現させるようにするために裁判を行っているのであって、言葉の数学的操作をするだけのために裁判を行うものではないという意見をのべたが、貴族院はこれを厳しく批判した（Magor & St. Mellons R.D.C. v. Newport Corporation [1952] A.C. 189, at 191 (per Lord Simonds))。デニング裁判官の先の見解は、一つの確信に近いものになっており、注目されている（Montrose, *The Treatment of Statutes by Lord Denning*, 1 UNIV. OF MALAY L. REV. 37 (1959))。

10　立法過程を審査することは国会における自由討論の特権を侵すことになるので禁止される（Stockdale v. Handsard (1839) 9 A. & E. 1（名誉毀損に関する判例）参照）。

11　しかし、Suisse Atlantique Lociété d'Armement Maritime S.A. v. N.V. Rotterdamsche Kolen Centrale [1967] 1 A.C. 361 は、国際取引に関する事件であることから、

311

ても、制定時と解釈時とで違った意味に理解されている場合には、前者のそれが尊重される[12]。

§397　もちろん、法律の解釈について法律の定めがあれば、それに従って解釈がなされなければならないことは言うまでもない。かかる法律として、まず第1に、1889年の法律解釈法がある。この法律には、期間計算の起算時を定めたり、「人・者（person）」という用語はとくに別段の定めがない限り法人を含むなどの一般条項を定めている。第2に、ロー・コミッションズの提案に従って1978年に制定された法律解釈法がある[13]。この法律は併合法であるから、それ以前に存在した法律解釈に関する一般的な諸規定を整理して文言をより明瞭にした諸規定がその主な内容となっているが、実質的な改革を意図した規定もいくつか含まれている。たとえば、法律の前文などを参照して一定の限度で目的論的解釈をすることを認めた。第3に、1974年の消費者信用法のように、当該の法律で用いられた用語の定義が定められているときは、それに従って解釈される[14]。

前文を目的論的解釈のために参照することを例外的に認めた。この判決は、後掲注8で言及する法律解釈に関する法改革に影響を与えている。

[12] Attorney-General v. Prince Ernest Augustus of Hanover [1957] A.C. 436, at 461-62, 466; [1956] Ch. 188, at 218.

[13] 本文で言及したロー・コミッションズの報告書は、Law Commissions' Report on the Interpretation of Statutes, 1969（Law Com. No. 21）(Scot. Com. No. 11) である。この問題は多くの関心をひき、関連する多くの意見書が作成されている。とくに、レントン報告書と呼ばれる Report of a Committee Appointed by the Lord President of the Council, The Preparation of Legislation, 1975, Cmnd. 6053 は、1978年のInterpretation Act を支持したものであるから、注目しなければならない。前注1に引用したベニオン (Bennion) の著書は、この法律の非常に詳細な解説を行っている。

[14] Consumer Credit Act 1974, s. 189 and sch. 2. アメリカでも、1980年頃から消費者保護法の解釈のための特別の立法をする州が多くみられるようになった。N. Y. General Obligations Law §5-702 (1978); Connecticut's Act Concerning Plain Language in Consumer Contracts (Pub. Act No. 79-532, 1979); Hawaii's Act on Language of Consumer Transactions (Act No. 36, 1980); New Jersey's Act concerning simple, clear, understandable and easily readable language in consumer contracts (N. J. Stat. Ann. §§56: 12.1 et seq; Pub. L. 1980, ch. 125, 1980) がその典型的な例である。

2 法律解釈の黄金律（golden rule[15]）

§398　法文の意味に不明瞭な部分がある場合、法律の目的に照らして解釈すべしとする原理である。ここにいう法律の目的は、いわゆるミスチーフ・ルール（mischief rule）によって確定される。これは、第1の「明白な意味」の原理に従って法文を解釈したときに2つの解釈が可能である場合、法律が取り除くことを目的とした害悪（mischief）を排除するような解釈を選択すべしとする原則である。この原則は、1584年のヘイドン事件（Heydon's Case [1584] 3 Co. Rep. 7a, at 7b）においてクック裁判官がのべたものであると言われているが、今日でもこの方法に従って法律が解釈された事例は、かなり多くある。例えば、犯罪を定める法律の規定が、故意（mens rea）を明確に規定していない場合に特定の故意がその犯罪の構成要件があるかどうかとか、ある法律が公序に反する契約の締結に対して刑罰を定めている場合に、その契約は契約法上も無効かどうか、などが問題となるときにミスチーフ・ルールが使われる。

§399　先に説明した第1原理もここで説明した第2原理も、国会の法律が司法裁量の枠を制約しているだけでなく、裁判所の自己抑制の姿勢を示している、とみることも可能であるが、その桎梏はゆるやかなものである。1925年のロバーツ対ホップウッド判決（Roberts v. Hopwood [1925] A. C. 578）がそのよい実例である。この事件では、地方自治体が「適切であると思料する」給与を支払うことを法律が定めていたが、実際に支払われた給与が「適切」であるかどうかは、地方自治体の主観的判断に任されるものではなく、客観的基準に照らして「合理的に適切」であると言えるようなものでなければならない、と貴族院は判示した。ところが、貴族院は、ある行為が行われたものと国務大臣が「信じる合理的理由がある場合」という法律の文言の解釈が争わ

15　法文が曖昧であるか、矛盾を含んでいるか、もしくは文理解釈によれば不合理な結果になる場合に、論理解釈によるものとする解釈原理である。最近の例として、Nimmo v. Alexander Cowan & Sons Ltd. [1968] A. C. 107 におけるウィルバーフォース（Wilberforce）卿およびゲスト（Guest）卿の意見を見よ。ウィルバーフォース卿「（たとえ不自然であっても）使われている文言に特定の解釈がなされるのでなければ議会の意図が達成されない場合、あるいは、実効性がより少ないと思われる場合でさえ、私は、その解釈を採用するよう努める」（id. at 130）、ゲスト卿「疑いがある場合には、目的である結果が最もよく達成される解釈を優先させる」（id. at 122）。

れたリヴァシッジ対アンダースン事件[16]では、国務大臣がかかる「合理的理由がある」とのべている以上、裁判所が客観的基準に照らして合理的理由があるか否かを改めて判断しなおすべきではないと判示した。

この例からも分るように、国語の解釈として1つの解釈しかないと思われるような用語についてさえ、2つ以上の解釈の可能性がある。一般的にいって、英米法における法律解釈の諸原理は、一見、裁判官の司法裁量を拘束し、裁判の客観性を担保しているようにみえるのであるが、実際には、法律の適用範囲を狭める効果をもち、判例法主義の働く部分にほとんど影響を与えることはないのではあるまいか[17]。

3 法律解釈の新理論

§400 イギリスがヨーロッパ共同体に加盟してから法制の面でもその影響がみられるようになったが、法律の解釈の仕方についても、その影響がはっきりみられる。これは、法律の前文その他一切の資料を参考にして法律が実現しようとしている社会的正義を確認し、その一般的目的のために自由な解釈をするものである。この解釈方法は、イギリスの刑務所における囚人の取り扱い方の違法性が争われたゴルダー事件において、ヨーロッパ裁判所は、この解釈方法により判決を下し、イギリスはこの判決を受入れた[18]。貴族院は、今

---

16 Liversidge v. Anderson [1942] A.C. 206. ただし、この判決で示された法律解釈は、Nakkuda Ali v. Jayaratne [1951] A.C. 66 で覆された。

17 ダイアスも同趣旨のことをのべており、これを示す実例の1つとして、Inland Revenue Commissioners v. Hinchy [1960] A.C. 748 をあげている。DIAS, JURISPRUDENCE (3rd ed. 1970) p. 133. この事件において、控訴院も貴族院も、問題の所得税法の規定の意味は極めて明白であるとしながらも、控訴院は支払われるべき税金の額を62ポンド15シリングと計算したのに対し、貴族院は438ポンド14シリング半と計算した。

18 ヨーロッパ人権裁判所の1975年2月21日の判決。この事件の事実関係および判決のイギリス法に与える影響について、詳しくは、田島裕「ゴルダー判決とイギリス法」ジュリスト645号119-22頁を見よ。この事件では、ヨーロッパ人権規約第6条（公正な裁判を受ける権利）は、囚人が裁判を起すことができるか否か相談する権利をも含むかどうかが争われたが、ヨーロッパ裁判所は、「条約の目的に照らして」その権利も含むと解釈すべきであると判決した。厳格解釈を主張したイギリスの裁判官（フィッツモーリス）の意見は、全く支持されなかった。

本書252頁注7で言及した Attorney General v. Times Newspapers [1973] 3 All E.R. 54 についてのヨーロッパ裁判所の1979年4月26日の判決も、ゴルダー判決に

第1節　裁判所による法律の解釈

日でもこのような解釈方法を用いることには否定的であるが、控訴院の判決のなかには、これと類似した解釈方法をすでに採用したと思われる判決がいくつかある[19]。

§ 401　フリブランス対フリブランス判決（Fribrance v. Fribrance [1957] 1 All E. R. 357）を実例として取上げよう。この事件は、「財産の権原等に関して夫婦間に争いがある場合、裁判官は適切と思料する命令を出すことができる」と定める1882年の妻の財産に関する法律第17条の解釈にかかわる事件である。伝統的な判例法によれば、夫婦一体の原則[20]（coverture rule）により妻の財産は原則として夫に帰属することになっているが、デニング裁判官は、先の規定によって新しい原理を導入した。この事件は、妻が外へ出て働き、その給与で家族を養い、夫が家を守るという形をとっていた夫婦の離婚事件である。従来の考え方によれば、この家族の資産は夫のものとなるのであるが、「夫婦の財産の全体が、夫婦の共同の利益のために使われたのであり、その結果は、2人によって共有されるべきものである」と判決した[21]。この

　劣らず重要な判決である。この事件について詳しくは、スカーマン〔本書164頁注24〕161-5頁を見よ。
　　ちなみに、イギリスはヨーロッパ人権規約を条件として批准してはいるが、国内法化はしておらず、厳密にいえば、これらの判決は単なる勧告としての効力しかもたないとも解釈しうるが、この解釈を採用せず、判決に従っている。

19　Buchanan and Co. Ltd. v. Babco Forwarding and Shipping (U.K.) Ltd. [1977] 2 W. L. R. 107; H. P. Bulmer Ltd. v. J. Bollinger S. A. [1974] Ch. 401, 425-6 などがその例である。ブルマー判決において、デニング裁判官は、「もはやイギリス法を固有な何ものかであると語ったり、そのようなものと考えてはならない。われわれは共同体の法、つまり共同体の権利義務について語り、かつ、考えなければならず、またわれわれは、それを実施しなければならない」とのべている。また、ヨーロッパ共同体法ではなく、まだ国内法化の手続をとっていないヨーロッパ人権規約を解釈した（R. v. Home Office, ex parte Phansopkar [1975] 3 All E. R. 497 も見よ）。

20　ただし、この原則はいくつかの立法によってほとんど完全に廃止されている。現在では、1975年の法律によって夫婦共有財産制が採用されている。

21　Fribrance v. Fribrance [1957] 1 All E. R. 357, at 360. これは、いわゆるデニング裁判官の「家族資産の理論」ないし黙示的信託の理論と呼ばれるものをのべている。この理論が実定法に与えた影響は大きい。夫婦の財産関係に関する法を詳説した MURPHY AND CLARK, THE FAMILY HHOME (1983) を参照せよ。しかし、本文でものべたとおり、新理論の前提として「新しい時代」の要請を用いているが、いかなる場合にそれがあるといいうるかは不明瞭である。デニング裁判官の他の理論（例えば、「基本的違反（fundamental breach）の原則」）にも、類似の弱点がみられる。ここに貴族

第7章　法律解釈

判決の基礎には、当該の家庭の在り方は、新しい時代が生んだものであり、既存の法が予測していたものではない、という考えがある。そして、かかる場合には、裁判所は、政治的、経済的、社会的な諸事情を考慮して正義を実現する義務を負うと考えている、と思われる。

§ 402　貴族院は、この判決に示された考え方を全面的に否定している。1970年のプチット対プチット判決において、貴族院は、先のフリブランス事件の先例法に従った控訴院判決を棄却し、その理由として次の2つのことをあげている[22]。第1に、家族資産（family assets）を認める控訴院の判例法は、イギリス物権法の法的安定性を害するものであるという。つまり、控訴院は、1882年の妻の財産に関する法律第17条の解釈についても、それを解釈した従来の先例に従うべきである、というのである。第2に、物権変動を許すほどの強力な権限は法律の明文によって定められるべきであるにもかかわらず、第17条は極めて一般的な規定であるので、法律解釈の従来の原則に従ってむしろ否定的に解釈されるべきであるという。この点に関して、貴族院の指導的意見をのべたリード裁判官は、「緊急に総合的な立法を行う必要がある」ことを認めながらも、その全体の問題は議会によってのみ解決されうるものであると判示した[23]。このように、貴族院は、新しい時代の到来を認めつつも、コモン・ローの伝統を維持しようと努めている。

院の裁判官たちによって批判される理由があると思われる（Hayton, *Equity and Trusts*, in JOWELL & MCAUSLAN (ed.), LORD DENNING: THE JUDGE AND THE LAW (1984) pp. 79-107参照）。ちなみにこの著書は、デニング裁判官が生んだ契約法と不法行為法（Atiyah）、家族法（Freeman）、都市計画法（McAuslan）、行政法（Jowell）、人権（Palley）、労働法（Freedland）の判例法を詳細に分析し、論評した論文集であり、その部分に続く第2部では、デニング裁判官の法律家としての評価（Simpson, Waddams, Hailsham）を試みた興味深い本である。

[22]　Pettitt v. Pettitt [1970] A.C. 777. この事件では、問題の不動産は妻の祖母から贈与された家屋を売却した金で新たに買ったものであったので、その名義は妻のものとされた。しかし、夫婦が一緒に生活している間に夫が当該不動産に改良を加え、その評価額を高めた。この夫の貢献分をデニング裁判官は300ポンドと評価し、この分についてのエクイティ上の権利を夫に認めたのであるが、貴族院は、その判決を全面的に否定した。

[23]　*Id.* at 797. ちなみに、リード裁判官も指導力のある法律家であり、法律解釈についての同裁判官の考え方には注目すべきであるが、本書では、これについては§ 413頁に言及する。

第3項　特定領域の解釈原理

1　刑事法の解釈

§403　刑事法は厳格に解釈されなければならない。たとえば、エドワード6世治世第1年法律第12号は、「馬（horses）を盗んだ者は僧侶の特権を行使できない」と定めているが、「馬」は複数形で表現されているので、1頭の馬だけの窃盗にはこの法律は適用されない[24]。また、不明瞭な文言や例示を示す「等」などの用語は、意味をもたない[25]。さらにまた、19世紀になると刑法を法典化し、近代化しようとする試みがなされるが、この頃から、自然犯[26]を規定した法律は、これにより刑事責任を問うために行為者の心理状態に非難可能性があったこと（普通 mens rea と呼ばれる）を黙示的に要件にしてい

---

[24] 引用した法文で言及されている僧侶の特権とは、コモン・ローがきわめて厳格になり、ほとんどすべての重罪（felony）に対し死刑を科するようになったとき、犯罪者にラテン語の詩編の一部を口ずさませ、当時ラテン語を使う者の多くが僧侶であったことからその者を僧侶であると擬制し、一度だけにかぎって、管轄ちがいを理由に免訴を認めてもらうことができたことを意味する（詳しくは、MARKE, VIGNETTES OF LEGAL HISTORY 269-80 (1965) 参照）。本文であげた例は、本書311頁注7で言及したブラックストンの法律解釈の第3番目の原理を説明するために使われた例であるが、ベンサムは、このような法律解釈は、ばかげていると批判している（THE COLLECTED WORKS OF JEREMY BENTHAM: A COMMENT OF THE COMMENTARIES AND A FRAGMENT ON GOVERNMENT (Burnds & Hart ed. 1977) pp.141-2）。ちなみに、問題の法律は、翌年に改正された。

[25] 前注で引用したブラックストンの説明によれば、「羊またはその他の家畜を盗んだ者は僧侶の特権を行使できない」と定めるジョージ2世治世第14年法律第6号の「またはその他の家畜」という言葉は無意味であると説明している。アメリカ憲法判例の確立した「文言上無効（void on its face）の原則と類似した考えがそこに見られる。

[26] 自然犯（malum in se）は、法定犯（malum prohibitum）と対比される法律用語であり、制定法によって禁じられなくても刑罰を科しうる犯罪を意味する。十戒で禁じられた殺人や強盗などがこれに当る。この区別は古くからあったが、自然犯の成立のために犯罪行為（actus reus）のほか犯罪を行う意思（mens rea）が必要であるとされるようになったのは、クックの頃であると思われる。COKE, supra p.317 (n.5), vol.3, p.6. ケンヨン卿は、Fowler v. Padget (1798) 7 T.R.509 の判決のなかで、「actus non facit reum nisi mens sit rea は自然法である」とのべている。ちなみに、リード裁判官は、「法定犯は本当の意味での犯罪ではなく、公益のために刑罰を科して禁止される行為」であり、したがって結果犯であると考えている（Sweet v. Parsley [1970] A.C. at 139）。

第7章　法律解釈

るものと解釈されるべし、という原理が確立した[27]。この原理はいわゆる法定犯には適用されない。

§ 404　比較的最近になったからロー・コミッションズは刑法改革の仕事にとりかかったのであるが、その目的とするところは、いわゆる罪刑法定主義を実定法のなかに実現することにある[28]。したがって、この委員会が準備した法案を採用した立法は、単に法を明文に書きあらためたというだけでなく、古いコモン・ローにかかわる複雑な法解釈ないし一切のフィクションを否定することが多い[29]。例えば、窃盗犯については、古い時代には国王裁判所は直接これに関与しなかったのに、16世紀以降になってから不法侵害または国王の平和の紊乱による場合訴訟を利用して処罰するようになったため、これに関する判例法のなかには理解しにくい理屈が含まれている。そこで、いっさいの昔の判例法を廃棄するために、1968年の窃盗法（Theft Act 1968. この法律は、1978年に一部修正された）が制定された[30]。この法律の解釈のために

27　Seventh Report of the Commissioners on Criminal Law, 448 (1843) p. 22, quoted in MANCHESTER, SOURCES OF ENGLISH LEGAL HISTORY 1750-1950 (1984) at 216. 近代刑法理論である罪刑法定主義に近い考えがここにみられるが、mens rea の要件を説明した判例として、Sherras v. De Rutzen (1895) 1 Q. B. 918, at 921-3 (per Wright J.) 参照。

28　Law Commission's Eighth Annual Report (1972-73), 11th Dec. 1973 には刑法の法典化がロー・コミッションズの作業予定に含まれている。これに従って、徐々に刑法改革が進められているが、いまのところ立法がなされたのは次注で引用する1977年のコンスピラシーに関する法律など若干の立法のみである。この刑法改革は、グランヴィル・ウィリアムズを中心として行われているが、彼の法改革についての考え方は、G. Williams, *Criminal Law Reform* [1958] J. S. P. T. L. 217 にのべられている。イギリスにおける罪刑法定主義について、ヨーロッパ人権規約の規定と比較検討した Spencer, *Nulla Poena sine Lege in English Criminal Law*, in CAMBRIDGE TILBURG LAW LECTURES (3rd ser. 1980) pp. 33-57 も見よ。

29　Law Commission, Criminal Law Report on Conspiracy and Criminal Law Reform (Law Com. No. 346), 17th March 1976 の勧告に従って制定された Criminal Law Act 1977, s. 1 参照。

30　もっとも、この法案を議会で説明したウィルバーフォース裁判官は、過去のコモン・ローを廃止する旨を定めた明文の条項をいれることを提案したが、その趣旨は法律全体からくみとれるものとして、この提案は退けられた。Parl. Deb. (H. L.) vol. 290, col. 897. 実際には、この法律にいう「窃盗（theft）」は、「他人に帰属する財産をその者から永久に奪う意思をもって、当該財産を不正直に領得すること」を意味するものと定め、「不正直に（dishonestly）」、「領得する（appropriates）」、「財産（property）」、「他人に帰属する（belonging to another）」、「その者から永久に奪う意思をもっ

は、過去の判例を参考にしてはならず、法律の文言を普通の意味に解釈し、訴訟当事者に公正なものとなるように適用されるべきであると理解されている[31]。しかし、多くの裁判官たちが、「何が普通の意味か」また「何が公正か」は陪審が判断すべき事実問題であると考えるようになったために、ロー・コミッションズが予期しなかった新しい問題が起きている[32]。

2　租税法の解釈

§405　租税法の解釈には、「(解釈者の)意思をさし挟む余地はない」とするのが原則である[33]。すでに委任立法に関する判例として言及したキュア・アンド・ディリー判決でも示されているように、実施規則やその適用の仕方についての司法審査にあっては、国民の権利および自由の保護の観点から解釈者の意思をさし挟むことを認められている[34]。とくに課税権は、憲法史上、重要な意味をもっており、規則制定権を授権するには国会が制定する法律の明示的かつ具体的な授権を必要とする、とされている(マグナ・カルタの課税権に関する規定を解釈した Congreve v. Home Office [1976] 1 All E. R. 697 参照)。アメリカ憲法においても、課税権の問題はとくに重要な問題とされており、憲法判例によっていくつかの解釈原理が確立されている[35]。

　　て(with the intention of permanently depriving the other of it)」という用語の定義を与えているが、この定義は、判例法の強い影響を受けており、完全に過去のコモン・ローをたち切ることができたとはいいがたい。例えば、Morris and Burnside v. Anderson [1983] 3 All E. R 288; R. v. Ghosh [1982] 2 All E. R. 689 などを見よ。

31　この解釈について、R. Brazier, *The Theft Act: Three Principles of Interpretation*, [1974] Crim. L. Rev. 701 参照。ちなみに、この現行法に関する最もよい解説書は、J. C. Smith, The Law of Theft (5th ed. 1984) であろうと思われる。

32　R. v. Feely [1973] 1 Q. B. 530, [1973] 1 All E. R. 341; R. v. Dawson [1976] Crim. L. R. 692. また、Elliott, *Law and Fact in Theft Act Cases*, [1976] Crim. L. Rev. 707 参照。

33　Wheatcroft, The Law of Income Tax, Surtax and Profits Tax (1962) §§ 1. 066-1. 070. 参照。

34　Commissioners of Customs and Excise v. Cure & Deeley Ltd. [1962] 1 Q. B. 340. この解釈について詳しくは、『別冊ジュリスト・英米判例百選I公法』(1978年) 24-5頁。

35　若干の重要な憲法判例を紹介しておこう。まず第1に、連邦の租税法が、課税の結果、規制立法としての効果を生む場合、たとえ連邦に対してかかる規制権限が与えられていないときでも、刑罰による直接の強制の形がとられていない限り、連邦法が常に違憲であるとは限らない(United States v. Kahringer, 345 U. S. 22 (1953))。第2に、

3 遺言の解釈

§ 406　ここで遺言[36]の解釈をとりあげたのは、コモン・ロー以外の法領域にかかわる法律の解釈の仕方を例示するためである。歴史的には教会裁判所が解釈権をもっており、ローマ法の影響がみられる。一般的には、エクイティ裁判所などの特別裁判所は、法の弾力的な運用を示すことが多かったが、法的文書の解釈については、形式的に厳密に解釈することが多かった。しかし、遺言書の解釈については、その権限が教会裁判所から通常裁判所に移されてからも、裁判所が遺言者に代って遺言を変更することになってはならない、とする考えがとられている[37]。したがって、遺言書全体をていねいに読み、遺言者の意思をまず確定し、これにそうように遺言書の文章を解釈するという解釈方法がとられてきた[38]。これは、コモン・ローの法律解釈の方法が、他

州の租税法については、その効果が「州際通商」の妨げとなれば違憲であり、そうでない場合であっても、法の下の平等に反するものであってはならない (Braniff Airways v. Nebraska Board of Equalization, 347 U.S. 590 (1954))。州の非居住者 (non-resident) が州内で行う事業活動に対する差別的な課税が問題になることが多い。

[36] イギリス法上、遺言の要件として次のことが要求される。㈠ 書面によること、㈡ 遺言書自身がそれに署名したか、その者の明示的指図に従ってその者の面前で代理人が代って署名したこと。㈢ 署名が真正なものであることについて、2人以上の立会人の証明があること。㈣ この証人たちが、遺言書の面前で当該の書面に立会人としての署名を付していることである。

　Administration of Justice Act 1982 は、軍人などの遺言に関する特則や外国法による遺言の効力についての例外を定めている。ちなみに、今日では自由に遺言をなしうるが、1938年以降、一定の親族が裁判所に遺留分の請求を申し立てうることは、すでに説明した通りである。

[37] MELLOWS, THE LAW OF SUCCESSION (2nd ed. 1973) pp. 123-6. しかし、来栖三郎教授は、フランス法とはちがって、英米法では信託の法理を使って受遺者の選定の代理人への委任は、その者および受益者が明確に特定できる限り、有効であるとのべている（来栖三郎「遺言の解釈（その2・完）」民商法雑誌80巻2号1頁以下）。

[38] この原則は Baddeley v. Leppingwell (1764) 3 Burr. 1533 でのべられ、今日まで守られている。これによれば、遺言書で使われている用語が、遺言者が特定の意味をこめて用いたことを示す証拠があればそれを解釈のために利用できるというだけでなく、遺言者が遺言書を作成したときの状況にわが身をおいてみて、裁判官はその者の意思を推定してもかまわない（armchair rule と呼ばれる）とされている (Boyes v. Cook (1880) 14 Ch. D. 53, at 56)。とくに慈善を目的とした信託により一定の者に継続して贈与がなされるべしとする遺言が残され、のちになって何らかの事情によりその贈与を受ける資格のある者がいなくなったために当該信託を行うことができなくなった場合、通常のエクイティの法理に従って遺言者の相続人に信託財産の残余分が返還されると思われるのであるが、Charities Act 1960, s. 13 は、裁判所が、その信託の目的に

の領域の法による法律解釈の方法にとって代えられずに伝統的な方法が残された一例である、といってよかろう。

第2節　先例拘束性の原理

第1項　先例拘束性の原理の形成

§407　この原理は先例法理とも呼ばれるが、判決において宣明された法規範は、将来の類似の事件に対して拘束力をもつ、とする法理である。判決は当該事件について既判力[39]（res judicata）をもつだけでなく、将来の事件に対するほとんど絶対的な法源となり、下位の裁判所はもちろんのこと、その最終的判決を下した貴族院（最高裁判所）自身が、それに従わなければならない。この先例拘束性の原理が成り立つ前提条件として、裁判所の組織が整理されて明確になっており、判例が正式の記録として残されていなければならない。前者について言えば、確かにイギリス裁判所の組織は、長い間複雑な様相を呈していたが、1873-75年の裁判所法によって現代裁判所組織の基礎ができあがり、その原理がはじめて適切に機能する場所をえた。すなわち、下位の裁判所に対しては、上位の裁判所が宣明した「法」に従わせることができるようになり、そして、最高裁判所である貴族院は、自己の威信を高めるため、また、下位の裁判所を困惑させないため、先例法理を利用した。先の判決中にいかなる「法」が宣明されたかが争われるとき、その判決の記録がどのような様式で残されているかということが大きな意味を持ったであろうということも、容易に理解できるところでもある。

§408　厳格な先例拘束性の原理は、理論上、それ自体論理矛盾を含んでおり、あまり強力な説得力をもたない。この原理は、いわゆる「法宣言説」と呼ばれ

　　最も適うであろうと思われる者に対し、その贈与をなすことを命ずることと定めている。この解釈原理を cy-prés doctrine という（これについて詳しくは、PETTIT, EQUITY AND THE LAW OF TRUSTS (5th ed. 1984) pp. 262-73 参照）。

　39　正当な権限をもつ裁判所が確定判決を下した事項ないし争点（issue）について当事者間で再び争うことはできないとする原理。エクイティ法理の1つである禁反言（estoppel）の1つの態様であるともいわれるが、判決の拘束性（stare decisis）と混同されることが稀にある。

る理論によって支えられていると思われるのであるが、常に裁判のときより以前に既存の「法」があり、「法」というものが普遍的なものである以上、裁判によってその存在が確認されたのちには、その変更は許されないとするのが、その理論の核心部分である[40]。しかし、先例を先へ先へと遡っていけば、最後には、裁判所が判決によって「法」を創造したことを認めざるをえなくなる。

§ 409　こう考えてみると、先例拘束性の原理は法律に定められた原理ではないので、つきつめて考えれば、この原理は、19世紀になってから裁判所がベンサム主義者たちの批判にこたえ、裁判の客観性を主張するために作り出したフィクションであるといわざるをえない[41]。実際にこの原理をはっきりのべているのは、1898年のロンドン市街電車会社対ロンドン県議会判決（London Street Tramways Co. v. London County Council [1898] A.C. 375 (H.L.)）であり、この判決によってその存在が確認されたといわれる。しかし、1852年のブライト対ハットン判決（Bright v. Hutton (1852) 3 H.L.C. 341, at 389）では、セント・レナーズ（St. Leonards）卿は、「貴族院は他のすべての司法裁判所と同じように、同院が過去におかしたかもしれない間違いを訂正する固有の権能をもっている」と判示しているので、その原理を否定することもできた[42]。

---

[40] BLACKSTONE, supra p. 160 (n. 13), vol. 1, p. 87. また、この読み方について内田力蔵「判例というものの考え方(3)」法学セミナー 78号 34-5頁、同 79号 24-5頁参照。この説の主張には、「裁判所は法を創造することなく、国王と議会のみが法を作るものである」とすることも含まれている。HALE, HISTORY OF THE COMMON LAW (1820) P. 89.

[41] この点を最初に指摘したのはグランヴィル・ウィリアムズである。先例法理は1種の循環論法（circular）であり、論理的誤謬（fallacy）であるとのべている。SALMOND, JURISPRUDENCE (11th [Williams] ed. 1957) p. 187 このウィリアムズの批判は、J. Stone, 1966 and All That! Loosing the Chains of Precedent, 69 COL L. REV. 1162 (1969) や L. Goldstein, Some Problems about Precedent, 43 CAMB. L. J. 88 (1984) でも強い支持を受けており、現在では通説的な意見となっているといってよい。

[42] 先例拘束性の原理が古くから存在していたことを示すために、ブラクトンが引用される。⇨ § 387. BRACTON, supra at f. 1 b: "Si similia evenerint per simile judicentur, com bona sit occasio a similibus procedere ad simila." BRACTON, Note Book, case 409 note. しかし、グランヴィル、フレタ、その他の書籍にはそれについてふれられておらず、現在では、ブラクトンの本に誰かのちに書き加えたのではないかと疑われている。ALLEN, LAW IN THE MAKING (7th ed. 1964) pp. 161-235 は、イヤー・ブックの判例

第 2 節　先例拘束性の原理

§410　英米において先例拘束性の原理が、実際上ながいあいだ認められてきたのは、その原理のもつ欠陥にまさる多くの利点をもっているからであろう。そのいくつかをあげれば、第 1 に、私人が法の予測をするのを容易にさせ、自主的な社会秩序の形成に役立つということがあげられる[43]。例えば、「故意または過失によって他人の権利を侵害した者はこれによって生じた損害を賠償する責に任ずる」という民法の規定を読んだだけでは、喫茶店で注文した飲物のなかから腐敗したものが出てきたときに、普通の人にとっては、これによって製造元を直接訴えることができると確信するのは困難であるが、ド

やその他第 5 章で説明した多くの判例集に収められた諸判例の先例としての利用の仕方について詳しく説明しているが、法的安定性または画一的取扱いが必要であった場合に、先例に従って判決を下したことが多くあったという事実を示しているにすぎず、先例の拘束力を証明するものは 19 世紀以前にはない。T. E. Lewis, *The History of Judicial Precedent*, 50 L. Q. REV. 40 (1934).

マンスフィールド裁判官は、裁判法について次のようにのべている。「もし法が判例にのみ頼るものであるとしたならば、また、もし商業、学問並びに諸情況が非常に著しく変化した後でも、1 つの判例を見付け、何が法であるかを知るために、リチャード一世の時代まで遡らなければならないとしたならば、法は奇妙な科学 (strange science) となってしまうであろう。先例は確かに諸原理を確定させるのに役立ちうるが、確実性のために振り動かされてはならないのはそれらであって、当該の原理がいかに重要なものであれ、それは先例と独立したものである。けだし、先例は法の証拠ではありうるけれども、法それ自体ではない」。Jones v. Randall, (1774) Loft 384, at 385; 98 Eng. Rep. 706, at 707. これは、スコットランド法における判例法主義の考えに類似した説明であって、厳格な先例拘束性の原理とは、かなりかけはなれたものである。T. B. SMITH, JUDICIAL PRECEDENT IN SCOTS LAW (1952) 参照。さらにダイアスにいたっては、貴族院の裁判に非法律家が加わっていた頃には、むしろ先例に拘束力はないと考えられていたと推定している。DIAS, *supra* p. 314 (n. 17), at 51. 厳格な先例拘束性の原理を支持する考えは、本書 338 頁の「法宣言説」および COKE, *supra* p. 302 (n. 106), vol. 1, p. 74 にみられるが、ブラックストンは、「全く不条理または不公正」なものは無視してよいとのべている部分があり、彼もまた判例を法の存在の証拠とみていたとする読み方も、完全に否定することはできない。ALLEM, *supra*, at 229.

[43] HART AND SACKS, THE LEGAL PROCESS [mino. book] (1958) pp. 587-8 はこれと関連して次の 3 つのことをあげている。第 1 に、私人が何か行為をしようとしているときに、それにかかわる法が何であるか、将来訴訟にまき込まれないようにするにはどうしたらよいか、確信できる程度に自分で判断できるようにするのが望ましい。第 2 に、弁護士が相談を受けるときに、法が何であるか推論できる合理的根拠を与えるのが望ましい。第 3 に、紛争の当事者が法を知ることができれば、和解をうながすのに役立つであろうと思われることである。

第7章 法律解釈

ノヒュー対スティヴンスン判決を読めば、かなりの確信をいだくことができるのである[44]。このことは、私人間で法のあるべき姿に近い形で紛争を処理するのに役立っているといえよう。第2に、先例拘束性の原理は、当事者間の公正で迅速な取り扱いにも役立つといえよう[45]。このことは法的安定性の維持にもつながる。第3に、第1点および第2点について先例拘束性の原理に期待された通りの働きをすれば、国民の裁判所に対する信頼を高めるのにも役立つにちがいない[46]。

第2項　貴族院の判例法

1　一般原理

§411　19世紀末のイギリスにおける有力な裁判官であったホウルズベリ卿は、

---

[44] Donoghue v. Stevenson [1932] A.C.562. ドノヒュー事件の原告は、エディンバラの1喫茶店で被告が製造したジンジャー・エールを飲んだ若い女性である。問題のジンジャー・エールは、原告の知人である訴外某が注文したものであり、その者が原告の杯にそれを注いで飲ませた。ところが、2杯目を注いだとき、そのビンの中から腐敗したかたつむりが出てきた。これを見た原告は、大きな衝撃を受け、ある病気にかかった。この事件では、原告と製造業者である被告との間には契約関係はなく、先に説明したようなコモン・ローによっても救済の可能性はなかった。しかし、スコットランド法によれば救済が得られる場合であり、貴族院は苦慮したあげく、危険な動産に関する厳格責任の準則を適用することを認め、原告の主張を認めた。アトキン卿は、本件の準則は「相当な注意を欠けば、その結果、消費者の生命または財産に対する侵害が生ずるであろうということを認識している場合には、製品の製造者は、消費者に対して、その相当な注意を払う義務を負う」ことである旨を判示した。この判決は、イギリスの不法行為法におけるネグリジェンス（過失）の法理を確立した判例として、しばしば引用される有名な判例である。

[45] このことに関しては、HART AND SACKS, supra note 5 は、次の諸点をあげている。第1に、私人が訴訟のやり方を明瞭に計画することができ、むだな紛争をはぶかせることは望ましい。第2に、迅速な紛争の処理を可能にする司法制度はよいものである。第3に、裁判官が変っても裁判の在り方に影響を与えない。第4に、このことが当事者を公平に扱うことに役立っている。第5に、法律の専門化を育てるのに役立つ。第6に、先輩の裁判官たちへの敬意を生む。最後に、国民がいだく法的期待を裏切ることはよくないことである。

[46] このことに関しては、HART AND SACKS, supra note 43 は、次の2点を指摘している。第1に、判決に個人的な偏見がみられないこと（impersonality）、そして判決が説得力のある推論によって支えられていることが望ましい。第2に、裁判官は厳しい規律（discipline）に従っており、外的な力、とくに政治的な力に屈することは少ないということないしその必要性である。

クイン対リーザム判決（Quinn v. Leatham [1901] A.C. 459, at 506）のなかで次のようにのべた。すなわち、「1 判決はそれが実際に決定した対象であるものに対してのみ法源となる。論理的にそれから推論できる一命題を導きだすために、判決が引用されうるということは、わたくしは全面的に否定する」と[47]。これは、判決に含まれる重要な事実に関する法的判断（普通 ratio decidendi と呼ばれる）のみが先例法として拘束力をもつのであり、判決文のそれ以外の部分は傍論（普通 obiter dictum と呼ばれる）であって、法的拘束力のない参考資料であるにすぎない、という考えをのべたものと理解されている。

§412 これには2つの問題が含まれている。その1つは、貴族院判決は審理に当った裁判官が1人1人自分の意見を口頭でのべる形で出されるので、結論は明確であっても、裁判所全体として何が判決理由であるかは、はっきりしないことが少なくない[48]。とくに「私は他の裁判官に同意する」とのみのべている場合、2人以上の裁判官が異なる理由をのべているならば、そのうちのどれが裁判所の判決理由であるか分らなくなるのである。第2に、事件に

---

[47] この引用文は先例法理を既判力（142頁参照）と混同させる、とクロス教授は指摘している。CROSS, PRECEDENT IN ENGLISH LAW (3rd ed. 1977) p. 60. しかし、ホウルズベリ卿は、本文で引用した言葉の前に「判決はすべて、証明された事実または証明されたと仮定された事実に適用されるものとして理解されなければならない」とのべており、これを合わせて読めば、後掲注4のグッドハート理論となる。クロス教授は、イギリスの先例拘束性の原理の形成にはホウルズベリ卿の考えが大きく働いたとみている。

[48] Simpson, *The Ratio Decidendi of a Case and the Doctrine of Binding Precedent*, in Oxford Essays in Jurisprudence (Guest ed. 1961); Montrose, *Note*, 17 MOD. L. REV. 462 (1954); Drewry, *Precedent and Per Incuriam*, 121 NEW L. J. 277 (1971). さらに、判例法のなかで拘束力を部分とされる判決理由の確定の問題をめぐって、本文の第2点をも含めたモントローズ＝シンプソン論争へと発展した。Montrose, 20 MOD. L. REV. 124 (1957); Simpson, 21 MOD. L. REV. 155 (1958), 20 MOD. L. REV. 417 (1957). また、モントローズは、MONTROSE, PRECEDENT IN ENGLISH LAW AND OTHER ESSAYS (1968) の第1章のなかで、クロス教授の説を参照しながら、1つの判例が表明する法理は1つだけに特定できないこともあり、複数のパターンを作りうるとしている。また、判例法主義をめぐる論争は、用語の使い方が不正確であるために起っていると指摘している。モントローズは、用語の定義を試みているが、これについては、Montrose, *Judicial Law Making and Law Applying*, [1956] BUTTERWORTH'S SOUTH AFRICAN L. REV. 187 も見よ。なお、判決の中の意見がほぼ同等に分れたと思われる判例の取扱いについて、Megarry, *Decisions by Equally Divided Courts as Precedents*, 70 L. Q. REV. 318, 471 (1954).

第7章 法律解釈

直接関係する重大な事実が何かは、必ずしも明確ではない。とくに古い判例では、正確な記録が残されておらず、このことが判例法解釈をめぐる最もむつかしい争点となる[49]。

§413 　グッドハート教授は、ジェローム・フランクなどのリアリストたちによる判例法主義に対する批判にこたえる形で、先例拘束性の原理の理論化を試みた[50]。この理論はわが国でも詳しく紹介され、注目された理論ではあるが、実務上の諸問題を解決するだけの力はもたず、結局、1966年に原理そのものが緩和されることになった[51]。1966年に貴族院が発表した慣行声明（Practice Statement）は、「先例の遵守が厳格にすぎるときは、個々の事件において正義に反する結果を生ずることもあり、さらに法の適正な発展に対し不当な制約が加えられることもありうることも認めるものである。したがって裁

---

[49] この点に関しては、とくに本書322頁注42で引用したアレンおよびルイズの研究参照。結局、ハムソン教授の考えを説明しながら、内田教授がのべているように、判例法は、「誰によって、何時、どのようにして発見され、確定されるのか、というような根本的な点について、必ずしも満足すべき答はひき出せない」、ということになろう。内田〔本書322頁注40〕法学セミナー75号47頁。なお、田中英夫教授も、主にアメリカ法を素材としながら、同趣旨の結論を出している。田中英夫「判例による法形成」法学協会雑誌94巻6号755頁、とくに796-809頁。

[50] Goodhart, *Determining the Ratio Decidendi of a Case*, in ESSAYS IN JURISPRUDENCE AND THE COMMON LAW (1931). また、Goodhart, *Precedent in English and Continental Law*, 50 L.Q.REV. 40 (1934) も参照。グッドハートは、のちに1つの判決に重要な事実が複数ありうることは認めたが、判例法の客観性はくりかえし主張している。Goodhart, *The Ratio Decidendi of a Case*, 18 MOD. L. REV. 117 (1955); *id.*, 22 MOD. L. REV. 117 (1959). 例えば、Rylands v. Fletcher (1868) L.R.3 H.L. 330 は、(1) 被告は貯水池を作った、(2) 被告はそれを作ることをBに請負わせた、(3) 被告自身には過失はなかった、(4) Bに過失があった、(5) Bの過失のため欠陥のある貯水池から水が出て、原告の財産に危害を負わせたという5つの事実があるが、(1)と(5)のみが重要な事実であり、その判決は、貯水池のような危険物の所有者が、その本人の過失の有無に関係なく、それから生じた損失に対し責任を負う、という準則をのべているという。GOODHART, *supra*, at 17-8. ちなみに、問題のジェローム・フランクの理論は、本書176頁注50に引用した。

[51] 1966年の声明が「慣行（Practice）」という言葉を用いていることからも分るように、先例拘束性の原理を単なる裁判所の慣行としており、それには法的拘束力のないことを認めた点に意義がある。これについて、本書339頁注3に引用したストーンの論文の外、Hicks, *The Liar Paradox in Legal Reasoning*, 29 CAMB. L.J. 275 (1971); Birnbaum, *Stare Decisis v. Judicial Activism, Nothing Succeeds like Success*, 54 A.B.A.J. 482 (1964) 参照。なお、1966年の慣行声明は、法学協会雑誌84巻7号922-6頁に田中英夫教授によって全訳されている。

判官諸卿は、現在の慣行を改めて、当院の従前の判決は通例はこれを拘束力をもつものとして取り扱うが、これまでの判決から離れることが正しいと思われるときには、先例から離れるものとすることを提唱する」とのべた（[1966] 1 W.L.R.1234 に登載されている）この声明の法的性質が不明確であることもあり、直接この声明に基づいて先例を破棄することには大きな躊躇を示している。例えば、社会保障に関するジョンズ判決では、その先例であるドウリング判決が間違っていることを認めながらも、多数の裁判官は、先例拘束性の原理が守られるべきであるとのべた[52]。貴族院の有能な裁判官であったリード卿は、有名はショウ判決では多数意見を批判する激しい反対意見を書きながらも、のちのクナラ判決では、ショウ判決が国会で議論されながらもその判例法に手をつけなかったことは黙示的承認を意味すると理解して、自己の考えに反してはいるがショウ判決の多数意見に従う判決を下した[53]。しかし、余り重要でない事例では、先例を変更した判決が全くないわけではない（例えば、到着船舶という用語の解釈についての先例である The Aello [1961] A.C.135 を変更した Johanna Oldendorff [1974] A.C.479 参照）。

2 判例法の「区別」

§414 判例法主義に対する主要な批判は、判例法は具体的な事実関係によって判断を動かされることが多く、裁判の客観性を傷つけられやすいとする点にあり、先例拘束性の原理は、これに対する1つの答えであった。しかし、この原理によれば、一度判決が下されるとその「先例の朽ちかけた殻がいつまで

---

[52] Jones v. Secretary of State for Social Services. [1972] A.C.944; [1972] 1 All E.R. 145. ただし、この事件のデニング裁判官による控訴審判決は、先例の破棄を認めた。J. Stone, *On the Liberation of Appellate Judges-How not to do it*, 35 MOD. L. REV. 449 (1972) では、貴族院判決に対する批判的意見がみられる。しかし、先の慣行声明は、制定法でないことはもちろんのこと、rationes decidendi でも obiter dicta でさえもないのであるから、貴族院判決の考えが正しいとするのが、イギリスの通説的意見であると思われる。Cross, *The House of Lords and the Rules of Precedent*, in LAW, MORALTY, AND SOCIETY: ESSAYS IN HOROUR OF H. L. A. HART. (Hacker and Raz ed. 1977).

[53] R. v. Kunuller (Publishing etc.) Ltd. [1973] 3 W.L.R.143, 147 (per Lord Reid). ただし、この事件におけるディブロック裁判官の反対意見は、激しい口調でリード裁判官を非難し、1966年の声明に従うべきであると主張している。*Id.* at 160. なお、問題の先例である Shaw v. D.P.P. [1962] A.C.220 およびリード裁判官の司法的法創造についての考えについて、本書345頁注95に引用した論説を見よ。

第7章　法律解釈

も法制度の中に残り」、その「破壊作業が明瞭になされることが全くない」ので、判例法の腐った土壌から望ましくない枝を伸ばすのを許すことになる[54]。これに対して判例法主義者たちは、判例法を区別する（distingush）技術を使って悪い判例は適用範囲を狭められ、よい判例のみが取捨選択されるという。これについて少しふれておかなければならない。

§415　ファイフットの例にならってカンディ対リンゼイ判決（Cundy v. Lindsay (1878) 3 A. C. 459）を実例として取りあげることにしよう[55]。この事件の原告は、アイルランドの製造業者であるが、ロンドンの信用のある著名な商人である「ブレンキロン（Blenkiron）」という名で著名されたとみられる注文の手紙を受取ったが、実はブレン・カーン（Blen Karn）という名の悪党が書いたものであった。原告は、番地がちがってはいたが、住所が同じチープサイド区ウッド通りとなっていたためにその商人からの注文であると信じて商品を送った。これを受取ったブレン・カーンは、善意の被告に普通の市場価格で売った。そこで原告は、所在の不明なブレン・カーンではなく、被告を相手として訴え、自己の商品の返還を請求した。貴族院は、原告とブレン・カーンとの間に有効な売買の合意はないので無効であり（買主の同一性に関する錯誤を理由とする）、商品の財産権はブレン・カーンには移転せず、したがって被告は、商品を返還する義務を負うと判決した。

§416　ところで、フィリップス対ブルックス事件（Philip v. Brooks [1919] 2 K. B. 243）では、ノースという名の悪党が宝石商の店に入り、自分は著名な資産家であるジョージ・バロウ卿であると告げた。宝石商（原告）はこの言葉を信用して高価な指輪を売り、偽造された小切手を受取った。ノースはこの指輪を買入れし、金を受取って姿を消した。原告はその質屋を被告として訴え、指輪の返還を求めたのであった。この事件の裁判所は、カンディ対リ

---

[54]　これはベンサム主義者たちのコモン・ローに対する批判であり、引用句は、メイトランドによるその解説である。Maitland, *English Law*, in ENCYCLOPAEDIA BRITANICA (11th ed. 1913) vol. 9, p 606. もっとも、ベンサム自身のこの点に関するブラックストン批判は、的を射ていないといわれる。Cross, *Blackstone v. Bentham*, 92 L. Q. REV. 516 (1976).

[55]　FIFOOT, ENGLISH LAW AND ITS BACKGROUND. (1932) PP. 263-4. ファイフットは、この著書の結論ともいうべき第8章において、イギリスの裁判官は、法を「作る（make）」ものではないといいながら、時代の大きな変化にもかかわらず法を弾力的に運用できたのは、「区別」などの法技術があったためであるという。

ンゼイ判決によって拘束されるならば（この事件でも買主の同一性についての錯誤がある）、原告勝訴の判決が下されるべきであることは明白であったが、事件を区別して被告を勝訴させたのであった[56]。ファイフットがこれを例として取り上げたのは、後の事件の裁判官は、先例を区別することは非常に容易であり、現実には裁判官自身が先例に拘束されることにするかどうかを決定する[57]。

　前に引用したグッドハート教授の論文は、この先例の不確定性に対する批判に対しては、1つの判決は1つの重要な事実（または事件の争点）を含んでおり、それに関する法的判断のみが法規範となるのであるから、法律の条文と本質的にかわるところはないという。したがって、判例法は、制定法と同じ程度に客観的なものであって、法的安全性はそれによって維持できるという。しかし、これに対して多くの反論が出され、いろいろな論議が交わされている。裁判の実務のうえでは、すでにのべたように、先例拘束性の原理そのものが緩和されたので、判例法の区別の問題はつきつめて結論を出す必要がなくなり、議論はきわめて学問上のものになっていることは、既にのべた通りである。しかし、この問題は、何が法であるかにかかわる基本問題であり、著しく重要なものであることはいうまでもない。

第3項　下級審裁判所の判例法

1　控訴院の判例法

§417　先に紹介した1966年の貴族院の慣行声明は、この声明が貴族院以外の裁判所には適用されないことを明文でのべており、従来通り、控訴院は先例拘束性の原理に従わなければならないと思われる。しかし、控訴院における先例拘束性の原理は、貴族院の場合ほど厳格なものとは考えられていない（Young v. Bristol Aeroplane, [1944] K.B. 718 参照）。刑事事件の場合には、罪刑法定主義の考慮からも、先例に従うべしとする考えが強く働くが、被告人

---

[56]　カンディ対リンゼイ事件は、書面による隔地者間の契約であったが、フィリップ対ブルック事件は、1種の現金売買の事件であったともいえよう。現金売買の場合には、そもそも各当事者は相手の名前を知る必要はない。G. Williams, *A Lawyer's Alice*, 9 CAMB. L. J. 171 (1946).

[57]　この2の判決は日本でも注目されたが、イギリスの最新判例で多少修正されている。田島裕『イギリス法入門（第2版）』（信山社、2009年）8，143頁参照。

の利益のために刑事判例の変更を認めたことがある[58]。

§418　控訴院は少なくとも貴族院判決に従わなければならないことは、明確に確立された原理であると信じられてきたが、デニング裁判官は、これについてさえ異論を唱えている。例えば、コモン・ローによれば、通常裁判所は損害賠償の算定にはイギリス貨幣のみを用いることとなっており、当事者間の契約が外国の貨幣による賠償を定めている場合でも、外貨による算定は認められなかった。しかし、2対1の多数意見でデニング裁判官は、前項で紹介した貴族院の1966年の慣行声明は控訴院にも適用されるべきものであり、これは時代が変ったときには判例法を変更すべきであるとするものであると解釈した[59]。控訴院が判例法の変更について貴族院の最終的判断をせまることの意義は大きなものであると考えているように思われる。この考えは、貴族院によってはっきり否定されてはいるが、判例法主義について再検討をうながす1つの論点を提供しているので、注目する必要がある。

2　その他の下級審裁判所の慣行

§419　裁判所組織を説明したときに既にのべたように、高等法院などのいわゆる第1審裁判所は、事実を確定することを主たる任務とするものと考えられており、その判決に先例としての拘束力は認められない。しかし、治安刑事裁判所の判決に対する上訴を合議法廷が審理し、下した判決は、拘束力を認められる。また、生活保護給付などの決定について特別裁判所が設置され、そ

---

[58]　R. v. Gould [1968] 2 Q.B.65. グランヴィル・ウィリアムズは、被告人の抗弁を判例法で認めることは、罪刑法定主義に反するものではないと考えている。G. WILLIAMS, TEXTBOOK OF CRIMINAL LAW (1978) p.7. なお、刑事法における判例法主義について論じた、A. T. H. Smith, *Judicial Law Making in the Criminal Law*, 100 L. Q. REV. 46, 63-7 (1984) も、この考えを支持している。

[59]　Schorsch Meier G. m. b. h. v. Henning [1975] 1 Q.B.416, at 424-5. この判決は、本文でのべたコモン・ローを表明した貴族院のRe Havana Railway [1961] A. C.1007 を否定したものである。この判決は貴族院へは上告されなかったので、これで確定した。しかし、類似の事件であるMiliangos v. Georg Frank (Textiles) Ltd. [1976] A. C. 443 において、貴族院の各裁判官は、デニング裁判官の考えを厳しく批判した。もっとも、結論として外貨により賠償額を算定することは、貴族院も認めるようになった。なお、デニング裁判官と貴族院の類似の対立は、Broome v. Cassell [1971] 2 Q.B.354におけるRookes v. Barnard [1964] A.C.1129, at 1221-31 のデヴリン裁判官の意見の先例としての扱い方にもみられる。

の決定の記録が保存されることを法律上義務づけられている場合には、当事者の公平な取扱いが要求されるために、先例は拘束力をもつものとみなされているように思われる[60]。

さらに、ジュセル（Jessel）裁判官は、下級審の判例であってもそれが有名な著作に引用されたりしてよく知られ、社会生活（例えば取引）がそれを信頼して行われていると認められるような状況があるときには、下級審の先例であっても拘束力が認められることがなくはない[61]、という見解を示している。

第4項　エクイティ裁判所の判例法

§420　エクイティは、法的安定性よりも具体的妥当性を重んじる傾向があり、裁判官の裁量の余地が広く認められる法であることは既にのべた。これに対し批判的な目を向ける者は、その恣意性を指摘する。このことからは、先例拘束性の原理はエクイティの判例法には適用がないのではないかと推察されるのであるが、実際には、その原理がもっと厳密に守られているのではないかと思われる[62]。少なくとも、エルドン卿の判決には、エクイティの判決につ

---

[60] Merchandise Transport Ltd. v. British Transport Commission, [1962] 2 Q.B. 173, at 193 では特別裁判所が先例を機械的に適用することを非難している。Cf. R. v. Flintshire County Council County Licensing (Stage Plays) Committee, exparte Barrett, [1957] 1 Q.B. 350, 367-68. 現在では、特別裁判所の判例法体系もかなりでき上っており、むしろこの傾向を歓迎する意見が多い。FARMER, TRIBUNALS AND GOVERNMENT (1974) p. 179; MICKLETHWAIT, THE NATIONAL INSURANCE COMMISSIONERS (1976) pp. 73-7; Safford, *The Creation of Case law under the National Insurance and National Insurance (Industrial Injuries) Acts*, 17 MOD. L. REV. 197-210 (1954). ワイズ（Wise）は、先例法理は、(1) 確実性（certainty）の必要、(2) 公正、(3) 処理の効率、(4) 法的継続性の必要、(5) 取り扱いの平等などに役立つとのべているが、これらは、多くの場合、特別裁判所にも当てはまることだからであろう。Wise, *The Doctrine of Stare Decicis*, 21 WAYNE L. REV. 1043, 1056 (1975).

[61] Wallis v. Smith (1882) 21 Ch. D. 243, at 265 におけるジェセル裁判官の意見を見よ。エシャ裁判官もまた、Robins v. Gray [1895] 1 Q.B. 501, at 503 において、何世紀にもわたって宿屋の留置権の法を信頼して営業がなされてきたのであるから、たとえ理論上誤りがあっても、それを直ちに否認するわけにはいかないとのべている。

[62] これについての研究は余り多くなされていないので、とりあえず Winder, *Precedent in Equity*, 57 L. Q. REV. 245 (1941) および D. E. C. YALE, LORD NOTTINGHAM'S CHANCERY CASES (Selden Society [73] 1954) の序文をあげるのみにとどめたい。

第7章　法律解釈

いても先例拘束性の原理が働く旨をのべられている[63]。

　これについて2つのことが考えられる。その1つは、エクイティの領域においては、過去に類似の事件があると認められる場合には、当事者を公平に扱うべきであるという考えが強く働き、その結果、先例が尊重される。第2に、エクイティ裁判所の判決も記録に残されるようになると、恣意的であるとする批判に応えるために、判例法の整合を保つことの必要をより強く意識するようになったのであろうということである[64]。さらに、コモン・ロー裁判所とエクイティ裁判所が統合され、判例集が画一的に編纂されるようになってからは、それぞれの判例の扱い方をちがえる理由がなくなったともいえよう。このことは、デニング裁判官の諸判例（「家族資産」や「基本的違反」の原則に関する判例など）を読んでいると感じられるところである[65]。

---

[63] Gee v. Pritchard (1818) 2 Swanst. 402. また、ハードウィック裁判官は、Chesterfield v. Janssen (1750) 1 Atk. at 353 で、ノッティンガム卿、カウパ卿、キング卿およびタルボット卿という諸先輩の考えに従う義務があるとのべている。

[64] この点に関して、エルドン卿の貢献は大きかったといわれる。エクイティの判例集が編纂されるようになったのは、コモン・ローのそれに比べてはるかに遅く、エクイティの諸原理が判例法上確立したのは比較的新しいといわれる。In re Hallett's Estate (1879) 13 Ch. D. 696, at 710 (per Jessel M. R.).

[65] 「家族資産」の判例は本書316頁に紹介したので、ここでは「基本的違反（fundamental breach）」の原則に関する諸判例にふれておこう。例えば、Karsales (Harrow) Ltd. v. Wallis [1956] 2 All E. R. 866, [1956] 1 W. L. R. 936 である。この事件では、原告は中古自動車を自分で運転して納得した上でそれを買うことに決め、ディーラーと売買契約を結んだ。しかしディーラーが実際にその自動車を原告に引渡したときには、シリンダーの頭部が破壊されていて使いものにならなかった。そこで原告は、融資をしてくれた銀行への割賦の支払をやめたのであるが、先の契約書にディーラーのための免責条項が含まれていたので、その効力が争われることになった。この事例で問題となっている契約は、いわゆる附合契約（adhesion contract）と呼ばれるものである。従来のコモン・ロー（例えば Chandelor v. Lopus [1603] Cro. Jac. 41）によれば、「買主に警戒させよ（caveat emptor）」の原則に従って原告敗訴になるはずであるが、デニング裁判官は、シリンダーに欠陥のある自動車は自動車の定義に当てはまらないものであり、契約の基本的な部分の履行がまだなされていないと判示した。このエクイティの新原理は、判例法として一定の地位をえている。この「基本的違反」の法理は、貴族院判決および立法により修正されているが、この点について詳しくは、田島裕「過失責任の契約による免責──イギリス不公正契約条項法（1977年）の制定」〔田中英夫編『英米法の諸相』(1980年) 所収〕571-600頁を見よ。

第3節　アメリカ法の判例法主義

第1項　憲法判例の特殊性

1　憲法判例の意義

§421　判例法主義についてこれまでのべてきたことは、アメリカ法にも原則として当てはまるといってよい。しかし、アメリカの連邦最高裁判所は、通常裁判所とは多少異なった役割をになっており、その憲法判例もまた、普通の判例とは多少異なった意義をもっている。その裁判所は、違憲立法審査を行うときに政策的考慮をしており、かかる判決については先例拘束性の原理は必ずしも完全な形で適用されるものではない。アメリカの判例法体系の重要な部分にこのような不確定な要素が含まれていることが、判例法主義について、イギリスのそれとはちがったアメリカ法の特色を生みだす原因となっている。

憲法判例の特質としては、まずその拘束力が弱いことをあげることができる。裁判所が判決を下し、立法部がそれに反対ならば、直ちに法律を制定してそれを改正することができるのであるが、憲法判例の場合には、それができないからである。憲法修正が必要であるが、アメリカの憲法は硬性憲法であるために、それを実現することはきわめて困難なのである。いうまでもなく憲法判例は、その性質上政治と密接に結びつき、国家の政策に重大な影響を及ぼすものである[66]。そして、政策は時代とともに変化してゆく必要があ

---

[66]　H. J. SPAETH, SUPREME COURT POLICY MAKING: EXPLANATION AND PREDICTION (1979) は、比較的最近の最高裁判所（主にウォレン裁判所とバーガー裁判所）を例にとりながら、その政策決定の過程を詳細に分析している。最高裁判所がいかなる政策をとるべきかについては、もちろん論者によって意見が分れうるところである。これについての研究は数多くあり、そのすべてを詳細に紹介することはできないが、次のような考えが一般的なものであるといえよう。第1に、多数決原理に基づく民主制に付随する一種のフィードバック装置としての役割を裁判所がになうとするものであり、「個人または少数者」の保護という形をとる。これは伝統的な考えといってよい。Dahl, *Decision-Making in a Democracy: The Supreme Court as a National Policy-Maker*, 6 J. PUB. L. 279 (1957) 参照。ブラックは、これを立法権および行政権に対する抑制機能としてとらえ、さらに両権の行為を正当化する機能をこれに加えている。C. BLACK, THE PEOPLE AND THE COURT (1960) p.60. 第2に、社会問題の解決のために一定の政策が必要とされる場合に、他の諸機関が何らかの理由のためそれをしないとき、

るのに、立法部が拱手傍観する以外にどうすることもできないということになれば、最高裁判所が自らその憲法判例を変えてゆく以外にない。憲法判例は一定の流動性をもつ宿命を負っているといえよう。アメリカ憲法が世界最古の憲法でありながら、現在まで生きながらえてきた奇跡を生んだのも、融通性にとんだ憲法判例の発展によるところが最も大きいであろう。

2　憲法判例の展開——言論・出版の自由
(1)　序　説

§422　憲法判例の展開をすべての領域にわたって説明することは不可能なので、言論・出版の自由に関する憲法判例の変遷を具体的な例として取りあげ、それを説明することにしたい。これに関する憲法の規定は、「連邦議会は言論または出版の自由を制限する法律を制定してはならない」と定めている。この規定には修飾語が全く使われてないので、言論・出版の自由は絶対的に保障されていると読むこともできなくはない[67]。しかし、連邦最高裁判所は、憲法の保障する諸自由のうちこの自由を最も高い地位におきながらも、それぞれの時代の要請にこたえる必要最小限の制約を課してきた。したがって、憲法判例によるかかる制約を考慮に入れることなしに、先の憲法条文の意味を真に理解することはできない。

　　裁判所がリーダーシップをとって政策決定を行うべきであるとする考えがある。例えば、コックスは、「判決の社会的、経済的および政策的結果を考慮」しながら、社会の新しい必要性に奉仕するよう憲法訴訟を「改革の道具」に使うべきであるとのべている。Cox, The Role of the Supreme Court in American Government (1976) pp. 100-4. のちに紹介する（本書 339-340 頁）ジャッフィの考えも、比較的これに近いものといえよう。

　[67]　例えば、マイクルジョン教授は、合衆国憲法第１条９項で権利剥奪法（bill of attainder）、事後処理法（ex post facto law）の制定が禁止されているのが絶対的なものと理解されているのと同様に、言論の自由を制定する法律の制定は、すべて禁止されていると説いている。Meiklejohn, Free Speech and its Relation to Self-Government (1948); Meiklejohn, The First Amendment and Evils that Congress has a Right to Prevent, 26 Ind. L. J. 477 (1951); Meiklejohn, The First Amendment is an Absolute [1961] Sup. Court Rev. 245. Cf. Chafee, Book Review, 69 Harv. L. Rev. 891 (1949). ブラック裁判官の少数意見にはこれに近い考えがみられるが、これによれば第１修正の働く範囲を著しく限定せざるをえなくなり、別の部分で困難な憲法問題を生むので通説判例はこれをとっていない。伊藤正己『言論出版の自由』（1959 年）6-7 頁参照。

第3節 アメリカ法の判例法主義

(2) 事前抑制の禁止

§423　この憲法原理は、イギリスのコモン・ローから継受した原理である。ブラックストンは、出版の自由は自由国家の本質にかかわる重要なものであるから、出版前に検閲を行い、これを抑制することがあってはならないとのべている[68]。過去の歴史の経験に照らしてみると、1人の暴君が自分の権力を維持するために、自分を批判する言論を統制することがしばしばあったからである[69]。このブラックストンの考えは、クーリの有名な著書のなかに受けいれられ、アメリカの憲法判例によっても認められている[70]。ニア対ミネソタ判決では、「悪意があり、中傷的でかつ人の名誉を傷つけるような新聞、雑誌または定期刊行物」の発行をニューサンスとして禁止することを認めた州法の合憲法性が争われたが、連邦最高裁判所は、これにより有罪とした州最高裁判所の判決を破棄した[71]。

(3) 「明白にして現在の危険（clear and present danger）」の原理

§424　言論・出版の自由の領域において重要な役割を果たしたアメリカ憲法判例の原理である。この原理は、シェンク対合衆国判決におけるホームズ裁判官による判決のなかでのべられたものであるが、1925年の有名なギトロー対

---

[68] BLACKSTONE, *supra* p.143 (n.25), vol.4, pp.151-2. この考えはコモン・ローを説明したものとしては正しいものであり、ダイシーやその他のイギリスの憲法学者も、同じような考えを示している。

[69] このことは有名なミルトンの『アレオパヂティカ』（岩波文庫版では『言論の自由』という表題が付けられている）によくあらわれている。また、Holdsworth, *Press Control and Copyright in the 16th and 17th Centuries*, 29 YALE L.J. 841 (1920); Shientag, *From Seditious Libel to Freedom of the Press*, 11 BROOKLYN L. REV. 125 (1942) も参照。

[70] COOLEY, CONSTITUTIONAL LIMITATIONS (8th ed. 1927) vol.2, p.880. また、KENT, COMMENTARIES (1826) vol.2, pp.17-22; STORY, CONSTITUTION (1833) §1889 も、同じようにブラックストンの解釈を踏襲している。ただし、クーリは、「単に事前の抑制をうけないことが憲法の規定によって保障されるすべてではありえない」（*id.* at p.885）とのべているし、チェフィはもっとはっきりと、第1修正の制定者たちは、「ブラックストンの説よりもさらに遙かに歩をすすめたのである」とのべている。CHAFEE, FREE SPEECH IN THE UNITED STATES (1948) p.18.

[71] Near v. Minnesota, 283 U.S. 697, 716 (1931). 事前の抑制の原理は、ベトナム戦争のペンタゴン資料をニュー・ヨーク・タイムズおよびワシントン・ポストに掲載するのを禁止することを合衆国政府が求めた New York Times v. United States, 403 U.S. 713 (1971) でも認められている。Organization for a Petter Austin v. Keefe, 402 U.S. 415 (1971); Bantam Books v. Sullinvan, 372 U.S. 58 (1963) も同種の判例である。

第7章 法律解釈

ニュー・ヨーク判決でも多数意見の採用するところとはならず、ホームズ裁判官とブランダイス裁判官の少数意見で使われたにすぎない[72]。しかし、1940年代のいくつかの憲法判例では、この原理によって言論・出版の自由を制限する法律が、しばしば違憲であると判決された[73]。

§425　この原理は、他人に危害が加えられることが明白になった時点ではじめて制約を認めるものであり、内容について価値判断をしないで規制がなされる点で利点をもっている。言いかえれば、規制が言論・出版の自由の内容についてなされるのではなく、その自由を行使する態様、すなわち、時間、場所および方法についてなされるのである。しかし、有名なデニス対合衆国判決では、ヴィンソン首席裁判官は、暴力行為を近い将来に行うよう教えることは第1修正によって保護されず、その暴力行為が重大なものであるならば、その蓋然性が証明されればその規制は許されると判決した。この判決は、「明白にして現在の危険」の原理を実質的に変更したものと思われる[74]。デ

---

[72] ホームズ裁判官は、Schenck v. United States, 249 U.S. 47 (1919) の法廷意見を書き、その傍論のなかで次のようにのべた。「自由な言論を最も厳しく保護したとしても、うそと知りながら劇場の中で火事だと叫び、危機状態を作り出す者まで保護することはない。暴力と全く同じ効果をもちうる言葉を発するのを禁じるのをさまたげ、それを発するのを保護するようなことはしない。すべての事件での争点は、使用される言葉が、国会が防止する権利を有する実質的な害悪をもたらすような、明白にして現在の危険を生むような情況のもとで使われたかどうか、またそれを生むような性質の言葉かどうかである」と。Abrams v. United States, 250 U.S. 616, 624 (1919) において、ホームズ裁判官は、「明白にして現在の危険」の原理をさらに詳しく説明してる。Gitlow v. New York, 268 U.S. 652 (1925) では、ニュー・ヨーク市の条例が合憲かどうかの判断に「明白にして現在の危険」の原理の適用があるかどうかが検討されたが、最高裁判所の多数意見は、その条例は特定の行為（言論と区別される）のみを禁止しているにすぎないから、その原理の適用はないと判決した。もちろん、ホームズとブランダイスはこれに反対した。もっとも、このギトロー判決は、言論の自由の保護は州にも及ぶとした最初の判決であり、その意味で非常に重要なものである。

[73] 例えば、Herndon v. Lowry, 301 U.S. 242 (1937)（この原理が5対4で多数意見となった最初の事件）; Thornhill v. Alabama, 310 U.S. 88 (1940)（平穏なピケ）; West Virginia State Board of Education v. Barnette, 319 U.S. 624 (1941)（国旗掲揚事件）; Bridges v. California, 314 U.S. 252 (1941)（裁判所侮辱）; Terminiello v. Chicago, 337 U.S. 1 (1949)（治安維持）などを見よ。

[74] Dennis v. United States, 341 U.S. 494 (1951). ただし、Yates v. United States, 354 U.S. 298 (1957) で、ハーラン裁判官が法廷意見を書き、言論と行為とを明確に区別し、デニス判決の法理は行為にのみ適用されるものであると判決した。

ニス判決によってこの原理はその意義を失ったかのようにみえたのであるが、1960年代になってからその意義が再び見直され、最近ではむしろ、デニス判決の法理は、特定しうる1人または複数の個人を教唆し、当該の個人がまさに暴力行為をしようとしている場合に限り利用される著しく特殊な場合の法理とすることによって、その原理の働く領域がひろげられている[75]。

§426 (4) 国民の知る権利とアクセス権　言論出版の自由は、新聞報道（正確には意見広告）の自由が争われたニュー・ヨーク・タイムズ社対サリバン事件によって、いっそう優越的な地位が与えられた[76]。新聞報道によってある者の名誉が毀損された場合であっても、その者が「公人（public figure）」であるときは、国民はその人について知ることに正当な利益をもっており、新聞はその利益を実現するための公共的機能を果しているのであるから、新聞がその報道の内容に誤りがあることを知りながら、あるいは真実かどうかに顧慮することなく、害意（malice）をもってそれを報道したときにのみ責任を負う、というのがその判決の趣旨である。法廷意見を書いたブレナン裁判官の言葉を借りれば、民主社会において言論出版の自由が「生きるための息抜きの空間」を必要としているとして、新聞報道に対し寛大な態度を示したのであった。

§427 「公人」というのは、最初は選挙に立候補することを予定している政治家を意味すると理解され、かかる政治家の私的なことからもその人格を知るのに重要な情報であり、国民が選挙の目的のために知るべきことであると考え

---

[75] Bond v. Floyd, 385 U.S. 116 (1966); Watts v. United States, 394 U.S. 705 (1969); Brandenburg v. Ohio, 395 U.S. 444 (1969) を見よ。Nebraska Press Association v. Stuart, 427 U.S. 539, 562-3 (1976) では、United States v. Dennis, 183 F. 2d 201, 212 (2nd Cir. 1950) のラーニッド・ハンド裁判官の判決を引用しながら「明白にして現在の危険」の原理を採用した。ちなみに、この原理の重要性が改めて認識されたことについては、Emerson, *Toward a General Theory of the First Amendment*, 72 YALE L. J. 877 (1963) によるところが大きいと思われる。

[76] New York Times Co. v. Sullivan, 376 U.S. 254 (1964). この事件は、本書§424に説明した通り、新聞による名誉毀損に関するものであるが、いわゆる国民の知る権利を確立した判例として、最も重要な判例であり、その後の判例に大きな影響を与えている。本文の割注に付記したように、正確にはニュー・ヨーク・タイムズに掲載された広告記事に含まれていた事件記事が名誉を傷つけるものとして争われた事件であるが、普通新聞報道に関する先例として引用されているので、そのようなものとして説明した。

第7章 法律解釈

られた。しかし、ただ単に選挙のためだけでなく、国民は公けの性質の情報を知らされるべきであるので、いわゆる有名人であれば「公人」として扱われるようになっている。この考え方は、名誉毀損の事件だけでなく、有名人のプライヴァシー権が侵害されたことが争われている事件でも、同じように使われている[77]。

マスコミ関係の事件であっても、テレビやラジオのように意思伝達の媒体を利用できる者が制限されているときは、その利用を公正に行わせるための原理が働く。例えば、レッド・ライオン放送会社対連邦通信委員会判決では、放送中に批判された特定の個人に対しその放送と全く同じ条件で反論する機会を与えよと命じた連邦通信委員会（Federal Communication Commission）の決定は合憲であると判決された[78]（この最高判決によって認められた反論権はアクセス権と呼ばれている）。

(5) 公の場所で表現活動をする権利

§428 これまでみてきた諸判例では、連邦最高裁判所は2種の基準[79]を採用し、言論の自由に対し財産権よりも優越的地位を認めてきた。ショッピング・センターで平穏に労働組合員がビラを客に配布するのを禁止する州裁判所の差

---

[77] Garrison v. Louisiana, 379 U.S. 64 (1964); Rosenblatt v. Baer, 383 U.S. 75 (1966) では、公務員にもニュー・ヨーク・タイムズ判決の法理を当てはめた。さらに、Curtis Publishing Co. v. Butts, 388 U.S. 130 (1967); Rosenbloom v. Metromedia, Inc., 403 U.S. 29 (1971) では、有名になった私人にまでその法理の適用範囲を拡げた。また、プライヴァシー侵害の事件でその法理を使った例として、Time, Inc. v. Hill, 385 U.S. 374 (1967); Time, Inc. v. Firestone, 424 U.S. 448 (1976) を見よ（*Cf.* Gertz v. Robert Welch, Inc., 418 U.S. 323 (1974)）。ちなみに、最初に公務員に関する判例を示したが、公務員の地位は特権（privilege）と考えられており、公務員も市民としての権利は認められるが、罷免などその地位に関する事件では、別の考え方が働く。McAuliffe v. New Bedford, 155 Mass. 216, 29 N.E. 517 (1892)（per Holmes, J.）。

[78] Red Lion Broadcasting Co. v. FCC, 395 U.S. 367 (1969). このアクセス権の法理は、新聞には適用されない。National Citizens Commission for Broadcasting v. FCC, 567 F. 2d 1095 (1977). また、Bollinger, Jr., *Freedom of the Press and Public Access: Toward a Theory of Partial Regulation of the Mass Media*, 75 MICH. L. REV. 1 (1976) も見よ。

[79] 2種の基準とは、United States v. Carolene Products Co., 304 U.S. 144 (1931) におけるストーン裁判官の意見によって説明された考え方である（*id.* at 152 n. 4）。この基準は、経済的自由に関する立法についての違憲審査のときに、合憲法性の推定を働かせるところにその重要な意義がある。これについて詳しくは、伊藤〔本書334頁注67〕17頁以下参照。

止命令が第1修正に違反するかどうかが争われた事件でも、ウォレン裁判所は、労働者のデモンストレーションの権利を認めたのであった[80]。しかし、バーガー裁判所になってから、よい環境、美観、買物を楽しむことにも「新しい財産的価値」を認めるようになり、ウォレン裁判所の憲法判例を否定するようになった[81]。

3 積極主義と消極主義

§429　言論出版の自由に関する憲法判例を例にとって示したように、アメリカの裁判所は、実際上政策決定にかかわっているのであり、一定の限度で意識的に法創造を行っている。もしこれを肯定するとすれば、次の3つの問題に答えなければならない。すなわち、その第1の問題は、裁判所が法創造を行うことが許される法的根拠は何かである。第2の問題は、裁判所による法創造の限界はどこにあるかである。そして第3の問題は、個々の事例についてなされる法創造による副産物として生まれる、法の本来もつ柔軟性(flexibility)を傷つける技術的傷害を取り除くことができるかどうかの問題である。

§430　ジャッフィ教授は、オックスフォード大学での連続講演においてイギリス

---

[80] Amalgamated Food Employees Union v. Logan Valley Plaza, 391 U.S. 308 (1968). 多数意見は、「普通公衆に利用ないし立入りを許している場所で平穏な言論活動を行うこと」を許したが、ブラック裁判官は、私有財産権の保護の重要性を主張する反対意見を書いている。この事件において先例として使われた Marsh v. Alabama, 326 U.S. 501 (1964) では、町全体が工場経営者の私有地であるときに、その町の中でエホバ証人団が宗教の勧誘を行うのを禁止することは、第1修正に違反すると判決した。

[81] 例えば、Lloyd Corp. v. Tanner, 407 U.S. 551, at 567 (1972):「意思を伝達する適切な手段が他にもある場合に、第1修正の権利の行使は財産権よりも優先されるべきであるとすることは、許されない財産権侵害となろう」。また、Young v. American Mini Theatres, 427 U.S. 50 (1976); Miller v. California, 413 U.S. 15 (1973); Paris Adult Theatre I v. Slaton, 413 U.S. 49 (1973) も同じ考えによる判決であるといってよかろう。*Cf.* Metromedia, Inc. v. City of San Diego, 453 U.S. 490 (1981) (この事件では、条例による規制が画一的なものでなかったので、5対4の判決で当該条例は違憲とされた)。なお、本文で言及した「新しい財産的価値」を保護した判決の一例として、Young v. American Mini Theatres Inc., 427 U.S. 50 (1976) 参照。もっとも、美観保護については、ダグラス裁判官が、Berman v. Parker, 348 U.S. 26, 33 (1954) ですでに「ポリス・パワーによる規制が許される」という意見をのべている。ちなみに、全く異なった観点から書かれた論説であるが、Reich, *The New Property*, 73 YALE L. J. 733 (1964) は、「新しい財産的価値」にもデュー・プロセスの保護を及ぼすべきであると主張している。

とアメリカの裁判官の法創造機能を比較考察しながら、その3つの問題について次のように答えている[82]。まず第1の問題については、法的根拠は「法に従って（pursuant to law）事件および争訟を審判する」憲法上の権限であるという。これについて、「事件性」ないし「争訟性」の要件が重要であることはいうまでもないが[83]、よりいっそう重要なことは、「法」の概念が司法部の行動を規律する有権的諸原理（authoritative principles）の集合体として理解されることである。判決は既存の法に基づいて下されなければならないが、ここにいう「既存の法」の中には、「切迫した必要性（deeply felt need）」も含まれている。ただし、法は国民の意思でなければならないという民主主義の原理から、そのような広義の法は、判決後に国民の一般的支持（popular acceptance）によって準正されることが必要であり、またその適用にあたってなされる法的推論も、すでに確立した方式によってなされる必要がある[84]。

§431　第2の問題は、換言すれば、先にのべた条件を満たしている限り、裁判所は全く自由に法を創造できるかどうかという問題である。この問題については、フランクファータ裁判官の意見が通説的なものであったと思われる。つまり、裁判所は個人的感情によって動かされることのない「合理的基準によってその判決を形成することができる限度においてのみ、民主社会でのその責務を果たすことができる」とする考えであり、政策（policy）の問題は価値評価を含むので、裁判所は関与すべきではないとする[85]。これに対し、

---

[82]　これはイギリス法の保守的な面を厳しく批判しており、大きな反響をよんだ。のちに JAFFE, ENGLISH AND AMERICAN JUDGES AS LAWMAKERS (1969) という1冊の本として出版された。本項で引用するジャッフィの考えは、これによるものであるが、この著書の内容は、アメリカ法1973-2号235-46頁に詳しく紹介されている。なお、伊藤正己「司法積極主義再考」『最高裁判所（法学セミナー増刊）』(1977年) 74-81頁は、このジャッフィの視点に立って、司法積極主義をとった場合の当事者適格の問題、事件性の要件、政治的問題などを論じた論文である。

[83]　これについては、本書107頁以下に詳しく説明した。

[84]　ただし、ここにいう確立した方式は、本章のはじめに説明したような法律解釈の法技術の諸原則を指してはいない。理由を十分に示して国民を説得できる論理ぐらいの軽い意味で使われていると考えてよい。

[85]　A. F. of L. v. American Sash & Door Co., 335 U.S. 538, 557 (1948).「合理的基準」を説明してつぎのようにもいう。すなわち、それは、「個人的感情によって影響されない基準であって、言葉で伝達可能なものである。政策（policy）の問題は、定義上、

ジャッフィ教授は、法律の条文を適用するにあたって、政策について選択可能な各選択肢を合理的に説明することはできるし、その1つを選択した結果どのようになりうるかについて合理的にのべることも可能であるという。すなわち、裁判官は、立法が明示的に禁止していない限り、自己の良心と理性に従って、一般人の意思だと思うものを法として適用する自由または裁量をもつと説く。さらには制定法自体が、裁判官に対して価値判断を要求していると解釈しうる場合さえあるとのべている[86]。

§432　第3の問題に関しては、司法的法創造が本来の立法に悪い影響を与えるか否かを検討しなければならない。これについては、多数決原理を実質的にとらえてみれば、むしろそれは望ましいことであることが分る。いかなる問題についても、最初は1人の見解でしかない。時には、重要な見解も無視されてしまうこともあるし、また時には、多数の興味を引くことができないというだけの理由で立法ができないこともある。議会は、社会にとって何が必要かということについて、コンピュータのように正確な判断を下すものではなく、立法は、その時々に目につく社会問題を試行錯誤的に解決するために、「肯定（yes）」または「否定（no）」の二者択一という方法で作られていくものである。裁判所もまた、窮極的には社会問題の解決をその役割とするものであって、裁判所が新しい解決方法を最初に示したからといって、上にのべたような立法機能が損われるとは思われない。むしろ、裁判所は法については専門家であって、詳細な理由を示すことによって立法機能を助けることすらできると思われる。しかも、裁判所の新しい見解を法として認めるか否かの選択権が議会にあるのである。また、判決の効力が個別的なものであるということから考えて、国民の一般的支持が得られないかぎり、それは完全な法とはなりえないものであるから、法の民主的性格を傷つけることもないとのべる[87]。

　　価値の対立の調整を必要とするものであり、諸価値を対立させている諸要素は、大部分、（客観的）評価のできないものである」と。

86　ジャッフィが、かかる場合の実例としてあげているのは、次注および注7のような不法行為法の諸判例および死刑を違憲とした判例などである。

87　公立病院の不法行為責任について主権免責の原則が適用されるかどうかに関するMuskopf v. Corning Hospital, 55 Cal. 2d 211, 359 P. 2d 457 (1961)、効果的な救済手段を与えることに関して、Baker v. Carr, 309 U.S. 186 (1962); Reynolds v. Sims, 377 U.

第7章　法律解釈

§433　アメリカでは、このような考え方によって裁判官による法創造が行われているが、実際にこの権限を行使するかどうか、またそれをどのように行使するかは、各裁判官の世界観ないし社会観にかかっている。したがって、すでに引用したいくつかの憲法判例（とくに適正手続条項や平等保護条項に関する判例）の実例からもわかるように、憲法解釈は拡大されたり、縮小されたりした。これまでの説明からも理解できるように、このようなことが認められるのは、憲法判例の特色であると思われるのであるが、実際には、この特色がアメリカ法における判例というものの考え方に影響を与え、憲法以外の法領域における諸判例にも、裁判官の積極的な姿勢をみることができる。例えば、製造物責任や慈善団体の不法行為責任の免責に関する諸判例がそのよい実例である[88]。

第2項　判例の不遡及的変更

1　アメリカの判例法主義

§434　判例法主義はアメリカにも存在することは、これまでのべてきたことからも明らかであるが、それがアメリカでは著しく退化しつつあるかにみえるの

S.533（1964）、判決の社会全体に及ぼす影響について、Brown v. Board of Education, 347 U.S. 483（1954）を詳細に分析している。ちなみに、最後の判決は、黒人と白人の実質的平等を教育の場で保障しなければならないとした重要な判決であるが、これにより平等権に関する憲法判例は大きく発展した。新しく発展した類型の訴訟方式の観点からこの憲法判例を研究した論文として、藤倉〔本書120頁注25〕258頁以下参照。現在では、一定のクラスの者が特別の扱い方をされることが法文上明らかであるか、あるいは法文上は明らかでなくても法律がそのような動機によって作られたときは、差別に合理的な根拠のあることを厳密に証明することが要求される。Washington v. Seattle School District No. 1, 458 U.S. 457（1982）; Crawford v. Los Angeles Board of Education, 458 U.S. 527（1982）参照。

[88]　R. E. KEETON, VENTURING TO DO JUSTICE: REFORMING PRIVATE LAW (1969) は、本文でのべた問題を論じ、関連のある多数の判例を州ごとに、また課題ごとに整理し、分析している。ここでは、その著書の出版後の判決である Liv. Yellow Cab Co., 532 P.2d 1226（1975）を例としてあげておこう。この判決は、先例法である寄与過失（contributory negligence）の法理を廃棄し、過失相殺（comparative negligence）の法理を採用した。これは明らかに立法の性質をもつ判決であり、法の変更にともなう立法的措置がのちに必要となるが、議会は立法しなかったので、その後のいくつかの判決を通じてそれがなされた。これについては、Jess v. Herrmann, 604 P.2d 208, 161 Cal. Rptr. 87（1979）およびその評釈、アメリカ法1981-1号197-204頁を見よ。

は、憲法判例がイギリスのそれとはちがった意味をもっていること以外に、つぎのことにもその原因があると考えられる。

§435 判例の量が余りにも多すぎること　アメリカには連邦裁判所の外に50州の各州が設置した裁判所があり、毎年生産される判例法の利用は、全部印刷すれば数百巻にわたるであろう（それはノアの洪水に擬せられ、あるいはマルサスをもあきれさせると評される）。しかも、判例の数が増加するにつれて、その引用も多くなり、そのため判決の意見の文章はいっそう長くならざるをえない。もとより、他の州の判例は法的拘束力をもたず、説得的権威をもつにすぎないのであるが、実際にはかなりひんぱんに利用されているのである。これらのことは、当然に実務にたずさわる法律家の考え方に影響せざるをえない。

　まず大量の判例があることから、すべての関連判例をさがしだすことが困難になり、このことから相互の矛盾牴触の生ずることは避けえない。そこで、判旨としては特定の先例に判決の基礎としての拘束力を認めながらも、実際に判決を指導したものは、判例の大勢ともいうべきもの、つまり判例法の流れのなかでの有力説ともいうべきものであることが多い。少なくとも法曹の思考過程においては、個々の判例でなくて、かかる全体の趨勢が重視されている[89]。これは、むしろ大陸の法律家の判例法に対する考え方に接近するものであろう[90]。それは、たった１つの先例でも強い拘束力をもつとする先例拘束性の原理の弱体化をみちびくことになろう。

§436 ついで、莫大な量の判例を前にして、法曹はこのような傾向を把握することが困難になる。判例探索の技術が発展している[91]とはいえ、直接に判例を

---

[89] ルウェリンは、「同じ類型の紛争事件のすべてに適用される１般原則に従ってのみ、裁判所は具体的紛争に判決を下すことができる」とのべている。LLEWELLYN, THE BRAMBLE BUSH（Occeana ed. 1975）p. 42. またオリファントは、先例拘束性の原理に関する有名な論文の中で、判決で裁判官がのべた具体的な言葉に意味があるのではなく、その全体からくみとることのできる法規範が重要であるとのべている。Oliphant, *A Return to Stare Decisis*, 14 A. B. A. J. 71 (1928). ジェローム・フランクは、「意識的にせよ無意識的にせよ、裁判官は、先例のついたての影に偏見をかくしてしまうことができる」とのべている。FRANK, LAW AND THE MODERN MIND (1930) p. 133.

[90] これは、本書326頁注50に引用した論文のなかで、グッドハート教授がすでに予測していたことである。

[91] 現在ではコンピュータのデータ・バンクが作られているので、瞬時に関連判例をさ

第7章　法律解釈

根拠として考えることが少なくなる。そして、大量の判例を整理してそこに１つの原則ないし主たる傾向をみいだしてゆく仕事が、実務家以外の手にゆだねられることになる。このようにして、判例法を発展させてゆく責を負う実務法律家は、その意見のなかで先例を引用していても、その思考の過程にあっては、学者の研究その他の中間の媒介をへているのであって、それだけに判例の権威は薄くなり、判例の拘束力への信頼が退化することになろう[92]。

§ 437　アメリカ社会の急激な発展　もちろん、20世紀のイギリスが自由主義的基調にたつ構造から重要産業国有化を含む福祉国家体制に転移した変化もめざましいものであるが、その発展の多様さと急速さとにおいてアメリカに譲らざるをえない[93]。アメリカ社会の特質は、ダイナミックなところにある。したがってそれを規制する法もまた、動的なものでなければならない。イギリス式の先例拘束性の原理のうちにひそむ厳格性は、急速に変化する社会的、経済的諸事情に適合しえないものである。このことが、とくにニュー・ディール以降にはおびただしい数量の立法を生む原因となり、アメリカの判例法主義の問題をいっそう複雑なものにしている[94]。

　　がすことができるようになっている。その主要なものは、WestlawおよびLexisと呼ばれるものであるが、データの内容、その使い方などは、M. A. MASON, AN INTRODUCTION TO USING COMPUTERS IN THE LAW (1984) に詳しく説明されている。

[92]　ジェローム・フランクは、裁判官はあらかじめ結論を出し、それを導くような論理をさがすのが通常の姿であり、先例法理は神話にすぎないと考えている。一般的に、FRANK, COURTS ON TRIAL, MYTH AND REALITY IN AMERICAN JURISPRUDENCE (1950) 参照。注１の諸文献も見よ。しかし、アメリカの通説的な考え方は、いちおう判例法理は認めるが、経験によって（カードウゾ説）、または社会的ないし現実的な諸事情を考慮にいれて（フラー説）、それを修正すべきであるとするものであると思われる。CARDOZO, THE NATURE OF JUDICIAL PROCESS (1921), ch. 4; Fuller, *American Legal Realism*, 82 U. PA. L. REV. 429 (1934).

[93]　特にニュー・ディール時代の諸立法のもつ意義は大きいが、この時代的背景について詳しく考証した DAWSON, LOUIS D. BRANDEIS, FELIX FRANKFURTER, AND THE NEW DEAL (1980)（アメリカ法1982-2号189-95頁参照）は、アメリカ法の理解に役立つ興味深い著書である。

[94]　トレイナ裁判官は次のようにのべている。「立法部がこのように大量の法律をあみあげている今日では、裁判官の役割はいっそう大きなものとなっている。……（中略）……ヒドラの頭をもった〔解決しがたい（訳者）〕問題は、立法部が打ち上げた方向の定まらないミサイルを生きたコモン・ローの制度とどのようにして同調させるかである」。Traynor, *Statutes Revolving in Common-Law Orbits*, 17 CATH U. L. REV. 401 (1968). ギルモアも、アメリカ法の現状について同じような認識を示している。

第3節 アメリカ法の判例法主義

2 不遡及的変更

§438 判例法主義はイギリスにもアメリカにも共通してみられるものであることを認めるとしても、1つの基本的な点に重要なちがいがみられる。それは、イギリスにあっては中世以来の伝統によってそれを育ててきたために、それに対する信頼は強く、一種の信仰心をともなっているようにみえるが、アメリカではそれはみられない。イギリスの法律家は、第3者がみれば現実には裁判によって法創造を行っているようにみえることがありうることを認めても、一般理論としてそれを認めることはしない。これに対して、アメリカの裁判官は、判例による法創造を否定しないばかりか、むしろそれが積極的に必要なことさえありうると考えているように思われる[95]。

§439 不遡及的判例変更の考えは、サンバースト石油精製会社対グレート・ノーザン鉄道会社判決においてカードウゾ裁判官によって既にのべられていたが、1965年のリンクレタ対ウォーカ判決で連邦最高裁判所は、法創造作用を認めたうえでの判例変更のための判決を下すときの一応の基準を示した[96]。これによれば、ただ単に社会事情が変ったために古い判例法が悪い結果をもたらすようになったというだけでなく、国会が立法によってそれを改正する気配はないのでその必要性を喚起した方がよいと思われること、さらに判例変更によって別の面で危害が生じないことに確信をもてた場合に限り、司法的法創造が行われるべきである。そして、判例変更によって別の面で危害が生

GILMORE, THE AGES OF AMERICAN LAW (1977) p.95. この問題に答えて、カラブレシは、「われわれが直面しているこの問題はまだ未解決である」とのべているが、いくつかの可能な考え方を示している。CALABRESI, A COMMON LAW FOR THE AGE OF STATUTES (1982).

[95] WHITE, THE AMERICAN JUDICAL TRADITION (1976) pp.361-3, 369; Bayles, *On Legal Reform*, 65 KY. L. J. 631-55 (1977). また一般的に、Mishkin, *Foreword: The High Court, the Great Writ, and the Due Process of Time and Law*, 79 HARV. L. REV. 56 (1965) の外、本書343頁注89に引用した諸文献を見よ。また、Traynor, *Quo Vadis, Prospective Overruling: A Question of Judicial Responsibility*, 28 HASTING L. J. 533 (1977) は、バーミンガム大学の講演に手を入れて発表された論文であるが、イギリス法との比較を試みている。

[96] Linkletter v. Walker, 381 U.S. 618 (1965). また、本文で言及したカードウゾの判決は、Sunburst Oil & Refining Co. v. Great Northern Railway Co., 287 U.S. 358 (1932) である。この判決の意義について、Schaefer, *The Control of "Sunbursts": Techniques of Prospective Overruling*, 42 N.Y.U.L. REV. 631 (1967) 参照。

第7章 法律解釈

じるか否かは、一般的に旧判例に対してどの程度の信頼がおかれているかによるというのである[97]。

§440 信頼利益が大きいと考えられる場合には、現在の判決では判例法を変更することはせず、将来の事件で変更すると予告するにとどるのが普通である[98]。しかし、旧判例はまちがっていたということを認めながらそれに従って判決するのは釈然としないし、新法理を適用しても大きな不都合はないと思われる場合には、悪い法を排斥した当事者の努力に対する報奨の意味で、新法理は将来の事件から適用すると判決するのであるが、その当事者にだけ現在の事件の時点から例外的に新理論の適用を認めることがある[99]。

---

[97] 信頼利益の考慮の仕方について、Stovall v. Denno, 388 U.S. 293 (1967); Maki v. Frelk, 239 N.E. 2d 445 (1968) および Schwartz, *Retroactivity, Reliability and Due Process: A Reply to Professor Mishkin*, 33 U. CHI. L. REV. 719 (1966) を見よ。一般的に信頼を重視しなければならないと考えられる領域は、刑法、租税法、財産法、家族法の地位に関する法律、契約上の義務を決める法律などである。

[98] 例えば、前掲注96に引用したリンクレタ判決を見よ。ただし、この判決では、不遡及的判例変更のもたらす種々な効果について、いくつかの具体的な事例を示しながら検討し、本文で次にのべる方式の判決を下すことのできる場合を示唆している。また、United States Trust Co. of N.Y. v. New Jersey, 431 U.S 1 (1976) も見よ。この判決は、連邦憲法のいわゆる「契約条項」を復活させた判決であり、私権剥奪法（bill of attainder）や事後法（ex post facto）の問題とともに、不遡及的判例変更の在り方についても言及している。

[99] United States v. Johnson, 457 U.S. 537 (1982); Northern Pipeline Construction Co. v. Marathon Pipe Line Co., 458 U.S. 50 (1982) の判決を分析しながら本文でのべた2つの法技術の使い方を検討した Schaefer, *Prospective Rulings: Two Perspectives*, [1982] SUP. CT. REV. 1-24 を見よ（なお、前注96で引用したリンクレタ判決をめぐってこの問題を論じた邦語文献として、田中英夫「判例の不遡及的変更」法協83巻7・8号1005-65頁も見よ）。

付録1：合衆国最高裁判所——歴代裁判官チャート図

大統領	首席裁判官	裁判官1	裁判官2	裁判官3	裁判官4	裁判官5	裁判官6	裁判官7	裁判官8	裁判官9
1789 ワシントン	ジェイ	J・ラトリッジ	クッシング	ウィルソン	ブレア	1790 アイルデル	1793 パターソン			
1793 ワシントン	1795 J・ラトリッジ 1796 エルズワース									
1797 アダムス				1798 ワシントン	1796 チェイス					
1801 ジェファソン	1801 マーシャル					1799 ムーア				
1805 ジェファソン						1804 ジョンソン	1806 リヴィングストン	1807 トッド		
1809 マディソン										
1813 マディソン			1811 ストーリ		1811 デュヴァル					
1817 モンロー										

347

付録1：合衆国最高裁判所——歴代裁判官チャート図

大統領	首席裁判官	裁判官1	裁判官2 (ストーリ)	裁判官3 (ワシントン)	裁判官4 (デュヴァル)	裁判官5 (ジョンソン)	裁判官6 (リヴィングストン)	裁判官7 (トッド)	裁判官8	裁判官9
1821 モンロー	(マーシャル)						1823 トムソン			
1825 アダムス								1826 トリンブル		
1829 ジャクソン								1829 マックリーン		
1833 ジャクソン				1830 ボールドウィン						
1837 ヴァン・ビューレン	1836 トーニ				1836 バーバー	1835 ウェイン			1837 カトロン	1837 マッキンリー
1841 ハリソン／タイラー					1841 ダニエル					
1845 ポーク			1845 ネルソン	1846 グリア			1845 ウッドベリ			
1849 テイラー										
1850 フィルモア							1851 カーティス			
1853 ピアス										1853 キャンベル

348

付録1：合衆国最高裁判所——歴代裁判官チャート図

大統領	首席裁判官	裁判官1	裁判官2	裁判官3	裁判官4	裁判官5	裁判官6	裁判官7	裁判官8	裁判官9
1857 ブカナン	(トーニー)		(ネルソン)	(グリア)	(ダニエル)	(ウェイン)	(カーティス) 1858 クリフォード	(マックリーン)	(カトロン)	(キャンベル)
1861 リンカーン	1864 チェイス	1863 フィールド			1862 ミラー			1862 スウェイン		1862 デイヴィス
1865 リンカーン／ジョンソン									1867 (廃止)	
1869 グラント			1872 ハント	1870 ストロング		1870 ブラッドリー				
1873 グラント	1874 ホワイト									
1877 ヘイズ				1880 ウッズ						1877 ハーラン
1881 ガーフィールド			1882 ブラッチフォード				1881 マシューズ	1881 グレー		
1885 クリーヴランド(*)	1888 フラー			1888 ラマー						
1889 ハリソン					1890 ブラウン		1889 ブリュワー 1892 シラス			

349

付録1：合衆国最高裁判所——歴代裁判官チャート図

大統領	首席裁判官	裁判官1	裁判官2	裁判官3	裁判官4	裁判官5	裁判官6	裁判官7	裁判官8	裁判官9
(ハリソン)	(フラー)	(フィールド)	(ブラックフォード)	(ラマー)	(ブラウン)	(ブラッドリー)	(シラス)	(グレー)		(ハーラン)
1893 クリーブランド(*)		1898 マッケナ	1894 ホワイト	1893 ジャクソン / 1895 ペッカム						
1897 マッキンレー										
1901 T・ルーズベルト(*)						1903 デイ / 1906 ムーディ		1902 ホームズ		
1905 T・ルーズベルト(*)										
1909 タフト	1910 E・D・ホワイト		1910 ヒューズ	1909 ラートン	1910 ラマー		1910 ヴァン・ドヴァンタ			1912 ピットニー
1913 ウィルソン(*)			1916 ブランダイス	1914 マックレーノルズ						
1917 ウィルソン(*)					1916 クラーク					
1921 ハーディング	1921 タフト									
1923 クーリッジ					1922 バトラー	1922 サザランド				1923 サンフォード

350

付録1：合衆国最高裁判所——歴代裁判官チャート図

大統領	首席裁判官	裁判官1	裁判官2	裁判官3	裁判官4	裁判官5	裁判官6	裁判官7	裁判官8	裁判官9
	(タフト)	(マッケナ)	(ブランダイス)	(マックレーノルズ)	(バトラー)	(サザランド)	(ヴァン・ドヴァンタ)	(ホームズ)		(サンフォード)
1925 クーリッジ		1925 ストーン								
1929 フーヴァ	1930 ヒューズ									
1933 F.D.ルーズヴェルト(*)			1939 フランクファータ			1938 リード　1940 マーフィ	1937 ブラック	1932 カドゾ　1939 ダグラス		1930 ロバーツ
1941 F.D.ルーズヴェルト(*)	1941 H.F.ストーン	1941 ジャクソン		1941 バーンズ　1943 ラトリッジ						
1945 トルーマン(*)	1946 ヴィンソン									1945 バートン
1949 トルーマン(*)				1949 ミントン	1949 クラーク					
1953 アイゼンハウワ(*)	1953 ウォレン	1955 ハーラン		1956 ブレナン						
1957 アイゼンハウワ(*)						1957 ホイッタカ				

351

付録1：合衆国最高裁判所――歴代裁判官チャート図

大統領	首席裁判官	裁判官1	裁判官2	裁判官3	裁判官4	裁判官5	裁判官6	裁判官7	裁判官8	裁判官9
(アイゼンハウワー)	(ウォレン)	(ハーラン)	(フランクファータ)	(ブレナン)	(クラーク)	(ホイッタカ)	(ブラック)	(ダグラス)		(バートン)
1961 ケネディ			1962 BRホワイト			1962 ゴールドバーグ				1958 スチュアート
1963 ジョンソン										
1965 ジョンソン					1967 マーシャル	1965 フォータス				
1969 ニクソン	1969 バーガー					1970 ブラックマン				
1973 ニクソン		1971 レンキスト(*)					1971 パウエル			
1974 フォード								1975 スティヴンス		
1977 カーター										
1981 リーガン										1981 オコナ
1985 リーガン										
1986 リーガン	1986 レンキスト	1986 スカーリア								
1989 ブッシュ				1990 スータ			1988 ケネディ			

352

付録1:合衆国最高裁判所——歴代裁判官チャート図

大統領	首席裁判官	裁判官1	裁判官2	裁判官3	裁判官4	裁判官5	裁判官6	裁判官7	裁判官8	裁判官9
(ブッシュ)	(レンキスト)	(スカーリア)	(ホワイト)	(スーター)	(マーシャル)	(ブラックマン)	(ケネディ)	(スティヴンス)		(オコナー)
1997 クリントン			1993 ギンズバーグ		1991 トマス	1994 ブレヤー				
2001 ブッシュ(息子)	2005 ロバーツ									
2009 オバマ				2006 アリト						2009 ソトメイヤ

付録2：英米の法律家

アメリカ

Adams, John Quincy（1767-1848） マサチューセッツ州に生まれる。ハーバード大学を卒業後、弁護士となる。1794年、ワシントン大統領によりオランダ大使。マディソン大統領による最高裁判所裁判官の任命を拒絶。1824年に大統領となる。

Alito, Samuel A., Jr.（1950-　） ニュージャージ州トレントンに生まれる。検察官の職を経験した後、1990年に第3巡回区連邦上訴裁判所の裁判官に就任した。2006年にブッシュ大統領に任命され、合衆国最高裁判所裁判官になった。

Badger, George Edmund（1795-1866） ノース・キャロライナ出身。イエール大学卒業。

Baldwin, Henry（1780-1844） イエール大学卒業。新聞発行者として独学で法律を学ぶ。コネチカット州の国会議員に選出された後、ジャクソン大統領により、1830年に合衆国最高裁判所裁判官に任命され、1844年までその職を務めた。

Barbour, Philip Pendeton（1783-1841） ウィリアム・アンド・メアリで1学期聴講しただけで、独学で法律を学んだ。バージニア東部連邦地方裁判所の裁判官を経験した後、1836年にジャクソン大統領により、1836年に合衆国最高裁判所裁判官に任命され、1841年までその職を務めた。

Beard, Charles Austin（1874-1948） インディアナ州出身。憲法史学者。コロンビア大学で博士号を取得し、1904年から同大学で教鞭をとる。

Bickel, Alexander（1924-1974） ルーマニア人。1938年に両親と共にアメリカへ移民し、ニュー・ヨーク大学を卒業後、ハーバード・ロー・スクールで法学を学ぶ。ロー・レビューの編集委員を経て、フランクファータのロー・クラークとなる。1956年からイエール大学の教授となる。The Least Dangerous Branch: The Supreme Court at the Bar of Poolitics（1963）の著者。

Black, Hugo Lafayette（1886-1971） アラバマ州出身。アラバマ州立大学で法学を学び、苦学の末、1937年に合衆国最高裁裁判所裁判官となる。KKKの会員であったこともあり、この任命については批判が多かったが、ルーズベルト大統領のニュー・ディール政策を強く支持した法律家であったため、その地位を得ることができたが、同僚との間でも厳しい対立が続いた。言論の自由について絶対的

な保護を主張した。

Blackmun, Harry Andrew (1908-1994) イリノイ州ナッシュヴィルに生まれる。貧乏な家庭に生まれたが、ハーバード大学で数学を学んで卒業してからにハーバード・ロー・スクールで法律を学んだ。第8巡回区の上訴裁判官を経験した後、ニクソン大統領により、合衆国最高裁裁判所裁判官に任命された。

Blair, John, Jr. (1732-1800) ヴァジニア州ウィリアムズバーグに生まれる。1789年から1795年まで、合衆国最高裁判所の裁判官を勤めた。ウイリアム・アンド・メアリ大学を優等生として卒業。ロンドンのミドル・テンプルで司法修習を受けた。ワシントン大統領により任命された。

Blackford, Samuel (1820-1893) ロード・アイランド出身。1882年から1893年まで、合衆国最高裁判所裁判官。学部はコロンビア大学で学んだが、法律は独学。

Bork, Robert Heron (1927-) ペンシルヴァニア州出身。レーガン大統領の強い支持を受けて合衆国最高裁判所の裁判官に指名されたが、上院の司法委員会が反対し、任命されなかった。イエール大学で講義をし、上訴裁判所の裁判官を経験している。

Boudinot, Elias (1740-1821) ペンシルバニア州で生まれたが、ニュー・ジャージー州の弁護士・政治家として、憲法制定当時に活躍した。

Bradford, Edward Anthony (1814-1872) コネチカット州出身。イエール大学を卒業後、ハーバードで法律を学ぶ。1852年にフィルモア大統領により合衆国最高裁判所の裁判官に指名されたが、連邦議会で任命を拒絶された。

Bradley, Joseph P. (1813-1892) ニュー・ヨークの出身。1870年から1892年まで連邦最高裁判所裁判官。ラトガー大学卒業後、ニュー・ジャージー州の司法試験を受けて弁護士となる。同州最高裁判所長官の娘と結婚し、共和党員として活躍。

Brandeis, Lous Dembitz (1856-1941) ケンタッキー州ルイズヴィルに生まれる。ボヘミアの裕福な移民の家に生まれ、ドイツ文化の影響下に育てられた。ハーバード大学でラングデルの下で法律を学び、優等生として卒業。同級生とボストンに弁護士事務所を開き、大成功をおさめた。1916年から1939年まで、合衆国最高裁判所裁判官。ブランダイス・ブリーフおよびプライヴァシー権をしたことで知られる。

Brennan, William Joseph, Jr. (1906-) ニュー・ジャージー州出身。1956年から1990年まで、合衆国最高裁判所の裁判官。アイゼンハウア大統領により指名された。カトリック教徒であり、控えめで穏健な人柄。余り目立たない人であったが、もっとも長く裁判官を務めた法律家であり、最近、非常に高く評価さ

れている。Goldberg v. Kelly, 397 U.S. 254（1970）など多くの歴史に残る判決を書いた。

Brewer, David Josiah（1837-1910） 首都ワシントンに生まれる。1890年から1910年まで、合衆国最高裁判所の裁判官。

Breyer, Stephen G.（1938- ） サンフランシスコに生まれる。ハーバード・ロー・スクールの教授に就任中、クリントン大統領により合衆国最高裁判所の裁判官に指名され、1994年に任命された。

Brown, Henry Billings（1836-1913） マサチューセッツ州出身。1890年から1906年まで、合衆国最高裁判所の裁判官。法律はイエールで学ぶ。

Burger, Warren Earl（1907- ） ミネソタ州出身。1969年から1968年まで、合衆国最高裁判所の首席裁判官。ミネソタ州立大学で2年学んだ後、セント・ポール・カレッジ（夜学）で法律を学んだ。

Burton, Harold Hitz（1888-1964） マサチューセッツ州に生まれる。トルーマン大統領により合衆国最高裁判所の裁判官に指名され、1945年から1958年まで、同職を勤めた。ハーバード出身。

Butler, Pierce（1866-1939） ミネソタ州出身。1923年から1939年まで合衆国最高裁判所の裁判官。ニュー・ディール政策に反対した4人の裁判官の1人。

Byrnes, James Francis（1879-1972） サウス・キャロライナ州出身。独学で法律を学び、同州で弁護士として成功。1941年から1年間、合衆国最高裁判所の裁判官。

Campbell, John Archibald（1811-1889） ジョージア州出身。ジョージア州立大学卒業。1853年から1861年まで合衆国最高裁判所の裁判官。

Cardozo, Benjamin Nathan（1870-1938） ニュー・ヨーク州出身。コロンビア・ロー・スクールで法律を学ぶ（中途退学）。フーバー大統領によって合衆国最高裁判所の裁判官に指名され、1932年から1938年までその職を務めた。生涯独身。

Carswell, George Harrold（1919- ） ジョージア州出身。連邦上訴裁判所裁判官。1970年にニクソン大統領により合衆国最高裁判所の裁判官に指名されたが、任命は連邦議会により拒絶された。

Catron, John（1786-1865） テネシー州に生まれる。1837年から1865年まで合衆国最高裁判所の裁判官。

Chafee, Zechariah, Jr.（1885-1957） ロード・アイランド州出身。ハーバード・ロー・スクール教授。言論の自由に関する研究の第一人者であり、多くの判決に影響を与えた。

付録2：英米の法律家

Chase, Salmon Portland（1808-1873）　ニューハンプシャー州出身。孤児として育てられたが、ダートマス大学を卒業。首都ワシントンで法律を修習、弁護士となる。1868年から1873年まで合衆国最高裁判所の首席裁判官。

Chase, Samuel（1741-1811）　メアリーランド州出身。法律は独学。1796年から1811年まで合衆国最高裁判所の首席裁判官。連邦派の法律家であり、余りにも有能であったため、ジェファソンをはじめとする州権派の攻撃を受け、裁判官弾劾にかけられたが、失敗に終わった。

Chote, Joseph Hodges（1832-1917）　マサチューセッツ州出身の法律家で、外交官。1895年から1905年までイギリス大使。

Clark, Tom Campbell（1899-1977）　テキサス州ダラスの出身。1949年から1967年まで合衆国最高裁判所の裁判官。テキサス大学で法律を学ぶ。

Clarke, John Hessin（1857-1945）　オハイオ州出身。1916年から1922年まで合衆国最高裁判所の裁判官。ウェスタン・リザーブ・カレッジを卒業。生涯独身。

Clifford, Nathan（1803-1881）　ニューハンプシャー州出身。1858年から1881年まで合衆国最高裁判所の裁判官。

Cooley, Thomas McIntyre（1824-1898）　ニューヨーク出身。1864年にミシガン州最高裁判所の裁判官に任命され、20年間その職を務めた。ミシガン・ロー・スクールの創設に貢献したこと、また Treatise on the Constitutional Limitations（1868）を執筆したことで知られる。

Corwin, Edward Samuel（1878-1963）　ミシガン州出身。ペンシルバニア大学で法学博士を取得し、プリンストン大学で法哲学を講義した。合衆国憲法の古典的コンメンタリーの著者。

Cranch, William（1769-1855）　合衆国最高裁判所判例集の公認編纂者。1801年から1815年までの判例集は Cranch Reporter と呼ばれる。

Curtis, Benjamin Robbins（1809-1874）　マサチューセッツ州出身。1851年から1857年まで合衆国最高裁判所の裁判官。

Cushing, William（1732-1810）　マサチューセッツ州出身。1789年から1810年まで合衆国最高裁判所の裁判官。学部時代をハーバード大学で過ごし、イエール大学でMAを取得した。しかし、法律は独学。

Dallas, Alexander James（1759-1817）　1798年から1800年まで公認の合衆国最高裁判所判例集編纂者。この判例集は、ダラス・レポーターと呼ばれる。

Daniel, Peter Vivian（1784-1860）　ヴァジニア州出身。1841年から1860年まで合衆国最高裁判所の裁判官。法律は独学。

アメリカ

Davis, David（1815-1886） メアリーランド州出身。1862年から1877年まで合衆国最高裁判所の裁判官。リンカーン大統領により指名された。ケンヨン・カレッジで法律を学ぶ。

Davis, John Chandler Bancroft（1822-1907） マサチューセッツ州出身。外交官、歴史家。1883年から1902年まで公認の合衆国最高裁判所判例集編纂者。

Day, William Rufus（1849-1923） ミシガン出身。1903年から1922年まで合衆国最高裁判所の裁判官。

Douglas, William Orville（1898-1980） ミネソタ州出身。貧困家庭に生まれ、苦学して法律を学ぶ。1935年から1975年まで合衆国最高裁判所の裁判官。ブラックとともに言論の自由を保護する必要性を強調した。

Duvall, Gabriel（1752-1844） メアリーランド州出身。1811年から1835年まで合衆国最高裁判所の裁判官。

Ellsworth, Olver（1745-1807） コネチカット州出身。1796年から1800年まで合衆国最高裁判所の首席裁判官。

Field, Stephen Johnson（1816-1899） コネチカット州出身。リンカーン大統領に指名され、1862年から1877年まで合衆国最高裁判所の裁判官を勤めた。David Dudley Fieldの兄弟。ピューリタンの家庭で育てられた。

Fortas, Abe（1910-1982） テネシー州メンフィスで生まれる。1965年から1969年まで合衆国最高裁判所の裁判官。イエール・ロー・スクールで法律を学ぶ。

Frankfurter, Felix（1882-1965） ウイーンに生まれる。1894年にアメリカへ移民。1939年から1962年まで合衆国最高裁判所の裁判官。

Freund, Ernst（1864-1932） ニューヨーク州出身。ドイツ系移民の子供。憲法学者。

Fuller, Melville Weston（1833-1910） 1888年から1910年まで合衆国最高裁判所の首席裁判官。

Ginsburg, Ruth Bader（1933- ） ニューヨーク州ブルックリンに生まれる。コロンビア・ロー・スクール出身。1993年以降、合衆国最高裁判所の裁判官。

Ginsburg, Douglas Howard（1946- ） イリノイ州シカゴ出身。連邦上訴裁判所裁判官を経て、ハーバード大学教授。

Gilbert, Cass（1859-1934） 合衆国最高裁判所の建物を作った建築家。

Goldberg, Arthur Joseph（1908-1990） イリノイ州シカゴ出身。1962年から1965

年まで合衆国最高裁判所の裁判官。

Gray, Horace（1828-1902）　マサチューセッツ州ボストン出身。1882年から1902年まで合衆国最高裁判所の裁判官。

Grier, Robert Cooper（1794-1870）　ペンシルヴァニア州出身。1846年から1870年まで合衆国最高裁判所の裁判官。

Hamilton, Alexander（1757-1804）　英領西インド諸島に生まれる。合衆国憲法の制定に貢献した。

Hand, Billings Learned（1872-1961）　ニューヨーク州出身。連邦裁判所の裁判官。その学識の深さで広く知られる。

Harlan, John Marshall（1833-1911）　ケンタッキー州出身。1877年から1911年まで合衆国最高裁判所の裁判官。

Harlan, John Marshall（1899-1971）　イリノイ州シカゴ出身。1955年から1971年まで合衆国最高裁判所の裁判官。

Harrison, Robert H.（1745-1790）　メアリーランド州出身。建国当時、ヴァージニア州で活躍した弁護士、裁判官。

Haynsworth, Clement Furman, Jr.（1912-1989）　サウス・キャロライナ州出身。連邦上訴裁判所裁判官。

Holmes, Oliver Wendell（1841-1932）　マサチューセッツ州ボストンに生まれる。1902年から1932年まで合衆国最高裁判所の裁判官。The Common Law（1881）の著者として知られる。

Houston, Charles Hamilton（1895-1950）　首都ワシントン出身。アマースト・コレッジを卒業後、ハーバード・ロー・スクールで法律を学ぶ。アフリカ系黒人としてはじめてロー・レビューのエディターとなる。ハワード大学の法学部長となり、市民権教育に貢献した。

Howard, Benjamin Chew（1791-1872）　1843年から1861年まで公認の合衆国最高裁判所判例集編纂者。この判例集は、ホワード・レポーターと呼ばれる。

Hughes, Charles Evans（1862-1948）　ニューヨーク州出身。1910年から1916年まで合衆国最高裁判所の裁判官。メソディスト教会の牧師の家庭に生まれ、結婚するときに、妻の父親の教派（バプティスト）に改宗した。

Hunt, Ward（1810-1886）　ニューヨーク州ユチカに生まれる。1873年から1882年まで合衆国最高裁判所の裁判官。

Iredell, James（1751-1799）　英国に生まれる。1790年から1799年まで合衆国最

アメリカ

高裁判所の裁判官。

Jackson, Andrew（1767-1845）　サウス・キャロライナ州出身。1829年から1837年まで合衆国大統領。アメリカ民主主義の確立に大きな業績を残した。

Jackson, Howell Edmunds（1832-1895）　テネシー州出身。1893年から1895年まで合衆国最高裁判所の裁判官。

Jackson, Robert Houghwout（1892-1954）　ペンシルヴァニア州出身。1941年から1954年まで合衆国最高裁判所の裁判官。

Jay, John（1745-1829）　ニューヨーク市に生まれる。法律はニューヨークの法律事務所で修習。1789年から1795年まで合衆国最高裁判所の裁判官。

Jefferson, Thomas（1743-1826）　ヴァジニア州出身。1801年から1809年まで合衆国大統領。合衆国憲法の父と呼ばれる人物で、アメリカ憲法の制定に貢献した。

Johnson, Thomas（1732-1819）　メアリーランド州出身。法律は独学。1791年から1793年まで合衆国最高裁判所の裁判官。

Johnson, William（1771-1834）　サウス・キャロライナ出身。プリンストン大学を卒業し、独学で法律を学んだ。1805年から1833年まで合衆国最高裁判所の裁判官。

Kennedy, Anthony McLeod（1936-　）　キャリフォーニア州出身。スタンフォード大学卒業後、ハーバード・ロー・スクールで法律を学ぶ。1988年以降、合衆国最高裁判所の裁判官。

Lamar, Joseph Rucker（1857-1916）　ジョウジア州出身。ジョウジア大学卒業。1911年から1916年まで合衆国最高裁判所の裁判官。

Lamar, Lucius Quintus Cincinnatus（1825-1893）　ジョウジア州出身。エモリ・カレッジ卒業。1888年から1893年まで合衆国最高裁判所の裁判官。

Lincoln, Abraham（1809-1865）　ケンタッキー州出身。1861年から1865年までアメリカ合衆国大統領。

Livingston, Henry Brockholst（1757-1823）　ニューヨーク市に生まれる。1807年から1823年まで合衆国最高裁判所の裁判官。

Lurton, Horace Harmon（1844-1914）　ケンタッキー州出身。シカゴ大学を卒業後、カンバーランド大学ロー・スクールで法律を学ぶ。1910年から1914年まで合衆国最高裁判所の裁判官。

付録2：英米の法律家

Madison, James（1751-1836） ヴァジニア州出身。The Federalistの編纂者の1人であり、アメリカ憲法の父とよばれる。1809年から1817年まで合衆国大統領。

Marshall, John（1755-1835） ヴァジニア州出身。1801年から1835年まで合衆国最高裁判所の首席裁判官。独学。

Marshall, Thurgood（1908-1993） メアリランド州出身。ハワード大学卒業。1967年から1991年まで合衆国最高裁判所の裁判官。

Matthews, Stanley（1824-1889） オハイオ州出身。ケンヨン・コレッジ卒業。1881年から1889年まで合衆国最高裁判所の裁判官。

McKenna, Joseph（1843-1926） ペンシルヴァニア州出身。キャリフォーニア州弁護士。1898年から1925年まで合衆国最高裁判所の裁判官。

McKinley, John（1780-1852） ヴァジニア州出身。ケンタッキー州弁護士。1837年から1852年まで合衆国最高裁判所の裁判官。

McLean, John（1785-1861） ニュージャージー州出身。独学。1830年から1861年まで合衆国最高裁判所の裁判官。

McReynolds, James Clark（1862-1946） ヴァンダービルド大学卒業後、ヴァジニア・ロー・スクールで法律を学ぶ。生涯独身。1914年から1941年まで合衆国最高裁判所の裁判官。ニュー・ディール政策に反対した4人の裁判官の1人。

Miller, Samuel Freeman（1816-1890） ケンタッキー出身。医師。法律は独学。1862年から1890年まで合衆国最高裁判所の裁判官。

Minton, Sharman（1890-1965） インディアナ州出身。イエール・ロー・スクール卒業。1862年から1890年まで合衆国最高裁判所の裁判官。

Moody, William Henry（1853-1917） マサチューセッツ州出身。ハーバード・ロー・スクール卒業。生涯独身。1906年から1910年まで合衆国最高裁判所の裁判官。

Moore, Alfred（1755-1810） ノース・キャロライナ州出身。法律は独学。1799年から1804年まで合衆国最高裁判所の裁判官。

Murphy, Francis William（1890-1949） ミシガン州出身。ミシガン大学卒業。ロンドンのリンカンズ・インで司法修習を受ける。1914年から1941年まで合衆国最高裁判所の裁判官。

Nelson, Samuel（1792-1873） ニューヨーク州出身。ミッドルベリ・カレッジ卒業。1845年から1872年まで合衆国最高裁判所の裁判官。

O'Connor, Sandra Day（1930-　） テキサス州出身。スタンフォード・ロー・

スクール卒業。レーガン大統領により指名され、1981年以降、合衆国最高裁判所の裁判官。

Otto, William Tod (1816-1905)　1875年から1883年まで公認の合衆国最高裁判所判例集編纂者。この判例集は、オットー・レポーターと呼ばれる。

Paterson, William (1745-1806)　アイルランド出身。プリンストン大学卒業。1793年から1806年まで合衆国最高裁判所の裁判官。

Peckham, Rufus Wheeler (1838-1909)　ニューヨーク州出身。裁判官の家庭に生まれ、独学。1895年から1909年まで合衆国最高裁判所の裁判官。

Pitney, Mahlon (1858-1924)　ニュージャージー州出身。プリンストン大学卒業。法律は独学。1912年から1922年まで合衆国最高裁判所の裁判官。

Powell, Lewis Franklin, Jr. (1907-1998)　ヴァジニア州出身。ワシントン・アンド・リー・ロー・スクールを卒業後、さらにハーバード・ロー・スクールで学ぶ。1971年から1987年まで合衆国最高裁判所の裁判官。温厚な人柄であり、理想的な法律家のモデルとして尊敬された裁判官。

Reed, Stanley Forman (1884-1980)　ケンタッキー州出身。地方の大学を卒業後、イエールおよびヴァジニアで法律を学ぶ。1938年から1957年まで合衆国最高裁判所の裁判官。

Renquist, William Hubbs (1924-　)　ウィスコンシン州生まれ。スタンフォード・ロー・スクールで法律を学ぶ。1972年から1986年まで合衆国最高裁判所の裁判官。1986年以降、首席裁判官。

Roberts, Owen Josepus (1875-1955)　ペンシルヴァニア州出身。ペンシルヴァニア・ロー・スクールで法律を学ぶ。1930年から1945年まで合衆国最高裁判所の裁判官。

Roosevelt, Franklin Delano (1882-1945)　ニューヨーク州出身。1933年から1945年まで合衆国大統領。

Rutledge, John (1739-1800)　サウス・キャロライナ州出身。法律は叔父から学び、英国に留学。1789年から1791年まで合衆国最高裁判所の裁判官。

Rutledge, Wiley Blount, Jr. (1894-1949)　ケンタッキー州出身。ウィスコンシン大学卒業。コロラド大学助教授を経て、1943年から1949年まで合衆国最高裁判所の裁判官。

Sanford, Edward Terry (1865-1930)　テネシー州出身。ハーバード・ロー・ス

クール卒業。1923年から1930年まで合衆国最高裁判所の裁判官。

Scalia, Antonin（1936-　） ニュージャージー州出身。ジョウジタウン大学を卒業後、ハーバード・ロー・スクールで法律を学ぶ。イタリア系移民の息子。レーガン大統領に指名され、1986年以降、合衆国最高裁判所の裁判官。

Shiras, George, Jr.（1832-1924） ペンシルヴァニア州に生まれる。イエール・ロー・スクールで法律を学ぶ。1892年から1903年まで合衆国最高裁判所の裁判官。

Sotomayar, Sonia（1954-　） ニューヨーク生れ。プリンストン大学を総代として卒業後、イエール・ロー・スクールで法学を学ぶ。1991年連邦地方裁判所の裁判官。

Stevens, John Paul（1920-　） イリノイ州出身。シカゴ大学を卒業後、ノースウェスタンで法律を学ぶ。1975年以降、合衆国最高裁判所の裁判官。

Stewart, Potter（1915-1985） オハイオ州に生まれる。イエール・ロー・スクールを卒業後、ケンブリッジ大学（英国）に留学。1958年から1981年まで合衆国最高裁判所の裁判官。

Stone, Harlan Fiske（1872-1946） ニューハンプシャー州に生まれる。コロンビア・ロー・スクールで法律を学ぶ。1925年から1946年まで合衆国最高裁判所の首席裁判官。

Story, Joseph（1779-1845） マサチューセッツ州出身。ハーバード大学を卒業後、法律は独学。1811年から1845年まで合衆国最高裁判所の裁判官。

Strong, William（1808-1895） コネチカット州出身。1895年から1909年まで合衆国最高裁判所の裁判官。

Sutherland, George（1862-1942） 英国生まれ。ミシガン・ロー・スクールで法律を学ぶ。1922年から1938年まで合衆国最高裁判所の裁判官。ニュー・ディール政策に反対した4人の裁判官の1人。

Swayne, Noah Haynes（1804-1884） ヴァジニア州出身。弁護士の家庭に育ち、法律は独学。1862年から1881年まで合衆国最高裁判所の裁判官。

Taft, William Howard（1857-1930） オハイオ州出身。シンシナチ・ロー・スクールで法律を学ぶ。1909年から1913年まで合衆国大統領。1921年から1930年まで最高裁判所の首席裁判官。

Taney, Roger Brooke（1777-1864） メアリーランド州出身。ディッキンソン・カレッジを卒業後、法律は独学。1836年から1864年まで合衆国最高裁判所の首席裁判官。

アメリカ

Thomas, Clarence（1948-　）ジョウジア州出身。イエール・ロー・スクールで法律を学ぶ。1991年以降、合衆国最高裁判所の裁判官。

Thompson, Smith（1768-1843）ニューヨーク州出身。プリンストン大学卒業。法律は独学。1823年から1843年まで合衆国最高裁判所の裁判官。

Todd, Thomas（1765-1826）ヴァジニア州に生まれる。ワシントン・アンド・リーダ大学を卒業後、法律は独学。1807年から1826年まで合衆国最高裁判所の裁判官。

Trimble, Robert（1776-1828）ヴァジニア州出身。法律は独学。1826年から1828年まで合衆国最高裁判所の裁判官。

Van Devanter, Willis（1859-1941）インディアナ州出身。シンシナチ大学のロー・スクールで法律を学ぶ。1910年から1937年まで合衆国最高裁判所の裁判官。ニュー・ディール政策に反対した4人の裁判官の1人。

Vinson, Frederick Moore（1890-1953）ケンタッキー州出身。1946年から1953年まで合衆国最高裁判所の首席裁判官。

Waite, Morrison Remick（1816-1888）コネチカット州出身。1874年から1888年まで合衆国最高裁判所の首席裁判官。

Wallace, John William（1815-1884）1863年から1875年まで公認の合衆国最高裁判所判例集編纂者。この判例集は、ウォレス・レポーターと呼ばれる。

Warren, Charles（1868-1954）憲法史の研究者。Charles Beardの研究を批判。

Warren, Earl（1891-1974）キャリフォーニア州出身。キャリフォーニア大学バークレーで法律を学ぶ。1953年から1969年まで合衆国最高裁判所の首席裁判官。

Wahington, Bushrod（1762-1829）ヴァジニア州出身。ワシントン大統領の甥。ウィリアム・アンド・メアリ卒業。1798年から1829年まで合衆国最高裁判所の裁判官。

Washington, George（1732-1799）ヴァジニア州出身。1789年から1797年まで初代合衆国大統領。

Wayne, James Moore（1790-1867）ジョージア州出身。1835年から1867年まで合衆国最高裁判所の裁判官。

Webster, Daniel（1782-1852）ニューハンプシャー州に生まれる。弁護士。

White, Byron Raymond（1917-　）コロラド州に生まれる。オックスフォード大学（英国）に留学。1962年以降、合衆国最高裁判所の裁判官。

付録2：英米の法律家

White, Edward Douglas（1845-1921）　ルイジアナ州出身。ジョウジタウン大学卒業後、法律は独学。1894年から1910年まで合衆国最高裁判所の裁判官。1910年から1921年まで同首席裁判官。

Wilson, James（1742-1798）　スコットランドに生まれる。1789年から1798年まで合衆国最高裁判所の裁判官。

Woodbury, Levi（1789-1851）　ニューハンプシャー州出身。ダートマス・カレッジを卒業し、裁判官の下で法律を修習。1845年から1851年まで合衆国最高裁判所の裁判官。

Woods, William Burnham（1824-1887）　オハイオ州出身。イエール大学卒業後、法律は独学。1880年から1887年まで合衆国最高裁判所の裁判官。

Whittaker, Charles Evans（1901-1973）　カンザス州出身。カンザス市立大学ロー・スクールで法律を学ぶ。1957年から1962年まで合衆国最高裁判所の裁判官。

イギリス

1859 年以前の英国首席裁判官は、正確には King's Bench または Queen's Bench の首席裁判官を意味する。

Abbott, Cllarles; Lord Tenterden（1762-1832）　1818-32 年、英国首席裁判官。

A'Beckett, Sir William（1806-69）　オーストラリアに移民し、1853 年にヴィクトリア州首席裁判官になった。

Abinger, Lord Chief Baron → Scarlett, James

Alverstone, Lord → Webster, Richard Everard

Amos, Andrew（1791-1860）　ロンドン大学の最初のイギリス法の教授。後にケンブリッジ大学の Downing professor* となり、多くの著書を残した。

Anderson, Sir Edmond（1530-1605）　1582 年に Common Pleas* の英国首席裁判官となり、カトリック教徒らに対して厳しい判決を書いた。

Anson, Sir William Reynell（1843-1914）　オックスフォード大学の講師。とくに契約法の著者として有名。→ 参考文献 5

Apsley, Lord → Bathurst, Henry

Archbold, John Frederick（1785-1870）　Blackstone* の著書の注釈や訴訟手続や治安判事に関する自分の著書も出版した。

Austin, John（1790-1859）　ロンドン大学教授。分析法学者。

Azo（c. 1150-1230）　ボローニア大学のローマ法の教授。中世のイギリス法に大きな影響を与えた。

Bacon, Francis（1561-1626）　ジェイムズ 1 世の寵愛を受け、Coke* と対立した。経験主義哲学者。

Bagehot, Walter（1826-77）　銀行家、政治評論家、経済学者。THE ENGLISH CONSTITUTION（1867）の著者。

Batllurst, Henry; 1st Lord Apsley and 2nd Earl Bathurst（1714-94）　1771-78 年、大法官。

Becket, Thomas à（1118-70）　1155-62 年、大法官。ボローニアなどで教会法を学び、後にカンタベリ大司教になる。

Bentham, Jeremy（1748-1832）　功利主義哲学者。「最大多数の最大幸福」を唱えた。

Bethell, Richard; 1st Lord Westbury（1800-73）　1861-65 年、大法官。

付録2:英米の法律家

Birkenhead, Lord; Frederick Edwin Smith (1872-1930) 1918-22年、大法官。

Blackburn, Colin; Lord Black burnof Killearn (1813-96) 1876-86年、貴族院裁判官。物品売買などに関する著書を残した。

Blackstone, Sir William (1723-80) オックスフォード大学の最初の Vinerian professor*。COMMENTARIES ON THE LAWS OF ENGLAND (1765-69) の著者。

Bracton (or Bratton), Henry de (1216?-68) 1250年頃に出版された DE LEGIBUS ET CONSUETUDINIBUS ANGLIAE の著者。

Brett, William Baliol; Viscount Esher (1815-99) 1883-97年、記録長官。

Bromley, Sir Thomas (1530-87) 1579-87年、大法官。

Brougham, Henry Peter; 1st Lord Brougham and Vaux (1778-1868) 1830-34年、大法官。退官後も、しばしば貴族院で裁判にあたった。

Buckmaster, Stanley Owen, Viscount (1861-1934) 1915-16年、大法官。

Burke, Edmund (1729-97) 政治学者。

Cairns, Hugh McCalmont, 1st Earl (1819-85) 1868年、1874-80年、大法官。

Caldecote, Lord → Inskip, Thomas Walker Hobart

Camden, Lord → Pratt, Charles

Campbell, Lord John (1779-1861) 1850-59年、英国首席裁判官。1859-61年、大法官。LIVE OF THE CHANCELLORS (1845-47) および LIVES OF THE CHIEF JUSTICES (1849-57) の著者。

Cave, George, 1st Viscount (1856-1928) 1922-24年、1924-28年、大法官。

Chelmsford, Lord → Thesiger, Frederick

Cheshire, Geoffrey Chevalier (1886-1978) オックスフォード大学の教授国際私法、契約法などの研究でよく知られる。→ 参考文献5、7

Clarendon, Earl → Hyde, Edward

Cockburn, Sir Alexander James Edmund, Bart (1802-80) 1859-80年、英国首席裁判官。

Coke, Sir Edward (1552-1634) 1613-16年、英国首席裁判官。

Coleridge, John Duke, Lord (1820-94) 1880-94年、英国首席裁判官。

Comyns, Sir John (1667-1740) 1738-40年、財務裁判所首席裁判官。判例集のダイジェスト (1762-67) の編纂などで知られる学識の高い裁判官。

Copley, John Singleton; 1st Lord Lyndhurst (1772-1863) 1872-30年、1834-35年、1841-46年、大法官。

Cottenham, Lord → Pepys, Charles Christopher

イギリス

Cowper, Wiliiam, Lord（1664-1723）　1705-10 年、1714-18 年、大法官。
Cranworth, Lord → Rolfe, Robert Monsley

de Lolme, JeanLouis（1740-1806）　スイスの憲法学者で、イギリス憲法の研究で知られる。
Denman, Sir Thomas, Lord（1779-1854）　1832-50 年、英国首席裁判官。
Dicey, AlbertVenn（1835-1922）　オックスフォード大学の Vinerian professor*。INTRODUCTION TO THE STUDY OF THE LAW OF THE CONSTITUTION（1885）や LAW AND PUBLIC OPINION（1905）などの著者として知られる。→ 本書 153 頁注 8

Eldon, Lord → Scott, John
Ellenborough, Lord → Law, Edward
Ellesmere, Bàron and Viscount Brackley（?1540-1617）　1596-1617 年、大法官。Sir Thomas Egerton と呼ばれたこともある。Coke*と対立しエクイティの裁判所を守った。
Erskine, Thomas, 1st Lord（1750-1823）　1806-07 年、大法官。
Erskine May, Sir Thomas; Lord Farnborough（1815-86）　イギリス庶民院の議事運用に関する慣行を解説した著書 MAY'S PARLIAMENTARY PRACTICE（1844）を著した。
Esher, Viscount → Brett, William Baliol
Evershed, FrancisRaymond, Lord（1899-1966）　1949-62 年、記録長官、1962-65 年、貴族院裁判官。

Farnborough, Lord → Erskine May, Sir Thomas
Fifoot, Cecil Herbert Stuart（1899-1975）　ENGLISH LAW AND ITS BACKGROUND（1932）; LORD MANSFIELD（1936）; JUDGE AND JURIST IN THE REIGN OF QUEEN VICTORIA（1959）などの著書を残した。
Filmer, Sir Robert（1588-1653）　王権神授説を唱えた政治学者。
Finch, John; Baron Finch of Fordwich（1584-1660）　1640-41 年, Lord Keeper*。
Finlay, Sir Robert Bannatyne; 1st Viscount Finlay（1842-1929）　1916-18 年, 大法官。
Fitzgerald, John David, Lord（1816-89）　アイルランド出身の貴族院裁判官（1882-89）。
Fitzherbert, Sir Anthony（1470-1538）　民事訴訟裁判所の裁判官。イヤー・ブッ

付録2：英米の法律家

クのダイジェストやアブリッジメント（要約集）の編纂で知られる。

Fortescue, Sir John（?1394-?1476） 1442-60年、英国首席裁判官。DE LAUDIBUS LEGUM ANGLIAE（1470）などの著書を著した。

Fyfe, Sir David Patrick Maxwell; 1st Viscount Kilmuir（1900-67） 1954-62年、大法官。

Gardiner, Gerald Austin, 1st Baron（1900-90） 1964-70年、大法官。Law Commissions*を創設し、法改革に貢献した。

Gifford, Hardinge Stanley; 1st Earl Halsbury（1823-1921） 1885-86年、1886-92年、1895-1905年、大法官。THE LAWS OF ENGLAND の編者。

Glanvill, Ranulph de（1130-90） TRACTATUS DE LEGIBUS ET CONSUETUDINIBUS ANGLIAE の著者。

Goddard, Rayner, Baron（1877-1971） 1947-58年、英国首席裁判官。

Goff, Robert Lionel Archibald; Lord Goff of Chieveley（1926-　） 1986年に貴族院裁判官となる。

Guildford, Lord → North, Francis

Hailsham of St. Marylebone, Lord → Hogg, Quint in McGarel

Hailsham, Viscount → Hogg, Douglas McGarel

Haldane, Richard Burdon, 1st Viscount（1856-1928） 1912-15年、1924年、大法官。

Hale, Sir Matthew（1609-76） 1671-76年、英国首席裁判官。HISTORY OF THE PLEAS OF THE CROWN（1736）などの著書を著した。

Halsbury, Lord（1823-1921）→ Gifford, Hardinge Stanley

Hansard, Thomas Curson（1776-1833） 国会議事録の出版を始めた。

Harcourt, Simon Harcourt, Viscount（c. 1661-1727） 1710-14年、大法官。

Hardwicke, 1st Earl of → Yorke, Philip

Hatherley, Lord → Page Wood, William

Hawkins, Sir Henry; Lord Brampton（1817-1907） 1876-98年、女王座部裁判官。

Hawkins, William（1673-1746） 刑事法の著書で知られる。

Henley, Sir Robert; 1st Lord Henley and 1st Earl of Northington（c. 1708-72） 1757-60年、Lord Keeper*, 1761-66年、大法官。

Herbert, Edward（?1648-98） 1685-87年、英国首席裁判官。

370

イギリス

Hercshell, Farrer, 1st Lord（1837-99） 1886年、1892-95年、大法官。
Hewart, Gordon; Viscount of Bury（1870-1943） 1922-40年、英国首席裁判官。
Hogg, Douglas McGarel, 1st Viscount Hailsham（1872-1950） 1928-29年、1935-38年、大法官。
Hogg, Quintin McGarel, Baron Hailsham of St. Marylebone（1907-　） 1970-74年、1979-87年、大法官。
Holdsworth, Sir William Searle（1871-1944） オックスフォード大学教授。法制史の大著を著した。→ 参考文献2
Holland, Sir Thomas Erskine（1835-1926） ロンドン大学の国際法の教授。法哲学の業績でも知られる。
Holt, Sir John（1642-1710） 1689-1710年、英国首席裁判官。司法権の独立、刑法の近代化に貢献した。
Hume, David（1711-76） 懐疑論的経験哲学者。エディンバラの法律家。
Hyde, Edward; 1st Earl of Clarendon（1609-74） オックスフォード大学出版会の創始者。1627-31年、英国首席裁判官であった Nicholas Hyde の甥。
Hyde, Robert（1595-1665） Nicholas Hyde の甥で、Edward Hyde の従兄弟。1663-65年、英国首席裁判官。

Ilbert, Sir Courtenay Peregrine（1841-1924） 立法過程、立法技術に関する著書で知られる。
Inskip, Thomas Walker Hobart; 1st Viscount Caldecote（1876-1947） 1939-40年、大法官、1940-46年、英国首席裁判官。
Isaacs, Sir Rufus Danie; Earl and Marquess of Reading（1860-1935） 1913-21年、英国首席裁判官。

Jeffreys, George; Lord Jeffreys of Wem（1648-89） 1683-85年、英国首席裁判官、1685-89年、大法官。
Jessel, Sir George（1824-83） 多くの指導的判例を残した高名な裁判官。
Jowitt, William Allen; 1st Viscount and 1st Earl（1885-1957） 1945-51年、大法官。

Kilmuir, Lord → Fyfe, David Patrick Maxwell
King, Peter, Lord（1669-1734） 1725-33年、大法官。

付録2：英米の法律家

Lanfranc（c. 1005-89）　パヴィア生まれのローマ法学者。
Law, Edward; Lord Ellenborough（1750-1818）　1802-18年、英国首席裁判官。
Littleton, Sir Thomas（1402-81）　1455年に書かれたTENURESの著書で知られる。
Locke, John（1632-1704）　LETTERS ON TOLERATION（1689）, TWO TREATISES ON CIVIL GOVERNMENT（1690）などの著書で知られる。
Lolme, de, Jean Louis → de Lolme, Jean Louis
Longchamp, William de（?-1197）　リチャード1世の時代に裁判官として活躍。
Loreburn, Lord → Reid, Robert Threshie
Loughborough, Lord → Wedderburn, Alexander
Lyndhurst, Lord → Copley, John Singleton

Macclesfield, Lord → Parker, Thomas
Maine, Sir Henry James Sumner（1822-88）　1862-69年、インド総督府に勤め、帰国後、オックスフォード大学教授となる。ANCIENTLAW（1861）などの古典的著書を残した。
Maitland, Frederic William（1850-1906）　ケンブリッジ大学教授。法制史の領域で多くの業績を残した。→ 参考文献2
Mansfield, Lord → Murray, William
Maugham, Frederic Herbert, 1st Viscount（1866-1958）　1938-39年、大法官。
MaxwellFyfe, D. P. → Fyfe, D. P. Maxwell
Mill, John Stuart（1806-73）　ベンタムやオースティンらとともに19世紀の自由主義を唱導した。
More, Sir Thomas（1477-1535）　1529-32年、大法官。
Murray, William; Lord Mansfield（1705-93）　スコットランド生まれ。1756-88年、英国首席裁判官。

North, Francis; Lord Guildford（1637-85）　1682-85年、Lord Keeper*。
Northington, Earl → Henley, Sir Robert
Nottingham, Lord; Finch, Heneage（1621-82）　1673-75年、Lord Keeper*、1675-82年、大法官。

Page Wood, William; 1st Lord Hatherley（1801-81）　1868-72年、大法官。
Palmer, Roundell; 1st Baron and 1st Earl of Selborne（1812-95）　1872-74年、1880-85年、大法官。

イギリス

Parker, Thomas; 1st Earl of Macclesfield (1666-1732) 1718-25 年、大法官。

Pepys, Charles Christopher; 1st Lord Cottenham (1781-1851) 1836-41 年、1846-50 年、大法官。

Pollock, Sir Frederick, Bart (1845-1937) THE HISTORY OF ENGLISH LAW BEFORE THE TIME OF EDWARD I (1895) を Maitland* とともに著したほか、多くの研究業績を残した。

Pratt, Charles, 1st Lord and 1st Earl Camden (1714-94) 1766-70 年、大法官。

Ranulph (or Arnulph) 1106?-23 年、大法官。

Reading, Lord → Isaacs, Rufus Daniel

Reid, James Scott Cumberland; Baron Reid of Drem (1890-1974) スコットランド出身の法律家。1948-74 年、貴族院裁判官。

Reid, Robert Threshie; 1st Earl of Loreburn (1846-1923) 1905-12 年、大法官。

Rolfe, Robert Monsley; Lord Cranworth (1790-1868) 1852-58 年、1865-66 年、大法官。

Russell, Charles; Baron Russell of Killowen (1832-1900) 1894-1900 年、英国首席裁判官。

Russell, Charles Richie; Baron Russell of Killowen (1901-86) 1975-82 年、貴族院裁判官。

St. Leonards, Lord → Sugden, Edward Burtenshaw

Salmond, Sir John William (1862-1924) ニュージーランドの法律家。不法行為法、法理学などの著書で知られる。→ 参考文献4

Sankey, John, 1st Viscount (1866-1948) 1929-35 年、大法官。

Scarlett, James; 1st Baron Abinger (1769-1844) 1834-44 年、財務裁判所の首席裁判官。

Scarman, Leslie George; Baron Scarman of Quatt (1911-　) 1977-86 年、貴族院裁判官。→ 本書168頁注12

Scott, John; Lord Eldon (1751-1838) 1801-06 年、1807-27 年、大法官。

Scrutton, Sir Thomas Edward (1856-1934) 有価証券法、著作権法などに関する多くの著書を残した裁判官。

Selborne, Lord → Palmer, Roundell

Shaftesbury, Anthony Ashley Cooper, 7th Earl (1801-85) 法改革者。初代のシャフツベリ卿 (1621-83) は、1672-73 年に大法官。

付録2：英米の法律家

Simon, John Allsebrook, 1st Viscount（1873-1954） 1940-45年、大法官。
Somers, John, Lord（1651-1716） 1693-1700年、大法官。
Stephen, Sir James Fitzjames（1829-94） 刑法、証拠法などの著書で知られる。
　→ 参考文献9
Stratford, John de（?-1348） 1330-34年、1335-37年、1340年、大法官。
Sugden, Edward Burtenshaw; 1st Lord St. Leonards（1781-1875） 1834年、1841-46年、アイルランド大法官、1852年、大法官。

Talbot, Charles, 1st Lord（1685-1737） 1733-37年、大法官。
Tenterden, Lord → Abott, Charles
Thesiger, Frederick; 1st Lord Chelmsford（1794-1878） 1858-59年、1866-68年、大法官。
Thurlow, Edward, 1st Lord（1731-1806） 1778-83年、1783-92年、大法官。
Truro, Lord → Wilde, Thomas
Vaughan, Sir John（1603-74） Bushell's caseなど著名な事件の審理にあたった。
Viner, Charles（1678-1756） 判例の要約集を編纂。遺産によりオックスフォード大学のVinerian professor*の講座が創設された。
Vinogradoff, Sir Paul Gavrilovitch（1854-1925） ロシアに生まれる。オックスフォード大学教授。
Walter, Hubert（?-1205） Glanvill (e)*の甥。1199-1205年、大法官。
Warrington, Thomas Rolls; Baron Warrington of Clyffe（1851-1937） 控訴院裁判官であったがしばしば貴族院および枢密院の裁判にもあたった。
Watson, William; Baron Watson of Thankerton（1827-99） スコットランドの法律家。1880年に貴族院裁判官になった。
Webster, Richard Everard; 1st Viscount Alverstone（1842-1915） 1900-13年、首席裁判官。
Wedderburn, Alexander; Lord Loughborough and Earl of Rosslyn（1733-1805） 1793-1801年、大法官。
Westbury, Lord → Bethell, Richard
Wilberforce, Richard Orme, Baron（1907-　） 1964-82年、貴族院裁判官。
Wilde, Sir Thomas; Lord Truro（1782-1855） 1850-52年、大法官。
Williams, Glanville Llewelyn（1911-　） ケンブリッジ大学教授。→ 参考文献1、9
Winfield, Sir Percy Henry（1878-1958） ケンブリッジ大学の教授で不法行為法

の教科書などを書いた。→ 参考文献4

Wolsey, Thomas（c. 1473-1530） 1515-25年、大法官。星室院の権力を増大させた。

Wright, Sir Nathan（1654-1721） 1700-05年、Lord Keeper*。

Wright, Sir Robert（?-1689） Seven Bishops caseなどの重大な事件の審理にあたった裁判官。光栄革命のときに逃亡。

Wright, Robert Alderson; Lord of Durley（1869-1964） 1935-37年、記録長官。戦争犯罪に関する立法に関与した。

Yorke, Philip; 1st Earl of Hardwicke（1690-1764） 1733-37年、英国首席裁判官。

〈著者紹介〉
田島　裕（たじま　ゆたか）
昭和15年4月30日、愛知県に生まれる。東京大学大学院博士課程終了後、昭和49年4月より平成2年3月まで、大阪市立大学法学部に勤務（助教授、教授）。
平成2年4月より、筑波大学大学院教授。ケンブリッジ大学（ブリティッシュ・カウンシル・フェロー）、ハーバード・ロー・スクール、キャリフォーニア大学（バークレー）バーミンガム大学など、客員教授。

　［著書・訳書］
『議会主権と法の支配』（有斐閣・1981年、第2刷・1991年）；『英米法』（筑摩書房・1985年）［伊藤正己氏と共著］；『イギリス法入門』（有斐閣・1991年）、比較法の方法（1998年・信山社）；『UCCコンメンタリーズ』第1巻～第3巻（完）（LexisNexis、2007年～2009年）など。
スカーマン『イギリス法—その新局面』（東京大学出版会、1981年）；ダイシー『憲法序説』（学陽書房・1983年）［伊藤正己氏と共訳］；ポパー『確定値の世界』（信山社・1996年、文庫版・1998年）など。

英米の裁判所と法律家

田島裕著作集3

2009（平成21）年11月10日　第1版第1刷発行　1773-0101

著　者　田　島　　　裕
発行者　今　井　　　貴
発行所　信山社出版株式会社

〒113-0033　東京都文京区本郷6-2-9-102
TEL 03-3818-1019　FAX 03-3818-1411

印刷　松澤印刷
製本　大三製本

Ⓒ2009，田島　裕，Printed in Japan．
落丁・乱丁本はお取替えいたします。
ISBN 978-4-7972-1773-5 C3332
NDC分類 322.911-a003 1773-012-050-010

── 信山社 ──

田島 裕 著作集（全8巻・別巻）

◆第1巻 アメリカ憲法——合衆国憲法の基本構造、基本的人権、統治機構——連邦憲法の構造と公法原理 ……予価 一〇,〇〇〇円
◇第2巻 イギリス憲法——議会の機能、立法と法の支配 ……予価 八,〇〇〇円
◇第3巻 イギリス憲法——議会主権と法の支配 ……予価 一〇,〇〇〇円
◇第4巻 英米の裁判所と法律家 司法制度、改革、裁判官、弁護士、陪審 ……予価 八,〇〇〇円
◇第5巻 コモン・ロー（不法行為法と契約法）その形成と展開を探る ……予価 八,〇〇〇円
◇第6巻 英米の土地法と信託法 主にエクイティ ……一一,〇〇〇円
◇第7巻 英米企業法 会社、銀行、担保、消費者保護 ……六,〇〇〇円
◇第8巻 英米法判例の法理論 判例が語る英米法 ……予価 八,〇〇〇円

別巻
◇第1巻 比較法の方法 英米諸法の研究 国際法、仲裁法他 四六判上製
◇第2巻 イギリス憲法典——一九九八年人権法の制定 二,九八〇円
◇第3巻 イギリス法入門（第2版）
◇第4巻 アメリカ法入門 三,二〇〇円
　　　　現代英米法辞典